상징권력과 문화

상징권력과 문화

부르디외의 이론과 비평

이상길 지음

Symbolic Power & Culture

컬처룩 총서 004

지은이 **이상길**은 연세대학교 커뮤니케이션대학원 교수로, 프랑스 사회이론과 한국의 미디어 문화에 대한 다양한 연구를 하고 있다. 연세대학교 신문방송학과 및 같은 학과 대학원을 졸업한 뒤 파리5대학교에서 사회학 박사 학위를 받았으며, 파리1대학교에서 철학과 DEA 과정을 수료했다. 저서로는 《아틀라스의 발 — 포스트식민 상황에서 부르디외 읽기》, 《커뮤니케이션학의 확장》(공저), 《문화연구의 렌즈로 대중문화를 읽다》(공저) 등이 있으며, 부르디외의 저작 가운데 《성찰적 사회학으로의 초대》, 《사회학자와 역사학자》(공역)를 우리말로 옮겼다.

컬처룩 총서 004

상징권력과 문화

부르디외의 이론과 비평

지은이 이상길
펴낸이 이리라

책임 편집 이여진
편집 에디토리얼 렌즈
표지 디자인 엄혜리

2020년 11월 20일 1판 1쇄 펴냄
2021년 12월 30일 1판 2쇄 펴냄

펴낸곳 컬처룩
등록번호 제2011- 000149호
주소 03993 서울시 마포구 동교로 27길 12 씨티빌딩 302호
전화 02.322.7019 | 팩스 070.8257.7019 | culturelook@daum.net
www.culturelook.net

ISBN 979-11-85521-76-2 94300
ISBN 979-11-85521-17-6 94300 (세트)

* 이 책은 연세대학교 학술연구비의 지원으로 이루어진 것입니다.

*** 2021 세종도서 학술부문 선정도서**

culturelook

차례

일러두기

• 부르디외의 저작을 우리말 번역서에서 인용한 경우에는 프랑스어 판본과 번역본의 출간 연도를 나란히 적었다(예: Bourdieu, 2014/2015). 프랑스어 원서를 인용한 경우에는 해당 출간 연도만 표기했다(예: Bourdieu, 1994).

• 부르디외의 원서만을 인용한 경우라도 우리말 번역서가 있는 경우, 참고 문헌에 원서와 번역서의 서지 사항을 적었다. 우리말 번역본만 이용한 경우는 원서의 제목만 적은 뒤 번역서 서지 사항을 표기했다.

• 부르디외의 저작을 비롯해 우리말 번역서를 인용한 경우, 원본과 대조해 번역문에 약간의 수정을 하기도 했다.

• 인용문의 강조 표시는 모두 원저자의 것이다.

• 이 책의 각 장은 다음의 글을 수정, 보완한 것이다. 1장: "반(半)예술의 문화, 반(反)미학의 미학 — 대중문화와 예술의 관계에 관한 사회학적 노트," 〈쓺〉, 3호, 2016, pp.8~35. 2장: "계몽의 시각적 수사학 — 〈악트〉의 성공담, 혹은 성장담," 〈문학과 사회〉, 29권 3호, 2016, pp.232~253. 3장: "부르디외, 예술을 논하다," 〈인문예술잡지 F〉, 2호, 2012, pp.73~96. 4장: "고다르 X 부르디외 — 콜레주드프랑스에서 〈콜라주 드 프랑스〉까지," 〈인문예술잡지 F〉, 24호, 2017, pp.109~133. 5장: "부르디외, 텔레비전을 말하다," 〈비평〉, 9호, 2002, pp.441~453. 6장: "피에르 부르디외: 저널리즘의 장과 민주주의," 박진우 외, 《세계의 미디어 비평》, 한국언론재단, 2004, pp.221~244. 7장: "미디어와 문화산업: 장이론의 맹점?" 〈언론과 사회〉, 14권 4호, 2006, pp.70~100. 보유: "내가 사회세계를 견뎌 낼 수 있었다면, 그것은 쓸 수 있었기 때문이다 — 부르디외와의 가상 인터뷰," 〈대산문화〉, 54호, 2014, pp.40~45.

• 한글 전용을 원칙으로 하되, 필요한 경우 원어나 한자를 병기하였다.

• 한글 맞춤법은 '한글 맞춤법' 및 '표준어 규정'(1988), '표준어 모음'(1990)을 적용하였다.

• 외국의 인명, 지명 등은 국립국어원의 외래어 표기법을 따랐으며, 관례로 굳어진 경우는 예외를 두었다.

• 사용된 기호는 다음과 같다.

미술 작품, 영화 및 잡지 등 정기 간행물: 〈 〉

책(단행본): 《 》

마네와 텔레비전 사이의 사회학자

이상하게도 피에르 부르디외Pierre Bourdieu의 문화론 그 자체를 집중적으로 다룬 책은 국내에 아직껏 나와 있지 않다. 20세기의 대표적 지식인 가운데 한 명으로 꼽히는 이 사회학자가 다양한 분야에서 탁월한 학문적 성과를 냈지만, 그중에도 역시 문화예술이 가장 중요한 연구 영역이었다는 점을 떠올리면 약간 놀랍기까지 한 지적 공백이 아닐 수 없다. 문화예술을 탐구한 그의 주요 저작들이 우리말로 번역되어 있기 때문일까? 하지만 번역서라고 해 봐야 현재로서는 《구별짓기*La Distinction*》와 《예술의 규칙*Les règles de l'art*》 정도만 구할 수 있을 뿐이다. 《중간예술*Un art moyen*》은 아쉽게도 일찌감치 절판되어 버렸고, 그 밖에 《예술 사랑*L'amour de l'art*》, 《자유 교환*Libre échange*》, 《마네: 상징혁명*Manet: une révolution symbolique*》 등은 지금껏 아예 미번역의 상태로 남아 있다. 문화예술에 관한 수많은 논문이라든지 대담, 강연문 같은 구술 출판물은 말할 필요도 없다. 물론 어떤 사람들은 《구별짓기》와 《예술의 규칙》만으로도 우리가 부르디외의 문화론에 대해 이미 충분히 알고 있지 않냐고 반문할 수도 있을 것이다. 하지만 그의 주저와 여타 부차적 텍스트(특히 구술 출판물) 사이에 미묘한 어조의 차이나 의미의 간격이 있다면 어떨까? 어찌 보면 당연한 일이겠지만, 부르디외는 대체로 책보다 대담이나 강연문에서 훨씬 더 유연하며, 자신의 흔들림과 망설임, 머뭇거림을 가감 없이 드러낸다. 또 책에서 그가 애써 객관적 관점을 견지하며 주로 구조의 분석에만 집중한다면, 대담이나 강연문에서는 정세에 좀 더 민감하게 반응하면서 바람직한 변화의 전망과 가능성 모색에 한층 적극적이라는 인상을 준다. 문화예술을 둘러싼 논쟁을 놓고 보자면, 부르디외의 규범적 태도는 훨씬 명확해진다. 그는 종종 급진적이고 전투적으로 상업 문화를 비판하며, 단호하게 아방가르드를 옹호한다. 그렇다면 부르디외의 문화론을 이해하기 위해서 《구별짓기》와 《예술의 규칙》만이 아니라, 그의 다양한 텍스트, 그리고 때로는 실천 그 자체까지를 총체적으로 조망할 필요가 있지 않을까? 그런 작업을 거쳐 새롭게 떠오를 부르디외의 얼굴은 우리가 이제껏 알고 있던 '사회학적 환원론자,' 혹은 '구조 결정론자'로서의 모습과는 상당히 달라질 수도 있지 않을까?

이 책은 내가 그동안 부르디외의 문화론과 관련해 발표한 글들 가운데 몇 편을 수정, 보완해 엮은 것이다. 텍스트들의 발간 시기와 형식은 제각기 다르지만, 한 권의 책으로 묶을 수 있을 만한 공통분모가 뚜렷이 있고 그렇게 꾸민 책이 갖는 의의 또한 없지 않겠다는 판단이 책을 펴내기로 마음먹은 직접적인 계기가 되었다. 지난 20년간 나는 비교적 꾸준히 부르디외에 관한 글들을 써왔고, 그 일부를 2018년에 《아틀라스의 발 — 포스트식민 상황에서 부르디외 읽기》라는 책으로 정리한 바 있다. 《아틀라스의 발》이 부르디외의 사회이론 일반에 대한 성찰적 분석을 담고 있다면, 이 책은 그의 문화론이라는 좀 더 특수한 주제에 논의의 초점을 맞춘다. 문화와 예술에 대한 부르디외의 시각을 가급적 복잡다단한 사유의 결을 살려 가며 재조명해 보는 것, 그러기 위해 주요 저작 이외에 부차적 텍스트와 다양한 실천까지도 포괄적으로 고려하는 것, 그리하여 지적으로 완고하고 경직된 '과학주의자' 부르디외가 아니라, 자신의 자리에서 미학적 실험과 문화 민주주의를 위한 노력을 그치지 않았던 '예술 애호가' 부르디외를 그려내는 것이 이 책의 일차적인 목표라 할 수 있다. 그것이야말로 '의례적 경배의 대상인 과거의 유산'이라든지 '지배와 구별짓기의 도구'라는 차원을 넘어서 "자유를 전제하는 자유의 수단"으로 문화를 전유하고자 했던 이 사회학자에게 합당한 대우라고 보기 때문이다(Bourdieu, 1992a: 340).

40여 년에 걸친 학자 생활 동안 부르디외는 숱한 경험 연구를 수행했고, 그것을 바탕으로 사회 세계에 대한 새로운 이해와 해석 틀을 발전시켰다. 장, 문화자본, 하비투스, 상징폭력 등 다소 쉽지 않은 개념들로 이루어진 그 접근법에 그는 장이론Field theory이라는 이름을 붙였다. 새로운 이론은 우리가 세상에 대해 지각하고 논의하는 새로운 언어를 제공한다. 부르디외에 따르면, "말들을 변화시킨다는 것은 사태에 대한 표상을 변화시킴으로써 사태를 변화시키는 데 이바지하는 것이다. 세계에 대한 여러 낡은 비전을 파괴한다는 것은 또한 구닥다리 인간과 오래된 세계를 소멸시킨다는 것이다"(Bourdieu, 1986: 435). 인문사회과학의 근본적인 지향점은 결국 낡은 언어를 변화시킴으로써 사람들의 사고방식을 혁신하고, 나아가 낡은 세계를 지속적으로 파괴해 나가는 데 있을 것이다. 우리가 이론에 관해 글을 쓰는 이유 또한 그러한 지향점에 다다르는 데 이론적 글쓰기가 가장 경제적이고 효과적인 방법일 수 있기 때문이다. 부르디외는 《실천 감각*Le sens pratique*》의 서두에서 이 고전적 계몽의 이상을 환기하는 의미심장한 한마디를 남긴 바 있다. "드물고도 어려운 일은 [지식인이] 이른바 '개인적 의견'을 갖는 것이 아니라, 각양각색의 사람들이 이제껏 생각할 수 없었던 생각을 할 수 있게 해 주는 비개인적 사유양식modes de pensée impersonnels을 생산하고 부과하는 데 이바지하는 것"이라고 말이다(Bourdieu, 1980b: 11). 이 대목에서 부르디외는 사회과학에 '관계 중심적 사고방식'을 일반화한 구조주의를 예로 들고 있지만, 그 사례 목록은 마르크스주의, 페미니즘, 포스트식민주의 등 여러 이론으로 뻗어 나갈 수 있을 것이다. 내가 보기엔, 장이론 역시 그 목록에 오를 만한 자격이 있다.

이러한 시각에서 이 책의 또 다른 목표는 장이론이 문화예술 영역에 대해 어떤 새로운 인식과 감각 지평을 열어 줄 수 있을지 비판적으로 검토하는 것이다. 이와 관련해 여기 실린 글들은 대체로 두 가지 특징을 지닌다. 우선 장이론의 개념적·논리적 스펙트럼을 최대한 펼쳐 보임으로써 실천적 이용 여지를 확장하는 동시에, 그 모순과 한계에 대한 고민을 자극하는 것이다. 장이론은 우리 지식 사회에도 어느 정도 알려져 쓰이고 있지만, 그 활용 방식은 어떤 정해진 패턴에서 크게 벗어나지 못하고 있는 것처럼 보인다. 계급별 문화 소비에 관한 연구 가설을 발생시키는 데 쓰이거나, 아니면 특정한 문화 현상의 해석에 자유롭게 대입할 만한 몇몇 핵심어 — 취향, 구별짓기, 상징자본 등 — 를 제공하는 데 쓰이거나. 이러한 사용법들에 그 나름의 근거와 적절성이 없는 것은 아니지만, 장이론을 일면적으로 표상하면서 새로운 인식틀로서 갖는 잠재력을 온전히 드러내지 못한다는 점 또한 부인하기 어렵다. 그러므로 이 책에서는 문화적 정당성, 자율성, 전략, 상징투쟁, 상징혁명 같이 그간 소홀히 다뤄져 온 개념들을 상세히 논함으로써 장이론의 쓸모를 좀 더 풍부하게 만들고, 중요한 논쟁 지점들을 부각하고자 했다(김동일, 2020 참조). 여기 실린 글들의 또 다른 특징은 부르디외의 문화론을 전체 저작의 문맥 못지않게, 프랑스의 지적 전통과 사회정치적 상황 속에서 다층적으로 맥락화한다는 것이다. 부르디외는 누구보다도 이론의 사회성과 역사성에 대해 예민한 감각을 지닌 지식인이었다. 그는 '(그) 이론을 말하는 당신은 어디에 서 있는지,' 다른 이들에게는 물론 자기 자신에게까지 끊임없이 질문했고, 이러한 위치성의 반성적 인식을 통해 우리가 더 나은 지식을 구축해 갈 수 있다고 믿었다. 부르디외의 문화예술론이 20세기 후반 프랑스의 역사적 사건과 정황 속에서 어떤 논쟁과 교환을 거치며 전체적인 형상을 갖춰 나갔는지 살펴보는 일은 그 이론의 강점뿐만 아니라, 논리적 궁지와 난점을 이해하는 데도 상당히 유용할 것이다. 또 이는 발생 연관에 대한 구체적 이해가 모자란 탓에 그의 논의가 추상적이고 보편적인 이론으로 곧장 환원되어 버리기 일쑤인 우리 현실을 교정하는 데도 조금이나마 보탬이 될 수 있을 것이다.

이 책의 본문은 모두 일곱 개의 장으로 구성된다. 1~4장은 예술을 주로 다루며, 5~7장은 미디어 문화를 살핀다. 사실 부르디외는 예술과 미디어 문화가 모두 문화생산 영역으로서 일정한 연속선상에 놓이며, 장이론을 기반으로 그 구조와 작동 논리에 대한 체계적인 파악이 가능하다고 보았다. 그에 따르면, 상징자본의 축적이 제1원리로 작용하는 예술은 상대적으로 소수의 (동료 생산자 중심의) 소비자 시장을 가지는 반면, 저널리즘을 위시한 미디어 문화는 경제자본의 축적을 지상 명령으로 삼으면서 최대 다수의 소비자를 추구한다. 이러한 시각에서 부르디외는 한 사회의 문화생산이라는 총체적 구도 안에서 이른바 '제한 생산'과 '대규모 생산'이 이루어지는 대표적인 사례 격으로 예술과 미디어 문화를 분석했다. 이 책이 예술과 미디어 문화라는, 언뜻 보기에 다소 이질적인 두 장르에 관한 글들을 한데 묶어 싣고 있는 이유 역시 장이론의 관점에서 전체 문화생산 영역을 포괄적으로 논의하는 이 사회학자의 입장과 긴밀히 관련된다.

장이론은 문화를 무엇보다도 상징권력이라는 관점에서 접근한다. 즉 온갖 상징 형식 — 언어, 문학, 예술, 과학, 종교 등 — 의 총체로서 문화는 의미와 지식 생산을 매개로 사람들의 세계상과 실재 구성 과정에 적극적으로 개입한다는 것이다. 상징권력은 사람들에게 사회 세계에 대한 특정한 시각을 부과하는 힘이다. 그것은 또 사람들이 어떤 대상을 자연스럽고 정당한 것으로 인정하도록 만드는 힘이기도 하다. 사회 세계가 언제나 객관적 실재와 주관적 실재의 변증법적 구축 과정을 통해 현전하는 그 무엇이라면, 상징권력은 한마디로 '세계 형성의 권력world-making power'인 셈이다. 상징권력의 견지에서 문화를 본다는 것은 그러므로 지배 체제를 존속시키려는 세력과 변혁하려는 세력 간에 상징 형식들을 둘러싼 끊임없는 투쟁이 벌어지는 전선으로 문화를 인식한다는 뜻이다. 이러한 관점의 연장선 위에서 부르디외는 문화에 대한 이중적 태도를 견지했다. 그는 지배질서를 구조화하는 상징적 층위로서 문화를 분석하는 한편, 그것이 인간 이성과 감수성의 결정체로서 역사적 보편성을 띤다고 주장한다. 말하자면, 문화는 언제나 억압적인 동시에 해방적인 양면성을 가진다. 그것은 가장 미시적이고 비가시적인 권력이 행사되는 현장이자, 자유와 진보의 잠재력을 배태한 저장고로 여겨진다. 문화에 대한 이 분열적 시선이 과연 충분한 논리적 설득력을 갖는지 하는 문제는 논쟁의 여지가 있을 것이다. 하지만 적어도 부르디외에게 그러한 이론적 입지를 확보하는 일이 매우 중요한 학문적 투기였다는 점만은 부정하기 어렵다. 《상징권력과 문화》라는 책 제목은 이 사회학자의 그와 같은 인식과 지향을 반영한 것이다.

이제 각 장의 내용을 간략히 소개해 보자면 다음과 같다. 먼저 1장 "반半예술의 문화, 반反미학의 미학"은 예술과 대중문화에 대한 관점을 중심으로 부르디외 문화론의 특징을 전반적으로 개관한다. 이 장에서는 《중간예술》과 《예술 사랑》, 《구별짓기》, 그리고 《예술의 규칙》으로 이어지는 사회학자의 논의가 문화적 위계와 정당성 개념에 어떤 식으로 기대고 있는지 검토하면서 그러한 논리의 현재적 유효성을 되묻는다. 2장 "계몽의 시각적 수사학"은 1970년대 중반 부르디외가 창간한 사회과학 전문지 〈악트 *Actes de la recherches en sciences sociaes*〉의 실험을 재구성한다. 이 잡지는 프랑스의 지식 장 내에서 '시각적인 것'과 '개념적인 것'을 통합하는 새로운 학문적 형식을 구현하고자 했다. 이 장에서는 그와 같은 부르디외의 시도가 지니는 인식론적·실천적 함의를 살펴보고 사회과학에서 이미지의 활용이 갖는 효과에 관한 성찰을 촉구한다. 3장 "부르디외, 예술을 논하다"는 부르디외와 한스 하케 Hans Haake의 대담집 《자유 교환》의 내용을 주축으로 동시대 미술의 생산 조건과 사회적 역할에 대한 부르디외의 진단을 재조명한다. 이 장은 특히 예술의 기능과 진보를 논하기 위해 '예술 장의 자율적 발전'이라는 명제에 집중하는 부르디외의 사회학적 시각이 어떤 난점에 봉착하는지 따져 본다. 4장 "고다르×부르디외"는 영화 감독 장뤽 고다르Jean-Luc Godard와 부르디외의 특이한 교분을 뒤따라 가면서 예술과 사회학의 고유한 특징, 제도화된 아방가르드의 딜레마, 상징혁명의 조건과 의의 등의 문제를 고찰한다. 5장 "부르디외, 텔레비전을 말하다"에서는 1990년대 중반에 나왔던 부르디외의 소책자 《텔레비전에 대하여*Sur la télévision*》가 프랑스 학계와 언론계에 일으킨 논쟁을 되돌아보면서 이 책이 담고 있는 '과학적 비판'의 기획과 '장의 자율성' 개념에 대해 문제 제기한다. 6장 "저널리즘 장과 민주주의"는 부르디외가 꾸준히 발전시킨 사회이론과 미디어 비평이라는 두 흐름 속에 《텔레비전에 대하여》

를 자리매김하고, 장이론적 접근이 저널리즘 세계의 '객관적 분석'과 '규범적 처방'에 구체적으로 어떤 답을 내놓았는지 되짚어 본다. 7장 "미디어와 문화산업은 장이론의 맹점인가"에서는 장이론이 대중문화와 문화산업의 분석 틀로서 적절치 않다는 주장을 몇몇 프랑스 사례 연구에 비추어 비판적으로 검토하면서, 장이론의 활용성을 제고하기 위해 고려해야 할 논점들을 살핀다. 이 장에서는 특히 산업화되고 전 지구화된 새로운 문화 환경의 이해에 장이론이 어떤 통찰을 줄 수 있는지 헤아려본다.

책 말미에 덧붙인 보유 "내가 사회 세계를 견뎌 낼 수 있었다면 그것은 쓸 수 있었기 때문이다"는 사회학자로서 부르디외의 삶과 문제의식을 1인칭의 가상 인터뷰 형식으로 풀어낸 글이다. 부르디외라는 사회학자가 낯선 독자라면, 먼저 이 글을 통해 그의 생애와 지적 기획을 간단히 개관한 뒤에 다른 장들을 읽어도 좋을 것이다. 한편 장마다 내용과 관련 있는 이미지를 적절히 삽입함으로써, 전체 텍스트가 여러 층위에서 좀 더 풍부한 의미 작용을 할 수 있게 만들고자 했다. 장별로 몇 개씩 단 별도의 노트 역시 이미지와 같은 용도를 지닌다. 33개의 노트는 모두 일종의 하이퍼텍스트로서 형식적 공통점을 갖지만, 거기 담긴 내용은 일정한 유형을 띠지 않는다. 어떤 노트는 특정한 개념이나 주제를 다루고, 어떤 것은 특정한 책이나 사건을 요약한다. 어떤 노트는 부르디외의 논점을 보강하고, 또 어떤 것은 그것을 반박하거나 다른 학자들의 논의와 연결 짓는다. 이렇게 다양한 33개의 노트가 공유하는 중요한 기능은 바로 부르디외의 문화론을 좀 더 상세한 텍스트적 맥락과 사회적 맥락 속에 배치하는 것이다. 이러한 작업 밑에는 부르디외의 사유를 단순화, 탈맥락화한 뒤 곧장 '극복의 수사학'으로 건너뛰는 일은 이론적으로나 실천적으로 아무런 도움이 되지 않는다는 문제의식이 깔려 있다. 섣부른 대안의 '가짜 독창성' — 과학철학자 가스통 바슐라르Gaston Bachelard는 누구보다도 이를 경계했다 — 보다는, 비판 대상의 복합성에 대한 섬세한 인식 속에서 솟아날 '적절한 질문'이야말로 진정한 지식 발전의 원동력이기 때문이다. 이 책의 독자가 곳곳에 실린 이미지와 노트를 부르디외의 사유에 자유롭게 접속하고 심층적으로 진입하는 통로로 이용함으로써, 각 장의 내용을 한층 풍요로운 의미 속에서 자기 것으로 만들 수 있길 기대한다.

부르디외의 문화론은 서구의 문학 장과 미술 장, 출판 장, 저널리즘 장 등을 구체적인 논의의 준거로 삼고 있다. 하지만 그렇다고 해서 그의 이론과 비평을 간단히 우리 사회의 현실과 동떨어진 먼 나라 이야기로 치부해 버릴 수만은 없다. 장이론이 특정한 맥락을 초월해 보여 주는 설명력이 있으며, 전 지구화 추세 속의 후기 자본주의 체제라는 차원에서 '먼 나라'와 '우리 사회'의 경험이 드러내는 유사성 역시 적지 않기 때문이다. 일례로, 각종 문화생산 장에서 상업성과 경제자본의 압박이 점점 더 커져만 가는 신자유주의적 흐름이라든지, 주류의 제도적 포섭력이 강대해져 가는 경향, 또는 기성세대와 신진세대 간 상징투쟁이 심화되는 상황 등을 들 수 있을 것이다. 약간의 비교사회학적 상상력은 이를테면, 19세기 말 프랑스에서 보헤미안 예술가들이 증가하고 불안정한 주거 조건 아래 새로운 문화생산물을 내놓았던 상황을 21세기 우리 사회의 젊은 예술가들의 현실과 겹쳐보게 할 수도 있다. 부르디외는 다양한 문화 현상에 대한 흥미로운 사회학적 진단을 내놓고 있을 뿐만 아니라, 체계적인 경험 분석을 가능하게 하는 개념 도구들, 그리고 — 우리가 그에 찬성하든 그렇지 않든 간에 — 규범적인 변화의 방향성까지도 비교적 일관성 있게 제시한다. 내가 그의 이론이 우리 사회의 문화 현실을 깊이 있게 이해하고 탐구하려는 이들에게 비판적 성찰의 참조점으로서 필수 불가결하다고 여기는 이유다.

부르디외는 사회학이 사회 세계의 모든 존재 — 인간을 비롯해 텍스트와 사물, 기술 등을 포함하는 — 를 구성하고 구속하는 사회적 메커니즘에 대한 지식을 제공함으로써 혁신과 진보의 동인으로 기능할 수 있다고 보았다. 어떤 존재의 결정 요인들에 대한 인식은 그것들을 넘어설 수 있는 자유의 지평을 열어주기 때문이라는 것이다. 이러한 전제 위에서 그는 사회학적 분석이 그 자체 사회적 구성물인 문화예술 텍스트를 더욱 풍부하게 이해할 수 있도록 도와줄 것이라고 믿었다. 그는 또 예술 장과 저널리즘 장에 대한 사회학적 분석을 통해 예술가와 언론인이 직업적 환상과 이데올로기로부터 벗어나 더 나은 실천을 할 수 있을 것이라고 믿었다. 이러한 인식이 지나친 낙관주의에 기대고 있다는 의구심을 떨쳐내기는 어렵지만, 그렇다고 나는 부르디외의 신념이 근거 없거나 무가치한 것이라고는 생각하지 않는다. 따라서 부르디외를 의미 있게 활용하고픈 독자라면, 그의 이론을 한국 사회·문화 현장과의 관계 속에서 끊임없이 이중 인화해야 할 것이다. 이는 그의 개념들을 매개로 우리 현실을 들여다보면서 단순히 모종의 사회학적 규칙을 확인하는 수준에 머물지 말고, 과연 '사회학적 예외'의 가능 조건들이 무엇인지 탐구하는 데까지 나아가기를 요구한다. 물론 많은 경우, 예외는 규칙을 증명한다. 하지만 이 말이 우리가 예외를 통해 그것이 증명하는 규칙만을 읽어 내야 한다는 뜻은 아니다. 우리는 오히려 무엇이 예외를 생산하는지 적극적으로 질문하고 그 실질적 가능성을 극대화하는 방안을 모색함으로써 사회의 지배 논리를 변화시켜 나갈 수 있어야 한다. 이는 그 자신 사회학적 예외에 속하는 사회학자였던 — 언젠가 그는 자신과 같은 소시민 계급 출신이 콜레주드프랑스 교수 지위에 오르는 것은 한 세기에 한 번 있을까 말까 한 기적적인 일이라고 말했다 — 부르디외가 자신의 삶과 학문을 통해 몸소 보여 준 가장 큰 교훈이기도 하다. 문학, 미술, 연극, 영화, 출판, 언론 등 우리 사회의 다양한 문화생산 영역에서 일하고 공부하고 살아가는 이들이 이 책의 어떤 부분에서 그들 실천의 자유를 위한 자그마한 영감이라도 받을 수 있다면, 저자로서 그 이상의 보람은 없을 것이다.

1

반半예술의 문화, 반反미학의 미학

대중문화와 예술의 관계에 관한 사회학적 노트

대중문화의 '불편한 즐거움'

'대중문화'와 '예술'이라는 두 단어가 나란히 놓여 있을 때, 누구라도 둘 사이에서 우열의 이미지를 떠올리지 않을 수 없을 것이다. 이를테면, '질 낮은' 대중문화와 '수준 높은' 예술, '저속한' 대중문화와 '고상한' 예술, 뭐, 그런 식으로 말이다. 각각의 범주에 속하는 구체적인 개별 장르들 역시 그런 이미지로부터 자유롭지 않다. 추리 소설, SF 영화, 랩 음악은 시, 회화, 오페라와 수준이 다르다는 이미지를 가진다. 물론 앞의 것들이 뒤의 것들보다 '못하다,' '수준이 떨어진다'는 식이다. 혹시 당신이라면 정색하며 내심 반문할지도 모르겠다. "내게는 앞의 것들이나 뒤의 것들이나 다 마찬가지인데?" 아니 "내게는 앞의 것들이 뒤의 것들보다 더 나은데?" 하지만 그것이 설령 진심이라 하더라도, 개인의 의견이나 취향과 관계없이 어떤 '문화적 위계'가 객관적으로 존재한다는 사실은 당신도 쉽사리 부인하지 못할 것이다. "나는 꼭 그렇게 보지 않지만, 대부분의 사람들은 추리 소설보다 시가 문학적으로 더 뛰어나다고 생각하겠지." 한 사회 안에는 언제나 주관적인 진실을 넘어서는 객관적인 사실로서 문화적 위계가 이중으로 작동한다. 사람들의 머릿속에서, 그리고 다양한 기구와 제도 속에서.

우리 머릿속의 객관적 위계를 확인할 수 있는 간단한 방법은 우선 '불편한 즐거움guilty pleasure'이라는 말의 의미를 곱씹어 보는 것이다. 유명한 평론가들은 종종 이런저런 대중 영화나 상업 영화를 재미있게 보면서 불편한 즐거움을 느낀다고 고백한다. 그런데 그 즐거움의 불편함은 대체 어디에서 비롯하는 것일까? 우리는 또 누구에 대해 불편해하는 것일까? 그 불편함은 우리의 사회적 지위(젠더, 연령, 직업, 계급)와 우리가 즐기는 대상의 문화적 위상이 어울리지 않는 데서 나온다. 그리고 우리는 그 부조화를 다른 사람들도 느낄 것이라는 사실을 알기에 그들 모두에 대해 불편함을 느낀다. 그 결과, '불편한 즐거움'은 대개 혼자 있을 때 누리는 '은밀한 즐거움'이 된다. 그것을 남들 앞에서 자연스럽게 말하기란 힘든 일이다. 지식인인 당신은 어쩌면 (용기 내어?) 고백할 수도 있다. "여가 시간에 주로 로맨스 소설을 읽습니다," 혹은 "평소에 할리우드 영화를 즐겨 봅니다." 그런데 그렇게 말하는 순간, 자신도 어쩔 수 없게 얼굴이 붉어지는 것을 느낀다면, 당신이 스스로 중요하게 여기지 않는다고 믿어 왔던 그 위계가 사실 얼마나 당신 의식 저편에 깊숙이 배어 있는지 새삼 깨닫게 될지도 모른다. 그것은 우리가 일상에서 접하는 수많은 기구와 제도 속에 객체화되어 있기도 하다. 그리하여 최고급 공연장의 이름은 '예술의 전당'이어야 하고, 그 전당엔 마땅히 '예술'에 준하는 고전 음악, 무용, 연극만이 무대에 올라가야 하며, 혹시라도 대중 가수의 공연이 이루어진다면 이는 곧장 신문 기삿거리가 된다. 작품의 '탁월성'과 '미학적 성취'를 논해야 하는 전통적인 '문예지'에는 당연히 대중 소설(추리, 로맨스, 무협, 공포 장르라든지 웹소설, 라이트 노벨 등)이나 영화, K팝을 위한 자리는 없다(김보영, 2018 참조). 만일 그럴 일이 생긴다면, 이는 문예지가 큰마음 먹고 계획하는 '혁신 개편안'의 범주에나 속할 것이다. 파격은 전통을 환기시키며, 예외는 이렇게 규칙을 증명한다. 문화적 위계는 학교, 공공 기관, 문화 공간, 신문, 잡지 곳곳에 잠복해 있다 출몰하고, 우리는 대개 그것을 이상하게 여기지 않는다. 적어도 정신적 위계와 객체화된 위계가 두 개의 크고 작은 톱니바퀴처럼 서로 맞물리며 잘 돌아갈 때엔 말이다.

문화적 지배와 정당성

막스 베버Max Weber는 정치권력이 피지배자들의 자발적이고 도덕적인 최소한의 지지 없이는 지탱되기 어려우며, 정치 질서는 그들에게 옳고 당연한 것으로 인식되어야만 한다고 보았다. 나아가 그는 피지배자들이 지배에 순응하게 되는 동기 구조를 정당성 신념이라는 사회심리적 현상으로 이해했다. 사물의 이치가 마땅히 그렇다는 믿음, 일은 원래 그렇게 돌아가야 한다는 믿음이 이른바 정당성에 대한 신념이다(Weber, 1922/2003: 5장). 베버의 문제의식을 법과 정치의 영역을 넘어 문화의 영역으로 확장한 사회학자가 피에르 부르디외다. 그에 따르면, 한 사회의 구성원들은 어떤 것이 '문화적으로 올바르다'는 문화적 정당성légitimité culturelle에 대한 믿음을 공유한다. 작품 하나하나, 각각의 문화 장르, 나아가 '대중문화'와 '예술'이라는 대범주에는 문화적 정당성이 달리 부여되어 있다. 문화적 정당성이 더 큰 작품을 소비하는 이들을 우리는 '고상한 취향'을 가진 '교양인'으로 존중한다. 반면 문화적 정당성이 적은 작품을 소비하는 '저속한 취향'의 '속물'들을 우리는 종종 무시하거나 경멸한다. 그런데 부르디외에 따르면, 문화적 정당성의 기준은 사실 역사적으로나 사회적으로 고정불변의 것이 아니다. 거기에는 절대적이며 보편적인 기준이 없다. 하지만 그러한 사회학적 진실을 모르는 채, 현재 작동하는 문화적 정당성의 위계를 거의 무의식적인 수준에서 자연스러운 것으로 받아들이면서, 다른 사람들을, 또는 자기 자신을 평가하는 잣대로 삼는 일은 일종의 폭력이나 다름없다고 부르디외는 지적한다. 문화적 정당성의 우위에 있는 사람들은 아래에 있는 사람들을 '문화적으로' 지배하는데, 사실 자본주의 사회에서 이들은 대개 경제적 상류층이기도 하다. 결국 사회학자가 보기에, 문화적 지배는 경제적인 수준의 계급 지배가 '부드럽게' 이루어질 수 있도록 돕는 기능을 한다.

문화적 정당성 이론은 문화 산물의 사회적 기능에 초점을 맞추며, 문화적 불평등을 확인하고, 타고난 취향이나 심미안의 이데올로기를 비판한다. 그것은 문화 산물을 그 장르가 가지는 '상징적 가치'의 측면에서 문제화한다. 예컨대, 마르셀 프루스트와 히가시노 게이고의 소설은 고상하다거나 혹은 통속적이라는 사회적 인식과 평가의 차원에서 다루어진다. 프루스트는 문화적으로 더 큰 정당성을 지니며, 히가시노 게이고는 (프루스트와의 관계 속에서) 더 적은 정당성을 지닌다. 물론 통속적인 히가시노 게이고의 소설일지라도 어떤 독자에게는 더할 나위 없는 감흥을 안겨 줄 수 있고, '인생의 소설'이 되지 말라는 법도 없다. 하지만 문화적 정당성 이론은 그러한 개인적 경험의 질적 특수성과 변이를 고려하지 않는다. 그러한 측면이 존재하지 않기 때문이 아니라, 상징적 가치라는 다른 측면에 집중하기 때문이며, 이 역시 사회적으로 엄연히 존재하는 중요한 현상이라고 보기 때문이다. 상징적 가치의 측면에서 특정한 문화 산물의 소비는 무엇보다도 차별화 효과를 생산한다. 당신이 하필 히가시노 게이고가 아닌 프루스트를 읽는다는 사실은 당신을 히가시노 게이고의 독자들로부터 구별지어 주며, 나아가 프루스트의 소설처럼 '고상한' 사람으로 보이게 만들어 준다. 문화적 정당성 이론은 또 문화적 위계와 사회적 위계 사이에 강력한 통계적 상응 관계가 있다고 주장한다. 바꿔 말해, 상층 계급일수록 '고급한,' 그리고 하층 계급일수록 '저급한' 예술 작품을 소비할 확률이 높다는 것이다. 고급한 문화 산물일수록 수용과 해독에는 감상에 적합한 태도와 일정한 코드code에 대한 지식이 필요한데, 그러한 태도와 지식 — 한마디로, 그 유명한 '문화자본'! — 을 습득할 수 있는 사회 조건들이 계급적으로 불평등하기 때문에 그러한 경향이 생겨난다. 그런데 이와 같은 사회적 논리를 간파하지 못한 채, 대부분의 사람들은 상층 계급이 더 탁월한 취향과 심미안을 갖췄다고 착각하며, 나아가 그런 능력을 소유한 우월한 집단의 지배는 당연한 일이라고 인정한다. (→ 노트 1: 문화예술의 소비) 문화적 지배와 정치적 지배가 서로 긴밀하게 얽혀 드는 대목이다.

1965년 저작 《중간예술》에서 부르디외는 문화 부문을 정당성의 정도에 따라 크게 세 영역으로 구분한 바 있다.[1] 정당성 위계의 맨 위쪽에는 문학, 음악, 연극, 회화, 조각 같은 이른바 '순수 예술(또는 고급 예술)'의 장르들이 놓인다. 사회적으로 가치를 공인받은 이 장르들은 보편성을 자처하며, 정당화된 미학 체계를 가진다. 맨 아래쪽은 패션, 요리, 인테리어, 화장술 같은 일종의 '일상 문화'의 장르들로 이루어진다. 실용적인 미의식과 관계되는 이 영역은 일정한 미학적 규칙들을 갖지 않으며, 임의성이 강하다. 정당성 위계의 중간에는 흔히 '대중문화'로 일컬어지는 사진, 영화, 재즈, 텔레비전 드라마 등이 들어간다. 그것은 '예술을 모방하는 예술,' 예술이 되고 싶어서 어중간해지는 바로 '중간예술'의 영역이다. (→ 노트 2: '중간예술'로서 대중문화) 이 영역의 장르들은 어느 정도의 문화적 정당성을 갖추고는 있지만, 아직껏 확고히 정립된 미학 체계를 갖고 있지는 못하다. 물론 그것들은 일정한 조건들

---

1 부르디외는 세 영역에 각각 '정당성의 영역,' '자의성의 영역,' 그리고 '정당화 가능한 영역'이라는 이름을 붙였다. 여기서는 이해하기 쉽도록 그 의미를 살려 '순수 예술(고급 예술),' '일상 문화,' '대중문화'로 옮긴다(Bourdieu et al., 1965/2004: 2장).

아래 '정당화 가능하다.' 하지만 이 새로운 장르들 대부분이 지니는 기술 의존적이고 산업 의존적인 속성은 '중간예술'에서 '순수예술'로의 진화에 태생적·구조적 장애물로 작용한다. 부르디외에 따르면, 각 문화 영역에는 해당 장르들의 정당성을 생산하고 강화하고 전수하는 매개 층위가 존재한다. 예컨대, '순수 예술'은 대학과 학회, '일상 문화'는 관련 전문가들(디자이너, 요리사 등)과 광고, 그리고 '대중문화'는 비평가, 팬클럽, 동호회 등을 가진다. 이밖에도 교육 기관(학교와 학원), 공인 제도(상, 페스티벌), 미디어(신문, 잡지, 방송) 등을 그 목록에 추가할 수 있을 것이다. 특정한 문화 산물이나 장르, 영역의 정당성은 이처럼 다양한 기구와 제도, 행위자의 개입을 통해 유지되거나 변화한다.

1970년대 초 부르디외는 장르별 문화 영역의 범주화에 더해 각 장르 내부에서 비상업적인 부문과 상업적인 부문의 이념형ideal type — 그의 용어대로라면, '상징적 축'과 '상업적 축' — 을 다시 구분한다(Bourdieu, 1971). (동료 생산자들을 위시한) 소수 소비층을 대상으로 장기적 관점에서 상징자본의 축적을 위한 문화생산이 이루어지는 '제한 생산' 부문과 최대 다수의 소비층을 겨냥해 단기적 관점에서 경제적 수익의 극대화를 위한 생산이 이루어지는 '대규모 생산' 부문이 그것이다. 이는 '순수 예술'인 문학 안에도 일종의 '순문학'과 '상업 문학'의 하위 영역이 크게 나누어지며, 마찬가지로 '대중문화'인 영화 내에서도 이른바 '예술 영화'와 '상업 영화'가 갈라질 수 있다는 뜻이다. 이러한 구분은 분석의 초점을 문학이나 영화, 사진 같은 문화 장르 일반이 아닌, 장르 내부의 생산 방식상의 특성으로 옮겨 놓는다. 그에 따라, 문화 장르들 간 정당성의 위계는 좀 더 다층적인 문제로 변화한다. '예술 영화'가 '상업 문학'보다 정당성이 낮다고 말할 수 없다면, 이제 '영화 일반'이 '문학 일반'보다 정당성의 위계에서 더 아래에 놓인다고 단언하기도 쉽지 않을 것이기 때문이다.

문화적 정당성 이론은 문화적 위계가 무엇보다도 학교 교육 과정을 통해 개인들에게 내면화된다고 본다. 학교에서 체계적인 예술 교육을 시키고 개념과 이론을 가르쳐서가 아니다. 학교는 학교에서 가르칠 만한 것(순수 예술)과 그렇지 못한 것(대중문화, 일상 문화)을 암묵적으로 구분함으로써, 또 어떤 저자나 작품이 정전canon에 속하는지 — 교과서와 교과 과정과 수업 내용에 나올 만한지 — 를 명시적으로 제시함으로써 문화적 위계를 사람들의 의식 속에서 재생산한다. 그보다 더 근본적인 수준에서 학교는 예술 세계에 대한 친숙성과 소속감을 키워 주고 예술 감상을 위한 일반적인 태도, 즉 '교양인으로서의 성향'을 길러 준다. 우리가 학교에서 주로 받는 어문 교육은 음악, 미술, 영화 등 다른 예술 영역으로 옮겨 적용할 수 있는 기본적인 분류 범주 — 작가, 작품, 스타일, 사조 등 — 와 지각 방식, 그리고 언어적인 작품 이해 능력의 토대를 마련한다(Bourdieu, 1968). (이는 어문 능력이 탁월한 학생은 전반적인 예술 감상 능력에서도 우수할 개연성이 높아진다는 뜻이다.) 학교는 더욱이 다른 매개 기구들 — 미디어, 비평가 집단, 도서관, 박물관 등 — 에 비해 균질적인 통합체로서 일관된 메시지를 전달하며, 그 메시지를 의무적으로 받아들여야 하는, 또 받아들일 자세가 갖춰져 있는 수용자들을 상대한다. 문화적 정당성의 '주입' 과정에서 그것의 효과를 극대화할 수 있는 조건들이 아닐 수 없다.

문화적 정당성이 상이한 문화 영역 앞에서 우리는 상이한 태도를 취한다. 예컨대, 문학이나 회화 같은 정당한 장르를 대할 때, 우리는 자신의 감상이 객관적인 규범들에 따라 평가받는다고 느끼며 의례적이고 경배적인 태도를 취한다. (물론 실제 수용은 계급별로 좀 더 분화된 양상을 띤다. 《구별짓기》의 유명한 분석 결과를 단순화시켜 말하자면, 상층 계급은 정당한 문화 산물을 자연스럽고 편안하게 감상할 수 있는 반면, 중간 계급은 문화적 열의와 열등감, 긴장감을 드러내고, 민중 계급은 그것을 아예 회피하거나 또는 경외감, 무력감, 수치심 등을 경험한다.) 반면 패션이나 인테리어를 보면서, 우리는 비교적 자기 뜻대로 취향을 드러내며 자유롭게 판단할 수 있다고 느낀다. 대중문화, 혹은 '중간예술' 앞에서 우리 태도는 '규범적 감상'과 '순수한 소비' 사이의 열린 공간에 놓인다. 따라서 그 수용은 상당한 모호성과 불안정성 속에서 이루어진다. 다양한 집단과 계층은 사회적 위치와 이해 관심intérêt에 따라 중간예술을 단순히 소비하거나 또는 진지한 해독의 대상으로 삼는 등 복잡한 양상을 드러낸다. 이 과정에서 가장 적극적으로 대중문화를 상대하는 층은 지식인 집단과 중간 계급이다. 그들에게 대중문화는 경제적 사정이나 문화적 성향 탓에 향유하지 못하는 순수 예술의 대체재에 가깝다. 지식인 집단, 그 가운데서도 특히 젊은 비주류 분파는 대중문화를 일종의 새로운 예술로서 '읽고 해석하는' 문화적 게임을 통해 나름의 상징이윤을 챙긴다. 이러한 현상은 대중문화를 '기능적으로' 이용하며 사교나 오락을 위한 단순한 스펙터클로서 소비하는 경향이 강한 상층 계급은 민중 계급과는 상당한 차이를 보인다. 상층 계급의 경우, 대중문화를 하나의 '예술'로 간주하더라도 '하찮은' 혹은 '주변적인' 예술로서일 뿐이다.

현재의 대중문화와 예술의 관계를 고민할 때, 그리고 그 미래를 전망해 볼 때, 문화적 정당성 이론은 적절한 문제틀이 될 수 있을까? 20세기 중반 이후 대중문화와 예술의 존재 조건은 흔히 전 지구화, 디지털화와 미디어화, 문화산업의 가속적인 집중화와 금융화 등으로 이야기되는, 근본적인 수준의 변화를 겪고 있다(Sapiro, Pacouret & Picaud, 2015). 그 변화의 일람표에 '문화적 정당성의 구조 변동'을 더해 볼 수 있을까? 만약 그럴 수 있다면, 그 변동을 구체적으로 (일상 문화와 더불어) 대중문화에 부여된 문화적 정당성의 강화라고 말할 수 있을까?

문화적 정당성의 구조 변동

어떤 장르의 문화적 정당성은 무엇을 근거로 따져 볼 수 있는 것일까?[2] 부르디외 자신은 명시한 적이 없지만 그의 논리를 이어 가자면, 정당성은 해당 장르가 축적한 상징자본(사회적 인정, 권위, 명예

2 경험적인 차원에서 이 문제는 여러 문화 장르에 대한 사회 구성원들의 인식 조사를 통해 일차적으로 해소될 수 있을 것이다.

등)으로 이루어질 것이다. 즉 정당성 정도의 차이는 각 장르가 지니는 상징자본의 차이로 환원될 수 있다는 뜻이다. 그런데 이러한 상징자본은 미학적 제도를 중심으로 한 문화생산 장 내의 인정과 여타 정치 장이나 미디어 장 등에서의 인정, 그리고 장르 생산자 집단과 소비층의 사회적 권위 등으로 구성되는 복합체라 할 수 있다. 문화생산 장 내부의 인정이란 전체 문화계 안에서 창작자와 비평가, 연구자들이 특정한 장르에 부여하는 가치와 권위를 가리킨다. 이는 그 장르에 대한 '미학적' 평가와 더불어, '내적' 특질(장르의 존속 기간, 기술에의 의존도, 고유한 생산과 소비 방식, 코드의 복잡성), 생산과 수용에 요구되는 교육 정도, 문화적 비중과 영향력 등이 복합적으로 작용해 나타날 것이다. 여타 장들에서의 인정은 정책이나 공식 기관, 그리고 특히 공교육을 통해 이루어지는 국가의 인정과 산업계, 언론계, 학계 등의 인정을 가리킨다. 만일 한 사회의 다양한 장이 제각기 상대적 자율성을 가지고서 원활히 작동하는 경우라면, 문화생산 장 내부의 고유한 미학적 평가가 다른 장들의 인정에도 가장 중요하게 개입할 테고, 장르의 정당성 차이는 미학적 평가상의 격차를 최대한 반영하는 양상을 띨 것이다. 당연히 실제 현실은 이보다 훨씬 더 복잡하겠지만 말이다. 한편 생산자와 소비자층의 사회적 권위란 관련 종사자들의 출신 배경과 학력, 그리고 소비자 집단의 사회적 위상을 말한다. 예컨대, 고학력 상류층이 소비자의 대다수를 이루는 장르(예컨대, 오페라)는 중간 계급이라든지 청소년층이 주 소비자인 장르(예컨대, 랩 음악)에 비해 상대적으로 더 많은 상징자본을 가진다고 볼 수 있다.

대중문화mass culture는 20세기 전반기 서구 산업 자본주의가 발달하면서 그에 따라 문화 영역이 상품화된 현상의 산물이다. 그것은 대중에 의한 대중의 자생적인 문화popular culture가 아니라, 대중(혹은 '수용자 상품')을 위해 자본이 산업적으로 대량 생산하는 문화라 할 수 있다. 대중문화의 여러 장르는 전통 문화 및 고급문화와 긴밀한 영향을 주고받으며 내부적인 분화를 거듭해 나갔다. 그 분화는 부르디외가 말한 상징적 축, 혹은 제한 생산 부문의 점진적 형성이라는 방향성 속에서 이루어졌다. 이를테면, 발명 초기 노동 계급 여가 문화의 상징처럼 여겨졌던 영화는 '예술 영화,' '작가 영화'의 분파를 발전시켰고 나름의 미학을 계발해 나갔다(이상길, 2007). 이와 유사한 경향은 사진과 재즈, 록 음악은 물론, 코믹스라든지 그래피티, 서커스 같은 사례에서도 다양하게 나타난다. 몇몇 장르 내에서 비상업적인 부문의 성장은 고유한 미학 체계의 구축을 이끌었고, 이는 '순수 예술'에 버금가는 문화적 정당성의 축적을 낳았다. 한편 이러한 '지위 상승' 과정에는 다양한 문화 매개자와 매개 기구들이 핵심적인 역할을 수행한 것으로 보인다. 즉 비평가, 학자, 언론인, 큐레이터, 프로그래머, 갤러리 혹은 공연장 운영자, 예술품 딜러 등이 특정한 (하위) 장르들이 정당한 예술 형식으로 상징적 변형을 겪는 과정에 중요하게 개입했다는 말이다(Baumann, 2007; Fabiani, 2007; Gaudez dir., 2008). 동일한 문화적 흐름 안에 있는 장르들이라 하더라도 그것들 간에 문화적 정당화는 차별적으로 일어날 수 있다. 예를 들어, 그래피티는 랩, 디제잉, 브레이크댄스와 더불어 힙합 문화에 속하지만, 그 가운데 정당한 예술 형식으로 자리 잡은 유일한 사례이기 때문이다(현재 세계 미술계에서 뱅크시Banksy가 갖는 위상을 떠올려 보라). 그것은 여전히 힙합 운동과 느슨한 연계를 유지하면서 공공 장소를 장식하고 있지만, 갤러리나 미술관에서도 전시 가능한 장르가 되었다(Diallo, 2014). 한편 아방가르드 운동이라든지 팝 아트, 크로스오버 실험 등의 유명한 예처럼, 고전 예술 장르들이 대중문화에 의해 변화하거나 그 경계를 확장하는 경우도 꾸준히 생겨났다. 부르디외가 '중간예술'로 위치 지었던 사진은 동시대 미술의 진화에 주요 동력 노릇을 해 온 지 이미 오래다. 힙합 문화는 동시대 무용이 과도한 형식주의를 탈피하는 데 이바지했다. 이와 같은 다양한 영향력의 교차는 문학 작품의 영화화나 만화화가 그랬듯이, 정통 예술이 갖는 상징자본을 대중문화 장르에 일정하게 이전해 주는 효과를 발생시켰다. 그러한 과정에서 예술과 대중문화 사이에서 일종의 '양다리 전략'을 구사하는 작가와 작품 또한 증가했다. 그 구체적인 예는 '작가 영화'라든지 '인디 음악'에서 쉽게 발견된다.

지난 수십 년 동안 대중문화 자체의 문화적 위상 또한 높아졌다. 여기에는 개별 장르의 성공적인 정당화와 고급문화로부터 이양받은 권위도 적지 않게 기여했지만, 그밖에도 여러 내외적 요인이 작용한 것으로 여겨진다. 이를테면, 국가는 대중문화를 진지한 정책 논의의 대상으로 삼게 되었고, 온오프라인의 미디어는 점점 더 많은 대중문화 담론을 지속적으로 생산해 내기에 이르렀다. 학계에서도 대중문화에 대한 연구가 증가하는 한편, 각종 포스트post-주의의 발전과 문화상대주의의 확산은 서구 중심적이고 엘리트주의적인 고급 예술의 정당성을 의문에 부치는 동시에 '다른 문화들'에 대한 수평적 인식을 확산시켰다. 문학, 미술, 음악 등 여러 분야에서 해당 예술로 인정하는 기준과 범위를 확장했으며, 기존의 정전과 걸작들에 대한 편견을 버리고 비서구권, 여성, 소수자의 작품들을 새롭게 발견했다(Sapiro, Pacouret & Picaud, 2015). 문화산업이 팽창하고 자유로운 고소득 직종으로 인기를 끌면서 고학력 엘리트 집단이 대중문화계에 종사하는 비중 또한 크게 증가했다. 예전에 고급문화 위주의 배타적인 문화 소비를 했던 상류층은 관용과 코즈모폴리터니즘의 덕목 아래 대중문화까지 포함하는 포괄적인 잡식성omnivore의 취향으로 이행하고 있다(Peterson, 2004). 어린 시절부터 다양한 미디어가 제공하는 대중문화를 하나의 주어진 환경으로 접하면서 성장한 세대들이 문화 소비의 주도층으로 떠올랐고, 이제는 디지털 네이티브digital native가 그 뒤를 잇고 있다. 이 모든 현상이 대중문화의 지위를 제고하는 데 이바지했을 것이다.

사회학자 베르나르 라이르Bernard Lahire는 문화적 정당성 이론의 설명 도식이 하나의 상수와 하나의 변수에 기초해 있다고 지적한다. 하나의 상수란 사회 구성원 모두가 정당한 문화의 정당성에 대한 믿음을 공유한다는 것이다. 그리고 하나의 변수란 그들이 정당한 문화의 코드에 대해 모두 동일한 정도의 능통성을 갖지 않는다는 것이다. 후자는 우리가 주관적인 경험을 통해서나 객관적인 통계 자료를 통해서 확인하기 어렵지 않은 사실이다. 하지만 전자의 경우는 좀 다르다. 그것은 라이르가 문제 제기하듯이, 의심스러운 가정에 가깝다. 그는 모든 사회 집단이 문화적 정당성의 위계를 인지하면서 동일한 강도로 동일한 가치와 의미를 부여하는 동질적인 사회 공간은 존재하지 않는다고 지적한다(Lahire, 2003). 라이르 논의의 연장선상에서, 우리는 문화적 정당성에 대한 거부 형태, 그리고 문화적 정당성의 다원적인 존재 양식에 관해 고려해 볼 수 있다. 문화적인 지배란 사회 구성원들이 예술 세계(들)에 대한 최소한의 인식을 갖고 그 중요성과 정당성에 대한 믿음을 공통적으로 가지고 있을 때 가능할 텐데, 실제로 상황이 그렇게 돌아가지 않을 여지도 적지 않기 때문이다. 예를 들어, 학교 교육의 중심적인 위상이 약화되고 사회화 기구가 다양해질수록 문화적 정당성의 위계에 대한 사람들의 인식은 다변화될 가능성이 높아진다. 이민자들처럼 다른 사회, 다른 문화권에서 상이한 문화적 가치 체계를 내면화한 인구가 많아지고, 문화상대주의가 널리 퍼져 있을 경우 역시 마찬가지다. 팬 집단처럼 상대적으로 작은 (가상) 공동체 안에서 지배적인 정당성 정의와 거리를 둔 채 고유한 문화적 기준을 작동시키는 소비층의 증가는 정당성 위계의 분화, 또는 최소한 지배적인 위계의 약화를 가져올 것이다. 한편 반지성주의의 태도가 사회 전체에 지배적으로 자리 잡고 있을 때, 특히 상류층이나 민중 계급에서 문화적 정당성을 '돈보다 못한, 별 의미 없는 것'이거나 '먹물들만을 위한 것'으로 부정해 버릴 개연성이 커진다(Chamboredon, 1996 참조).

대중문화의 정당성 강화

20세기 후반 이후 대중문화가 가지는 문화적 정당성의 강화란 여러 갈래의 결을 지니는 현상이다. 일차적으로 그것은 문화적 정당성의 위계 내에서 대중문화 장르의 지위가 특히 비상업적 부문의 성장에 힘입어 상승했음을 나타낸다. 그런데 동시에 그것이 기존의 지배적 위계가 약화되는 추세와도 긴밀히 얽혀 있음을 잊어서는 안 된다. 그러한 추세의 몇 가지 배경 요인으로 우리는 학교 교육이 지니는 영향력의 쇠퇴라든지, 다문화 상황의 일반화, 온라인 미디어를 기반으로 하는 하위문화의 급속한 번성, 그리고 시장만능주의의 득세 등을 꼽아 볼 수 있다. 문화적 위계를 부과하는 중추 기관으로서 학교 제도의 역할은 그것과 경쟁하는 매개 기구인 미디어에 의해 상대화되었다. 초국가적인 인구 이동이 활발해지면서 많은 사회에서 이주민의 비중이 커지고, 여러 문화권의 정보와 이미지 흐름 또한 증가했다. 인터넷과 모바일 같은 온라인 미디어의 발전은 SF, 컬트, 호러, 퀴어, 게임, 애니메이션 등 다양한 하위문화의 생산과 유통 기반을 마련해 주었고, 사방에 흩어져 있던 그 소비자들이 카페, 팬클럽, 동호회 등에 한데 모여 대안적인 정당성 위계의 거점을 집단적으로 구성할 수 있게끔 해 주었다. 이는 이주민 집단의 경우도 다르지 않다. 그들은 자신이 출신국에서 교육받고 내면화한 가치 체계를 지지해 줄 수 있는 미디어와 인적 네트워크를 (특히 온라인상에서) 어렵지 않게 발견하거나 구축할 수 있다. 한편 세계적으로 신자유주의 체제가 확산되면서 문화도 산업 경쟁력의 차원에서 평가하는 시각이 일반화되었다. 경제적 이윤 창출에 기여하는 문화는 떠받드는 반면, 그렇지 못한 문화는 도외시하는 사회적 통념doxa이 자리 잡았다는 것이다. 경제적 유용성이나 상업적 성공 자체가 지니는 상징적 위세 또한 커졌다. 상업성의 추구가 장르와 상품의 상징적 가치를 감소시키는 문화예술 생산에서의 '일반 법칙'이 더 이상 제대로 작동하지 않는다는 말이다. 이러한 여러 요인은 공식적인 정당성 위계를 약화 내지 상대화시키는 데 상당한 역할을 해 왔으며, 앞으로도 그럴 것으로 전망된다. 이처럼 기존의 지배적인 정당성 위계가 지닌 구심력이 약해지는 상황에서 대중문화는 미학적·미학 외적 수준에서 모두 상징자본을 증대시켜 온 것으로 보인다.

부르디외는 근대 자본주의 사회에서 문화예술이 경제적 가치를 부정하는 장소, 돈과 시간을 순수하게 소비하는 장소로서 성립했다고 지적한 바 있다. 문화예술은 세속적인 생산의 세계에 체계적으로 대치하는 '신성한' 세계이자, 경제적 이기주의가 지배하는 사회에서 '무사무욕한' 활동의 피난처가 되었다는 것이다. 이는 중세 서구에서 신학이 그랬던 것처럼, 경제가 초래한 온갖 부정적 면모들에 대한 거부에 바탕을 둔 '인간학'을 제공한다. 그것은 물론 (문화예술 부문에서 실제로 작동하는 상징경제의 논리를 숨기는) '상상적인 인간학'이지만, 그렇다고 해서 현실적인 효과나 의의가 없는 것은 아니다(Bourdieu, 1980b: 231; 박정호·현정임, 2010 참조). 이러한 맥락에서 그는 문화생산 장을 "뒤집어진 경제 세계"로 정의하고 문화자본과 경제자본, 상징적 축과 경제적 축을 대립적으로 설정한다. 그에 따라, 부르디외 이론에서 문화예술은 상업성과 무관할수록 더 큰 권위를 인정받고 더 많은 상징자본을 축적할 수 있는 것으로 나타난다. 그런데 후기 자본주의 사회의 문화경제는 문화예술의 예외적이고 특권적인 자리를 더 이상 허용하지 않는 것처럼 보인다. 게다가 지배적인 경제 이데올로기로서 신자유주의는 '문화적 가치의 경제화'와 '경제적 가치의 문화화'에 결정적으로 이바지했다. 그 결과, 어느새 문화예술도 상업적일수록 가치 있으며, 잘 팔릴수록 더 뛰어난 작품이라는 인식이 보편화되고 있다. 경제자본이 갖는 상징권력 또한 훨씬 막강해진 것으로 보인다. 예컨대, 성공한 기업인이나 자본가에 대한 존경심이 커졌고, 상금 액수에 비례해 예술상의 권위가 높아진다는 인식이 사회적 분위기상 자연스러워졌다. 이처럼 상징적 가치가 경제적 가치를 기준으로 평가받고, 경제적 가치가 상징적 가치를 수반하는 현상은 부르디외 문제틀의 토대를 재검토하게 만드는 역사적 변화라 할 만하다.

대중문화가 지닌 상징자본의 강화가 지배적인 정당성 위계의 약화, 혹은 상대화와 연계된 경향이라면, 그리고 그 밑에는 경제적 가치와 상징적 가치가 서로를 견인하고 보강하는 후기 자본주의 사회의 심층적인 변동이 깔려 있다면, 이를 어떻게 해석해야 할까? 문화적 정당성 이론은 순수 예술-대중문화-일상문화를 정당성 기준으로 서열화하면서도, 그 위계를 일정한 변화 가능성에 열려 있는 체계로 개념화한다.[3] 그런데 특정한 장르의 지위 상승이라든지 장르 간의 서열 변동이 기존의 위계를 지탱하는 정당성 기준에 따른 것이 아니라, 경제 구조와 사회적 통념의 변화에 기인한 정당성 위계 자체의 약화에 따른 것이라면, 이는 어떤 의미를 갖는 것일까? 문화적 정당성 이론이 애초에 설정한 순수 예술-대중문화-일상 문화의 서열은 과연 어떤 사회학적 가치 판단을 함축하는 것이었을까?

부르주아 미학 대 민중 미학

문화적 정당성 이론을 제시한 1960년대 중반, 부르디외는 문화적 정당성의 위계가 역사적 자의성 위에 서 있으며, 어떤 미학적 보편성을 기준으로 한 우열의 체계는 아니라고 전제했다. 그가 보

---

3 부르디외의 논의에서 특정한 문화적 실천이 갖는 가치와 의미는 다른 문화적 실천과의 관계 속에서 그 성격이 규정되며 시간에 따른 층화 과정을 겪는다. 이러한 변화는 세대적인 균열과 더불어 문화생산 장의 역동성을 낳는다. 예컨대, 어떤 세대의 민중문화를 구성했던 문화적 실천이 다음 세대에서는 고급문화 속에 통합될 수도 있다. 19세기 전반에 하층 계급 문화의 일부를 이루었던 이탈리아 오페라가 오늘날 고급문화로 여겨진다든지, 앵글로색슨 세계에서 셰익스피어 연극이 19세기 말에 와서야 교양 있는 상류층의 감상 대상으로 변모하는 식으로 말이다(Dimaggio, 1982; Levine, 1993: 139~171). 역으로 아방가르드는 문화적인 계승과 범속화의 단계를 거치며 고급문화로부터 대중문화로 이행해 가는 주기를 밟는다. 또한 SF 영화나 추리 소설처럼 이전에 무시되었던 장르나 텍스트가 주변부 지식인들이 주도하는 문화 복권을 통해 새로운 가치를 부여받기도 한다. 이처럼 문화생산 장은 특정한 실천과 생산물에 고유한 생애 주기가 교차하는 가운데 고급문화와 대중문화의 경계를 가로지른다.

기에 모든 미적 지각과 평가는 계급성을 띨 수밖에 없으며, 그러한 경험에 대한 보편성 주장은 계급 간 상징적 세력 투쟁의 내기물에 불과하다. 이와 같은 그의 시각은 칸트 미학을 부르주아 미학으로 비판하는 데서 단적으로 드러난다. 순수한 미적 형식에 대한 관조적인 태도를 특징으로 하는 칸트식의 자율적 미학은 일체의 사회적 준거를 거부하는 미적 무관심성에 기초한다. 그런데 부르디외에 따르면, 이러한 무관심성은 인간이 지닌 심미적 판단력의 보편 타당성을 보증하는 속성이 아니라, 상류층이 미적 대상에 드러낼 수 있는 특수한 태도일 따름이다. 경제적·시간적 여유와 교양에 기반을 둔 그 태도는 상류층의 지적이며 도덕적인 우월성을 뒷받침하는 문화적 징표로 나타나며, 계급 지배를 정당화하는 숨겨진 메커니즘으로 작용한다. 사실 문화적 정당성의 위계 위에 순수 예술과 대중문화를 나란히 배열하려는 문화적 정당성 이론의 관점은 둘 사이의 내적·질적 차이를 기준으로 한 종별적인 범주 구분을 무력화시키는 함의를 지닌다. 그 위계가 미학적이기보다는 제도적인 기반을 가지며, 거기서 순수 예술과 대중문화는 정당성의 정도 차이로 규정되고, 상징적인 가치와 사회적인 기능의 문제로 환원되기 때문이다. 순수 예술도, 대중문화도 그것들을 특정한 시기에 '그렇게' 규정하고 상이한 문화적 정당성을 부여하는 사회적 게임의 산물일 따름이지, 그 자체 어떤 명확한 질적 구분을 담보하는 실체는 아닌 셈이다. 이러한 부르디외의 시각은 '판단력의 사회적 비판'이라는 의미심장한 부제를 단 1979년 저작 《구별짓기》까지 그대로 이어진다.

그런데 사회학자가 제아무리 정교한 객관화 도구들(통계, 관찰, 인터뷰 등)과 치열한 성찰성에 의지한다 하더라도, 문화예술의 문제를 아무런 가치 판단 없이 순전히 경험적인 연구 대상으로 다루는 일은 사실 불가능한 과제인지도 모른다. 모든 문화의 역사적 자의성을 전제하면서 프랑스 사회의 계급별 생활 양식에 대한 객관적 분석을 표방한 《구별짓기》조차 그 이면에 가치 평가적 시선을 담고 있다는 비판으로부터 자유롭지 않았다는 점에 비춰 보자면 말이다. 흥미롭게도 어떤 비평들은 서로 정반대되는 방향에서 나왔다. 《상속자들*Les héritiers*》(1964), 《재생산*La reproduction*》(1970) 등을 부르디외와 함께 썼던 장클로드 파스롱Jean-Claude Passeron은 《구별짓기》가 사회적 실재를 객관적으로 기술한다는 명분 아래 민중 문화를 '박탈'의 측면에서 파악하는 지배 문화 중심적인 관점을 취한다고 논평한다. 파스롱에 따르면, 지식인은 민중 문화를 연구할 때 그 대상과의 거리 때문에 민중주의populisme와 비참주의misérablisme라는 이념형적 태도 어느 한 편에 쏠리기 쉽다. 민중주의가 민중 문화의 창조력과 저항성을 과도하게 예찬하면서 그것을 복권하려는 의지를 드러낸다면, '가난한 사람들의 문화' 속에서 '문화적 빈곤'만을 보는 비참주의는 아무리 지배당한다 해도 하나의 문화는 개인적·집단적 정체성과 사회적 유대의 상징적 정박지인 '문화로서' 기능한다는 점을 무시한다. 파스롱은 지배 문화를 기준으로 민중 문화의 '결핍'과 '빈약성'을 기술하는 부르디외의 정당성주의légitimisme가 비참주의의 일종이며, 지배 계급의 관점에서 다른 계급들의 문화를 평

그림 1　　젬데트 나스르Jemdet-Nasr 말기의 원시 엘람proto-Elam 점토판 그림.
이 그림은 '사자들을 지배하는 황소와 황소들을 지배하는 사자'를 보여 준다. 파스롱과 그리뇽은 우리가 이 그림과 함께 사회적 세력 관계에서의 '상징적 상호성'이라는 문제를 성찰하기를 제안한다.

가(절하)하는 지배중심주의의 성격을 띤다고 지적한다. 그는 사회학적 현실주의의 입장에 선 부르디외가 민중 문화가 자율적인 상징의 우주를 이룬다고 보는 대신, 그 문화를 질서 짓고 타자화하는 지배 문화의 시각에서 민중 문화에 대한 부정적 평가를 사회학적으로 재생산하는 데 그치고 마는 결과를 낳았다고 주장한다. 이러한 편향으로 말미암아 부르디외는 피지배 문화를 '박탈'로 특징짓고 그 내부의 분화와 다양성을 제대로 기술하는 데 실패했다는 것이다(Grignon & Passeron, 1989: 139~141). (그림 1, 그림 2). 그와 대조적으로 《중간예술》의 공저자 가운데 한 사람인 뤽 볼탕스키Luc Boltanski는 《구별짓기》가 삶과 예술 간의 연속성을 주장하는 민중 미학esthétique populaire을 암묵적으로 '진정성의 위치'에 놓고 비판을 수행한다고 주장한다.[4] 그에 따르면, 부르디외는 민중 미학의 관점에서 비진정성의 두 가지 형태를 폭로한다. 원초적 비진정성인 부르주아의 '순수 취향'과 그 파생물인 프티부르주아 취향이 그것이다. 특히 후자는 부르주아 취향에 접근할 만한 자원도 없으면서 무의식적인 허세 속에서 부르주아를 모방하고 대체물을 취함으로써 민중 취향으로부터 스스로를 구별짓는다는 것이다(Boltanski & Chiapello, 1999: 7장, 주 88). 사실 부르디외는 프티부르주아를 향해 부르주아가 되기 위해 한없이 작아지는petit 계급

4 이는 '대중 미학'이라고도 옮겨지지만, 노동자, 농민 등 민중 계급classe populaire에게서 전형적으로 나타나는 미학이라는 이유 때문에 여기서는 '민중 미학'이라고 옮겼다.

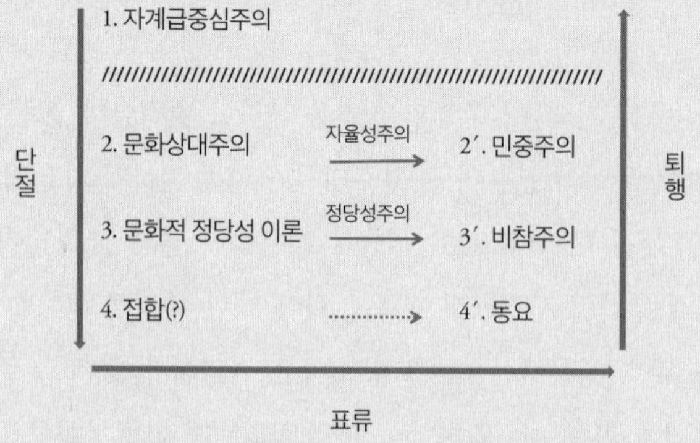

그림 2　장클로드 파스롱은 민중 문화에 대한 사회과학적 분석에서 가능한 인식론적 관점들의 공간을 위의 그림과 같이 도식화한 바 있다. 먼저 (지식인의) 자계급중심주의ethnocentrisme de classe는 사회과학적 분석을 위해 근본적으로 단절해야 하는 관점이다. 한데 이러한 단절은 민중 문화가 상징적으로 지배받는 위치에 있는 만큼 매우 어렵다. 게다가 인식론적 단절은 단번에 완전히 이루어지는 것이 아니고 지속적인 경험 연구와 정식화 과정 속에 얻어지는 것이기에, 자계급중심주의는 끊임없이 퇴행을 유도하는 강력한 매트릭스로 작용한다. 1차적 단절이 문화상대주의relativisme culturel(혹은 문화주의culturalisme)로 우리를 이끈다면, 2차적 단절은 문화적 정당성 이론théorie de la légitimité culturelle으로 이끈다. 문화상대주의는 민중 문화가 특유한 의미와 영역을 지닌다는 점을 강조한다. 이는 자계급중심주의로부터 벗어나기 위해 민중 문화의 자율성을 인위적으로 부각한 결과인데, 그러한 일종의 '방법적 자율화'가 절대시되어 자율성주의autonomisme로 변질될 때 민중주의populisme가 나타난다. 문화상대주의와 단절하고 얻어지는 문화적 정당성 이론은 상징적 불평등 관계와 지배 효과 속에서 민중 문화를 파악하는 관점이다. 이 이론이 상징적 질서와 위계 구조를 빠져나가는 문화적 요소들을 간과하거나 망각하는 정당성주의légitimisme로 미끄러질 경우, 비참주의misérablisme가 출현한다. 파스롱은 우리가 민중 문화의 실천을 기술할 때 3차적 단절을 통해 문화상대주의와 문화적 정당성 이론을 적절히 접합할 수 있어야 한다고 주장한다. 그에 따르면, 이러한 접합articulation은 아직 여러 논의와 실행 가능성에 열려 있는 작업이지만, 다만 서로 모순적인 내용을 무차별하게 덧대는 식의 동요oscillation와는 달라야 한다. 파스롱이 제안하는 한 가지 접합 방식은 민중 문화의 내적 · 자율적 체계를 기술하는 '문화 분석'과 그 체계를 지배 관계 내에서의 기능과 관련해 해석하는 '이데올로기 분석'을 함께 작동시킴으로써 '이중적 읽기double lecture'를 수행하는 것이다. 이는 민중 문화의 현실을 언제나 양면성ambivalence의 차원에서 접근해야 한다는 의미이기도 하다. 예컨대, 민중 계급의 '정치적 무관심과 냉소주의'를 지배의 감수와 복종이라는 기능적 효과의 측면에서뿐만 아니라, 자신들이 통제할 수 없는 영역에 대한 적극적인 형식의 상징적 통제로도 볼 수 있어야 한다는 것이다. 물론 이러한 양면성이 그 자체로 언제나 균형 있게 나타나지는 않기에, 경우에 따라 어떤 읽기가 더 설명력 있는지 판단하는 일은 필요하다. 하지만 그러한 판단은 결코 이론이나 방법론에 의해 저절로 주어지지 않는다(Passeron & Grignon, 1989: 65～73).

이라고 빈정거린 바 있다.

《구별짓기》에 대한 파스롱과 볼탕스키의 상반된 비판 가운데 어느 쪽이 옳은지는 여기서 가릴 일이 아니다.[5] 우리는 일단 부르디외가 모든 미학적 판단을 역사적 가변성의 문제로 상대화했으며, 최대한 가치 평가를 배제한 객관적인 기술과 분석을 자신의 목표로 삼았다는 점만 확인해 둔다면 충분하다. 이 작업 와중에서 그는 부르주아의 자율적인 미학과는 대조적인 민중 계급 고유의 미학을 발견한다. 민중 미학은 미적 대상 그 자체는 물론, 그것의 생산과 활용을 사회적 기능에 종속시킨다는 점에서 특징

---

5 다만 이와 관련해 참고할 만한 부르디외 자신의 해명을 여기 간단히 덧붙여 두자. "솔직히 나는 비평가들, 특히 사회학자들이 여기저기서 내 얘기라고 떠드는 것이 과연 내가 말한 것이 맞는지 잘 모르겠다. 그들은 다른 저작들을 따로따로 가져와서 내가 민중주의적 — 이는 《구별짓기》와 《예술 사랑》이다 — 입장이라거나 엘리트주의적 — 대체로 《예술의 규칙》이 여기 속한다 —입장이라고 주장할 수도 있고, 그 작업들을 함께 고려하면서 거기서 모순을 발견할 수도 있을 것이다. 그런데 이는 사실 그들이 무능력하기 때문에 생겨나는 일이다. 그들은 취향 및 예술적 수요의 생산 조건들과 예술적 공급 및 생산 장의 논리, 예술 생산자들의 생산 논리를 동시에 고려하지 못하는 것이다. 사실 예술 영역, 그리고 동시대 미술을 둘러싼 논쟁을 이해하기 위해서는 과학적으로 확립된 사실 군群 두 가지를 (대립시키기보다는) 함께 포착해야 한다. 한편으로는 모든 사회 구성원이 예술 작품을 생산하고 소비하는 성향이나 적성에서 동등하지 않게끔 만드는, 문화자본(예술자본은 그 특수한 유형이다)의 불평등한 분포라는, 논쟁의 여지 없는 사실이 있다. 다른 한편에는 어떤 이들이 생산하고 또 어떤 이들은 논평하거나 유통시키는 예술을 놓고 예술가, 비평가, 감상자 등이 토론하고 투쟁하는 사회적 소세계, 이른바 예술 장이 19세기에 상업 세계에 맞서서 점차 자율성을 쟁취하고 이 세계 안의 성취와 평범한 시민들의 일상 세계 사이의 단절을 점점 더 심화시킨다는 사실이 있다"(Bourdieu, 2001b: 36).

적이다. 예를 들어, 《중간예술》에서 부르디외가 인터뷰한 농민들은 촌로의 굵고 거친 손을 찍은 사진에서 피사체가 평생 동안 성실하게 노동한 흔적을 읽어 내고는 아름답다고 평가한다. 그들은 이를테면, 이미지의 구도나 색감 같은 형식미에 별다른 관심을 기울이지 않는다. 그들에게 사진 안의 모든 기호는 묘사적이거나 서사적인 쓰임새가 있어야 하며, 사진을 찍고 또 보는 일은 가족의 행사를 기념하고 공동체적 결속을 확인하는 기능에 복무해야 한다. 이는 단순한 반反미학이 아니라, 특정한 계급에 고유한 미적 감정의 경험에서 비롯하는 "반미학의 미학esthétique de l'anti-esthétique"이다(Bourdieu, 1984). 기능적이고 윤리적인 판단을 토대로 삼는 이러한 미학은 모든 사회적 준거로부터 해방된 순수한 예술적 형식을 추구하는 부르주아 미학의 대척점에 있으며, 미적 정당성의 아래쪽에 있다.[6] 부르디외에 따르면, 사진은 대상의 '사실주의적 재현'을 제공하는 기술적 특성상 일어났던 일을 의례적으로 기록하고 보존함으로써 집단 기억을 생산하고 공동체의 통합을 촉진하는 장치라는 사회적 정의définition sociale를 부여받았다. 그가 사진이 문화적 정당성의 위계 안에서 고급문화에 이를 수 없는 '중간'에 위치한다고 본 이유도, 그것이 사회적 기능을 충족시키는 '수단'의 예술이기 때문이었다.

---

6 '반미학의 미학'이 부르디외가 그 자신과 동료들이 실제 수행한 조사 연구의 다면적인 결과를 다소 환원론적으로 무리하게 종합해 내놓은 명제라는 비판도 있다(Boutet, 2009: 199～202).

위험에 빠진 문화?

가치 판단을 배제하고서 문화의 사회적 기능과 활용을 분석하려 했던 부르디외의 원래 시도는 그가 제한 생산 부문과 대규모 생산 부문이라는 범주를 제시하고, 시장의 성격에 따른 생산 방식상의 차이가 문화 산물의 미학적 특질을 결정한다는 가정을 더하면서 미묘하게 변화한다. 제한 생산 부문과 대규모 생산 부문의 구분은 결국 '자율적인 고급문화'와 '상업적인 대중문화'라는 프랑크푸르트 학파식의 이분법을 암묵적으로 되풀이하는 셈이기 때문이다(Adorno, 1991). 부르디외가 보기에, 장기적인 전망 아래 상징자본을 위한 투자가 이루어지는 제한 생산 부문에서는 자율적인 생산자들이 비판적이고 혁신적인 창작 활동을 수행할 수 있다. 반면 당장의 상업적 성공을 위한 치열한 경쟁이 펼쳐지는 대규모 생산 부문에서는 타율적인 생산자들이 표준적이고 동질적이며 선정적인 작품들을 확대 재생산할 따름이다. 이처럼 새로운 범주의 도입과 더불어 애당초 '문화적 정당성의 위계'라는 관념 속에서 상대화되었던 예술과 대중문화 사이의 질적 분할선은 다시 뚜렷해진다. 실제로 1980년대 말 이후 부르디외는 다양한 문화 영역에서 시장에 대한 자율성을 확보하고 비상업적인 제한 생산 부문을 활성화시켜야 한다고 주장하며, 이를 위한 물적 기반으로서 공공 지원과 국가의 중요성을 강조한다(Bourdieu, 1992a: 후기). 이러한 논의에서는 (순수 예술을 포함한) 고급문화에 대한 부르디외의 일정한 입장 변화가 읽힌다. 문화적 정당성 이론이 함축했던 비판의 요체는 지배 계급이 향유하는 고급문화가 (특히 학교 제도를 통해) 모든 사회 구성원들에게 정당한 것으로 부과됨으로써 문화적 지배가 일어난다는 것이었다. 그런데 이제 부르디외는 비상업적인 제한 생산 부문에서만 형성 가능한 고급문화가 미학적 진보의 표상이자 인류의 보편적 성취라고 주장한다. (→ 노트 3: '고급문화'의 특수성과 보편성) 이렇게 비판의 무게 중심은 피지배 계급이 고급문화에 접근할 수 있는 경제적·문화적 여건을 제대로 보장받지 못하는 현실 쪽으로 이동하며, 그는 이러한 불평등을 개선하는 데 국가의 중요한 임무가 있다고 역설한다. 이와 같은 견지에서 말년의 부르디외가 적극적인 사회 운동에 나섰음은 잘 알려진 사실이다.

대중문화의 문화적 정당성이 강화되는 한편 지배적 정당성 위계가 상대화되었다는 것은 대중문화의 '미학적 수준'이 기존의 위계에 비추어 높아진 것 못지않게, 혹은 아마도 그 이상으로, 문화와 의식 영역에 대한 자본주의 체제의 장악력이 커졌다는 징후이기도 하다. 문화적 정당성 이론의 틀 안에서는 다루기 까다로운 이 현상 앞에서 부르디외는 과학적 객관성의 요구에서 벗어나 신자유주의 비판이라는 정치적인 입장 선택을 서슴지 않았다. 같은 맥락에서 그는 자유 시장에서 최대 이윤만을 추구하는 거대 기업들이 문화생산 영역을 통제하면서 문화적 동질화와 하향 평준화, 그리고 탈정치화를 초래한다는 대중문화 비판론을 제기한다. 그런데 그의 논리는 대규모 생산 부문에서의 시장 경쟁과 상업화가 문화 산물의 질에 끼치는 악영향을 우려할 뿐, 그것을 대중이 과연 어떤 식으로 소비하고 또 전유하는지 충분히 고려하지 않는다는 약점을 지닌다. 부르디외는 대중문화에 대한 대중의 수요와 욕구 문제에 대해서도 구조적인 설명을 간략히 제시하는 데 그칠 따름이다. 즉 중간 계급 출신의 문화생산자 집단이 생산, 유통시키는 대중문화 상품은 기본적으로 경제자본과 문화자본의 양이 적은 계층의 취향에 조응한다는 것이다. 부르디외가 보기에, 그 이상의 광범위한 대중문화 소비는 광고와 PR, 마케팅 등 다양한 수요 창출 기법을 매개로 부추겨지는, 공급에 대한 반응에 불과하다. 대중의 수동성에 대한 부르디외의 이러한 가정은 생활 여건과 교육 수준의 전반적인 향상이라든지 각종 미디어의 발전이 가져온 변화상을 제대로 감안하지 못하는 경직된 결정론에 가깝다(장미혜, 2001; 주형일, 2001 참조).

행위 주체로서 대중이 지니는 역량에 대한 과소평가는 부르디외가 미학적 진보와 비판의 원천을 비상업적인 고급문화 영역에서만 구하는 데서도 나타난다. 그와 같은 시각이 갖는 현실적 타당성을 완전히 부인할 수 있는 것은 아니다. 다만 그럼에도 불구하고 대중이 문화 소비와 활용을 통해 발현할 수 있는 상징적 창조성symbolic creativity을 도외시한다면, 이는 학문적으로도 정치적으로도 적절하지 않다. 대중문화의 소비와 활용에 주목해야 한다는 것은 단순히 개인들이 문화 상품을 일상생활에서 어떻게 쓰고 있는지에 대한 경험적인 연구가 필요하다는 말이 아니다. 그것은 지배 관계를 재생산하기 위한, 또 그에 대응하거나 저항하기 위한 사회적 상호 작용이 대중문화를 통해 어떻게 조직

되고 있는지를 구체적으로 분석해야 한다는 뜻이다. 그러한 탐구 없이 이루어지는 대중문화 비판은 엘리트주의적 비관론이나 구조적 환원론에 머물 위험성이 크기 때문이다. 문화연구자 폴 윌리스Paul Willis는 해석, 창조성, 상징적 실천이 소비의 일부이며, 문화 상품의 의미와 효과는 소비의 사회적 맥락과 거기 개입하는 상징적 창조성에 따라 크게 달라질 수 있다고 주장한다. 다양한 상황에서 대중이 특정한 대상과 실천을 선택하고 변형시키며 새로운 의미를 생산하는 창조적 소비는 기층 미학grounded aesthetics을 빚어낸다. 윌리스에 따르면, 그러한 미학은 감각, 재미, 즐거움, 욕망 등을 통해 작동하는 생생하고 역동적인 경험이자 일상적 사회관계와 통속적 공통 문화common culture의 주된 구성 요소다 (Willis, 1990: 21~26).

전략적 반미학을 위하여

부르디외의 사회학적 미학은 기능 대 형식, '사회적인 것' 대 '미학적인 것'이라는 모더니즘적 이항 대립 위에서 작동한다. 거기서 사회적 기능과 미학적 범주는 서로를 배제하는 자리에 놓인다. 기능 중심의 민중 미학이 '반미학의 미학'이라는 부르디외의 정의는 그러한 대립 구도를 단적으로 드러낸다. 또 그것은 파스롱의 시선으로 보자면, '사회학적 객관화'의 실천 속에서 지배적인 정당성 위계를 승인하고 재생산하는 일이기도 하다. 그런데 반미학의 미학은 민중 계급의 에토스에서 비롯한 '무의식적 반미학'으로서만 존재하는 것이 아니다. 예술의 역사를 돌이켜볼 때, 예술가들이 의식적으로 구현한 일종의 '전략적 반미학' 또한 꾸준히 있어 왔다. 이를 단순히 예술 장 내에서의 차별화 전략의 하나로만 간주한다면, 그 발생 원인에 대한 일부 설명은 될 수 있을지 몰라도, 그 의의에 대한 정확한 이해의 바탕은 마련할 수 없을 터다. 예컨대, 사회학자 자크 린하르트Jacques Leenhardt는 1960년대 이후 많은 사진가들이 다양한 시도를 통해 사진이 지닌 사회적인 기능성을 미학적인 가치로 변모시켰다고 주장한다. 그는 아마추어들이 삶 속에서 찍은 사진을 이용해서 다시 상징화한 크리스티앙 볼탕스키Christian Boltanski의 작업이라든지, 일상적인 대상이나 사건에 대한 다큐멘터리 사진을 통해 한 사회와 시대의 특이성을 보게 만드는 마틴 파Martin Parr의 작업(그림 3) 등을 그 예로 든다. 린하르트에 따르면, 사진작가들의 미학적 투쟁은 사진들의 표면에 새겨지는 '사회적인 것'의 흔적을 지워 버리는 것이 아니라, 거기에 고유한 복합성을 부여하는 것이었다. 그 결과, '사회적인 것'이 이미지 안에서 새로운 미학의 토대를 구성하기에 이르렀다. 린하르트는 문화적 정당성 이론이 객관적인 관점에서 '예술을 위한 예술'이라는 태도의 정당성을 수용하며 기능과 형식을 상호 배타적인 범주로 설정했을 때, 일군의 예술가들은 바로 이 '중간예술'의 기능성과 사회성에 대한 미학적 인정을 위해 투쟁했다고 지적한다. 그리고 이는 '사회적인 것'을 또 다른 정당화 준거로 정립했다는 것이다(Leenhardt, 2008). (→ 노트 4: 하위 장르의 고유한 정당성)

그림 3 위의 두 이미지는 부르디외가 《중간예술》에 민중 미학의 사례로 실은 일반인의 관광지 기념사진들이다. 부르디외에 따르면, 이러한 사진들은 인물의 예외적 시간과 신성화된 장소의 만남을 기리며, 피사체들을 모두 숭엄하게 만드는 외생적 기능에 따른다. 이때 이국적 풍경이나 유명한 기념물(에펠탑, 개선문 등)은 상징적 이익을 낳는 기호 내지 장식으로 여겨진다. 아래의 이미지는 마틴 파의 연작 사진집 《작은 세상*Small World*》(1994)의 표지로, 사진 제목은 〈아테네의 아크로폴리스〉(1991)다.
이 컬러 다큐멘터리 사진은 파르테논 신전 앞에서 한국인 단체 관광객이 기념 촬영을 하는 순간을 포착한다. 그 뒤에는 관광 가이드의 설명을 듣는 한 무리의 서양인 관광객들이 모여 있다. 이 사진집에서 작가는 전 지구화된 관광 산업에 대한 비판적 시선을 드러내는 한편, 소비사회 대중의 욕망과 정체성, 계급적 생활 양식을 풍자적으로 조명한다.
위의 이미지에서 부르디외가 '사회적인 것'을 '미학적인 것'에 대립시킨다면, 아래의 이미지에서 파는 '미학적인 것'을 구축하기 위해 '사회적인 것'을 적극적으로 도입한다.

린하르트가 사진계의 사례를 통해 잘 보여 주듯이, 어떤 예술가들은 주어진 문화적 정당성의 위계를 문제 삼고 그 자의성을 성찰하며 새로운 미학을 정초하기 위해 지속적인 상징투쟁을 벌여 왔다. 이 과정에서 '미적인 것'으로 공인받지 못한 평범한 대상, 상황, 관점에 가치를 부여하려는 시도는 초현실주의에서부터 (네오)아방가르드, 사회 예술, 공공 예술에 이르기까지 오랜 전통을 쌓아 왔다. 또 그와 병행해 많은 비평가, 철학자들이 일상적 기능과 감각적 즐거움을 중심에 놓는 미학과 예술에 대한 접근법을 탐구하고 있기도 하다. '일상의 미학,' '삶의 미학,' '서민vernacular 미학' 등, 여러 이름 아래 예술 영역에서 의도적으로 수행되고 논의되는 '반미학의 미학'을 우리는 '전략적 반미학'으로 통칭할 수 있을 것이다. 이제 그것이 거둔 성과를 무시하고서 문화적 정당성의 위계를 사유하기란 몹시 어려워졌다. 물론 예술철학자 래리 샤이너Larry Shiner의 진단처럼, 다양한 노력에도 불구하고 대안적인 예술 체계는 아직 확립되지 않았으며, 순수 예술의 규범은 파괴되거나 대체되지 않았다. 하지만 그렇기 때문에 예술작품의 자율성이나 정제된 미적 감성 같은 서구 주류 미학의 범주들이 여전히 더 우월하다고 확인하는 데서 더 나아가지 않는다면, 이는 지배중심주의, 정당성주의의 혐의를 피해가기 힘들 것이다. 사실 기존의 자율적인 순수 예술의 규범과 이상을 재차 승인하거나 혹은 애써 부인하는 일 자체가 중요한 것은 아니다. 진정한 문제는 우리가 형식, 개념, 정신적 즐거움에 기능, 기술, 감각적 즐거움을 어떻게 결합시킬 수 있는지, 또 예술의 정의를 얼마나 더 확장시킬 수 있는지 끊임없이 모색하는 일일 터다(Shiner, 2001/2015: 5부와 맺음말).

대중문화의 가속적인 상업화와 지배력 확장 앞에서 부르디외는 비상업적인 문화생산 부문의 보호를 역설하고 자율적인 고급문화와 이른바 '순수 예술'의 부정성을 옹호했다. (→ 노트 5: 장의 자율성과 예술의 순수성) 이는 대중문화의 질적 하락과 폐해에 대한 신랄한 비판과 함께 이루어졌다. 후기 자본주의 체제가 문화예술 영역을 새로운 이윤 창출의 블루 오션으로 잠식해 들어가고, 시장 자유와 무한 경쟁과 경제 우선의 이데올로기를 대중의 상식으로 부과하게 된 상황에서 그러한 반응은 충분히 이해할 만하다. 하지만 그것이 다방면의 공격에 의해 약화된 지배적 미학의 성채를 방어하는 소극적인 방식으로만 진행된다면 과연 얼마나 효과적일 수 있을지 의문스럽다. 그것은 부르디외가 누누이 강조한 사회학적 현실주의의 태도와도 어울리지 않는다. 기존의 문화적 정당성의 위계가 상대화되고 대중문화의 지위가 상승하는 지금, 오히려 이 '반예술의 문화,' '반미학의 미학'이 갖는 사회적 의의와 영향력을 최대한 살릴 수 있는 방향을 고민하는 편이 합당하지 않을까? 새로운 경제주의적 통념이 문화적 가치를 전도시키는 경향이 문제적이라면, 그 가장 큰 수혜자라 할 수 있는 대중문화를 통해 그러한 통념을 도리어 침식하려는 전략이 필요하지 않을까? 시장만이 '사회적인 것'이 예술에 개입하는 유일한 형식일 수 없다는 진실을 널리 알리는 데는 '시장의 예술'인 대중문화가 가장 유용하지 않을까? 이러한 관점에서라면 순수 예술과 대중문화와 일상 문화를 새로운 미학적 기준들 위에서 좀 더 긴밀한 연속체, 나아가 통합체로 만들려는 노력이 절실한 것으로 보인다. 물론 이는 대중문화의 부정적인 면모라든지 엄연히 작동하는 문화적 지배와 차별의 현실을 모른 체하고 '정신 승리'하자는 주장이 아니다. 다만 분명한 점은 우리가 계속 '순수 예술'과 '대중문화'를 대립시키고 미적 부정성을 전자에서만 구하는 관행적 사고방식에 머무른다면, 현실의 개선은 고사하고 사유의 진전조차 이루기 어려울지 모른다는 것이다.

노트 1 | 문화예술의 소비

1984년 부르디외는 프랑스의 대표적 백과사전《앙시클로페디아 위니베르살리스*Encyclopaedia Universalis*》의 '예술' 부분에 '문화적 소비'라는 항목 해설을 게재한다. 이 짧은 기사는 그가 문화예술의 소비와 관련해 《예술 사랑》에서 《구별짓기》에 이르기까지 1960년대 이후 오랜 기간 수행한 여러 경험 연구의 핵심을 요약한다는 점에서 각별히 주목할 만하다(Bourdieu, 1984). 우선 그는 자신의 작업을 바탕으로 크게 세 가지 사회학적 사실을 구축한다. 첫째, 독서, 음악 감상, 전시회 관람, 미술관 방문 등 모든 문화적 실천은 일차적으로는 행위자의 교육 수준(학위와 수업 연한)에, 그리고 부차적으로는 출신 계급에 밀접히 관련된다(사실 학교 교육의 기간과 성취도는 출신 계급에 달려 있다)는 것이다. 정통 문화처럼 공식 교육 체계 내에서 인정받고 가르쳐지는 문화적 실천의 경우, 가정 교육보다 학교 교육의 영향이 더 큰 반면, 아방가르드 문화의 경우, 사회적 출신 배경의 영향이 공식 교육보다 한층 강력하게 나타난다. 둘째, 문학, 음악, 미술, 사진, 영화, 디자인 등, 각종 예술 형식의 위계 구조, 그리고 개별 예술 내부에서 장르, 유파, 시대 등에 따른 위계 구조는 그 소비자들의 사회적 위계 구조와 상응한다는 것이다. 이로 인해 취향은 계급의 특권적인 지표로 기능할 수 있다. 셋째, 미학적 소비 면에서 관찰되는 취향과 실천의 대립 구조가 식사와 같은 일상적 소비에서도 동일하게 나타난다는 것이다. 이는 겉으로 서로 무관해 보이는 음악, 요리, 회화, 스포츠, 문학, 미용, 실내 장식에서의 선호 같은, 사람들의 상이한 선택 행위에 응집성을 부여하는 관계가 존재한다는 뜻이다. '정당한 문화culture légitime'의 신성한 경계에 의해 마치 별개의 것인 양 여겨지는 미학적 소비는 이렇게 해서 일상적 소비와 연속선상에 놓인다(Bourdieu, 1979/1995; Bourdieu & Darbel, 1966; 이상길, 2016; 홍성민, 2012: 3장 참조).

이 세 가지 사회학적 사실은 다시 문화예술에 대한 부르디외의 논의에 모종의 이론적·철학적 명제 들을 끌어들인다. 즉 그는 첫 번째 사실과 관련해 문화적 욕구와 능력이 근본적으로 교육의 산물이라고 전제하고, 두 번째 사실과 관련해서는 사회 계급에 따른 취향의 대립적 분화 원리를 가정하며, 세 번째 사실과 관련해 문화적 취향과 소비를 발생시키는 통일적 원리로서 하비투스 개념을 제기한다. 물론 이 명제들은 서로 긴밀하게 얽혀 있다. 만일 음식 소비에서 예술 취향에 이르는 다양한 성향과 실천의 작동 메커니즘으로서 하비투스가 존재한다면, 그것은 무엇보다도 (가정과 학교에서의) 교육에 의해 형성되며 계급별 차이를 바탕으로 한 지배와 투쟁의 역학 속에 붙들려 있다고 상정되는 것이다. 부르디외에게 문화예술의 영역이 일종의 상징적 전쟁터로 표상되는 이유도 이러한 맥락에서다.

그런데 부르디외의 이론적·철학적 명제들은 과연 충분히 견고한 것일까? 우선 "'눈(안목)'은 교육에 의해 재생산되는 역사의 생산물"이라는 주장에 별다른 반박의 여지는 없어 보인다"(Bourdieu, 1984: 781). 예술 소비는, 부르디외에 따르면, 작품을 매개로 한 예술가와 수용자 간 커뮤니케이션 과정의 계기로서 해독 행위라 할 수 있다. 예술 작품의 내적 논리를 직관적으로 간파하고 기쁨을 느끼기 위해서든, 어떤 시대나 유파, 작가를 특징짓는 스타일을 포착하고 식별하기 위해서든 우리는 가정과 학교에서 습득한 모종의 지각과 평가 도식을 작동시키게 된다. 우리가 작품을 '보는' 능력 또한 가시적인 것을 명명하기 위해 쓸 수 있는 단어들의 지식에 의존한다. 해독은 예술가가 작품의 생산에 이용한 특수한 코드의 명시적이거나 실천적인 숙달을 요구한다. 예술 작품은 문화적 역량을 갖춘, 나아가 작품에 쓰인 코드를 아는 이에게만 진정한 흥미를 줄 수 있다. 그러한 코드를 알지 못하는 수용자는 예술 작품 앞에서 아무런 의미나 이유 없는 소리, 리듬, 선, 색채 등의 혼돈을 경험할 따름이다. 게다가 부르디외는 예술이 발전할수록 생산자 코드의 이해가 작품의 해독과 감상을 위한 필수 요건으로 대두한다고 주장한다. 그에 의하면, "'순수한' 시선은 자율적인 예술 생산 장의 출현과 상관관계를 맺고 있는 역사적 발명이다. 자율적인 예술 생산 장은 생산물의 생산 못지않게 소비에도 고유한 규범을 부과할 수 있는 장이다. 예컨대, 인상주의 이후의 모든 회화처럼, 재현 대상에 대한 재현 양식의 우위를 주장하는 예술적 의도의 산물인 예술은 그 이전의 예술이 조건부로만 요구했던, 형식에 대한 배타적 관심을 단호하게 요구한다"(Bourdieu, 1984: 781). 예술 소비에는 문화적 취향과 능력이 필요하며, 이는 교육을 통한 문화자본의 축적을 요구한다는 것이다.

흥미로운 것은 이처럼 교육에 따라 분화하는 계급 간 취향과 소비의 대립 구조에 관한 논의다. 그 구조와 관련해 부르디외는 크게 두 개의 분할 선을 긋는다. 즉 기본적으로는 민중 계급과 중상류층 사이에 분할 선이 있고, 다시 중류층(프티 부르주아지)과 상류층(부르주아지) 사이에 또 다른 분할 선이 있다. 우선 중상류층 내부를 가르는 축은 정당한 문화의 정당한 습득 양식modes d'acquisition을 둘러싸고 나타난다. 중상류층은 문화예술의 주된 소비자이지만, 그 안에는 상이한 방식으로 정당한 문화를 정의하고 수용하는 두 집단의 이념형적 구분이 가능하다.

한편에는 아주 어릴 적부터 교양 있는 가정에서 정당한 문화를 자연스럽게 접하고 체험하는 유형이 있고, 다른 한편에는 학교 교육을 통해 정당한 문화를 습득하는 유형이 있다. 프랑스 사회에 대한 부르디외의 분석에서 상류층은 대체로 전자에, 그리고 중류층은 후자에 가까운 것으로 나타난다. 그런데 문화적 품격noblesse culturelle에 대한 지배적 정의는 문화예술에 대한 '직접 경험'과 '순수한 탐닉'을 더 가치 있게 취급하며, 책이나 교육에 기댄 지식과 해석은 '현학적'이거나 '교과서적'이라고 평가 절하하는 경향이 있다. 이와 같은 획득 양식의 위계 구조는 상류층 구성원들에게 유리하게 작용한다.

한편 민중 계급과 중상류층을 가르는 축은 좀 더 근본적인 것으로, 부르디외에 따르면, 민중 미학 대 순수 미학, 필요 취향 대 자유 취향, 감각 취향 대 반성 취향의 구도를 띤다. 순수 미학 혹은 칸트 미학의 정확한 대척점에 놓이는 민중 미학은 미학이라기보다는 일종의 에토스이자 반미학이라 할 수 있다. 심미적 판단의 고유한 특성을 무관심성으로 규정한 칸트를 뒤따르면서 순수 미학은 '무사무욕'과 '거리 두기'가 예술 작품을 있는 그대로 인지하는 유일한 방식이라고 여긴다. 이와 반대로 민중 미학은 예술 작품이 명시적으로 어떤 기능을 충족하기를 기대하며 도덕이나 재미를 판단의 준거로 삼는다. 예컨대, 회화나 사진을 평가할 때 민중 계급의 구성원들은 형식보다는 내용에, 재현 방식보다는 재현 대상에, 양식보다는 재료에 초점을 맞추면서 일상생활에서 쓰이는 규범 체계를 동원한다. 그들은 이처럼 '예술의 것'을 '삶의 것'으로 되돌리는데, 이는 부르디외가 보기에, 재현과 픽션을 순진하고 진지하게 믿는 태도에서 단적으로 나타난다. 이러한 맥락에서 부르디외가 돈키호테와 인형극장주 페드로 선생의 에피소드를 민중과 지식인(혹은 중상류층)이 재현 및 픽션에 대해 맺는 관계의 패러다임으로 본다는 사실은 매우 의미심장하다. 소설의 2권 26장에 나오는 이 에피소드에서 페드로 선생의 인형극을 보던 돈키호테는 그것을 현실과 혼동하는 격렬한 감정적 반응을 드러내며 급기야 인형들을 모두 칼로 베어 버린다(Cervantes, 1615/2014: 336~348). 부르디외는 이 장면의 돈키호테를 민중에, 페드로 선생을 지식인에 비유하면서 지식인은 재현 그 자체를 믿지만 재현된 내용을 믿지는 않는 데 반해, 민중은 재현과 그 규약들이 재현된 내용을 믿을 수 있게 해 주기를 요구한다고 말한다. "사실 모든 일은 마치 '민중 미학'(따옴표는 여기서 문제가 되는 것이 즉자적 미학이지, 대자적 미학은 아니라는 점을 의미하기 위해 쓰인다)이 형식에 대한 기능의 종속을 함축하는, 예술과 삶의 연속성에 대한 확언 위에 기초해 있는 것처럼 진행된다. 이는 소설과 특히 연극에서 잘 나타나는데, 민중 계급의 관객은 (……) 온갖 종류의 형식적 탐구와 효과(나는 베르톨트 브레히트Bertolt Brecht의 거리두기라든지 누보 로망Nouveau Roman이 시도한 소설적 줄거리의 해체를 떠올린다)를 거부한다"(Bourdieu, 1984: 781~782).

유의해야 할 것은 부르디외가 이러한 민중 미학이 "자연과 사회 세계의 필연성nécessités du monde naturel et social"을 둘러싼 순진하고 진지한 관계에서 비롯한다고 간주한다는 점이다. 그는 재현 및 픽션에 대한 사람들의 태도가 "세계에 대한 일반적 성향disposition générale"으로부터 기인하고, 그 성향은 다시 특정한 사회경제적 조건을 매개로 사회 공간 내의 위치(계급 및 계급 분파)와 조응한다고 본다. 간단히 말해, 생계유지의 활동에 급급한 민중 계급은 실재에 대해 점착적 에토스를 가지고 재현을 현실과의 직접적 연관성 속에서 파악하는 반면, 경제적으로 여유로운 중상류층은 선택적 거리 두기의 유희적 에토스를 갖고서 재현을 현실과 분리해 파악한다는 것이다. 그리하여 중상류층이 옹호하는 순수 미학은 '윤리적 불가지론'의 형식을 띨 수 있고, 이는 도덕적 위반을 예술적 입장의 일부인 양 다룰 때 명확히 나타난다(이를테면, 창작과 무관한 예술가의 일탈, 방종, 기행奇行조차 예술성의 발현으로 너그러이 받아들여진다). 그것은 또 유미주의의 형식을 취하면서 미학적 성향을 보편적 원리로 구성하고, 사회 세계에 대한 부르주아적 거부를 극단까지 밀어붙일 수도 있다(Bourdieu, 1984: 782). 민중 계급이 세계의 필연성과 맺는 관계에 관한 부르디외의 인식은 이후 《파스칼적 명상*Méditation Pascaliennes*》에서 다시 변주된다. 그 책에서 지식인은 사유를 위한 여가skholē 속에서 현실의 무게를 내던진 채 스콜라적 관점에 빠지기 쉬운 집단으로 나타나는데, 이러한 표상 이면에는 생활의 급박성에 얽매여 미처 사유의 시간을 확보하지 못하는 민중 계급의 존재가 암묵적인 배경으로 깔려 있다(Bourdieu, 1997: 1장).

이 대목에서 우리는 '세계의 필연성'에 대한 관계라는 모호한 관념을 비판적으로 되짚어보지 않을 수 없다. 프랑스어 명사 'nécessité'는 '필요성,' '필연성,' '불가피성,' '긴급성' 등 서로 관련된 여러 의미를 지니며, 옛말로는 '빈곤,' 복수형으로는 '생필품'이라는 뜻도 지닌다. 그러니까 민중은 긴급한 경제적 요구에 짓눌린 나머지, 고유한 작동 논리(필연성)를 갖는 세계에 대해 거리를 두는 자유로운 인식과 유연한 믿음 혹은 유희적 관계를 확보하지 못한다는 것이다. 그런데 지극히 유물론적으로 보이는 이러한 가정은 과연 적절한 관찰에 기반하고서 충분한 설명을 제공하는 것일까? 아니 그 전에 민중 미학을 '실재와 재현에 대한 객관화 능력의 부재'와 '형식에 대한 무시'로 특징짓는 방식이 과연 정당한 것일까? 부르디외의 논리는 과학적이기보다는 철학적이며, 계급 경험의 지나친 단순화와 일반화, 그리고 (구조주의적 사유 원리에 기댄) 과도한 이분법적 미학 범주들에 기초해 있는 것으로 여겨진다. 예컨대, 현실에 대해 여러모로 직접적이고 실용적인 관계에 놓인 계급이라고 해서 재현과 픽션을 단순히 실재의 연장선 위에서만 파악하리라고 추정할 수는 없으며, 그 반대 역시 마찬가지다. 세계에 대한 계급의 '관계 맺기'는 단일하고 투명하고 일률적이기보다, 감정, 상상, 기억, 실천 같은 이질적 요인들의 개입을 통해 이루어지는 복잡하고 불투명하며 다층적인 과정일 터이기 때문이다.

더욱이 부르디외는 기능과 형식, 재료와 양식, 재현 내용과 재현 방식 같은 이항 대립을 문학, 연극, 미술, 음악 등의 예술 영역을 모두 포괄해 적용하며, 심지어 식사, 패션, 인테리어 등 일상적 소비 영역으로까지 확장한다. 통계 자료의 분석은 예술 소비와 일상적 소비에서 동일한 대립 구조가 나타난다는 사실을 보여 준다는 것이다. 이는 통일성을 지니는 계급 하비투스라는 가정을 산출하는 동시에 다시 그것을 매개로 정당화된다. 예를 들어, 예술에서 기능, 소재, 재현 내용에 초점을 맞추는 민중 계급은 식사에서도 양, 재료, 실질성을 중시하며, 따라서 가장 경제적이면서도 배불리 먹을 수 있는 음식으로 향한다. 반면 예술에서 형식, 양식, 재현 방식에 주목하는 중상류층은 식사에서도 질, 차림새, 예법에 중점을 둔다. 민중 계급이 중요시하는 '기능'을 부정하면서 외양과 형식을 부각하는 '스타일'의 진영으로 옮겨가는 것이다. 그 결과, 민중 계급과 중상류층 사이에는 대식 대 소식, 실질 대 격식(플레이팅, 서빙, 매너) 등과 같은 대립, 궁극적으로는 '필연 취향' 대 '자유 취향(혹은 사치 취향)'의 대립이 드러난다.

부르디외는 이러한 대립이 생활의 긴급성에 대해 갖는 거리가 두 계급에서 불균등하기 때문에 생겨난다고 본다. 그의 도식에 의하면, 급박한 삶의 요구에 얼마나 매여 있는지 하는 계급 조건에 따라 구성원들의 하비투스가 달라지고, 바로 이 계급 하비투스가 언뜻 이질적인 것처럼 비치는 여러 영역에서의 실천들에 내적 일관성을 부여한다. 여기에 차이를 통해 정체성(동일성)을 구축하는 사회 공간 내의 '구별짓기' 논리가 겹쳐진다. 계급 간 이 차별화 경쟁에서 가장 탁월한 효과를 가져오는 것은 (예술 분야만이 아니라) 범속한 일상에서의 다양한 선택(요리, 패션, 장식)에서도 순수 미학의 원리를 적용해 대상을 미학적으로 구성할 줄 아는 능력이다. 부르디외는 중상류 계급이 미학을 윤리에 병합하는 민중적 성향을 완전히 전도시키며 기능과 내용보다는 형식과 양태를 우선시함으로써, 생활 방식 자체에 고유한 스타일을 부여하고 스스로를 민중 계급과 차별화한다고 주장한다.

부르디외는 미학적 소비와 일상적 소비를 연속선상에서 통일적으로 다루는 이러한 사회학적 분석에 큰 의미를 부여한다. 그것이 칸트 이래 공식 미학의 기초에 있는 '경박한 감각적 쾌락' 대 '정화된 반성적 쾌락'이라는 이분법을 기각하기 때문이다. 공식 미학은 감각적 쾌락을 거칠고 속되고 열등하고 맹목적인 것으로 평가절하 내지 부정하는 한편, 반성적 쾌락이야말로 진정한 인간적 승화 능력의 척도이자 도덕적 탁월성의 상징이라고 간주한다. 그리하여 예술과 예술 소비는 우리가 알든 모르든 원하든 원치 않든 "사회적 차이의 정당화라는 사회적 기능"을 수행하는 경향이 있다는 것이다(Bourdieu, 1984: 782). 이와 같은 맥락에서 문화적 소비 영역 안에서 암묵적으로 작동하는 위계를 거부하고 나아가 그 저변에 깔린 공식 미학의 편견을 비판하면서, 문학이나 미술의 소비와 음식, 장식품 등의 소비 사이에 존재하는 연관성과 응집성을 발견하는 사회학적 시선은 분명히 탈신비화 효과를 생산할 수 있다.

그럼에도 부르디외의 분석이 특정한 하비투스가 빚어내는 다양한 소비 간 공통분모를 확인하는 데 지나치게 치중한 나머지, 역으로 이질적 영역에서의 소비 실천이 갖는 특수성을 충분히 고려하지 못하고 있다는 비판 또한 가능하다. 예컨대, 그가 중상류층의 식사 행위와 미술 감상 행위에서 드러나는 형식 중심적 통일성을 강조할 때, 둘 사이의 숱한 미시적 차이들과 그 의미에 관한 질문은 시야에서 사라진다. 식사와 비교해 미술 감상에는 체계적인 지식과 코드의 이해가 필요하다든지, 미술 감상과 달리 식사는 요리라는 창작 과정을 수반하며, 몸의 욕구와 충동, 기억과 요령, 일상적 사회성 등에 깊이 연루되어 있다든지 하는 문제 말이다. 이러한 차이의 양상들이 하비투스의 응집성과 특별히 관련이 없거나 때로는 그 반대 증거를 제공한다는 이유로 무시될 때, 부르디외의 도식은 문화적 소비의 적절한 분석을 가로막는 장애물로 작용할 수 있다. 식사와 미술처럼 이질성이 큰 소비 실천뿐만 아니라, 같은 예술 범주에 속하는 장르들의 소비 실천 역시 마찬가지다. 이를테면, 소설 독자나 연극 관객에게서 나타나는 '재현 내용' 자체에 대한 관심과 '그럴듯한 재현'에 대한 요구는, 음악이나 미술 관객의 요구에 비해 훨씬 더 강력하고 광범위하며 다양한 계급을 망라한다고 말해야 하지 않을까? 이 점에서 부르디외의 분석은 코드가 상이한 장르들을 무리하게 동일한 소비 방식으로 요약하고 단순화해 설명하는 한계를 보인다(이상길, 2014, 2018a: 274~276).

노트 2 | '중간예술'로서 대중문화

대중문화에 대한 부르디외의 논의는 기본적으로 《중간예술》을 준거로 삼고 있다. 이 책에서 부르디외는 1961~1964년 동료들과 함께 수행한 인터뷰와 설문 조사, 모노그래피 등을 바탕으로 다양한 계급과 사회 집단이 사진 찍기를 어떻게 실행하는지, 또 사진에 대해 어떤 인식과 수용 양상을 보이는지 세밀하게 분석한다. 그 결과에 따르면, 사진은 예술적 위계의 중간쯤에 위치한, 중간 계급의 예술이라는 이중적 의미에서 '중간예술'이라는 것이다. 상향 이동한 중간 계급의 구성원들(그리고 가족적·공동체적 통합이 불완전한 독신자들)만이 사진을 사회적인 기능 면에서가 아닌, 미학적 가치의 차원에서 바라보고, 사진 찍기를 독자적인 예술 활동으로 받아들인다. 농민과 노동자층은 사진을 공동체의 결속, 특히 가족의 단합을 확인하거나 강화하는 의례적 기능의 차원에서 인식하고 활용한다. 이를테면, 사진 찍기는 졸업식이나 결혼식, 가족 여행 같은 특별한 사건을 계기로 이루어지고, 그러한 범위를 벗어난 피사체의 촬영은 별로 '좋은 사진'으로 여겨지지 않는다. 한편 상급 관리자나 경영자 같은 부르주아지 역시 사진에 대해 민중 계급과 유사한 태도를 보인다. 이런 면에서도 사진은 'art moyen'이라 할 수 있다. 프랑스어 'moyen'은 '중간'이라는 의미 외에 '수단'이라는 의미도 있다(Bourdieu et al., 1965/2004; Boutet, 2009: 184).

노트 3 | '고급문화'의 특수성과 보편성

부르디외에 따르면, 일상생활 속에서 문화적 지배는 문화 재화의 소유 여부, 선호 장르, 소비 양식 등 여러 차원에서 일어난다. 예를 들면, 어떤 문화 재화를 얼마나 가지고 있는가(부르주아지는 미술품을 소유하지만, 지식인은 그렇게 하지 못한 채 감상과 비평을 통해 상징적으로만 전유한다), 어떤 부류의 문화 재화를 선호하는가(지식인은 '예술성'을 더 높게 평가받는 '작가 영화'를 즐기고, 민중은 오락물로 간주하는 할리우드 블록버스터를 즐긴다), 어떤 식으로 문화 재화를 소비하는가(똑같은 오락 영화를 보고서도 지식인은 그것을 심오하게 해석하고 의미 부여함으로써 민중과 차별화한다)와 같은 기준에 따라 사회 집단 간 구별짓기가 이루어지고, 이는 단순한 객관적 차이의 확인을 넘어선 우열의 비교와 평가로 이어진다. 계급별로 서로 다르게 나타나는 문화 재화의 소유, 소비, 이용 양식은 계급 간 상징적 경계와 배제, 차별을 낳는 것이다. 부르디외에 따르면, 그러한 게임에서 활용되는 문화적 위계질서의 상위에 놓이는 고급문화는 일반적으로 부정négation에 의해서 정의된다. 즉 그것은 실용적 기능이라든지 감각적 쾌락만을 위한 통속적인 문화 형식들과의 거리 두기에 의해 규정된다. 그리하여 특정한 문화 형식은 그 존재 의의가 순전히 일상에서의 쓸모만으로 환원되지 않을수록, 또 그 가치가 눈요기나 재미, 일시적 쾌감만으로 축소되지 않을수록 더 '고급스러운' 것이 된다. (이를테면, 비평가는 문학이 '쓸모없음의 쓸모'를 가진다거나, 억압 없는 세계를 '꿈꾸게' 만든다고 말함으로써 단순한 재미나 교훈을 주는 데 머무르는 '저급한' 형식에서 벗어나도록 만든다.) 사회적으로 고급이라고 여겨지는 문화 형식들은 세련되고 계발된 취향에 의해서만 평가될 수 있으며, 그러한 취향은 자본 총량이 많은 지배 계급에게서 주로 나타난다. 지배 계급의 성원들은 가정과 일상생활에서 다양한 문화 소비와 예술 감상을 통해 자연스럽게 '탁월한' 취향을 획득할 개연성이 크기 때문이다. 반면 자본 총량이 적은 피지배 계급은 지배 계급이 부과하는 문화적 위계질서의 정당성을 인정하면서, 지배 계급의 취향을 우월하고 생래적인 것으로 오인한다. 부르디외가 보기에, 문화적 지배는 이 과정에서 자연스럽게 관철되는 권력 효과다.

그렇다면 고급문화는 순전히 구별짓기의 도구이자 지배의 수단에 불과할 따름일까? 우리는 예컨대, 고급문화와 통속 문화 간에 질적 차이를 논할 수 없다는 상대주의적 입장에 서야 하는 것일까? 대략 1980년대까지만 해도 부르디외가 이러한 입장에 가까웠다면, 이후 부르디외는 자율적 장을 통한 문화의 역사적-보편적 발전이라는 입장 쪽으로 나아간 것으로 보인다. 이러한 맥락에서 그는 문화에 무언가 '보편적인 것'이 존재한다면 그것은 바로 "금욕적 고행ascesis"이라고 주장한다. 부르디외에 따르면, "어디서나 문화는 자연에 맞서, 달리 말해, 노력과 훈련과 고통을 통해 구성된다. 모든 인간 사회는 자연 위에 문화를 놓는다. 그래서 만일 우리가 아방가르드 미술이 교외의 쇼핑몰에서 파는 석판화에 비해 우월하다고 말할 수 있다면, 이는 후자가 역사 없는 생산물(혹은 부정적 역사negative history의 산물, 즉 이전 시대 고급 예술의 누수divulgence에 따른 결과물)이기 때문이다. 반면에 전자는 상대적으로 누적적인, 이전 예술 생산의 역사에 통달한다는 조건에서만 접근 가능한 것이다. 그 역사는 현재에 이르기 위해 필수적인 거부와 초월의 끝없는 연속(……)이다. 이러한 의미에서 우리는 '고급' 예술이 더 보편적이라고 말할 수 있다"(Bourdieu & Wacquant, 2014/2015: 160). 이처럼 부르디외는 문화예술을 철저히 역사적으로 이해하는 관점에 설 때야만 그것의 보편성을 정확히 파악할 수 있다고 역설한다. 문화는 무엇보다 '역사적 문화'이며, 따라서 현 단계의 성취와 필연성은 그 이전의 선행한 것들, 그리고 동시대의 것들과의 관계 속에서만 이해 가능하다는 뜻이다. 이러한 관점에서 보자면, 좋은 수용자와 비평가는 많은 작품 감상과 예술가에 대한 지식을 기반으로 당대의 예술 장에 새겨진 제약과 가능성을 예술가 못지않게 잘 파악하는 한편, 예술 장의 역사 안에서 이미 이루어진 것을 알고 있기에 진정한 새로움과 독창성을 가짜 단절이나 기회주의적인 재탕으로부터 구분해 낼 능력을 갖춘 사람이라고 할 수 있을 것이다.

노트 4 | 하위 장르의 고유한 정당성

사진, 영화, 만화, SF 등 신생 장르나 하위문화 장르는 어느 시점부터, 다른 문화예술 장르와 마찬가지로, 상대적으로 독립된 소세계를 구축하게 된다. 각 장르의 고유한 (하위) 장이 형성되는 것이다. 부르디외에 의하면, 문화생산 장의 일반 법칙에 따르는 그러한 공간은 비평가, 이론가, 역사가, 잡지, 상 등 그 장르만의 공인 심급들을 포함하며, 이 심급들은 특수한 정당성을 구성한다. 즉 다양한 행위자들이 장르의 이론을 정리하고 역사를 기록하며, 작가의 전기를 쓰고, 가치와 규칙과 코드를 체계화해 좋은 것과 나쁜 것을 구분하고, 특정한 유형을 정전으로 구축하며 '진정한' 작품을 선별해 내는 과정에서 정당성 기준이 정립되는 것이다. 또 유파와 단체라든지 잡지, 총서 등은 중요한 토템이자 집합소처럼 기능하면서 장 내부의 주요 위치들을 가늠하게 해 준다. 그리하여 이후에는 우리가 장의 역사를 모르면 그 장의 생산물을 더 이상 제대로 이해할 수 없는 단계에 이른다. 장에 고유한 전통과 문화가 생산물 안에 지속적으로 투여되기 때문이다. 이는 작품에서 새로운 특징이 나타나는 과정을 수반한다. 장르 특유의 역사와 선구자를 인용하고 참조하는 현상이라든지, 정치적·철학적 메시지를 담는 지성화 경향, 주류 예술의 특성과 스타일을 이식하려는 야심 등이 그것이다. 그리하여 어떤 작품도 개별적이고 고립적인 방식이 아닌, 장르 역사 전체에 대한 지식을 바탕으로 해서만 정확한 이해와 평가가 가능해진다. 또 그러한 지식이 없는 생산자 혹은 수용자는 지나치게 순진하거나 무지한 사람으로 전락한다(Bourdieu, 1985a).

사실 장의 역사와 상태에 대해 통달하지 않고는 탁월한 생산자가 될 수 없다. 이러한 논리의 연장선 위에서 부르디외는 문화자본이 많아야만 상징혁명가가 될 수 있다는 점을 거듭 강조한다(Bourdieu, 2013). 한편 수용자는 크게 두 층위로 분화하는데, 일차적 수준에서 소비하는 '평범한 수용자'와 장르의 역사를 참조하고 미세한 장르 내적 변주를 해독하면서 이차적 수준에서 감상하는 '유식한 수용자'가 그것이다. 진짜와 가짜, 고상한 작품과 저급한 작품을 식별할 수 있는 유식한 수용자는 생산자가 장르의 전통 및 제약과 어떤 게임을 벌이며 차별성을 구축하는지 파악하면서 즐거움을 느낀다. 유식한 수용자의 팬덤은 특히 특정한 장르 안에서 아방가르드 분파가 출현하고 발전하는 데 결정적인 역할을 수행한다. 부르디외는 예컨대, 19세기 프랑스에 학생, 도제, 보헤미안 등의 집단이 없었더라면 아방가르드 문학은 없었을 것이라고 지적한다. 그러한 공중은 아방가르드 작가들에게 물질적·상징적 지원을 제공하는 한편, 미학적 실험과 급진적 지향에서 후퇴하지 못하도록 통제함으로써 아방가르드 문학을 가능하게 했다(Bourdieu, 1985a; 1992a: 84~89). 미국 영화 장 내 실험 영화 분파라든지, 프랑스 미술 장 내 초현실주의 분파 같은 경우도 사정은 비슷하다. 전문 잡지를 구입하고, 전시와 행사에 참여하고, 작품을 수집하는 아방가르드 공중은 아방가르드 예술이 시장의 제재를 벗어나 존립할 수 있도록 뒷받침하는 가장 강력한 기반이다.

장르와 작가를 재평가하는 비평지, 전시 공간, 교육 프로그램, 아카데미, 상 등의 출현과 더불어 하위문화는 나름의 고유한 공간을 구성한다. 그런데 부르디외가 보기에는 이 공간 역시 "정당성의 신성한 회로"로부터 빠져나가기 쉽지 않다. 공식 문화, 주류 문화에 특유의 정당화 원리가 내재하듯, 하위문화에도 그러한 원리가 작동한다. 게다가 역설적인 것은 하위문화의 정당성이 그 평가 기준과 형식 등에서, 거의 패러디에 가깝게, 정통 문화의 질서를 수입, 모방한다는 점이다. 예컨대, 라디오 방송에서 재즈는 마치 고전 음악처럼 연주자, 녹음 날짜 등의 세세한 정보 아래 소개된다. 또 문화 비평에서 만화는 주류 소설이나 다를 바 없이 작가, 형식, 사조 등의 특성에 따라 해석된다. 부르디외는 문화적 위계질서를 공격하고 문제시하는 하위문화가 이처럼 주류 문화의 정당화 원리를 그대로 차용하는 태도에서 "지배의 역류 효과"를 본다. 동시에 그는 이러한 아이러니에도 불구하고 하위문화가 지배적인 문화 구조를 변화시키는 핵심 요인이라는 사실은 여전히 남는다고 지적한다(Bourdieu, 1985a).

노트 5 | 장의 자율성과 예술의 순수성

부르디외가 주창하는 예술 장의 자율성은 때로 '순수 예술'과의 혼동 아래 비판의 대상이 되기도 한다. 즉 그가 정치와 무관한 예술의 순수성을 옹호했다는 것이다. '예술을 위한 예술'의 출현이 19세기 후반 프랑스 문학 장의 자율화 과정에서 결정적이었다고 보는 부르디외의 시각은 그러한 오해의 근원을 제공한 것으로 여겨진다. 《예술의 규칙》에서 그가 역사적으로 문학 장이 자율성을 확보하는 데 모든 외적·세속적 가치와 규범을 거부한 유미주의자들의 역할이 중요했다고 주장한 것은 사실이다. 부르디외는 그렇게 생겨난 자율적 문학 공간이 특히 초창기에 비정치적이고 엘리트주의적인 성격을 띠었다는 점 또한 부인하지 않는다. 하지만 《예술의 규칙》은 이후 장의 구조가 점차 확고해지면서 19세기 말 졸라와 그의 동료들이 드레퓌스 사건에 항의하는 제도적 기반으로 활용할 수 있었음을 강조한다. 지적·예술적 자율성과 전문성은 그들의 정치적 참여에 권위와 정당성을 부여했고, 그 결과 순수성과 정치성을 결합한 근대적 '지식인'의 원형이 탄생했던 것이다. 따라서 장의 자율성에 대한 부르디외의 지지를 단순히 예술의 비정치성에 대한 옹호와 동일시한다면 곤란하다.

예술 장의 자율성을 추구해야 한다는 말은 예술이 순수해야 하고 정치나 사회 문제는 될 수 있는 한 멀리해야 한다는 주장이 아니다. 그것은 예술이 예술계 내부의 잣대(고유한 상징자본)에 따라 평가받고, 그 평가에 걸맞은 인정과 보상, 혹은 제재를 받을 수 있는 체계를 확립해야 한다는 뜻일 따름이다(여기서 예술을 문학, 과학, 혹은 철학 등으로 바꿔놓을 수 있을 것이다). 부르디외의 관점에서 예술 장의 자율성 증가는 예술 실천에 크게 두 가지 경향을 불러온다. 하나는 자기성찰성의 심화이고, 다른 하나는 지배 비판적 성격의 강화다. 예술 장의 자율성이 높아지고 그럼으로써 예술가들의 내부 경쟁이 고유한 상징자본(예술자본)의 독점을 둘러싸고 벌어질수록 상징자본의 정의는 가장 중요한 쟁점으로 부상할 수밖에 없다. 상징자본을 어떻게 정의하는가에 따라 각 행위자가 가지는 자본의 보유량 또한 현격히 달라질 수 있기 때문이다. 이는 결국 상징자본을 근본적으로 규정하는 '예술성'에 대한 논쟁으로 이어지게 마련이다. '뛰어난 예술가,' '뛰어난 예술 작품'으로서의 사회적 인정과 공인은 '예술성'에 대한 모종의 잠정적 합의에 기초하기 때문이다. '미적인 것,' '예술적인 것'(달리 말해 '문학적인 것,' '회화적인 것,' '영화적인 것' 등등)에 대한 고민과 토론, 주장과 반박이 잇따르고, 각 문화생산 장은 이러한 아노미 상태가 계속되면서 자기성찰적인 인식, 작품, 비평을 축적해 나간다. 그리하여 문학 장은 예컨대, "미에 관한 집합적 믿음이 생산된 이 문학 세계 너머에 있는 미의 본질 따위는 없다"는 말라르메 식의 문제 제기에까지 이르는 것이다(Bourdieu, 1992a: 380~384).

한편 문화생산 장 내에서 특히 자율적인 생산자들, 즉 많은 상징자본을 보유한 작가나 예술가들은 지배 계급 내에서 경제적 부르주아지와 대척점에 놓이는 일종의 문화적 부르주아지를 구성한다. 경제자본을 많이 가진 경제적 부르주아지가 지배 계급 내의 지배 분파인 데 반해, 문화자본을 많이 가진 문화적 부르주아지는 피지배 분파라 할 수 있다. 문화적 부르주아지 가운데 경제적 부르주아지와 이해 관심을 일정하게 공유하는 이들, 그러니까 그들과 유사한 출신 배경에서 비롯하는 비슷한 하비투스를 가지고 경제자본의 축에 좀 더 가깝게 위치한 이들은 지배 권력의 이데올로기에 부합하는 작품을 생산하는 경향이 있다. 반면 문화자본의 축에 좀 더 가까이 자리한 이들은 비판적 성향의 작품을 생산하는 경향을 보인다. 자기성찰성의 증가 또한 예술 작품의 권력 비판적 성격을 강화하는 데 기여한다. 예술의 사회적 토대와 기능에 대한 반성이 진지해질수록, 당연한 듯 주어진 정치경제적 체제가 부과하는 믿음과 규범에 대한 이의 제기 역시 진전하기 때문이다.

어쨌든 잊지 말아야 할 것은 자율적 문학 장이 전체 사회 공간의 권력 투쟁과 계급 갈등에서 자유롭지 않은 영역이라는 점이다. 상이한 계급 하비투스를 지닌 예술가들은 장 내의 상이한 미학적 입장에 이끌리고, 각자의 자리에서 다른 예술가들과 경쟁한다. 이렇게 해서 서로 경합하는 다원적인 관점들의 적대가 생겨난다. 예술가들은 특정한 미학적 형식 속에서 사회 전체의 구조를 간접적으로 재현하며, 그러한 작품을 사회 공간에서 그들과 비슷한 위치, 비슷한 하비투스를 지닌 수용자들에게 제공한다. 부르디외가 보기에, 상징적 층위에서의 지배, 저항, 정당화는 이러한 역학을 통해 이루어지는 것이다. 그러니 근본적으로 순수한 예술도, 총체적 미도, 신비로운 창작자도 모두 존재하지 않는 허상일 따름이다.

2

계몽의 시각적 수사학

〈악트〉의 성공담, 혹은 성장담

이단들을 위한 자리

1975년 1월, 당시 45세의 소장 사회학자 부르디외는 자신이 이끌던 교육문화사회학연구소(Centre de la Sociologie de l'Education et de la Culture: CSEC)의 동료들과 더불어 새로운 잡지를 창간한다. 잡지의 정식 명칭은 〈사회과학연구논집*Actes de la Recherche en Sciences Sociales*〉. 프랑스어로는 첫 단어만 따서 〈악트*Actes*〉라고도 불리는 이 잡지는 1970년대 파리에서 새로 등장한 유일한 사회학 전문지였다.[7] 〈악트〉 출간에는 다양한 의의가 있다. 그것은 전후 프랑스에서 사회학의 본격적인 제도화와 분화를 알린 신호탄이었고, 부르디

7 처음 편집진이 정했던 잡지 제호는 〈악트*Actes*〉였으나, 이미 같은 제호의 잡지가 있었기 때문에 부득이 계획을 변경해야 했다(Grignon, 2002: 205). 〈악트〉의 공식 웹사이트는 www.arss.fr이다. 창간호부터 2003년까지의 권호는 다음 학술 정보 사이트에서 무료로 볼 수 있다. http://www.persee.fr/collection/arss 다음 사이트는 2001년의 권호부터 최신호까지 (일부 유료로) 제공한다. https://www.cairn.info/revue-actes-de-la-recherche-en-sciences-sociales.htm

외가 명실상부한 학파 구축의 구심점을 마련한 계기이기도 했다. 한 가지 잊지 말고 덧붙여야 할 점은 〈악트〉가 이 무렵 프랑스에서 일어난 중요한 지적 운동의 징표였다는 사실이다. 그 운동은 부르디외를 중심으로 모였던 젊은 연구자 집단의 학술 활동을 가리킨다. 그것은 '부르디외 학파'라는 표현만으로는 온전히 포괄하기 어려운, '사회에 대한 비판적 과학'이라는 좀 더 폭넓은 지적 전망을 공유하고 있었다.

1960년대에 부르디외는 프랑스 지성계의 거물이자 소르본 대학 사회학 교수였던 레몽 아롱Raymond Aron의 후원 아래 있었다. 일찌감치 부르디외의 학문적 재능을 알아본 아롱은 그에게 조교 일을 맡겼고, 자신이 이끌던 유럽사회학연구소Centre de Sociologie Européenne의 총무 일을 부탁했다. 하지만 파리의 부르주아 출신에 보수 우파였던 아롱과 지방의 프티부르주아지 출신으로 좌파 성향이 강했던 부르디외 사이의 관계는 점차 삐걱거리기 시작했다. 결국 부르디외는 아롱에게 박사 논문을 지도받으려던 계획을 포기하고, 1968년 5월 혁명 즈음 스승과 정치적 갈등을 겪으며 결별했다. 그는 자신을 따르던 젊은 연구자들과 함께 유럽사회학연구소를 나와 교육문화사회학연구소를 차렸다. 연구원들의 대다수는 부르디외와 고등사범학교Ecole normale supérieure 동문이었다. 프랑스 최고의 학연으로 얽힌 그들은 젊었고 약간은 시끄러웠고 무엇보다도 패기만만했다. 이들의 중심에 부르디외와 그의 사회학이 있었던 것은 부인할 수 없는 사실이다. 하지만 그렇다고 해서 이들이 그저 부르디외식 사회학에 매료된 단순한 추종자들이었다고 단정짓는다면 곤란하다. 이는 그들 가운데 가장 출중한 축에 들었던 몇몇 — 이를테면, 장클로드 파스롱, 뤽 볼탕스키, 클로드 그리뇽Claude Grignon 등 — 이 나중에 부르디외에 대한 강력한 비판자로 변신했다는 이력으로도 분명해진다.

그들은 '부르디외주의자'이기 이전에, 열성적으로 '비판적 사회과학'을 추구한 새로운 세대의 연구자 집단이었다. 그들은 당시 아롱이나 장폴 사르트르Jean-Paul Sartre가 표상했던 전통적인 프랑스 지식인상을 거부했다. 그것이 너무 고루한 보편주의와 의지주의voluntarisme, 그리고 엘리트주의에 기대어 있었기 때문이다. 그들은 프랑스 공산당이 교조화한 '정통' 마르크스주의도, 루이 알튀세르Louis Althusser가 구조주의와 결합시킨 새로운 마르크스주의도 거부했다. 그들이 보기에, 마르크스주의는 지나치게 급진적이고자 애쓰는 나머지, 실제 현실과 한참 동떨어진 논리를 생산하는 현학적 지식인 담론에 지나지 않았다. 보수 이데올로기와 미국식 경험주의에 물든 기존의 제도권 사회과학은 물론 그들에게는 전혀 의미 있는 대안이 아니었다. 그들은 전문성을 가지고 불평등한 현실의 변혁에 기여하고자 했으며, 그러기 위해서는 사회에 대한 '비판적이면서도 과학적인' 연구가 필요하다고 믿었다. 그리하여 그들은 지식인도, 마르크스주의자도, 전통적인 학자도 아니라는 의미에서 '연구 노동자'를 자처했다. 그들에게 부르디외가 일종의 수장처럼 받아들여졌다면, 그것은 아마도 이 명민한 사회학자가 그들 전망의 차별성을 지적으로 가장 잘 구현한 인물이었기 때문일 것이다.

프랑스 지식 사회에서 그들의 위치는 어떠했을까? 적어도 사회과학계에서는 그들이 무시하기 어렵지만 그렇다고 인정해 주고 싶지도 않은 '이단들'로 여겨졌음이 분명하다. 당시 부르디외를 비롯한 여러 연구원의 공동 저작들 ― 《상속자들》, 《중간예술》, 《예술 사랑》, 《사회학자의 직능*Le métier de sociologue*》, 《재생산》 등 ― 은 나름대로 높은 학문적·사회적 평가를 받고 있었다. 하지만 그럴수록 그들은 기성 학계에는 한층 껄끄러운 존재로 느껴질 수밖에 없었다. 그들 자신 또한 주류의 곱지 않은 시선을 잘 알고 있었다. 그 시선은 이를테면, 그들의 논문이 〈프랑스 사회학보*Revue française de sociologie*〉 같은 전통적인 주류 학술지들의 심사를 어렵사리 통과할 때 새삼 깨닫게 되는 것이었다. 그 시기에 박사과정생이었고 나중에 〈악트〉의 제작 실무를 담당했던 볼탕스키는 교육문화사회학연구소 연구원들이 논문을 출판하려면 "길고 고통스러운 과정"을 거쳐야 했으며, "규범의 수호자들"이 부과하는, 어디서 온지도 모를 "대문자 과학la Science"의 "억압적인 도덕 모델"을 따라야만 했다고 말한다. 새로운 잡지에 대한 구상은 이러한 상황에서 본격적으로 무르익었다. "우리는 이 모든 것이 지긋지긋했다. 그리하여 우리만의 잡지를 가지자는 아이디어가 떠올랐다. 우리가 원하는 것을 할 수 있는 곳, 우리가 바라는 대로 쓸 수 있는 곳, 우리가 흥미를 가지는 영역들을 발전시킬 수 있는 곳, 기술하는 동시에 비판할 수 있는 곳, 한마디로 사회학을 할 수 있는 곳"(Boltanski, 2008: 15~16).

프랑스 최고의 엘리트 양성 기관인 고등사범학교 출신이

면서 (마르크스주의를 포함해) 이런저런 '철학'이 아닌, 하필 '사회에 대한 비판적 과학'을 추구한다는 것은 1970년대 파리의 (예비) 지식인들로서는 상당히 특이한 선택이었다. 그들은 당시 강력한 지적 권위를 누리고 있었던 사르트르나 알튀세르, 미셸 푸코Michel Foucault나 자크 라캉Jacques Lacan이 아니라, 사회학계 내에서 제한적인 명성만을 갖고 있었던 부르디외와 더불어 '새로운 사회학'의 기획에 뛰어들었다. 확실히 그들이 수적으로 아주 많았다고 말할 수는 없을 것이다. 하지만 그들은 사회과학(인류학, 역사학, 사회학 등)에 대한 새로운 세대의 증가하는 관심과 그에 따른 대학 제도의 구조 변화라는 거대한 흐름을 의도치 않게 대표했다. 부르주아 출신의 우수한 학생들이 돈 안 되는 공부를 위해 신생 사회학과에 앞다투어 진학하던 이례적인 시절이었다(Heilbron, 2015: 6장).[8] 교육문화사회학연구소 연구자들의 바람이 담긴 새 잡지의 창간은 그들이 자리 잡고 있던 인간과학연구원Maison des Sciences de l'Homme의 물적 지원 아래 이루어졌다. 그런데 그것은 적극적인 후원이라기보다는 소극적인 협조에 가까웠다. 당시 인간과학연구원의 실질적인 운영을 맡고 있었던 클레망스 엘레르Clemence

8 물론 교육문화사회학연구소의 연구원들과 마찬가지로 이 학생들이 사회과학을 선택했던 이유를 쉽사리 이상화해서는 안 된다. 거기엔 모든 인간 행동이 그렇듯이, 순수한 이상과 열정 못지않게 복잡한 선호와 계산이 깔려 있었을 것이기 때문이다. 1960~1970년대 부르디외를 중심으로 모였던 연구자들의 이기심과 냉소주의, 허영과 자만심, 선민의식과 경쟁심 같은 '인간적인' 면모에 관해서는 그리뇽의 증언을 참조할 만하다(Grignon, 2002: 95~199).

Heller는 몇몇 자료실 직원이 잡지의 편집 실무를 돕는 상황을 암묵적으로 용인해 주었다. 그는 또 연구원 지하 2층의 인쇄소에서 잡지를 제작할 수 있도록 허락해 주었다. 이러한 지원엔 부르디외의 학문적 평판과 인적 네트워크가 중요하게 작용했던 것으로 보인다. 사실 아날 학파의 저명한 역사가이자 인간과학연구원의 원장이었던 페르낭 브로델Fernand Braudel은 1960년대 초반 부르디외가 파리에 교수직을 얻을 수 있도록 힘쓴 사람들 가운데 한 명이기도 했다.[9] 부르디외의 추진력과 젊은 연구자들의 열성적인 참여, 그리고 인간과학연구원이 제공한 장소와 시설, 보조 인력이 합쳐지면서 드디어 새로운 잡지의 아이디어가 실제적인 형상을 갖출 수 있었다. 볼탕스키의 감회 어린 표현을 빌리자면, 이는 "불가능했던 무언가가 갑작스레 가능해진 진정 마법적인 순간"이었다. 그것은 학계의 이단들이 아직까지 허술했던 대학 사회의

9 브로델은 역사가로서뿐만 아니라 대학 행정가로서도 탁월한 능력을 발휘해 프랑스 인문사회과학의 제도적 발전에 커다란 역할을 했다. 그는 1963년 포드재단의 후원을 받아 인간과학연구원을 창립하고 20여 년간 원장직을 맡았다. 인간과학연구원은 인문사회과학 분야의 연구자들 간에 국제적이며 다학문적인 협력을 도모하는 기관으로 세워졌다. 한편 브로델은 1975년 록펠러재단의 지원을 얻어 고등연구원(EPHE)의 제6분과였던 사회과학 분야를 독립시킴으로써 사회과학고등연구원(EHESS)을 창설하였다. 1961년부터 릴문과대학Faculté des lettres de Lille의 교수로 일했던 부르디외는 1964년 아롱, 클로드 레비스트로스Claude Lévi-Strauss, 브로델 등의 도움으로 고등연구원의 교수직에 뽑혀 파리로 올라왔으며, 1975년부터 사회과학고등연구원의 교수로 재직했다. 그는 1981년 비로소 콜레주드프랑스Collège de France에 입성했다.

틈바구니에서 어렵사리 자기 자리를 만들어 낸 순간이기도 했다.

경계와 위계를 가로지르기

1년 가까운 준비 기간을 거친 〈악트〉는 무엇보다도 실험적인 잡지로 탄생했다(Grignon, 1976: 202~207). 그 실험성은 애당초 부르디외를 중심으로 한 편집진이 명확한 자의식을 가지고 계획한 것이었다. 이는 첫 호에 제목도 필자 이름도 없이 실린, 일종의 짧은 창간사에서 분명히 드러난다(Bourdieu, 1975: 2~3). 그것은 일단 〈악트〉가 "방법의 규칙 외에 다른 규칙은 알지 못하는, [사회 연구의] 작업장 그 자체에 다가갈 수 있게 하려는 의지와 진행 중인 작업의 기록을 드러내려는 의지" 아래 만들어졌다고 밝힌다. 그러므로 〈악트〉는 대학 사회의 의례적인 형식주의, 각종 표준과 규범에 대한 순응주의를 배격한다는 것이다. 이는 크게 다음과 같은 편집 방침들로 이어졌다. 우선 글의 분량이나 형식, 성격과는 무관하게 잡지의 지향과 맞는 다양한 작업을 게재하는 것이다. 연구자들은 〈악트〉에 전통적인 학술 논문뿐만 아니라, 비평문이나 강연문, 심지어 한 페이지짜리 연구 노트까지도 발표할 수 있었다. 또 다른 정책은 정확성과 신중성을 가장하면서, 현학적 문체와 전문 용어들에 의지해 지식을 과시하는 학계의 관행을 거부하는 것이다. 〈악트〉의 저자 소개에는 2015년까지 제도적 소속에 대한 표기도 들어가지 않았다.

한편 창간사는 〈악트〉의 적극적인 지향점으로 "입증démonstration의 엄밀성"과 "가독성lisibilité의 추구"를 내세운다. 이 두 가지 목표의 동시 설정은 〈악트〉의 고유한 차별성이었다고 할 만하다. 이전까지의 잡지들은 대개 하나를 위해 다른 하나를 희생하는 관행을 되풀이해 왔기 때문이다. 어떤 잡지들이 학문적 정확성을 훼손시키지 않기 위해 독이성을 아예 포기했다면, 또 다른 잡지들은 일반 독자들에게 다가가기 위해 연구를 단순화하고 통속화하는 선택을 감수했다. 그렇다면 어떻게 엄밀성과 가독성을 한꺼번에 성취할 수 있을까? 〈악트〉는 이를 위해 독특한 '제시 전략'을 채택한다. 이는 간단히 말하면 하나의 연구를 두 겹으로 짜는 것이다. 전통적인 학술지에 실리는 논문들이 분석 결과만을 담는 데 반해, 〈악트〉에 실린 글들은 분석 내용 옆에 각종 관련 자료를 나란히 배치했다. 분석 대상이 된 인터뷰, 통계, 사진, 기록 등을 연구 논문과 함께 콜라주한 것이다. 이는 하나의 글을 두 가지 방식으로 — 자료를 따라, 혹은 분석 결과를 따라 — 읽을 수 있게 하는 한편, 이미지와 텍스트의 예상치 못한 조합과 충돌을 매개로 새로운 의미를 생산함으로써 독자가 스스로 사회과학적 시선을 갖출 수 있도록 이끈다. 독자는 관련 자료를 통해 논문의 분석 내용에 쉽게 접근할 수 있고, '상식'(자료)을 '과학'(분석)과 대질시키며 연구자가 사회학적 대상을 어떻게 구성하는지 이해할 수 있다. 그는 또 연구자가 제공하는 개념과 도식, 방법을 가지고 일상생활 속에서 작동하는 숨겨진 사회적 논리를 간파하는 데 직접 써먹을 수도 있다. 이렇게 〈악트〉는 사회과학 연구의 '작업장'

만이 아닌, '교육장'으로서의 기능을 자임했다.

창간사는 끝으로 〈악트〉의 궁극적인 목적이 사회 세계에 대한 신화적인 인식을 깨는 데 있다고 주장한다. 사회에 대한 비판적이고 과학적인 연구야말로 그릇된 지식과 믿음, 그리고 지배 메커니즘으로부터 우리를 자유롭게 해 줄 수 있다는 것이다. 이를 위해 편집진은 필요하다면 어떤 상대와도 논전을 서슴지 않겠다는 의지를 밝힌다. 사실 '사회 세계의 탈신화화'는 1970년대 교육문화사회학연구소의 연구자들이 의심의 여지없이 공유한, 사회과학의 존재 이유이기도 했다. 같은 맥락에서 〈악트〉 역시 일종의 계몽주의 노선을 천명했던 셈이다. 이와 관련해 〈악트〉라는 이름이 중의성을 띤다는 점을 간단히 지적해 두자. 프랑스어 '악트actes'는 '기록,' '보고서' 등을 뜻하지만, 그 단수형은 원래 '행위'라는 의미가 일차적이다. 따라서 '사회과학연구논집'인 〈악트〉는 곧 '사회과학에서의 연구 행위'이기도 하다. 이 '연구 행위'라는 또 다른 뜻은 잡지 편집진에게 나름대로 중요했을 것이다. 그것이 '과학적 실천으로서의 연구'라는 차원을 뚜렷이 부각시키기 때문이다.[10]

---

10 부르디외가 스스로 그 후계자를 자처하는 과학철학자 가스통 바슐라르Gaston Bachelard는 과학의 성립 과정에서 이른바 인식론적 행위acte épistémologique가 갖는 중요성을 강조해 마지않았다. 인식론적 행위란 인식론적 장애물들을 물리치고 인식론적 단절을 이뤄내는 작업을 가리킨다. 직접적인 경험이나 상식, 일상어, 친숙한 이미지 등은 과학적 인식의 다양한 장애물을 구성한다. 그리하여 이를테면, 우리는 물이나 공기 같은 유체 속에 잠긴 물체가 떠 있는 힘이 물체 아닌 유체로부터 나온다는 인식을 갖기 어렵다. 자신이 헤엄쳐 본 경험에 비추어 그 힘이 물체에서 온다고 믿

창간사에 담긴 〈악트〉의 새로운 이념과 발상은 무엇보다도 시각적인 혁신으로 나타났다. 우선 제목에는 당시로서는 신선했던 타자기의 활자체가 쓰였다. 본문 역시 A4의 판형에 학술지 같지 않은 독특한 레이아웃과 과감한 그래픽 디자인으로 꾸며졌다. 볼탕스키의 회고에 따르면, 〈악트〉의 전체적인 체재는 흥미롭게도 그 무렵 유행하던 만화 팬들의 아마추어 잡지를 모델로 삼았다. "사회학의 팬진fanzine"이 되기 위해 편집진은 SF 만화 시리즈 《발레리앙과 로렐린*Valérian et Laureline*》으로 유명한 만화가 장클로드 메지에르Jean-Claude Mézière와 협업했다(Boltanski, 2008: 20). 이렇게 해서 잡지는 참신한 외양을 갖출 수 있었는데, 유의할 것은 그것이 그저 '혁신을 위한 혁신'은 아니었다는 점이다. 커진 판형과 유연한 지면은 '입증démontrer'과 '제시montrer,' '엄밀성'과 '가독성'을 동시에 추구하려는 잡지의 목표에 효과적으로 봉사할 수 있었다. 그리하여 〈악트〉는 빽빽한 분석 텍스트가 갖가지 시각적 재현물 — 사진, 그림, 연표, 통계, 다이어그램, 책이나 신문·잡지의 발췌문, 인터뷰 녹취록 등 — 과 뒤섞여 있는 특이한 구성을 갖췄다. 여러 이미지가 드러내는 '실재의 단편들'이 어떠한 사회적 논리를 감추고 있는지 독자들이 논문을 읽어가며 깨달을 수

는 것이다. 바슐라르에 따르면, 우리는 이 같은 원초적 인식과 단절할 때에야 비로소 진정한 과학적 인식에 이를 수 있다. 인식론적 행위는 바로 그러한 단절의 실천을 지칭한다. 사회학을 '과학화'하고자 했던 부르디외와 그 동료들은 '과학적 연구 행위'라면 당연히 '인식론적 행위'를 함축한다고 보았다(Bachelard, 1971: 196~200 참조; Bourdieu, Passeron & Chamboredon, 1968: 81~88).

그림 4 〈악트〉가 모델로 삼았던 잡지는 만화 팬진 〈스머프*Schtroumpfs*〉였다. 물론 이 팬진의 제목은 유명한 벨기에 만화 〈스머프〉에 대한 오마주로 붙여진 것이다. 그림은 왼쪽 위부터 〈스머프〉 표지, 오른쪽 위 〈악트〉 창간호 표지, 왼쪽 아래는 포토몽타주로 꾸며진 〈악트〉 84호(특집: 남성성/여성성)의 표지, 그리고 오른쪽 아래는 만화적 일러스트레이션을 활용한 〈악트〉 224호(특집: 초국적 지식 장)의 표지다.

있게 하려는 의도에서였다(그림 4~8 참조).

〈악트〉는 글의 길이와 형식에서 자유를 보장했을 뿐만 아니라, 연구 주제와 분과 영역, 그리고 저자 선정에서 암암리에 작용해 왔던 종래의 위계와 폐쇄성을 탈피하고자 했다. 그 결과, 첫 호에서는 패션, 만화, 농업 교육 등이, 두 번째 호에서는 자동차, 해변의 농민, 예술가의 생애, 이민 등이 다루어졌다. 부르디외가 즐겨 인용했던 플로베르 서신의 한 대목인 "하찮은 것을 잘 쓰기 bien écrire le médiocre"가 초창기 〈악트〉에 게재된 논문들의 공통된 모토이기라도 했던 것처럼 말이다. 〈악트〉는 1970년대 중반 사회학계에서 상대적으로 연구의 정당성이 약한 것으로 여겨진 주제들 — 대중문화, 소비재, 농민, 외국인 등 — 에 대해 '잘 쓰는' 식으로 기존의 학문 질서를 흔들고 탐구 대상의 범위를 넓혔다. (→ 노트 6: 상징적 지배의 전복) 잡지는 또 사회학 말고도 정치경제학, 역사학, 인류학, 사회언어학 등 다른 분야의 논문, 나아가 여러 분과 학문의 경계를 가로지르는 논문도 거침없이 실었다. 저자들 역시 부르디외의 사회과학관과 선택적 친화성이 있다는 점 정도를 제외하면, 상이한 세대와 국적에 폭넓게 걸쳐 있었다. 부르디외는 젊은 연구자들이 새로운 시각의 연구를 발표할 수 있도록 독려하는 한편, 중요한 외국 저자들의 논문을 번역, 소개함으로써 적극적으로 프랑스 사회학의 국제화를 도모했다.

〈악트〉는 제작과 유통, 배포에서도 특정 출판사에 의존하지 않고 대안적인 경로를 택했다. 컴퓨터가 없던 시절이었으므로, 손으로 쓴 원고들을 다시 타자기로 정리하고 (많은 경우 저작권 허가도 없이 무단으로 도용한) 각종 이미지 자료를 가위와 풀로 오려 붙이는 레이아웃을 부르디외와 볼탕스키를 비롯한 몇 사람이 밤을 새워 가며 직접 해야만 했다. 만화가 메지에르는 편집 마무리 단계에서 완성도를 높여 주었다.[11] 이렇게 작업한 잡지는 인간과학연구원 지하에서 오프셋 윤전기로 인쇄되었고, 연구원들이 직접 주변 동료와 대학 서점에 판매를 부탁하는 방식으로 유통, 배포되었다. 〈악트〉는 나오자마자 지식 사회의 주목을 끌며 학술지로서는 이례적인 판매 부수를 올렸다. 첫 호는 발간 2주 만에 초판 2000부가 다 팔렸고, 재판도 거의 비슷한 정도로 팔려 나가는 인기를 누렸다. 젊은 연구자들과 학생들의 열렬한 호응 덕분이었다. 이 실험적 학술지는 창간 1년 만에 정기구독자 수 1400명을 기록했다 (Boltanski, 2008: 42; Grignon, 1976: 205). 그렇지만 원래 격월간으로 잡지를 발간하려 했던 편집진의 의욕은 곧 무모한 것으로 드러났다. 큰 판형에 작은 활자체의 텍스트들이 촘촘히 들어찬 〈악트〉는 한 호만으로도 웬만한 잡지의 두 권 분량에 달했다. 게다가 편집진은 주요 필자들이기도 했다. 소수 인력이 보수도 없이 잡지의 기획과 원고 집필에서부터 제작, 유통, 배포에 이르는 모든 업무를 도맡아야 하는 상황이 오래가기란 쉽지 않았을 것이다. 그럼에도 〈악

11 1976년 말부터는 타이포그래피스트인 장피에르 조노Jean-Pierre Jauneau가 합류해 1991년까지 레이아웃 디자인을 맡았다. 그는 제작에서 특히 두 가지 사항에 주의를 기울였다고 말한다. "쓰여진 메시지를 우회하지 않아도 괜찮은 즉각적 지각의 추구, 언제나 두 가지 상이한 방식에서 타이포그래피적으로 배치된 미학의 추구"(Champagne et al., 2004: 69).

트〉는 첫 5년간 한 해에 다섯 번씩 발간하는 체제(그중 한 번은 합본호)를 꾸려가다가 1980년에야 비로소 네 차례 발간으로 전환한다.

제도적 성공의 명과 암

〈악트〉는 창간 직후부터 학계와 독자의 반응 면에서 예상치 못한 성공을 거뒀다. 그런데 그 성공이 교육문화사회학연구소 내부에 반드시 긍정적인 영향을 끼치지는 않았던 모양이다. 처음에 연구원들 간 단합과 결속을 다져 주는 듯싶었던 잡지는 곧 논문 게재를 둘러싼 경쟁과 갈등을 낳았다. 볼탕스키에 따르면, 연구소 잡지의 존재는 연구원들에게 글을 쓰려는 의욕을 자극했고, 그 결과, 〈악트〉는 늘 원고 과잉에 시달렸다. 이는 논문의 엄격한 선별을 불가피하게 만들었고, 자연히 게재 기회를 못 얻은 연구원들의 불만을 자아냈다. "잡지는 그 고유한 힘으로 집단에 작용했고 그것을 안으로부터 변화시켰다. 애초에 대단히 통합적이었던 그 힘은 너무 많은 욕망, 희망, 때로는 원망을 요구하고 촉발하면서 조금씩 위협이 되어 갔다. 제멋대로 움직이는 혁명으로 되돌려진 이 모델 앞에서 2년 뒤에 갑자기 재탈환이 일어났다. 그리고 시대가 변했다. 그런데 이는 또 다른 이야기다"(Boltanski, 2008: 43). 1970년대 부르디외와 수행했던 공동 작업을 회고한 책에서 볼탕스키는 〈악트〉의 변화와 관련해 조심스러운 두어 마디만 남긴 채 곧바로 화제를 돌려 버린다. 하지만 그 "또 다른 이야기"가 잡지의 주도권을 둘러싸고 일어난 미묘한 세력 다툼, 그로 인한 몇몇 연구자의 연구소 탈퇴와 부르디외의 지적 친정 체제 강화 같은 일련의 사건과 관계있다는 것은 미루어 짐작할 만하다.

〈악트〉의 성공은 부르디외를 막강한 수장으로 하는 학파의 성립을 가속화시켰다. 그런데 이는 다른 면에서는 부르디외와의 학문적·인간적 친소 관계에 따른 특정한 연구자들의 배제를 의미했다. 볼탕스키와 그리뇽을 비롯해, 《재생산》 발간 이후 이미 부르디외와 소원해졌던 장클로드 파스롱, 그리고 장클로드 샹보르동Jean-Claude Chamboredon 등 중요한 협력자들이 암투와 잡음과 불화 속에 연구소를 떠났다.[12] 그래서인지 〈악트〉 창간 직후 '실험

12 부르디외의 동료 사회학자 파트릭 샹파뉴Patrick Champagne는 자신을 비롯해 부르디외와 함께 작업한 연구자들이 종종 일종의 파당secte처럼 여겨진 데 대해 강한 유감을 드러낸 바 있다. 파당은 "부르디외가 구축하고자 했던 것과는 정반대의 것"으로, 부르디외는 그저 "지적으로나 학문적으로 통합된 집단"을 원했다는 것이다. 샹파뉴에 따르면, 부르디외는 연구소 구성원들에게 자신의 텍스트를 읽히고 논평을 요청했을 뿐만 아니라, 그들이 서로의 글을 읽어 주고 비판하도록 했고, 특히 "연구원들의 사회적 출신 성분에 따른 교차 통제 체계"를 작동시켰다. 이러한 결과로 나온 (공동) 작업물은 가족 유사성을 지니고 있었고, 일부 연구원들이 부르디외식 문체와 표현을 모방하면서 단순한 추종자의 인상마저 강하게 주었다. 샹파뉴는 이와 같은 연구소 특유의 작업 방식 때문에 '파당'이라든지 '지적 전체주의'라는 비난이 나왔을 것으로 본다. 그는 또한 몇몇 연구원이 부르디외와 극적인 단절을 감행한 이유도 부분적으로는 개인 작업이 금세 '부르디외적인 것'으로 간주되고 '아류'로 평가절하되는 상황에 대한 불만 때문이었을 것으로 추정한다. 차이와 차별성에 의해서만 존재할 수 있는 학문 세계에서 자기 이름으로 존재하기 위해 불가피한 단절이었으리라는 것이다(Champagne, 2015: 73~74).

적 프랑스 잡지'의 등장을 자랑스레 알리는 소개문을 썼던 그리뇽은 25년 뒤에 쓴 지적 자기기술지에서 〈악트〉에 대한 가차 없는 비판을 날린다. 부르디외가 편집 권한을 독점하고 익명 심사 같은 과학적 통제가 없는 체제를 유지함으로써, 〈악트〉를 사르트르의 〈현대*Les Temps Modernes*〉나 가톨릭 계열의 〈에스프리*Esprit*〉와 다를 바 없는 지식인 잡지이자 부르디외 학파만의 잡지로 만들어 버렸다는 것이다(Grignon, 2002: 181~225). 이 말에 전혀 일리가 없다고는 할 수 없지만, 프랑스 지식 사회에서 〈악트〉가 갖는 차별적 위상에 대해서는 사회학자 로익 바캉Loïc Wacquant의 평가가 좀 더 적절해 보인다.

바캉에 따르면, 〈악트〉의 독특한 정체성은 다양한 차이에서 나온다. 그것은 예컨대, 〈현대〉나 〈에스프리〉 같은 지식인 잡지들과 다르다. 정치적 입장과 문학적 문체보다는 경험적 탐구와 방법론적 타당성을 더욱 중시하기 때문이다. 그것은 또 인류학의 〈인간*L'Homme*〉이나 역사학의 〈아날*Annales*〉 같은 전문 학술지들과도 다르다. 이들에 비해 학제적인 성격을 강하게 띠며, 시사성 있는 특집 주제를 선정하기에 그렇다. 그것은 지성계의 공론장을 자처하는 〈논쟁*Le Débat*〉 같은 잡지와도 차이가 있다. 지적·정치적 유행의 추구보다는 기존의 통념에 대한 도전과 비판을 우선시하기 때문이다. 바캉의 지적처럼, 〈악트〉는 엄밀한 과학적 태도를 바탕으로 사회적 논쟁에 개입하고 기여하는 잡지를 지향했고, 그럼으로써 기존에 프랑스에서 나온 다른 잡지들과 구분되는 변별성을 확보했다. 그것은 일정한 시간적 지체를 무릅쓰고

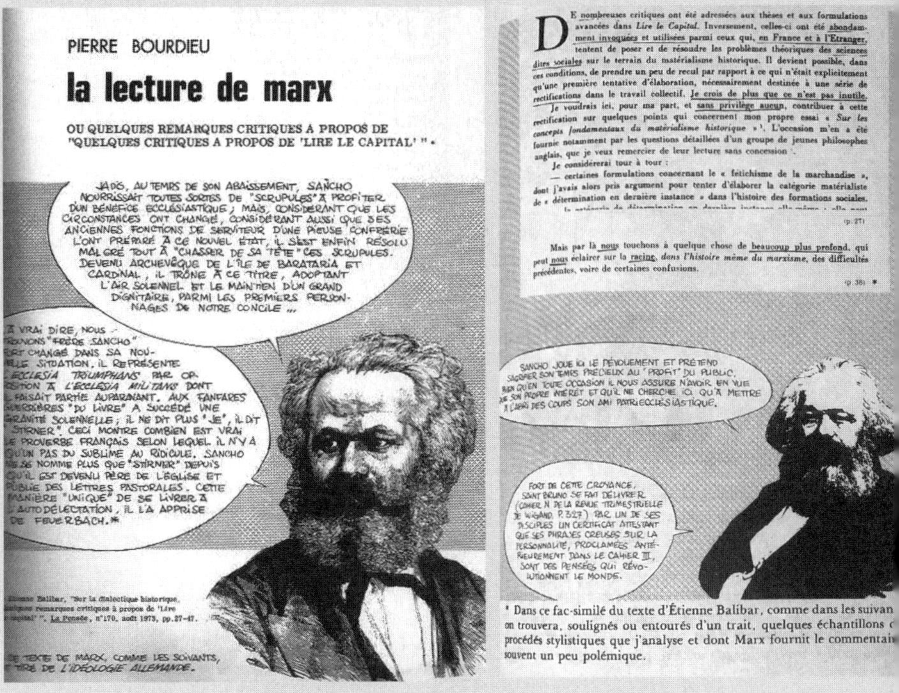
PIERRE BOURDIEU

la lecture de marx

OU QUELQUES REMARQUES CRITIQUES A PROPOS DE "QUELQUES CRITIQUES A PROPOS DE 'LIRE LE CAPITAL' " *

DE nombreuses critiques ont été adressées aux thèses et aux formulations avancées dans *Lire le Capital*. Inversement, celles-ci ont été abondamment invoquées et utilisées parmi ceux qui, en France et à l'Etranger, tentent de poser et de résoudre les problèmes théoriques des sciences dites sociales sur le terrain du matérialisme historique. Il devient possible, dans ces conditions, de prendre un peu de recul par rapport à ce qui n'était explicitement qu'une première tentative d'élaboration, nécessairement destinée à une série de rectifications dans le travail collectif. Je crois de plus que ce n'est pas inutile.

Je voudrais ici, pour ma part, et sans privilège aucun, contribuer à cette rectification sur quelques points qui concernent mon propre essai « *Sur les concepts fondamentaux du matérialisme historique* »[1]. L'occasion m'en a été fournie notamment par les questions détaillées d'un groupe de jeunes philosophes anglais, que je veux remercier de leur lecture sans concession[2].

Je considérerai tour à tour :

— certaines formulations concernant le « fétichisme de la marchandise », dont j'avais alors pris argument pour tenter d'élaborer la catégorie matérialiste de « détermination en dernière instance » dans l'histoire des formations sociales.

(p. 27)

Mais par là nous touchons à quelque chose de beaucoup plus profond, qui peut nous éclairer sur la racine, *dans l'histoire même du marxisme*, des difficultés précédentes, voire de certaines confusions.

(p. 38) *

Étienne Balibar, "Sur la dialectique historique. Quelques remarques critiques à propos de 'Lire le Capital' ", La Pensée, n°170, août 1973, pp. 27-47.

LE TEXTE DE MARX, COMME LES SUIVANTS, EST TIRÉ DE *L'IDÉOLOGIE ALLEMANDE*.

* Dans ce fac-similé du texte d'Étienne Balibar, comme dans les suivan[ts], on trouvera, soulignés ou entourés d'un trait, quelques échantillons [de] procédés stylistiques que j'analyse et dont Marx fournit le commentai[re] souvent un peu polémique.

그림 5　　위의 그림들은 부르디외의 논문 "마르크스 독해 — 혹은 '《자본을 읽는다*Lire le Capital*》에 대한 몇 가지 비판적 언급'에 대한 몇 가지 언급"에서 나온 것이다. 부르디외는 에티엔 발리바르Étienne Balibar가 쓴 "《자본을 읽는다》에 대한 몇 가지 비판적 언급"에 대한 비평의 성격을 띤 이 짧은 글에서 《자본론*Das Kapital*》을 정전화하는 알튀세르주의자들의 교조적 마르크스 독해 방식에 신랄한 풍자를 가한다. 이 글은 이질적인 세 요소로 이루어져 있다. 하나는 부르디외의 텍스트, 또 하나는 부르디외의 비판 대상이 된 발리바르 원문의 긴 발췌와 밑줄 그어진 이미지, 마지막 하나는 마르크스의 만화 이미지다. 마르크스 만화 이미지는 논문의 거의 모든 페이지에 나오며, 말풍선 속에는 마르크스를 논평하는 발리바르를 다시 논평하는 식으로 《독일 이데올로기*Die Deutsche Ideologie*》의 구절들이 인용되어 있는데, 그 내용은 발리바르를 비판하는 부르디외의 논지를 뒷받침한다. 말하자면, 마르크스를 제대로 읽자는 발리바르의 교조적인 주장에 대해 부르디외가 다시 마르크스의 이미지와 말을 빌려 비판하는 식으로 구성되어 있는 것이다. 역사가 자크 르벨Jacques Revel은 지적 아카데미즘을 벗어나고자 했던 〈악트〉의 시도 가운데 이 논문이 "가장 인상적이고 성공적인 사례"일 것이라고 평한 바 있다(Champagne et al., 2004: 65). 이 글은 부르디외의 저작 《언어와 상징권력*Language et pouvoir symbolique*》에 "무게 잡는 담론"이라는 제목으로 다시 실렸다(Bourdieu, 2001/2014: 379~400).

라도 사회 이슈를 학술적으로 접근하려는 시도를 게을리하지 않음으로써 사회과학의 자율성을 확인하는 동시에 시민 윤리적 소명에 충실하고자 했다. 또한 〈악트〉는 몇 가지 중심 주제를 되풀이해 다룸으로써 부르디외 사회학의 학문적 색채를 뚜렷이 드러내 왔다. '문화 재화(문학, 출판, 음악, 미술, 종교 등)의 경제,' '사회적 분류의 논리와 집합체(젠더, 계급, 세대, 민족, 지역, 국가 등)의 구성,' '지배와 재생산의 전략,' '지식 실천과 권력'이 바로 그러한 주제들이다(Wacquant, 2006: 683; Debray, 1979: 108~109 참조).

물론 그리뇽의 주장처럼 〈악트〉를 부르디외가 좌지우지하는 부르디외 학파의 전문 기관지로 간주하는 시선 또한 계속 있어 온 것이 사실이다. 실제 〈악트〉의 주요 저자나 기고문의 이론틀로 미루어 볼 때, 이러한 시각에 근거가 없다고는 말할 수 없다. 반면 100호 발간 기념 편집자 서문에서 부르디외는 잡지가 그저 엄정하면서도 유연한 노선을 갖추어 왔을 뿐이라고 반박한다. 〈악트〉는 아무런 이론적·방법론적 편향성 없이, "엄밀하게 구성된 대상에 대한 복잡한 분석"만을 저자와 논문 선별의 기준으로 삼아 왔으며, 그것이 "파당적인 배척인지 아니면 과학적인 배제인지는 역사가 판단해 줄 일"이라는 것이다(Bourdieu, 1993a: 3). 〈악트〉의 편집 원칙이 과연 '폐쇄적인 학파'와 '탄력적인 노선' 가운데 어느 쪽에 가까운지 구태여 여기서 따질 필요는 없을 터다. 다만 한 가지 지적해 두어야 할 것은 〈악트〉의 성격이 세월이 지나면서 나름대로 변화했다는 점이다.

처음에 기성 출판사와 연계하지 않은 채 독자적인 제작과 유통을 실험했던 〈악트〉는 곧 배포의 효율성을 위해 미뉘Minuit 출판사의 도움을 받기 시작했고, 1990년대 들어서는 다시 쇠이유Seuil 출판사로 발행처를 옮겼다. 이미 창간 당시부터 '편집인 부르디외'의 영향력이 절대적이었던 이 잡지는 2002년 그가 타계하면서 프랑스 안팎의 저명한 학자들로 구성된 명실상부한 편집위원회 체제로 개편하였다. 이는 1인 중심 구조에서 집단 협력 구조로의 이행을 시사하는 실질적인 변화였다고 할 만하다. (그렇다고 해서 부르디외의 그림자가 아예 사라진 것은 아니다. 잡지는 첫 호부터 매 권 표지에 특집 제목과 더불어 '피에르 부르디외'라는 이름만을 기재해 왔는데, 부르디외가 사망한 뒤로는 그 이름의 수식어가 '편집인'에서 '창립자'로 변했을 따름이다.) 더욱이 잊지 말아야 할 것은 프랑스 사회과학계의 이단들이 만든 소박한 사회 연구 '팬진'으로 출발한 〈악트〉가 창간 40년이 지난 지금 세계적으로 그 권위를 인정받는 사회과학 전문지로 성장했다는 사실이다. 그리뇽이 〈악트〉를 신랄하게 공격했을 때, 초점은 그것이 어느 틈엔가 '프랑스식 지식인 잡지'로 전락했다는 데 있었다. 다른 학술지들처럼 공정하고 객관적인 심사 체계를 갖춘 자유로운 연구 발표의 장이 되지 못한 채, 편집인의 지적 권위와 명성에 의존하면서 편파적으로 꾸려진다는 의미에서 말이다. 그런데 적어도 현재 시점에서 그와 같은 평가는 이 잡지의 공식적인 지향이나 체제에 부합하는 것으로 보이지 않는다. 그것이 어떤 사회과학 전문지에 비교해도 손색없는 국제적 진용의 편집진과 엄격한 심사 체계를 갖추고서 수준 높은 연구 논문들을 게재하기 때문이다. 그렇다면 이제 우리에게는 〈악트〉의 역사를 학문적 아방가르드의 멋진 성공담으로 칭송하는 일만 남은 셈일까?

〈악트〉라는 질문

'전문 학술지로서의 공인과 제도화'라는 잣대로만 재지 않는다면, 〈악트〉의 역사는 일종의 성장담으로 다시 쓰일 수도 있을 것이다. 사람이든 제도든 모든 성장은 결국 발전과 더불어 그 한계에 대한 자각을 수반하는 과정이라는 의미에서 말이다. 그렇다면 성장담 쓰기를 위해 조금 다르게 질문해 보자. 부르디외 이론이 사회학적 상식으로 자리 잡고, 학제간 '융합'과 '통섭'이 미덕으로 떠받들어지고, TV 프로그램, 만화, 패션, 음식 등 온갖 소소한 일상 문화가 학문적 연구 대상으로 떠오른 지 오래인 지금 〈악트〉의 무엇이 여전히 새로울 수 있을까? 그것은 바로 다양한 자료와 이미지를 이용한 특유의 논문 제시 방식이 아닐까? 볼탕스키가 시인하듯이, '그들만의 잡지'가 만들어지지 않았더라도 그들의 이론이나 연구는 당연히 어딘가 다른 지면을 구할 수 있었을 것이다. 그러니까 그들의 잡지가 이뤄낸 혁신은 새로운 내용의 사회학에 있다기보다는, 이미지, 그래픽, 일러스트레이션을 통한 제시 전략에 있었다는 뜻이다. 1970년대 중반 그리뇽이 쓴 〈악트〉의 소개문도 같은 맥락에서 게재 논문들의 구체적인 예를 들어가며 새로운 스타일의 의의에 관해 상세히 설명한다 (Boltanski, 2008: 30～31; Grignon, 1976: 202～207). (→ 노트 7: 〈악트〉의 이미지 활용)

물론 누군가는 반문할지도 모른다. 디자인과 그래픽에 신경 쓰는 관행이 이제 대부분의 학술지에 일반적이지 않느냐고 말이다. 하지만 그럼에도 〈악트〉의 형식이 여전히 독창적으로 여겨질 수 있다면, 그것이 다른 잡지들에서처럼 단지 시각적 효과를 위한 장식이 아닌, 어떤 태도의 체계적인 구현물이기 때문이다. 잡지의 창간 편집진 가운데 그 누구도 명시적으로 언급한 적 없는 그 태도에 우리는 '비판적 계몽주의'라는 이름을 붙여 줄 수 있을 것이다. 그것은 인간 이성의 힘을 신뢰하며 이성이 비춰 주는 진실의 빛이 사회 발전을 추동한다고 전제한다는 점에서 고전적인 계몽주의의 전통에 서 있다. 그런데 동시에 그것은 이성을 역사적 운동 속에서 파악하고 진보에 대한 막연한 낙관주의를 경계한다는 점, 나아가 계몽 과정에서 이성이 행사하는 권력이라든지 감각과 감정이 수행하는 역할, 그리고 '계몽 주체'와 '계몽 대상' 간의 위계화 같은 문제에 대해 예민한 성찰성을 발휘한다는 점에서 비판적 계몽주의이기도 하다. 이 원리는 잡지의 기획과 형식 안에서 아주 구체적인 양상들로 나타났다.

앞서 말했다시피, 〈악트〉의 그라피즘graphisme은 하나의 연구를 글쓰기만이 아니라 이미지로도 표현하는 고유한 방법론이었다. 각종 시각적 재현은 단지 딱딱한 학술 논문을 부드럽게 보이도록 만들기 위해 적당히 삽입된 것이 아니라, 분석 내용을 효과적으로 전달하는 '또 다른 언어'로서 조직적으로 배치된 것이었다. 그것은 참고용의 관련 이미지들이라기보다는 분석 대상의 구성에 기여한 자료들이었다. 그 자료들은 일반인들이 사회학적 진

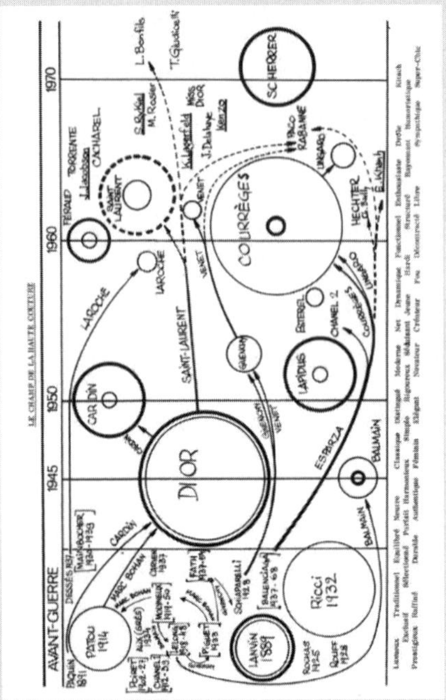

SELBSTBEHAUPTUNG
OU PUBLIC RELATIONS

Cher Monsieur Beaufret,

Votre lettre amicale, que m'a transmise, il y a quelques jours, M. Palmer, m'a fait grand plaisir.

Je ne connais votre nom que depuis quelques semaines, par les excellents articles sur l'« existentialisme » que vous avez publiés dans *Confluences*. Je ne possède malheureusement, jusqu'ici, que les nos 2 et 3 de la revue. Mais dès le premier article (dans le n° 2) m'est apparu le concept élevé que vous avez de l'essence de la philosophie. Il est ici encore des domaines cachés qui ne s'éclaireront que dans l'avenir. Mais ceci ne se fera que si la rigueur de la pensée, l'attention vigilante du dire et l'économie des mots retrouvent un tout autre crédit que celui qu'elles ont eu jusqu'alors. Vous voyez vous-même qu'un abîme sépare ici ma pensée de la philosophie de Jaspers, sans parler de la question tout autre qui anime ma pensée et que, de curieuse façon, on a jusqu'ici méconnue absolument. J'estime grandement Jaspers comme personnalité et comme écrivain, son influence sur la jeunesse universitaire est considérable. Mais le rapprochement devenu presque classique « Jaspers et Heidegger » est *le* malentendu *par excellence* qui circule dans notre philosophie. Ce malentendu est à son comble, lorsqu'on voit dans ma philosophie un « nihilisme », ma philosophie qui ne questionne pas seulement, comme toute philosophie antérieure, sur *l'être de l'étant*, mais sur *la vérité de l'être*. L'essence du nihilisme tient au contraire en ceci qu'il est incapable de penser le nihil. Je pressens, pour autant que j'aie pu m'en rendre compte depuis quelques semaines seulement, dans la pensée des jeunes philosophes de France un *élan* extraordinaire qui montre bien qu'en ce domaine une révolution se prépare.

M. Heidegger Lettre sur l'humanisme, p. 191-192.

Heidegger II, est le travail de Selbstbehauptung, de "défense" et d' "auto-affirmation", et de Selbstinterpretation (157), d'auto-interprétation que le philosophe accomplit, dans la relation avec la vérité objective de son oeuvre que lui renvoie le champ (158). Heidegger a raison d'écrire au Révérend Père Richardson qu'il n'a rien renié de ses positions premières : "La pensée du renversement est un changement dans ma pensée. Mais ce changement ne résulte pas d'une altération du point de vue ou moins encore d'un abandon de la question fondamentale de Sein und Zeit" (159). De fait, rien n'est renié, tout est re-dénié.

L'auto-interprétation, c'est-à-dire la riposte de l'auteur aux interprétations et aux interprètes qui objectivent et légitiment à la fois en disant à l'auteur ce qu'il est et en l'autorisant par là à être ce qu'ils disent, porte Heidegger II à convertir en méthode et à constituer expressément en théorie les schèmes pratiques, stylistiques et heuristiques, de Heidegger I (160). Ainsi, toute la dernière théorie du langage ne fait que convertir en parti philosophique les stratégies et les techniques mises en oeuvre dès l'origine dans la pratique : l'auteur célèbre et célébré assume sa vérité objective et l'absolutise en la transfigurant en choix philosophique. Si le langage domine le philosophe au lieu que le philosophe domine le langage, si les mots jouent avec le philosophe au lieu que le philosophe joue avec les mots, les jeux de mots sont le langage même de l'Etre, c'est-à-dire onto-logie. Le philosophe est le desservant du sacré, dont les incantations verbales ne font que préparer la parousie.

(157) Le mot est emprunté à F.W. von Hermann, Die Selbstinterpretation Martin Heideggers, Meisenheim am Glan, 1964.

(158) Pour un recensement des principaux aspects de la translation de la structure de la pensée heideggerienne, voir W.J. Richardson, op. cit., p. 626. C'est un processus semblable qui conduit le Rebelle de Jünger du héros actif et dominateur de Der Arbeiter au simple Waldgang qui cherche refuge dans la méditation. Il vaudrait la peine, pour comprendre certaines formes actuelles de l'idéologie allemande, d'étudier systématiquement les transformations qui permettent à tous ceux qui ont été soumis à une mise en question aussi profonde que le développement et l'effondrement du nazisme de sauvegarder l'essentiel en modifiant les apparences (en substituant, par exemple, comme le fait aussi Heidegger, la patrie européenne à la patrie allemande, ou en réinterprétant, en fonction d'un contexte nouveau, la double opposition germanico-européenne à l'Est et à l'Ouest, etc.).

(159) Préface de M. Heidegger à W.J. Richardson, op. cit., pp.XVI-XVII.

(160) Pareille évolution semble typique du vieillissement de l'intention productrice qui s'académise et, par là, se fossilise en prenant conscience d'elle-même dans ses propres objectivations et dans les objectivations qu'elles engendrent (critiques, commentaires, analyses, etc.).

그림 6　　왼쪽 위는 〈악트〉 창간호에 실린 부르디외와 이베트 델소Yvette Delsaut의 "디자이너와 그의 브랜드" 중 프랑스 패션 장을 나타낸 그림이다. 오른쪽 위는 〈악트〉 2호에 실린 부르디외의 "예술가 생애의 발명" 중 플로베르의 소설 《감정 교육 *L'Éducation sentimentale*》에 드러난 사회 공간과 지리 공간을 표현한 지도다. 아래는 〈악트〉 5/6호 합본호에 실린 부르디외의 "마르틴 하이데거의 정치적 존재론"의 본문 중 일부다. 분석 텍스트의 왼편에 '자기 주장 혹은 PR'이라는 제목 아래 하이데거 책의 발췌문을 크게 박스 처리해서 나란히 놓았다.

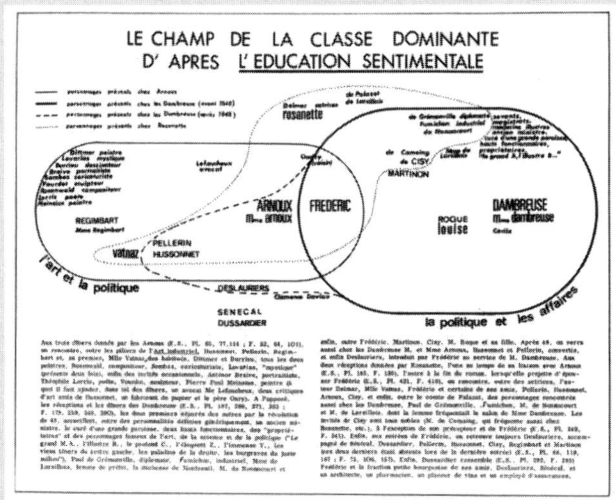

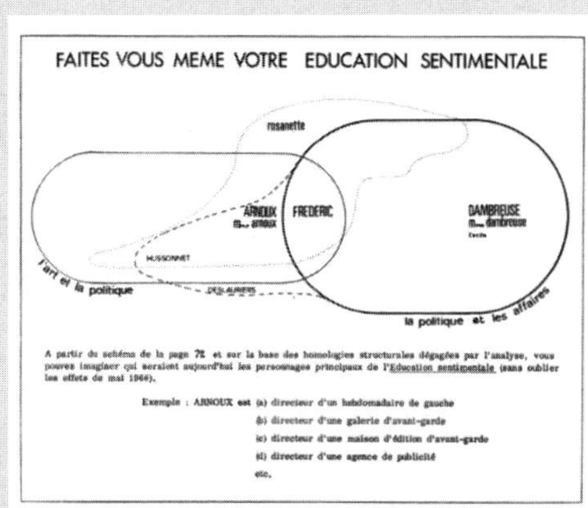

그림 7　　위 그림은 부르디외의 논문 "예술가 생애의 발명"에서 《감정 교육》이 묘사한 지배 계급의 장을 나타낸 것이다. 아래 그림은 이 논문의 맨 마지막 페이지에 일종의 '독자 실습용'으로 제시된 것이다. "당신의 《감정 교육》을 만들어 보시오"라는 제목 아래 19세기의 플로베르가 창조한 지배 계급의 인물들에 상응하는 현재의 실제 인물들을 그림의 빈 공간 안에 적어 보라는 주문을 독자에게 하고 있다. 지금 시각으로는 다소 유치해 보이는, 이러한 시도는 초창기 〈악트〉 편집진의 계몽주의적 의도가 얼마나 진지했는지를 알려준다.

실을 더 쉽게 이해하고 나아가 주체적으로 발견할 수 있는 능력을 북돋워 주기 위해 제공되었다. 〈악트〉의 그라피즘은 연구 내용의 단순화에 의지해 사회학을 대중화하기보다는, 새로운 시각적 수사학을 매개로 대중을 사회학화하려는 의도를 함축하고 있었던 셈이다. (→ 노트 8: 〈악트〉, 혹은 아카데미의 〈횃불〉) 여기에는 몇 가지 신념이 깔려 있었다고 보아야 한다. 우선 우리가 과학적 탐구를 통해 지배의 숨은 메커니즘 같은 사회적 논리를 발견할 수 있으며, 그러한 인식에 기초해 세상을 더 나은 곳으로 변모시켜 나갈 수 있다는 것이다. 그러므로 사회과학적 지식의 발전과 확산은 그 자체로 사회 세계의 진보에 매우 중요하다. 다음으로 대중과 연구자는 본질적인 능력의 차이 때문이 아닌, 사회적 조건의 차이로 인한 지성의 격차를 가진다는 것이다. 따라서 대중에게 잠재된 지성을 존중하고 연구 결과를 효율적으로 전달할 수 있는 방법을 모색함으로써 그 격차를 극복할 수 있다. 끝으로 계몽의 기획은 지성과 합리성만이 아니라 감성과 정념에 호소함으로써 더욱 효과적일 수 있다는 것이다. 계몽을 위해 시각 언어나 예술 장르와 같은 '감각적인 것'을 동원해야 할 필요성이 이로부터 솟아난다.

주목할 점은 이러한 원칙들을 전제하는 대안적인 논문 형식의 모색이 연구 과정 자체에도 변화를 가져왔다는 것이다. 추상적인 개념은 이미지로 옮겨져야 했으며, 구체적인 이미지는 개념을 실어 날라야 했기 때문이다. 그리뇽의 소개문에 따르면, 하나의 논문 안에 두 가지 이질적인 유형의 담론을 함께 구축하면서 〈악트〉의 연구자들은 기존 학계의 전통이 부과하는 전형적인 논문 작성 방식의 강박으로부터 벗어나 자유로운 글쓰기를 실험할 수 있었다. 연구자들은 또한 새로운 연구 방법에 도전해야 했다. 그들은 가령 사진 촬영을 체계적인 연구 기법으로 도입해야 했고, 일상생활을 드러내는 적절한 자료의 수집에 주의를 기울여야 했으며, 인터뷰 같은 전통적인 수단을 이용하는 새로운 전략을 고민해야 했다. 이 모든 과정이, 볼탕스키가 언급하듯, 연구자들에게 다른 언어, 다른 영역을 발견하는 기쁨을 안겨 주었다 해도 과히 놀랄 일은 아닐 것이다(Boltanski, 2008: 25~32; Grignon, 1976: 203). 비판적 계몽주의에서 비롯한 새로운 형식 실험은 이처럼 연구자가 자신의 작업과 맺는 관계를 변형시켰고, 어떤 면에서는 '교육하는 자를 교육받게 만드는' 과정이기도 했다.

전체적으로 부르디외와 그 동료들이 〈악트〉를 통해 실천하고자 했던 사회학적 계몽의 기획은 푸코가 말년에 제기했던 계몽의 개념과 공명하는 부분이 적지 않다(이상길, 2015 참조). 그들은 연구 작업을 매개로 시사 문제에 관한 합리적 논쟁이 이루어지는 공론장을 형성하고, 그럼으로써 사회 변혁에 이바지할 수 있다고 보았다. 또 푸코가 공론장 구축 과정의 촉매제로 공중의 '열광,' 즉 정서적 요인에 주목했던 것처럼, 부르디외 등은 계몽 과정을 활성화할 수 있는 감각적 담론 형식의 중요성을 강조했다(Bourdieu & Haacke, 1994 참조). 그들은 지배 세력과 주류 미디어가 장악한 공론장에서 구조적으로 왜곡된 소통이 일어난다는 사실을 충분히 인식하면서도, 문화생산과 유통의 메커니즘에 대한 사회학적 지식을 이용해 효과적으로 개입할 수 있다는 자신감을 드러냈다.

그럼에도 '엄밀성'과 '가독성,' '이론적인 것'과 '시각적인 것'의 조화라는 이상적인 목표의 추구에 현실적인 문제들이 없는 것은 아니다. 〈악트〉는 여전히 연구자들조차 읽기 쉽지 않은 사회과학 전문지로 여겨진다. 부르디외 사회학의 문제틀과 용어 체계에 익숙하지 않은 이들에게는 더욱 그럴 것이다. 〈악트〉의 이중적인 표현 전략이 과연 저자들이 의도한 대로 독자들에게 받아들여지고 있는지 역시 의문이다. 그것은 다른 학술지의 경우와 마찬가지로, 어려운 논문을 조금이나마 보기 편하게 해 주는 레이아웃 디자인 이상의 의미를 갖지 못할 수도 있다. 초기에 비해 나중에는 필자 집단이 훨씬 확대되고 국제화되면서 시각적 수사학을 구사하는 논문들이 상대적으로 적어진 경향 또한 뚜렷하다. 그러한 스타일이 모든 게재 원고에 강제적으로 부과된 규정이 아니라, 지적 운동의 일환으로 소수의 열성적인 내부자들에 의해 시도된 원리였기 때문이다. 40여 년의 세월이 지나고 부르디외 타계 이후 새로운 편집진이 자리 잡은 상황에서 〈악트〉의 초창기 실험은 공식화되었다기보다, 약화 내지 관성화되어 버린 인상을 준다.[13]

13 2003년 발간된 〈악트〉의 150호는 그 전 해 급작스럽게 사망한 부르디외의 특집호로 꾸며졌다. 이 특집호의 서문에서 편집진은 〈악트〉의 전체적인 개편 사실을 알리며 그것이 단순히 변화를 위한 변화가 아니라, "편집 노선을 더 충실하게 다시 잇기 위한" 것이라고 밝혔다. 즉 초창기의 〈악트〉가 그랬던 것처럼, "사회과학에서 연구를 제시하고 구상하는 또 다른 방식들을 승인함으로써" 과학적 지식을 생산하고 구성하는 데 한층 다양한 수단을 활용하려는 시도를 복원하겠다는 것이다(Collectif,

계몽을 위해 이미지를 활용하는 시각적 수사학이 과학적인 연구 작업에 부정적인 결과를 초래했다는 증언도 있다. 아이러니하게도 이는 1976년 이중적 제시 전략이 연구 과정에 미치는 긍정적인 영향을 상찬했던 그리뇽이 2002년에 쓴 회고담에서 나온다. 그는 논문을 텍스트와 관련 자료의 두 겹으로 짜는 잡지의 지향이 결국 사회과학을 기자나 사진작가의 작업처럼 변모시켜 버렸다고 지적한다. 그리하여 일부 연구자들은 장기간의 신중한 조사 연구를 수행하는 대신, 단기간에 수집한 선정적 이미지를 부르디외 사회학의 개념과 조합해 풍자와 비판이 뒤섞인 '에세이'로 속성 생산하는 관행에 점차 익숙해졌다는 것이다. 그에 따르면, "일러스트레이션에 주어진 중요성은 점점 더 '실재의 단편'과 '날것의 자료'를 순전히 수사학적으로 사용하도록 이끌었고, 그것들이 경험 연구의 재료를 대체하도록 만들었다. 우리가 취했던 자유는 편의가 되었고, 이는 우리가 단절하기를 원했던 저널리즘적이고 문학적인 사회학으로 우리를 몰고 갔다. 보여 주기montrer의 권리와 가능성을 자임하는 것은 스스로에게 입증하기démontrer를 면제해 주는 것이었다. 우리 식으로, 우리 수준에서 우리는 독자의 열의를 얻어 내고 우리의 사회학적 복음을 믿도록 만들 수 있는 아주 놀라운 이미지와 사진이 주는 쇼크를 신뢰했다. 이러한 편의

2003: 4). 역설적이지만 이는 언제부턴가 잡지의 편집 노선이 제대로 작동하지 않고 있었다는 점, 그리고 새로운 편집진이 기존 노선의 결산과 새로운 모색보다는 일종의 '기원 회귀' 전략을 택했다는 점을 보여 준다.

그림 8　〈악트〉에서 이미지는 사람들의 신체, 자세, 태도와 같이 '사회적인 것의 체화 상태'를 나타내는 용도로도 자주 쓰였다. 그것은 부르디외 사회학의 기본 노선을 시각적으로 구현하는 효율적 수단이었다(Chadoin & Houdeville, 2017).
왼쪽은 부르디외가 알제리 현지 조사에서 직접 찍은 것으로 '성별 노동 분업'을 보여 주는 사진이며, 논문 "실천 감각"(2권 1호)에 실렸다. 오른쪽 사진은 인류학자 로익 바캉이 시카고의 복싱 클럽에서 참여 관찰을 하며 찍은 것이다. 이는 복싱 하비투스의 형성을 다룬 그의 논문 "신체와 영혼"(90호)에 실렸다. 사회학자 하워드 베커Howard Becker가 지적하듯, 사회과학에서 시각적 자료의 활용이 '비과학적'으로 여겨지는 것은 이상한 일이다. 물리학, 생물학, 천문학 등 자연과학에서는 사진 증거가 일상적으로 쓰이기 때문이다. 사회과학에서는 가장 '과학적'이라고 자처하는 경제학과 정치학, 그리고 이들을 모방하는 주류 사회학도 사진을 이용하지 않는 반면, 가장 덜 '과학적'이라고 간주되는 인류학과 역사학만 사진을 이용한다(Becker, 2007/2016: 311). 〈악트〉는 때로는 증거 자료로서, 또 때로는 아이러니 효과를 위해 사진을 적극적으로 동원했다. 이것이 사회학적 재현과 방법론의 확장을 지향하는 동시에, 주류 사회학의 지배적 관행에 대한 비판 의지를 함축하고 있었음은 물론이다.

에 굴복하면서 우리는 우리가 빠져나왔던 것보다도 더 편협하고 강고한 틀 안에 우리를 가두었다”(Grignon, 2002: 206).

그리뇽의 과학 개념에 우리가 반드시 동의하지 않는다 하더라도, 이 자기 반성적인 언급은 적어도 〈악트〉의 형식 실험이 야기했던 어떤 편향과 위험을 일깨워 준다는 점에서 소중하다. 나아가 그것은 잡지 편집진이 처음에는 다분히 직관적이고 즉흥적인 아이디어에서 시작했을 텍스트/이미지의 이중적 제시 방식에 대해 스스로 좀 더 비판적이고 성찰적인 논의를 발전시켰어야 했을 필요성을 환기시켜 준다. 이미지는 분명히 사회과학적 실재의 생산에 기여할 수 있는 중요한 수단이지만, 문자 언어와 같은 층위에서 같은 방식으로 작용하지는 않는다(Péquignot, 2006 참조). 그렇다면 하나의 연구를 문자 언어와 이미지 언어로 함께 제시한다는 전략은 감각적으로 소구하는 이미지가 대중의 계몽에 더욱 효과적일 것이라는 소박한 정치적 판단 이상의, 인식론적인 검토와 정당화를 요구하는 사안이기도 하다. 사회과학에서의 이미지 활용에 관한 이론적 탐구는 이미지 언어의 고유성에서부터 사회과학적 발견에서 이미지의 역할이라든지 과학과 예술의 관계와 같은 다양한 이슈에 대한 풍요로운 토론으로 이어질 수 있었을 터다. 하지만 아쉽게도 〈악트〉의 편집진과 필자들이 그러한 문제들을 두고 진지하게 고심한 흔적은 찾아보기 어렵다. 이는 어느새 〈악트〉가 표방하는 비판적 사회과학을 대표하게 된 부르디외 사회학에 대해서도 마찬가지다. 잡지는 비판의 규범적 기초라든지 사회과학의 인식론적 특수성과 같은 문제를, 부르디외 사회학의 입장을 승인하는 수준 이상으로 치열하게 제기한 적이 없다. 정작 〈악트〉는 수행하지 않았던(혹은 못했던) 그러한 작업이 파스롱, 볼탕스키, 그리뇽 등에 의해 부르디외와의 결별 이후 이루어졌다는 점은 시사하는 바가 적지 않다.[14]

그동안 〈악트〉는 그리뇽이 부족하다고 지적한 개방성과 과학성을 강화하면서 국제적인 전문 학술지로서의 상징자본을 축적하는 방향으로 계속 발전해 온 것이 사실이다. 그런데 이 과정에서 〈악트〉는 그 존재 자체가 구현했던 어떤 질문을 열어 놓고 더 진전시키기보다 해결 상태를 가장하는 편을 택했다. 이 경우 '발전'은 오히려 제도화의 구속 효과를 드러내는 역설적인 지표라고 말해야 하지 않을까? 1970년대의 젊은 연구자 집단이 벌인 지적 운동의 지향이 사회에 대한 비판적 과학을 정립하는 데 있었다면, 그들이 하필 잡지를 창간한 이유는 지식 사회의 온갖 유행과 검열로부터 벗어나 새로운 연구 실천의 자리를 확보하고, 그 성과를 대중과 적극적으로 공유하는 데 있었다. 의도했든 아니든 오늘날 사회과학계에서 확고한 주류의 지위를 구축한 〈악트〉는 아방가르드의 제도화라는 예측 가능한 딜레마 위에서 어떻게 더 나아갈 수 있는지 고민했어야 했다. 이때 최우선의 과제는 그것이

14 이와 관련해 파스롱은 《사회학적 추론*Le raisonnement sociologique*》(1991)을, 볼탕스키는 《능력으로서의 사랑과 정의*L'Amour et la Justice comme compétences*》(1993), 《비판에 대하여*De la critique*》(2009) 등을 썼고, 그리뇽은 《모델과 이야기*Le modèle et le récit*》(2001), 《인간과학과 자연과학*Sciences de l'homme et sciences de la nature*》(2009) 등을 편집했다.

구상했던 비판과 과학의 관념이 어떤 논리적 취약성을 안고 있는지, 계몽의 방법론은 또 어떤 한계와 균열을 드러냈는지 근본적으로 재점검하는 일이었을 것이다.[15] 〈악트〉가 지향했던 사회과학의 전망과 비판적 계몽주의의 태도, 그리고 그로부터 비롯한 새로운 형식 실험이 여전히 불완전하며 불안정하기에 그렇다. 그 전망과 태도와 형식은 아직도 더 많은 가능성의 탐구를 기다리고 있다. 이제 그 시도의 주체가 반드시 〈악트〉일 필요도, 또 그 장소가 반드시 프랑스여야 할 이유도 없을 것이다. 〈악트〉를 하나의 질문으로서 의미 있게 받아들일 수만 있다면, 누구든 어느 곳에서든 그 답을 새롭게 이어나갈 수 있을 터이기 때문이다.

15 이 대목에서 계몽주의 철학의 핵심이 사유의 끝없는 운동에 있다는 에른스트 카시러Ernst Cassirer의 지적은 새삼 음미할 만한 가치가 있다. "계몽적 사유는 언제나 거듭해서 체계의 단단한 껍질을 깨뜨리고 엄격한 체계적 규율을 벗어나고자 한다. 참된 계몽적 사유의 가장 순수하고 명백한 형식은 개별적인 공리나 학설이나 이론을 만들어 내는 사유에서 나타나는 것이 아니라, 오히려 의심하여 묻고, 허물어 헤치고, 다시 세우는 사유의 생성 속에서 나타난다. 끊임없이 동요하는 이러한 운동 전체는 개별 학설들의 단순한 합계로 해소되는 것이 아니다"(Cassirer, 1932/1995: 12). 이는 언제나 스스로를 위기에 빠트리는 이성의 운동을 강조한 바슐라르의 철학과도 공명한다.

노트 6 | 상징적 지배의 전복

부르디외는 상징적 지배를 전복할 수 있는 방안의 하나로 지식인의 대범성 전략stratégie de condescendance을 종종 언급하곤 했다. 이 전략의 핵심은 지적 위반을 감행하는 데 있다. 정통의 위계질서 내에서 낮은 평가를 받거나 주변화되어 있는 문화 산물, 장르, 작가 등에 높은 가치를 부여하면서 지식인은 위계의 이윤과 위반의 이윤을 동시에 취할 수 있다. 물론 그는 신성화된 경계를 가로지르는 일이 저속하다고 비판받을 위험 역시 감수해야 한다. 하지만 전략이 성공하는 경우, 그는 자발적으로 떨어뜨린 품위를 되찾고 경계 바깥에 설 수 있는 능력을 입증함으로써 이윤을 극대화하게 된다. 영화, 만화, SF 소설 등 비주류 장르는 문화적 정당성을 획득해 가는 과정에서 지식인이 보여 준 이 '불장난의 기술'로부터 상당한 이익을 취해 왔다. 잘 알려져 있듯, 1950년대에 프랑스의 영화 잡지 〈카이에 뒤 시네마*Cahiers du cinéma*〉는 존 포드John Ford, 하워드 혹스Howard Hawks, 알프레드 히치콕Alfred Hitchcock 등 이전까지 미국에서 대단한 평판을 얻지 못했던 감독들을 재조명하고 작가auteur 칭호를 부여함으로써 미국인을 놀라게 했으며 세계 영화사에 새롭게 편입시켰다. 이는 성공한 대범성 전략의 전형적인 사례라 할 수 있다(Bourdieu, 1985a; 이상길, 2005 참조).

부르디외가 보기에, 이러한 "위반의 지적 게임"은 지식 장에서 열세에 있는 지식인이 주도하는 경우가 많다. 주변부 지식인은 주류 지식인을 상징적으로 공격할 수단을 비주류 예술에서 발견할 때 거기 관심을 가진다. 이들은 비주류 예술의 복권을 시도하면서, 지식 장에서 지배적 가치에 따라 권력을 행사하는 지배자에 대해 일종의 복수를 감행한다. 주변화된 장르나 작가, 작품 등은 이렇게 지식인의 게임에서 내기물이 되는 것이다. 이는 주변부 지식인이 무엇보다 다른 지식인을 '한 방 먹이기 위한' 용도로 자기 담론에 '민중'을 끌어들이는 방식과도 유사하다(Bourdieu, 2001a/2014: 110~114 참조). 한편 지식인의 대범성 전략이 상징적 지배에 효과적으로 일격을 가할 수 있으려면, 그 전략에 호응과 지지를 보낼 소비자 공중이 있어야 한다. 부르디외는 1960년대 이른바 반문화counter-culture의 유행을 사례로 들며, 공식 교육의 낙오자들déclassés이 그러한 수용층으로 기능한다고 지적한다. 이들은 중고등 교육의 확대 과정에서 그 혜택을 입었지만, 동시에 학교로 인해 품게 된 기대를 실현하지 못한 집단이다. 이 낙오자는 자신들을 탈락시킨 교육 체계와 그것이 전수하는 공식 문화, 주류 문화에 전복적 태도를 보인다. 그리하여 1960년대 미국과 유럽에서 이들은 학교에서 배양한 문화적 야심을 반문화에 투자하면서, 거기에 대안적 정당성을 부여했다는 것이다. 낙오자는 문화적으로 자기 존재를 증명하기 위해, 지배적 위계질서 아래 평가절하된 비주류 장르를 의미 있는 문화로 구성할 필요가 있었다. 상징적 낙인을 공통분모로 삼는 록 음악, 영화, 만화, 범죄 소설, SF 소설 등이 이러한 맥락에서 전략적 복구 대상으로 떠올랐다. 유럽에 비해 미국에서 반문화 열풍이 한층 거셌던 것은 문화적 위계 구조가 상대적으로 약하고, 할리우드처럼 거대한 규모의 산업화된 문화생산 단위들을 둘러싸고 중간예술장이 발전해 있었으며, 그에 따라 상당수의 영향력 있는 중간급 문화생산자 집단이 존재했기 때문이다. 이처럼 특수한 역사적 맥락에서 이루어지는 비주류 지식인과 문화예술인-소비자-생산물의 삼각 동맹은 상징적 지배를 뒤엎을 수 있는 혁신의 기초를 마련한다(Bourdieu, 1985a).

노트 7 | 〈악트〉의 이미지 활용

사회학자 올리비에 샤두앵Olivier Chadoin과 제랄드 우드빌Gérald Houdeville은 초창기 〈악트〉의 이미지 활용 방식에 관한 상세한 분석을 제시한다(Chadoin & Houdeville, 2017). 그들에 따르면, 1970년대 〈악트〉에는 크게 두 부류의 이미지가 쓰였다. 우선 저자가 생산한 이미지 자료들로, 각종 도식, 도표, 연대기, 그림, 현장 사진 등이 이에 해당한다. 다음으로 저자가 직접 생산하지 않았지만, 논문 안에서 논평이나 비판을 위해 언급한 자료들의 이미지로, 이를테면 연설문, 신문·잡지 기사, 책 표지나 발췌문, 광고 사진, 전시 카탈로그 등이다. 초창기 〈악트〉에는 이미지가 엄청나게 많이 실렸는데, 종종 계산된 구성과 탈맥락화를 통해 예

LA SCIENCE ROYALE
ET LE FATALISME
DU PROBABLE

"Nous cherchons à soulever la couverole qui pèse sur la tête des plus pauvres".

J.J. Servan-Schreiber

그림 9 〈악트〉 7호에 실린 논문 "지배 이데올로기의 생산"은 신문 기사, 사진, 만화, 통계, 잡지 표지 등과 같은 다양한 자료를 통해, 1970년대 중반 프랑스 사회에서 경제적 자유주의와 근대화 담론이 어떻게 지배 이데올로기로 자리 잡아 갔는지를 분석한다. 이 사진에서 노동환경개선청의 광고판이 우파 정부의 프로파간다를 상징한다면, 뒤편의 인간과학연구원 건물은 그러한 프로파간다를 지원하는 주류 사회과학을 상징한다. 또 사진 속의 노동자가 쓰고 있는 안전모 이미지와 사진 아래 인용된 우파 정치인의 '덮개' 발언은 서로 풍자적으로 조응한다.

기치 않은 의미를 창출하는 데 이용되었다. 예를 들면, 부르디외와 볼탕스키가 공저한 논문 "지배 이데올로기의 생산"(2008년에 단행본으로 재출간)에는 주류 노동사회학의 논의와 신진 경영자 분파의 입장 사이에 존재하는 선택적 친화성을 드러낸 부분이 있는데, 여기에 두 저자는 자신들의 비판적 관점을 선명하게 보여 주는 한 장의 사진을 배치했다. 그것은 파리 인간과학연구원을 배경으로 찍힌 노동환경개선청의 광고판 사진이었다. 우파의 지스가르 데스탱 정부가 설치한 이 국가 기관의 광고판에는 헬멧을 쓴 노동자의 상반신 이미지 위아래로 "최선의 노력을 하는 사람은 공정한 몫을 가질 권리가 있습니다. 당신도 그렇습니다 — 이제 육체노동자에게 우선 순위를"이라는 문구가 적혀 있었다. 부르디외와 볼탕스키는 이 사진 밑에 "우리는 빈곤층의 머리를 짓누르는 덮개를 벗기려 애씁니다"라는 정치인 장자크 세르방슈레베르Jean-Jacques Servan-Schreiber의 말을 달고, "어용과학과 개연성의 숙명론"이라는 제목을 붙임으로써 아이러니 효과를 빚어냈다(Bourdieu & Boltanski, 2008: 59 참조). 샤두앵과 우드빌은 〈악트〉가 이미지를 광범위하게 활용함으로써 모든 지배 형태에 비판의 칼날을 겨누는 이론적 관점을 주창하는 동시에, 1970년대 당시 프랑스 사회학 장에서 주류 학술지들과는 다른 차별적 입지를 확보하고자 했다고 지적한다(Chadoin & Houdeville, 2017).

노트 8 | 〈악트〉, 혹은 아카데미의 〈횃불〉

〈횃불*Die Fackel*〉(1899~1936)은 오스트리아의 작가이자 언론인 카를 크라우스(1874~1936)가 편집, 발행하고, 1910년대 이후로는 집필까지 혼자 거의 도맡다시피 했던 풍자 잡지다. 이 잡지의 창간 100주년 기념 콜로키엄에서 부르디외는 흥미롭게도 〈악트〉가 〈횃불〉과 상당한 공통점을 지닌다고 주장한다. 〈횃불〉은 독일과 오스트리아의 민족주의, 범게르만 운동, 자유방임적 경제 정책뿐만 아니라, 지식인과 언론인의 위선을 논평, 에세이, 노트, 시, 희곡, 아포리즘 등 다양한 장르의 글로 맹렬히 공격하고 조롱했다(Kraus, 1975 참조). 이 잡지는 특히 인민을 1차 세계대전의 살육전으로 이끈 부르주아 정치에 가차 없는 독설을 날렸고, 자본가를 지지하며 언어와 사상을 타락시키는 자유주의 언론에도 비판의 날을 세웠다. 당시 허위 기사와 사실 왜곡으로 이름났던 〈신자유지*Neue Freie Presse*〉는 대표적인 비판 대상이었다. 〈횃불〉의 원칙은 세계를 있는 그대로 인용해 그 추한 모습을 드러나게 하는 것이었는데, 이처럼 현실 앞에 거울을 제대로 들이대기만 해도 세계는 우리가 말할 수 없는 것을 스스로 증언하게 된다는 것이다. 이러한 기치 아래 잡지는 신문 기사들에서 상투적인 표현을 인용해 주해를 달거나 부분적으로 변형하고, 상이한 텍스트들을 조합하고 격자체 글씨로 시각적 효과를 창출하는 등 여러 기법을 활용했다(라영균, 2008 참조).

부르디외는 〈횃불〉의 비판 방식이 자료, 사진, 기사 발췌문 등을 분석 안에 배치해 그 위상을 완전히 변화시키고자 했던 〈악트〉와도 비슷하다고 보았다. 물론 그가 두 잡지 간의 유사성을 순전히 형식적인 차원에서만 발견한 것은 아니다. 인용과 콜라주 방법을 쓰는 이유가 두 잡

그림 10 풍자 잡지 〈횃불〉의 창간호 표지. 크라우스는 1899년부터 1936년 타계 직전까지 부정기적으로 이 잡지를 총 922호 발간했으며, 집필과 발행을 거의 혼자서 도맡아 했다. 그는 창간호에 실린 첫 글 "독립Die Unhabhängigen"에서 "내가 우려하는 것은 감찰관의 검열이 아니라, 편집장의 한층 내밀한 검열"이라고 썼다.

지 모두 세계, 특히 지식인 세계를 객관화하려는 목적 때문이라는 점 역시 중요하다. 여기에는 이른바 "객관화의 패러독스"가 작동한다. 즉 우리가 지식 사회와 맺고 있는 공모 관계와 단절하고서 지식인이 매일 하는 것, 쓰고 말하는 것을 객관적으로 모사하기만 하더라도, 충분히 놀랍고 끔찍한 스캔들처럼 보일 수 있다는 것이다. 그리하여 "단순한 제시 전략"은 상징적 지배에 대항하기 위해 그 무기를 이용하는 이이제이의 전법을 구성한다. 사실 인용과 콜라주는 지식인과 언론인이 지배적 관점에서 세계를 구성하기 위해 동원하는 전형적인 수단이다. 〈횃불〉과 〈악트〉는 바로 이를 역이용해, 당연한 것처럼 보이는 세계를 문제시하고 풍자적 반反세계, 또는 사회학적 대안 세계를 구축한다(Bourdieu,

2002: 375～376).

부르디외는 단지 〈횃불〉만이 아니라, 지식인으로서 크라우스가 수행한 지식인 비판 활동 자체를 매우 높이 평가했다. 그가 보기에, 크라우스는 사르트르가 구축한 지식인관에 "비판적 성찰성"이라는 덕목을 더한 인물이었다(Bourdieu, 2004: 37). 더욱이 지식인 세계를 겨냥한 크라우스의 지적 공세는 〈횃불〉의 출판 활동이 전부가 아니었다. 그는 다양한 해프닝을 연출했는데, 부르디외가 보기에, 이는 진정한 "실험사회학"이자 "사회학적 예술"이었다. 예컨대, 그는 자기 잡지에 휴머니즘과 평화주의를 지지하는 거짓 청원서를 게재하고, 가짜로 서명자 명단을 실었다. 이 명단에 들어 있던 사람들 가운데 원래부터 반전 평화주의자였던 이들은 자기 이름을 무단도용한 데 반발했지만, 정작 군국주의자였다가 전후에 슬그머니 전향한 이들은 아무런 항의도 하지 않았다. 부르디외는 이러한 도발적 해프닝을 일종의 "사회학적 실험"으로 간주하며, 크라우스야말로 "사회학적 예술가"이자 "사회학적 개입 기술의 발명가"라고 주장한다. 이 풍자 작가는 거창한 대의명분을 내세우면서 탄원서 등으로 상징이윤을 취하는 지식인들을 혐오했다. 그는 또 기회주의적 작가들의 혁명 타령이 과거 그들이 주창했던 민족주의나 애국주의의 변형에 지나지 않는다는 사실을 간파했다. 이런 식으로 그는 '반순응주의' 풍조에 '순응하는' 역설적 태도 속에서 저항과 혁명을 말하는 지식인들, 나아가 '진보'나 '위반,' '아방가르드'조차 계산된 모방의 대상으로 만들어 내는 지식 장의 숨겨진 속성과 경향 들을 폭로했던 것이다(Bourdieu, 2002: 377～378, 2010/2019: 62～63 참조).

부르디외는 〈횃불〉의 창립자가 이론적인 동시에 실천적인 면에서 탁월성을 드러낸다고 지적한다. 그에 따르면, 크라우스는 인정이라는 상징자본이 장 내부 구성원들의 믿음을 전제한다는 점을 이해하고 있었고, 마르셀 뒤샹Marcel Duchamp이 그랬듯이, 사회학적 해프닝을 통해 소피스트들의 세계 전체에 의문을 제기하는 실험을 했다. 크라우스는 또 사람들의 인지 구조를 조작함으로써 가해지는 상징폭력의 존재를 직감적으로 파악하고 있었으며, 이에 맞선 실천적 자기방어의 기법, 즉 상징적 호신술을 전파하고자 했다. 부르디외는 크라우스처럼 자신의 사유를 극화하고 그에 상응하는 행위를 공적 무대에 올리는 일은 지식인 하비투스에 새겨져 있지 않은 신체적 재능과 용기를 요구한다는 점에서 대단하다고 평가한다(Bourdieu, 1994: 200, 2002: 374~375). 물론 사회학자의 입장에서 풍자 작가의 인신공격성 실명 비판은 구조와 메커니즘의 분석을 대체할 수 없기에 그 한계가 명확하다. 하지만 크라우스에 관해 일찍부터 알고 있었던 부르디외는 1990년대 후반에 이 작가의 중요성을 한층 강조하기에 이른다. 아마도 이는 당시 미디어의 부정적 영향력에 대한 강한 문제의식과 비판적 사유의 효과적 전달 형식에 대한 고민 때문이었던 것으로 보인다.

크라우스는 진정한 언론 자유의 제일 위험한 적이 언론 그 자체라는 점을 직시한 인물이었다. 그는 가장 강력한 검열은 외부에서 오는 것이 아니라, 언론이 자기 위상과 이해관계가 위협받을 때 스스로 행사하는 것이라고 보았다(Bouveresse, 2000 참조). 그가 "정당한 중상모략을 독점하는" 언론인들에게 연극적이고 풍자적인 중상모략의 방법으로 대응했다는 사실에 부르디외는 커다란 공감과 지지를 표한다. 그러한 방법은 "저널리즘이 일상적으로 우리에게 행사하는 권력을 저널리즘에 맞서 되돌려 보냄으로써 저널리즘 권력을 보게 만드는" 것이기 때문이다(Bourdieu, 2002: 376). 1992년 부르디외는 유토피아적인 상상이라는 단서를 달면서도, 자신이 상징권력을 함부로 남용하는 정치인, 언론인, 미디어 지식인을 풍자하고 조롱하며 웃음거리로 삼는 방송 프로그램을 꿈꾼다고 말한 바 있다. 그것은 연구자, 예술가, 가수, 코미디언 등의 콜라보로 만들어질 수 있을 것이다(Bourdieu, 2002: 394). 이러한 소망을 말할 때, 그는 궁극적으로 아카데미를 벗어난 〈악트〉, 〈횃불〉과 크라우스에 좀 더 가까워진 〈악트〉, 나아가 더 이상 책과 문자에만 머물러 있지 않은 〈악트〉의 미래상을 그리고 있었는지도 모른다.

3
부르디외, 예술을 논하다

예술가와 사회학자의 만남

"왜 그렇게 많은 이들이 나를 비난하는가?
왜냐하면 그들은 나를 칭송하는데, 나는 그래도 그들을 비난하기 때문이다."
_ 카를 크라우스(Kraus, 1975: 185)

그들은 1980년대 중반에 처음으로 만났다. 아니 그들 가운데 한 명이 나중에 회고한 바에 따르면, 그들이 맨 처음 만난 때는 1989년이었을 수도 있다. 한 명은 뉴욕, 한 명은 파리에서 살았고, 활동 분야는 예술과 사회학으로 제각기 달랐다. 하지만 몇 번 만난 뒤 그들은 금세 서로를 가깝게 느꼈다. 1970년대 초 예술가가 독일어로 번역된 사회학자의 저작 몇 권을 읽고 그에게 관심을 가지고 있었기 때문일까? 그들의 작업에는 예술 작품을 통해 예술 세계의 작동 논리를 냉정하게 분석하면서 예술을 탈신화화한다는 중요한 공통점이 있었다. 마르셀 뒤샹을 본보기로 삼았던 예술가는 이미 1970년대부터 사회학적 시선과 탐구 방법을 자신의 작품 속에 유기적으로 통합시켰다. 일찍이 오케스트라 지휘자를 꿈꾼 적이 있는 사회학자는 학술 담론 구성에서 종종 예술가적 야심을 숨기지 않았다. (→ 노트 9: 문화적 즐거움과 사회학적 성찰) 이들은 우연한 기회에 출판사로부터 대담집을 출간하자는 제의를 받았고, 1991년 11월 파리에서 녹음기를 앞에 두고 마주 앉았다. 두 사람 모두 제도적 인정의 절정기를 맞았을 무렵이었다. 예술가의 이름은 한스 하케Hans Haacke, 사회학자의 이름은 피에르 부르디외였다(Bourdieu & Haacke, 1994; Haacke, 2002).

하케는 1971년 구겐하임미술관의 개인전을 위해 뉴욕시 부동산 소유 현황을 소재로 미술관의 존재 조건을 비판하는 작품을 준비했다가 전시를 취소당한 바 있었다(김진아, 2006; Flügge & Fleck Eds., 2006).[16] 이 사건 이후 그는 미국 활동에 어려움을 겪게 되는데, 그와 아랑곳없이 국제적 성가는 계속 높아져만 갔다. 하케는 1982년과 1987년 카셀 도큐멘타전에 참가했고, 1984년에 런던 테이트갤러리, 1986년에 뉴욕의 뉴뮤지엄, 그리고 1989년에는 파리 퐁피두센터Centre Pompidou에서 개인전을 열었다. 그로서는 자신을 핍박한 미국의 미술 제도권에 화려한 이력으로 멋지게 복수한 셈이었다. 부르디외는 1981년 콜레주드프랑스의 사회학 교수로 선출된 이래, 《호모 아카데미쿠스*Homo academicus*》(1984),

16 참고로 하케는 2008년 광주비엔날레에 〈넓고 하얀 흐름*Wide white Flow*〉이라는 작품을 가지고 참여하기도 했다.

《하이데거의 정치적 존재론*L'Ontologie politique de Martin Heidegger*》(1988), 《국가 귀족*La Noblesse d'Etat*》(1989)을 차례로 출간하는 등, 자기가 속한 소세계에 대한 사회학적 해부 작업을 줄기차게 수행해 나갔다. 1993년 하케는 베니스비엔날레 독일관에서 독일관의 역사를 정치경제학적으로 성찰하게 만드는 신작 〈게르마니아*Germania*〉를 전시했고, 백남준과 함께 작업한 독일관은 황금사자상을 받았다. (→ 노트 10: 〈게르마니아〉의 정치적 미학) 같은 해 부르디외는 신자유주의 아래 프랑스 사회의 고통과 집단 기억을 시민들의 생생한 목소리로 재구성한 공저서 《세계의 비참*La Misère du monde*》을 내놓았으며, 이 책으로 프랑스 국립과학연구원(CNRS)에서 주는 금메달을 받았다(Bourdieu, 1993d/2013). 적지 않은 수정과 보완의 시간을 거친 두 사람의 대화록이 《자유 교환》이라는 제목으로 출간된 것은 바로 그다음 해의 일이다.

이 대담은, 적어도 사회학자의 지적 도정에서 보자면, 어떤 변곡점에서 일어난 사건이었다. 콜레주드프랑스에 입성한 이후, 부르디외는 점차 예전과는 다른 행보를 보이기 시작한다. 단적인 사례 몇 가지. 1981년 그는 당시 사회당 정부의 대외 정책에 신랄한 비판을 가하면서, 푸코 등과 더불어 폴란드의 자유 노조 운동을 옹호하고 나섰다. 1993년 부르디외는 지식인과 예술가의 독립성 수호를 내건 이런저런 단체들의 조직에 참여했고, 1995년 사회보장제도 개혁안에 반발한 노동자와 시민의 총파업을 공개적으로 지지했다. 이후 언론 보도의 중심에 서게 된 그는 실업자 운동, 전 지구화 반대 운동, 동성애자 운동까지 정치적 개입의 범위

그림 11 부르디외는 1998~2000년 콜레주드프랑스 강의를 마네 연구에 할애했다. 푸코가 마네에게서 근대적 재현 체계와 단절하는 회화 – 사건을 보았다면, 부르디외는 마네에게서 근대적 예술 장을 정초한 상징혁명가의 전형을 보았다. 푸코는 자신의 마네론을 미완의 상태로 파기했고, 다만 그의 강연록은 남아 전체적인 개요를 짐작할 수 있게 해 준다. 부르디외는 미술사학자인 부인 마리클레르와 마네론의 공저를 시도했으나 완성하지 못했고, 현재는 그 초고만 콜레주드프랑스 강의록인 《마네: 상징혁명》에 부록으로 실려 있다. "이단 창시자 마네Manet l'hérésiarque"라는 제목의 이 초고는 주로 1980년대 말 1990년대 초 즈음에 작성되다가 미완성인 채 중단된 것으로 알려졌다. 부르디외 논지의 핵심은 마네가 제도를 무시하거나 비방하거나 직접 공격하지 않으면서도, 기존의 아카데미식 시각 원리의 토대를 부정하는 새로운 노선을 창안했고, 그 여파로 인해 제도 전체를 위험에 빠뜨렸다는 것이다. 예술적 실천의 전환을 통해 마네는 그 누구도 예술이 무엇인지, 예술가가 누구인지 규정할 수 없는 아노미 상태의 제도화를 촉진했고, 그 결과 모든 것을 변화시켰다. 《마네: 상징혁명》은 1992년에 나온 《예술의 규칙》의 주제와 내용을 자연스럽게 이어가는 한편, (예술에서의 배제를 경험하는 이들이 자발적으로 예술을 배제하는) 민중주의populisme와 (지식을 상징이윤으로 전환하는 이들이 예술을 자기들만의 것으로 탈취하는) 지성주의intellectualisme에 맞서 아방가르드와 예술 혁명을 옹호한다.

를 확장해 나갔다. 본격적인 사회 운동 참여는 부르디외의 경력에서 이례적인 일이었고, 곧 문화계의 논쟁거리로 떠올랐다. 비판자들은 부르디외가 사르트르와 푸코의 뒤를 잇는 '위대한 지식인'이 되고자 하는 야심 때문에 무책임한 선동을 일삼고 있다고 비난했다. 하지만 부르디외는 자신의 상징자본과 사회적 영향력이 급증한 상황에서 이를 책임 있게 이용하고 있을 따름이라고 응대했다.

우리는 참여 지식인으로서 부르디외의 활동이 연구 방향의 미묘한 전환과 함께 이루어졌다는 데 유의해야 한다. 그는 1990년대 초부터 규범적인 입장을 명확히 드러내는 일련의 글을 발표한다. 《예술의 규칙》(1992)의 후기인 "보편적인 것의 조합주의를 위하여," 《세계의 비참》의 후기, 《실천 이성*Raison pratique*》(1994)에 실린 "도덕의 역설적 기초" 등이 그것이다. 그는 또 여러 문화생산 장의 창시자 혹은 혁명가로 여겨질 만한 인물 개인에 초점을 맞춘 연구를 진행한다. 이는 마네와 플로베르를 다룬 "아노미의 제도화"(1987), "인상주의 혁명"(1987), "플로베르의 관점"(1988) 등 몇몇 논문, 그리고 《예술의 규칙》으로 이어진다. 이후 부르디외는 특히 마네에게 1998년부터 2년간의 콜레주 강의를 모두 할애할 정도로 깊은 관심을 기울였다. 왜 하필 마네였을까? 사람들의 정신 구조에까지 새겨져 있는 권력 관계를 분석하고 그것이 사회 변동을 어떻게 가로막고 있는지를 비판한 부르디외였던 만큼, 그가 중요시한 변화는 일차적으로 상징혁명, 즉 세상을 바라보는 방식 자체의 근본적인 전환이었다. 그렇다면 부르디외는 미술 장의 상징혁명가 마네를 통해 상징혁명의 논리와 작동 방식을 포착하고자 했던 것이 아닐까? 책으로 완성되지 못한 그의 마네 연구는 결국 1970년대 뤽 볼탕스키와 함께 쓰려 했다는 '혁명론'의 기획이 변형된 결과였을지도 모른다. 이렇게 보자면, 말년의 '정치적' 부르디외는 사유 속에서나 실천 속에서 변혁의 가능성을 모색하고 또 실험했던 셈이다. 그러한 모험의 흔적은 그가 하케와 가진 '자유로운 의견 교환'에서도 뚜렷이 나타난다.

신자유주의 시대의 비판적 사유-예술

"문화라는 말을 들을 때면, 나는 수표책을 꺼낸다."

_ 바바라 크루거Barbara Kruger

1993년 부르디외는 〈아트 프레스*Art Press*〉 10월호에 하케의 베니스비엔날레 전시에 관한 평문 "너무 아름답다C'est trop beau"를 발표한다. 《자유 교환》에 부록으로 다시 실린 이 글은 그가 1967년 베르나르 랑시야크Bernard Rancillac의 전시 카탈로그에 기고한 "이미지의 이미지L'image de l'image" 이후 처음 쓴 미술 비평이었다 (Bourdieu, 1989[1967]; Wilson, 2010: 2장 참조). 동시대 미술 작가로는 안드레아 프레이저Andrea Fraser, 파트릭 세투르Patrick Saytour, 다니엘 뷔렝Daniel Buren 등의 작품에 대한 취향을 가지고 있었던 부르디외는, 그러나 "취향goût이란 다른 이들의 취향에 대한 혐오dégoût일 뿐"이라는 말을 남겨 유명해진 《구별짓기》의 저자이기도 했다.

그는 취향의 과시가 행사하는 상징폭력에 누구보다도 예민한 지식인이었던 것이다. (→ 노트 11: 취향의 인종주의) 부르디외가 프랑스식 에세이주의와 딜레탕티즘dilettantisme에 늘 거리를 두었던 것도 그 때문이다. 그런데 하케 작업의 무엇이 이 사회학자의 마음을 움직여 25년 만의 외도에 나서게 만들었을까?

부르디외는 하케 작품 안에 예술계와 예술 생산 조건에 대한 사회학적인 (자기) 성찰이 미학적으로 통합되어 있다는 점을 무엇보다도 높이 평가한다.[17] 예컨대, 하케의 〈헬름스보로 컨트리*Helmsboro Country*〉와 〈담배 피우는 카우보이*Cowboy with Cigarette*〉는 1989년 미국의 정계와 미술계를 들끓게 했던 이른바 문화 전쟁cultural war의 주역인 제시 헬름스Jesse Helms 상원의원을 정면으로 비판한 것이다. 신보수주의자neo-conservative인 헬름스는 로버트 메이플소프Robert Mapplethorpe와 안드레 세라노Andres Serrano 등의

---

17 당연한 일이겠지만, 부르디외가 하케의 작업에 관심을 가진 최초의, 혹은 유일한 사회학자는 아니다. 이미 1970년대 중반에 하워드 베커는 존 월튼John Walton과 함께 하케의 회고전 카탈로그에 글을 기고한 바 있다. 거기에서 그들은 "동시대 예술 세계의 일상적인 작동 과정에 부유층과 권력층이 얼마나 긴밀하게 연루되어 있는지" 탐구하는 하케의 "예술 네트워크에 대한 관상학physiognomy"에 적극적이고 긍정적인 의미를 부여한다(Becker & Walton, 1976). 30여 년 뒤 예술과 사회과학을 '사회의 재현'이라는 관점에서 함께 논의하고 비교하는 저작 《사회에 대해 말하기*Telling about society*》에서 베커는 하케가 건조한 사실들(예컨대, 구겐하임미술관의 이사들이 누구며, 가족 관계는 어떠하며, 이들이 다른 기업체에서 맡고 있는 직위는 무엇이며, 그 기업체들이 저지른 범죄는 무엇인지 등등)의 단순한 나열만을 통해 특정한 주장 없이도 정치경제적 권력의 작동을 비판하는 기법을 구사한다고 지적한다(Becker, 2007/2016: 103~105).

그림 12 1980년대 미국 '문화 전쟁'의 주역이었던 극우파 제시 헬름스 상원의원과 다국적 담배 기업 말보로의 은밀한 정치경제적 결탁을 풍자한 한스 하케의 작품 〈헬름스보로 컨트리〉(1990). © Hans Haacke / BILD-KUNST, Bonn – SACK, Seoul, 2020

'불경하고 외설적인' 전시를 보조한 국립예술기금(NEA)의 법적 제한을 강력히 제안해 거센 논쟁을 불러일으켰다. 하케는 두 작품을 통해 헬름스가 말보로, 필립 모리스 같은 거대 담배 회사들과 어떤 식으로 결탁해 있는지 보여 준다. 헬름스는 윤리와 도덕을 내세우며 낙태, 동성애, AIDS 등에 대해 극도로 보수적인 입장을 취하지만, 담배 회사들로부터 비밀스런 후원을 받으면서 그들의 이권을 보호하기 위한 의정 활동을 벌인다. 또 담배 회사들은 대규모 미술 전시회를 후원하며 예술 창작에 이바지하는 문화적인 이미지로 치장하지만, 정작 그들의 사업에 도움이 된다면 표현의 자유를 억압하는 극우 보수 정치인과도 기꺼이 공조한다. 하케의 작품들은 대부분 미술계 안에서 작동하는 이러한 내밀한 공모와 정치경제적 이해관계의 이면을 풍자적으로 폭로하고 있다. 그러니 숨겨진 지배 메커니즘을 규명하는 성찰적 비판 사회학의 정립에 노력했던 부르디외에게 하케의 작업이 각별히 매력적으로 다가갔다 해서 조금도 놀랄 일은 아니다.

예술가와 사회학자의 '자유 교환'은 비판적 사유 – 예술이 위협받고 있는 현실에 대한 진단으로부터 시작한다. 두 사람은 1980년대 대처와 레이건의 집권 이후 우파 정치인들이 득세하고 신자유주의 경제 정책이 본격적으로 전개되는 상황에서 미국과 유럽의 예술계와 지식 사회에 어떠한 '보수 혁명'이 일어났는지 생생하게 증언한다. (→ 노트 12: 예술에서의 보수 혁명) 비판적 예술에 대한 공공 지원은 삭감 압력에 시달리고, 거대 기업들의 스폰서링 sponsoring이 메세나Mecenat라는 그럴듯한 이름 아래 횡행하면서 문화생산 장의 자율성은 심각한 위기를 맞게 되었다. 미디어의 상업주의 역시 그러한 위기를 가속화시켰다. 예술가들의 자기 검열이 심해지고, 신통한 업적도 없이 텔레비전 출연을 통해 명성을 얻은 가짜 지식인들이 판치기에 이르렀다. 이들은 동시대 예술의 타락을 개탄하고, 다문화주의와 역사적 상대주의를 비판하며, 서구적 기준의 '문화적 보편성'을 강제하려 든다. 하케는 이러한 실태의 이면에 있는 여러 기업과 정치인, 지식인의 실명을 거론하며 종횡무진 공격을 가한다. 그 대상 목록에는 사치재 기업 카르티에와 다임러 벤츠를 비롯해 신보수주의 이론가 어빙 크리스톨Irving Kristol, 장 보드리야르Jean Baudrillard, 문선명(!), 〈워싱턴 타임스*The Washington Times*〉, 〈뉴 크라이티리온*New Criterion*〉 등이 올라 있다.

부르디외와 하케는 특히 미국에서 점점 더 지배적인 추세로 자리 잡고 있는 메세나 현상을 가차 없이 비판한다. 이들에 따르면, 마치 기업의 선의와 공익 정신의 발현인 양 포장되는 메세나는 실제로는 하나의 강력한 PR 수단이자 여론 매수 도구일 뿐이다. 사기업은 메세나를 통해 자기들 이해관계에 유리한 정치적 분위기를 조성한다. 또 예술과 학술 영역에서 메세나 의존의 증가는 문화생산 활동이 시장과 경제 권력의 제약에 굴복하는 효과를 낳는다. 더욱이 기업들이 메세나로 얻게 되는 면세 혜택과 상징이윤을 고려하면, 시민들 입장에서는 결국 자기가 낸 세금으로 예술과 학술 활동을 지원하면서도, 그것을 기업의 시혜로 오인하는 최악의 상황에 처하게 되는 셈이다. 이러한 비관적인 현실 진단 이후 두 사람의 논의는 자연스럽게 다음과 같은 질문으로 옮겨간다. 비판적 예술가와 학자 집단의 자율성을 어떻게 방어할 것인가? 이 집단의 존재 조건은 과연 무엇인가?

부르디외가 보기에, 가장 수준 높고 자율적인 문화생산은 제대로 된 시장을 가지지 못하며, 따라서 공공 지원 없이는 존속하기 힘들다. 한데 그러한 지원의 핵심 주체는 국가일 수밖에 없다. 우리가 지금 살고 있는 세계에서 국가는 보편의 층위에 속하는 일반 이익intérêt général의 공식적 보증 기구이기 때문이다. 국가 개입이 없어진다면, 문화생산 부문의 일부는 '시장의 검열'에 휩쓸려 사라져 버릴 것이다. 그러므로 우리는 '국가주의냐 자유주의냐' 식의 잘못된 대립 구도에 맞서서 국가를 경제 권력에 대한 해방의 도구로 발전시켜야 한다. 물론 여기에는 두 가지 전제가 뒤따른다. 우선 문화예술과 과학에 대한 국가 지원을 강화하는 한편으로, 그 쓰임새에 대한 통제를 강화해야 한다. 공공 재원이 사적으로 전용, 남용된다든지, '무능한 순둥이들'만 편애할 위험성을 경계해야 한다는 것이다. 또한 국가 지원에 대한 의존 때문에 예술과 학문의 자율성이 잠재적으로 침해받지 않도록 주의해야 한다. 바꿔 말하자면, 예술가와 학자는 "국가가 보장하는 자유를 국가에 맞서서 이용하는 법을 배워야" 한다. 그렇다면 사회 진보를 위해 두 집단은 어떤 식으로 연대 혹은 결합할 수 있을 것인가?

부르디외는 예술가와 학자 들이 공동으로 집합적 지식인intellectuel collectif을 구축해야 한다고 본다. 이들이 제각기 자기 분야에서 전문적인 능력으로 인정받은 사람이어야 한다는 기본 요건이 중요하다. 그것은, 이를테면, 사이비 지식인, 미디어 지식인을 '진정한 지식인'과 가르는 기준이다. 《제르미날*Germinal*》, 《목로주점*L'assommoir*》 없이 그저 "나는 고발한다"만 쓴 에밀 졸라라면, 또 《존재와 무*L'Etre et le néant*》, 《변증법적 이성 비판*Critique de la raison dialectique*》 없이 각종 청원서에 서명만 한 사르트르라면 별 의미가 없을 것이다. 지식인의 참된 비판적 성향은 "문학·예술 장 고유의 가치에 대한 애착," 그리고 "세속적인 요구와 유혹에 대한 독립성"으로부터 나오기 때문이다(부르디외는 "실력 없는 지식인이 변절 또한 일삼더라"는 역사적인 예들을 들고 있다). 집합적 지식인은 일찍이 에밀 졸라가 창안한 모델, 그러니까 지식인에게 고유한 수단을 가지고 정치 세계에 개입하는 모델을 따를 수 있다. 이 대목에서 부르디외와 하케는 "유도처럼 상대방의 힘을 이용하는 전략"이 유용하다는 데 동의한다. 예컨대, 어떤 기업이 미디어를 이용하면, 하케는 그 사실을 폭로하기 위해 그 미디어를 이용한다. 그는 "예술 후원자들의 상징 전략 분석에 기초해서 그들만의 무기를 그들에게 대항해 역이용하는 행동을 고안"하는 것이다. 이와 같은 전략은 어느 정도 불가피하기도 한데, 미디어가 지배하는 문화생산 장에서 미디어의 지배를 비난하기 위해 미디어만큼이나 효과적인 수단은 없기 때문이다. 물론 여기에는 지식인들이 미디어의 논리에 굴복하지 않고 자기들 논리 안에서 미디어를 활용할 수 있는 조건을 결합시켜야 한다는 전제가 뒤따른다. 어쨌거나 중요한 것은 미디어가 지식인들에게 제약이자 장애물이면서도, 자유의 공간은 역설적으로 그것을 통해서만 열린다는 점이다. 이는 국가와 관련해서도 마찬가지다.

한편 예술가가 사회적 진실을 알기 위해 사회과학을 동원할 수 있듯, 사회학자는 자기 작업의 사회적 효과를 극대화하기 위해 예술을 이용할 수 있다. 부르디외는 지배 메커니즘의 폭로에 상징적 효력을 더하기 위해 지식인들이 '전략'의 문제에 관심을 가지고 예술가들의 작업으로부터 영감을 얻어야 한다고 주장한다. 그는 대기업들이 고도로 정교화된 PR 기법을 구사하는 시대에 지식인들은 고작해야 시위, 성명서 같이 아주 고전적인 수단에만 머물러 있다고 개탄한다. 더욱이 과학이 내놓은 성과물을 극소수의 사람만이 접할 수 있다면, 그것이 사회 발전에 무슨 수로 기여할 수 있을까? 이 대목에서 부르디외는 자신이 처한 "심층적인 모순" 상황을 인정한다. 즉 자기 저작을 필요로 하는 피지배자들은 그것을 읽을 수 없고, 정작 지배자들이 그것을 자기들 이해 관심에 맞게 써먹고 있다는 것이다. 그리하여 부르디외와 하케는 사회학적 진실을 많은 사람들이 쉽게 이해하고 수용할 수 있는 형식으로 재구성해서 제시하는 일이 긴요한 과제라는 합의에 이른다. 예술적 상상력은 진실의 형식화mise en forme 작업에 개입함으로써 상징폭력에 대항하는 상징투쟁에 효과적으로 이바지할 수 있다.

그렇다면 진실을 어떻게 형식화해야 할까? 핵심은, 부르디외에 따르면, "감각을 불러일으키도록faire sensation" 만드는 데 있다. 즉 과학이 개념과 증명의 차가운 엄밀성으로부터 빠져나와 공중의 감수성을 자극하고 감동을 줄 수 있어야 하는 것이다. 이는 "선정성에 호소하는 것faire du sensationnel"과는 엄연히 다르다.

이러한 시각에서 부르디외는 여러 수준에서 작동하는 메시지의 생산을 제안한다. 그것은 과학적 성과물을 전문가의 읽기와 일반 공중의 읽기에 모두 부응하는 다면적인 틀 안에 담아내는 방식이다. (짐작건대, 텍스트와 시각 자료를 이중적으로 배치한 스타일로 편집되는 학술지 〈악트〉, 같은 방식으로 꾸며진 《구별짓기》, 혹은 사회학자의 분석과 날것의 인터뷰를 나란히 놓은 《세계의 비참》 등이 구체적인 예가 될 수 있을 법하다. 부르디외와 하케의 대화, 하케의 작품 사진과 설명, 평문 등이 어우러진 《자유 교환》 역시 그에 해당할 것이다.) 이를 위해서는 지식인들이 '진지한 것'과 '지루한 것'을 혼동하지 말고 즐거움의 에너지를 다시 발견해야 한다. 감각의 층위를 되살려 내야 하는 것이다. 부르디외는 하케를 비롯한 예술가들이 비판적 지식인들과 연대해 "모든 전복 운동에서 일종의 기술적 조언자"가 되어 줄 것을 요청한다.[18]

부르디외의 의견에 공감을 표시하면서, 하케는 좌파가 예

18 부르디외는 이러한 관점에서 오스트리아 작가 카를 크라우스의 지식인 비판과 풍자 작업이 하나의 중요한 모델을 제공한다고 주장한다. 같은 맥락에서 부르디외는 웃음과 재미를 중시하는 사회 운동의 새로운 면모에 커다란 관심을 보인 바 있다. 그는 동성애 운동 단체 액트 업Act Up이 주도한 게이 프라이드Gay Pride 퍼레이드를 예로 드는데, 거기서 참가자들은 과도한 화장이나 노출, 드랙 퀸 분장 등으로 신체를 변형시키고 즐거움을 창출한다. 즉 성소수자들이 이전까지 부끄럽게 여기고 감춰야만 했던 몸을 당당하게 노출하고 각자가 책임지는 몸으로 변화시키는 것이다. 그런데 이것이 지배의 또 다른 간계로 변할 수 있는 위험성은 없을까? 부르디외는 만일 운동이 그 가능성을 통제하고 있다면, 그것은 다름 아닌 익살, 장난, 풍자, 농담, 희화화 덕분이라고 지적한다. 퍼레이드는 지배에 대한 조롱이자 자기 조롱이기도 하다. 그렇게 해서 이중적인 거리가 만들어지는데, 바로 그 점이 중요하다는 것이다(Bourdieu, 2000).

술뿐만 아니라 광고에서도 배워야 한다고 덧붙인다. 새로운 상징 전략은 무엇보다도 재미있어야 하며, 공중에게 즐거움을 주어야 한다. 그런데 광고인들은 아주 영리하며 커뮤니케이션의 확실한 전문가들이라는 것이다. 나아가 하케는 좌파가 적들이 자기 아이디어를 되받아 써먹을까 봐 늘 "편집증적인 두려움"을 보이지만, 어차피 목적은 그러한 아이디어의 완전한 전파에 있으므로 이를 겁내지 말아야 한다고 지적한다. 예를 들어, 벤츠가 광고에 생태주의를 내건다면, 이는 그 자체로 사태의 진전이 아닐 수 없다. 부르디외는 "경건한 거짓말," "악덕이 미덕에게 보내는 경배로서의 위선"이야말로 '보편적인 것'을 향한 진보라는 말로 하케에게 화답한다. 그가 보기에는, 바로 거기에 "이성의 현실 정치"가 있다.

'이성의 비관주의'로 시작한 두 거장의 대담은 이렇게 '의지의 낙관주의'로 끝을 맺는다. 잘 알려져 있다시피, 이후에도 그들의 사회 비판과 정치적 개입은 다양한 방식으로 이어졌다. 특히 부르디외는 타계하기 직전까지 집합적 지식인의 구축에 온 힘을 기울였고, 다른 연구자·예술가들과 함께 공동 작업을 진행하고 출판사를 설립하고 정치적인 성격의 총서를 기획, 출간하는 등 적지 않은 성과를 냈다. 그렇지만 아무리 후하게 평가하더라도, 부르디외와 하케의 여러 활동이 예술계에 실질적으로 의미있는 변화를 이끌어 냈다고 말할 수는 없을 것이다. 그들이 우려해 마지않았던 예술의 상업화와 보수화, 스펙터클화는 여전히 현재 진행형이고, 예술의 자율성은 이제 거의 무망한 이념이 되었다(Célérier, 2008 참조). 다분히 상징적인 하나의 에피소드. 1997년

가을 런던 왕립예술아카데미에서 세계 미술계의 지각 변동을 예고한 전시회가 열렸다. 30만 명의 관람객이 몰려들고 국제적인 논란을 낳았던 전시회의 제목은 바로 〈센세이션*Sensation*〉(!). 이른바 yBa(young British artists)를 위주로 한 전시 작품들은 세계 광고계(!)의 거물 찰스 사치Charles Saatchi의 개인 컬렉션이었다. 그 후 사치는 최대의 투기꾼－수집가specullector로서 동시대 미술 시장에서 최고의 권력을 구가하게 될 것이었다.

'합리적인 것의 현실화'냐, '현실적인 것의 합리화'냐

> "비판적 정신은 자족적 명상에 머무는 한, 정신의 진보를 그 요소들 가운데 하나로서 전제했고 오늘날 정신을 완전히 삼킬 준비를 하고 있는 절대적 사물화를 감당할 수 없다."
>
> _ 테오도르 아도르노(Adorno, 1995/2004: 29).

출간된 지 벌써 사반세기가 지났지만 《자유 교환》에서 부르디외와 하케가 나눈 대화의 논점들은 현재적인 중요성을 지닌다. 그럼에도 예술의 전복적 가치를 찬양하는 부르디외가 결국은 하케처럼 제도적으로 가장 공인된 예술가를 적극 지지하는 상황이 기묘한 역설처럼 느껴지는 것 또한 사실이다. 거기엔 이론적 논거가 없지 않다. 부르디외는 《자유 교환》에서 다음과 같이 말한다.

"우리가 잘 알고 있듯, 정치적 진보주의가 미학적 급진주의와 자동적으로 함께 가는 것은 아니다. 그리고 여기엔 상당히 분명한 사회학적 이유들이 있다. 진정으로 비판적인 사유는 사유 그 자체의, 어느 정도는 무의식적인, 사회경제적 기반에 대한 비판으로부터 출발해야 한다." (→ 노트 13: 예술가의 이중 게임) 그렇다면 정치적 진보주의와 미학적 급진주의의 결합을 가능하게 하는 사회학적 토대는 과연 무엇일까? 부르디외에 따르면, 그것은 자율적인 예술 장 안에서 최대한 많은 상징자본을 축적하는 일이다. 달리 말해, 하케와 같은 지배적인 상징자본가라면 미학적으로도 정치적으로도 더욱 급진적일 수 있다는 것이다.

이 논리를 이해하려면, 그가 창안한 장이론을 되돌아보아야 한다. 장이론에 따르면, 과학, 문학, 미술 등 문화의 진보는 자율적인 문화생산 장의 내부 역학을 통해 이루어진다. 문화생산 장에서 행위자는 다른 이들과 더불어 그 장에 고유한 상징자본 — 이를테면 과학자본, 문학자본, 미술자본 등 — 을 놓고 경쟁을 벌인다. 누군가 특수한 상징자본을 더 많이 축적하고 싶다면 남들보다 더 나은 과학적, 문학적, 혹은 예술적 성과를 거두어야 한다. 만약 예술 장 안에서 그가 예술적 성취 아닌 경제적 성취를 추구한다면, 그는 적어도 '예술가'로서의 상징자본은 충분히 획득하지 못할 것이다. 아니면 그는 경제적 성취가 곧 예술적 성취라는 원리("잘 팔리는 작품이 예술성도 높다")를 장 내부의 모든 행위자에게 관철시킬 수 있어야 한다. 이는 경제 장과 예술 장의 원초적인 차이를 무화시키려는 시도나 다름없기에 필연적으로 많은 예술가의 반발을 수반할 터라, 현실적으로는 기껏해야 어느 정도 선에서나 가능한 일이다. 또한 장 안에서 예술가가 가진 경제자본이나 사회관계자본은 상징자본의 취득에 제한적으로만 도움이 된다. 자본의 고유성은 개별 장의 (상대적) 자율성을 드러내는 지표이기도 하다. 이때 같은 장에 속해 있는 동료들은 경쟁자인 동시에 평가자가 된다. 그 경쟁과 평가의 기준은, 만일 장이 충분히 자율적이라면, 그 장에 특수한 상징자본의 기반인 과학성, 문학성, 또는 예술성이 될 것이다. 그러므로 문화생산자들은 경쟁 속에서 더 객관적인 연구, 더 아름다운 작품을 내놓기 위해 노력하게 되고, 다른 생산물들의 과학적, 혹은 미학적 성취를 교차 검토한 후 탁월한 것을 집단적으로 승인하게 된다. 이렇게 해서 뛰어난 과학자나 예술가, 우수한 연구나 작품이 제도적인 정당성을 얻고 더 많은 상징자본을 획득하게 된다(권위 있는 학술지 게재, 문학상 수상, 유명한 갤러리 전시 등). 장이 자율적인 한, 장 안에서의 공인consécration은 이러한 내적 과정의 산물이다. 이는 또 상징자본을 추구하는 문화생산자들 간의 집단적 경쟁과 상호 규제를 통해 특정한 시점에서 가능한 '과학적 보편성,' '미학적 보편성'이 구현되는 메커니즘이기도 하다.

장이론에 따르면, 이 과정은 누적적이다. 즉 문화생산 장 안에서는 상징자본이 인물, 작품, 제도 등의 형태로 축적된다. 그러니 장의 역사가 오랠수록 장 안에 진입하거나 거기서 인정받는 데는 점점 더 많은 자본이 요구된다. 누구든 장에 고유한 이론, 지식, 기술, 규칙을 습득한 뒤에야 게임에 낄 수 있으며, 그때까지 장이 거둔 성과를 넘어서야만 더 많은 상징자본을 획득할 수 있다. 장은 이처럼 집단적인 수준에서 과학적, 혹은 심미적 성향을 계발한다. 따라서 자율적인 발전의 역사가 오랜 장일수록 이미 지배적인 위치에 있는 상징자본가들이 상징혁명을 수행할 가능성이 높아진다. 설령 이단자들일지라도 혁명을 성공시키기 위해서는 장이 요구하는 능력을 그 이상으로 통달하고 있어야 한다.

한편 자율적인 문화생산 장은 특수한 '문화적 성향'을 발전시킬 뿐만 아니라, 그 자체의 제도와 역사에 대한 '성찰적 성향,' 그리고 다른 장들에 대한 '비판적 성향' 역시 계발한다. 특히 정치 장이나 경제 장에 거리 둔 정도에 따라 문화생산자들은 권력에 봉사하는 전문가가 될 수도 있고, 자유롭고 비판적인 지식인이 될 수도 있다. 결국 오랫동안 자율적으로 발전한 문화생산 장의 경우, 그 상층부에 있는 생산자들은 장 전체가 그 역사를 통해 획득한 문화적·성찰적·비판적 성향을 체현하는 존재이자 인격화된 상징자본이다. 그들은 장을 상징적인 영구 혁명의 단계에 진입시킨다. 이와 같은 역학을 통해 과학과 예술의 발전이 이루어지며, '보편적인 것'이 역사 속에서 쟁취된다. 부르디외로서는 상대주의로부터 벗어나 문화의 진보를 사고할 수 있는 입지를 장이론 위에서 확보한 셈이다(이상길, 2018a: 169~176).

유의해야 할 점은 문화생산 장이론이 개인이나 작품의 '제도적 공인'과 '질적 우수성'을 등치시키는 논리로 귀결된다는 것이다. 그 바탕에는 제도적 공인이 전문가 집단의 합의를 반영하고, 합의는 다시 — 경쟁을 통해 상호 통제되기에 — 문화 산물의 내적인 우수성(과학적 객관성, 미학적 탁월성)을 반영한다는 전제가 자리 잡고 있다. 그런데 이 전제는 과연 적절한 것일까? 제도는 그렇게 합리적으로 운영되며, 전문가들은 그렇게 합리적으로 판단하는 것일까? 또 전문가들의 광범위한 합의는 어느 정도로나 가능한 것일까? 지극히 '현실적인 합리성'을 존중하는 이 입장은 바로 '현실적인 것이 합리적인 것'이라는 기성 체제의 정당화 논리로 빠져들기 쉽다. 이미 주어져 있는 제도의 정당성은 의문에 부쳐지기 힘들고, (인구 유입과 같은 중립적인 것 이외의) 장 외부의 힘 — 예컨대 정치 체제 변동, 사회적 요구 등 — 에 의한 '바람직한' 변화란 상상하기 어려워진다.

예술 장으로 논의의 초점을 좁힐 경우, 문제는 좀 더 복잡해진다. 우리는 과학이 과학자들의 소관이듯이, 예술도 그저 예술가들의 소관일 따름이라고 말할 수 있을까? 예술 장이 '현실적으로' 존재한다고 해서? 과학과 달리, 예술은 수많은 비전문가들도 일상적으로 즐기고 생산에 참여할 수 있는 활동인데 말이다. 게다가 제아무리 전문가들 사이에서라 해도 미학적 탁월성이란 — 아마도 과학적 객관성과는 달리 — 판단에서의 합의는 고사하고, 판단 기준에서의 합의조차 불가능하지 않을까? 부르디외 또한 예술 장의 근대적 형성은 예술이 무엇이고 예술가는 누구인지에 대한 판단 기준의 '아노미 상태'를 제도화했다고 지적하지 않았던가?(Bourdieu, 1987c/2012 참조) 예술의 진보를 장 내부의 게임으로 치환하려는 사유는 어떻게 정당화될 수 있을까? 거기에는 '제도의 합리성'과 '역사적 이성의 간지'에 대한 과도한 신념이 작용하고 있는 것은 아닐까? 아니 하케처럼 세계적으로 공인받은 현실 속의 예술가들은 과연 어떨까? 그들은 부르디외가 이상화하는 '미학적 · 정치적 아방가르드'를 실제로 구현하고 있는 것일까?

'미학적 · 정치적 아방가르드'라는 환상?

> "예술가 — 그들이 하는 모든 말을 비웃어야 한다."
>
> _ 귀스타브 플로베르(Flaubert, 1913/2007: 74)

《자유 교환》에서 부르디외가 드러낸 예술관, 예술가 상에 대한 가장 진지하고도 예리한 반론은 그의 제자이기도 한 예술사회학자 나탈리 에니크Nathalie Heinich로부터 나왔다. 에니크는 우선 동시대 예술의 비판적 기능을 예찬하는 부르디외의 입장이 그의 이전 입장과 모순된다는 점을 지적한다. 1970년대에 부르디외는 동시대 예술이 미학적 전복을 실천한다고 자처하지만, 그러한 행위 자체가 이미 예술 장의 규범으로 자리 잡은 상태에서 그것은 스스로의 존재 조건을 성찰하지 않은 채 이루어지는 위장된 급진성에 불과하다고 주장했다. 그런데 하케와의 대화에서 그는 사회 비판의 대의를 지지하기 위해 자신이 분석한 바 있는 예술의 사회학적 현실을 모른 체한다는 것이다.

에니크에 따르면, 동시대 예술의 핵심은 더 이상 내용이나 형식이 아니라 맥락, 곧 사회학적 현실에 있다. 한데 이 현실은 아무리 급진적이고 비판적인 작품일지라도 즉각 제도화하며, 그럼으로써 전복적 힘을 앗아가 버린다. 작품을 통한 예술가의 정치적 의사 표현이 정치 장에 곧장 영향을 미칠 수도 없다. 정치 장이 예술 장에 대해 상대적 자율성을 갖기 때문이다. 또 일반 대중은 그러한 작품을 제대로 수용하지 않으며 대개는 거부한다. 예를 들어, 부르디외는 하케의 작업에 찬사를 보내지만, 대중이 그것을 거의 본 적이 없고 '예술'로 여기지도 않으며 그 작업이 공격하는 대기업의 간부들이야말로 그것이 전시되는 권위 있는 갤러리의 주요 고객이자 관람객이라는 사실의 의미를 충분히 고려하지 않는다(Heinich, 2007: 121~124).[19] 그리하여 에니크는 다음과 같이 묻는다. "어떤 설치 작품이 정치 영역에 영향을 미치기도 전에, 그 예술적 가치를 완벽하게 재활용할 줄 아는 예술 세계 안에만 갇혀 있을 때, 그러한 작품의 전복적인 능력은 정확히 어디에 있는 것일까?"(Heinich, 2002: 4~5).

더욱이 부르디외가 하케에게 투영하는, 지배 권력에 맞서

19 사실 하케는 《자유 교환》에서 다양한 사회 집단이 자기 작품을 어떻게 달리 수용하는지를 구체적으로 설명하고, 그에 따라 생겨나는 작품 의의의 한계에 관해 성찰한다. 그는 "어떤 대상이 지닌 의미 작용과 영향은 영원히 고정된 것이 아니라, 우리가 그것을 검토하는 맥락에 달려 있다"고 말하며, 중요한 것은 "공중이 내 작품을 만나게 되는 맥락"이라고 덧붙인다. 그러니 맥락에 따라 공중의 반응과 작품의 미학적·정치적 효과가 달라질 수밖에 없고, 작가는 그것을 감안한 상태에서 작업을 한다는 것이다. 하지만 설령 그렇다 하더라도 에니크의 비판이 완전히 어긋난 것이라고 볼 수는 없다. 작가의 선의와 배려에도 불구하고 동시대 미술은 대개 극소수의 '고급' 수용자만을 끌어들이고 있는 것이 부인할 수 없는 현실이기 때문이다.

싸우는 아방가르드 예술가의 이미지는, 에니크가 보기에, 순진한 상상에 불과하다. 온갖 형식의 위반이 제도적인 인정을 받는 지금의 예술계에서 아방가르드는 이제 소수적이지도 주변적이지도 않다. 그 가운데 일부는 오히려 도발과 전복, 비판을 내세워 막강한 권력과 부를 누리고 있는 형편이다. 이와 관련해 에니크는 사회학적 예술Art sociologique, 커뮤니케이션 미학Esthetique de la communication 운동을 주도했던 프랑스의 예술가 프레드 포레스트Fred Forest가 퐁피두센터에 하케 작품 구입에 쓴 엄청난 비용 공개를 요구했다가 거부당한 사건을 언급한다(Heinich, 2002: 4~5). 그것은 동시대 미술계에서 몇몇 작가와 큐레이터, 비평가가 행사하고 있는 지배를 비판하려는 시도였고, 퐁피두센터의 반응은 역설적으로 그 지배의 '불편한 진실'을 알려 주었다.

이와 같은 에니크의 문제의식은 미학적·정치적 아방가르드의 신화를 의문시하는 데까지 나아간다. 그에 따르면, 미학적 급진성과 정치적 급진성은 대체로 상호 대립적이다. 전자는 예술적 쟁점의 자율성을 함축하며 엘리트주의를 향하는 반면, 후자는 타율성을 함축하며 반反엘리트주의를 향하기 때문이다. 미학적 모더니즘과 좌파의 정치적 감수성 사이에는 객관적인 상동성homologie이 존재하지 않는다. 미학적 급진성과 정치적 급진성을 동시에 담보하는 아방가르드 또한 역사적으로는 어떤 예술 분야에서든 거의 실현된 적이 없다. 그런데 아방가르드의 이미지만큼은, 에니크에 따르면, 담론 속에서 너무나 이상화되었다는 것이다. 그 결과, 그것의 실제적인 모순은 부정되고 상상적인 해결책이 동원된다(Heinich, 2007: 100). 주목할 것은 현재의 방식이 예전과는 달라졌다는 점이다.

미학적 급진성이 예술계 규범으로부터의 일탈이었고 그것을 실천하는 예술가가 사회적으로도 주변부에 머물러 있었던 20세기 초반, 아방가르드의 과업은 '대중과의 연대'를 우선적으로 확인함으로써 엘리트주의를 부인하는 데 있었다. 일탈이 제도화되고 시장에서 그것을 영리하게 구현하는 예술가가 부와 명성을 쌓게 된 20세기 후반, 무게 중심은 (국가든 자본주의든 전 지구화든) 권력에 맞선 대립을 확인함으로써 '주변성'을 강조하는 쪽으로 옮겨간다. 에니크는 비판에 대한 동시대 예술의 강박이 바로 이 과정에서 비롯한 것이라고 주장한다(Heinich, 2007: 98~99). 대중으로부터 외면받는 '권력 비판'의 전위 예술 작품, 그리고 그러한 작품 활동을 통해 제도권 미술계에서 인정받고 사회적으로도 확고한 지위를 구축하는 예술가. 그는 미학적·정치적 아방가르드의 신화적 형상 속에서 '대중과의 단절' 및 '제도적·상업적 공인'이라는 현실을 은폐한다. 이것이 에니크가 그려내는 '유명한 동시대 예술가'의 '제스처 인생'이다. 《자유 교환》에서 부르디외가 하케를 일종의 미학적·정치적 아방가르드로 간주하면서 그의 작품이 지닌 정치적 기능을 상찬한다는 사실에 비추어 보면, 에니크의 논평은 아주 근본적인 딜레마를 건드리고 있는 셈이다.

한 가지 주목할 점. 에니크는 전복적 힘을 중화시키는 예술 제도/시장의 포섭력을 냉정하게 드러내면서도, 그 제도/시장 자체를 급진적으로 문제시하는 데까지 나아가지 않는다. 그는 아방가르드의 신화를 공격하면서, '비판의 강박'으로부터 벗어난 다양한 창작의 잠재력을 옹호할 뿐이다. 어떤 면에서 에니크는 부르디외와 마찬가지로 사회학적 현실주의의 관점에서 예술(장)의 자율성을 인정하고, 나아가 미학적 진보의 가치라는 관점에서 그것을 지지하는 입장에 서 있는 듯하다. 이들은 모두 예술(장)의 자율성이 지양되어야 할 부르주아 이데올로기가 아니라, 계속 유지되고 존중받아야 할 역사적 성취라는 전제를 공유한다.[20] 그런데 일반 대중의 삶으로부터 동떨어져 있으면서 예술가들의 비판적 자기 표현마저 무력화시키는 예술 제도라면, 그것을 바람직한 상태인 양 다루지 말아야 하는 것 아닐까? 제도화된 예술 장 '바깥의' 예술 공간, 전문가들의 규범을 벗어나는 '또 다른' 예술 개념은 무망한 것일까? 사실 이것들은 20세기 초 아방가르드 운동이 제기했던 중심 문제이기도 하다.

20 에니크는 자율적인 장 안에서 예술 작품이 정치적 기능으로 환원되지 않는 미적 경험을 제공할 수 있다는 데 주목한다. 반면 부르디외는 예술 장과 다른 장들 간의 연계에도 주의를 기울이면서 정치적 기능을 확장한 예술 작품이 계몽 효과를 생산할 수 있다는 데 방점을 찍는다. 그러니 어찌 보자면, 에니크는 부르디외보다도 예술 장의 독립성 내지 폐쇄성을 더욱 강조하는 셈이다. 부르디외는 예술 장의 자율성이 어디까지나 상대적이라는 점을 감안한다. 예술계는 '사회의 타자'가 아니며, 동시대 예술 역시 고립된 세계에서 벌어지는 '그들만의 리그'가 아니다. 사회 공간 안에서 그것은 이질적인 집단 — 대기업, 교양 공중, 일반 대중, 시민 단체 등 — 에 의해 다양한 방식으로 수용되면서 의미를 생산하고, 복잡한 매개 과정을 거쳐 정치나 경제 영역에 효과를 발휘하기도 한다. 부르디외가 하케와 함께 '생산적 도발'을 통한 미디어 활용의 전략을 고심하는 이유도 그 때문일 것이다.

문예이론가 페터 뷔르거Peter Bürger의 고전적인 분석에 기대자면, 역사적 아방가르드 — 다다이즘, 초현실주의, 러시아 구축주의 등 — 는 부르주아 사회의 자율적인 예술 제도에 대한 자기 비판의 성격을 띠고 있었다. 그것은 삶으로부터 분리된 예술을 다시 생활 실천으로 지양하고, 목적 합리성과 대립되는 미적 경험을 삶의 조직 원리로 만들고자 했다. 뷔르거에 따르면, 역사적 아방가르드에게 예술 제도에 대한 공격과 '총체적 삶'의 혁명은 동전의 양면이나 다름없었다. 아방가르드 예술가들은 삶에 예술을 온전히 되돌려 주기 위해 제도로부터 해방시키지 않으면 안 된다고 여겼던 것이다(Bürger, 1974/2009). 물론 잘 알려져 있다시피, 그들의 시도는 오래지 않아 실패로 돌아갔다.

역사적 아방가르드의 몰락은 아마도 근대 예술 제도/시장의 막강한 규범화 권력normalizing power을 시위한 대표 사례일 것이다. 뷔르거는 그 실패를 세 가지 측면에서 지적한다. 첫째, 아방가르드는 예술을 생활 실천 속으로 끌어들이지 못했다. 둘째, 그것은 자신이 공격했던 예술 제도 속에 결국 포섭된 채 일종의 정전으로 자리 잡게 되었다. 셋째, 2차 세계 대전 이후 대량 소비문화에 기반을 둔, 이른바 '일상생활의 미학화'가 아방가르드의 유토피아적 기획을 그릇된 방향에서 실현시켰다. 아방가르드의 패배는 곧 그것이 공격하고자 했던 예술 제도의 완강한 저항과 승리를 뜻한다. 하기야 패배가 아무런 흔적조차 남기지 않은 것은 아니다. 아방가르드 이후 예술 제도는 이전까지 쓰지 않았거나 모르고 있었던 재료와 기법 — 오브제, 콜라주, 프로타주,

데칼코마니 등 — 을 통합했고, 아방가르드를 '작품화'해 미술관 안에 성공적으로 흡수했다. 예술 제도에 대한 비판은 그 자체로 하나의 탁월한 예술 기획이 되었고, 수용자의 태도 변화를 촉발함으로써 예술 외적인 영향을 미치려는 시도는 철저하게 제도 내적인 실천이 되었다(Bürger, 2010: 704~706).

그런데 역사적 아방가르드의 시도가 결국 실패했다고 해서, 삶과 예술의 통일이라는 그들의 이상마저 통째로 폐기 처분되어도 괜찮은 것일까? 예술의 제도화된 경계를 허물고, 평범한 사람들이 일상에서 실천하는 자기 표현과 창작, 소통 수단까지 아우르는 새로운 예술 범주가 발의될 순 없을까? 에니크와 부르디외는 이 문제를 심각하게 고민하지 않는다. 부르디외라면 도리어 그러한 이상이 얼마나 순진한 동시에 이데올로기적인지 아느냐고 논박할 것이다.[21] 근대 이후 미학적 진보의 중심은 상대적 자율성을 지니는 분화된 예술 영역일 수밖에 없기 때문이다. 부르디외에게 중요한 것은 진보를 지속적으로 성취하기 위해 예술 장의 자율성을 최대한 확보하고 또 보존하는 일이다. (→ 노트 14: 예술 영역의 근대적 자율성) 그렇다면 예술이란, 또 예술의 진보란 과연 무엇이기에 문화자본을 가진 예술가들 간의 게임으로만 다뤄져야만

21 이와 관련해 우리는 민중문화론자들에 대한 부르디외의 다소 가혹한 비판을 참고할 수 있다. 그는 민중 문화 예찬이 경제적·문화적 박탈로 인한 결핍을 마치 자발적인 선택이자 성취인 양 변환시킨다고 주장한다. 민중문화론자들은 이렇게 민중 문화를 현 상태 안에 그대로 가두어 둔 채, 전복적이면서도 역설적인 관용을 과시함으로써 자신을 위한 상징이윤을 챙긴다(Bourdieu, 1997b: 91~92).

하는 것일까?

예술의 진실과 감각의 논리

> "호두 하나를 까는 일이 진실로 예술이 될 수는 없다. 그렇기 때문에 아무도 감히 대중을 불러 모아 그들을 즐겁게 해 주기 위해 그들 앞에서 호두 까는 일을 하려 하지는 않을 것이다. 그런데도 누군가가 그런 일을 해서 자신의 뜻을 관철시킨다면, 그것은 절대로 단순한 호두 까기에 관한 일이 아닐 것이다. 아니면 그것이 단지 호두 까기이기는 해도 우리가 호두 까기를 손쉽게 잘해 낼 수 있었기 때문에 그 예술을 무시해 왔으며, 이 새로운 호두 까는 이가 비로소 우리에게 그 예술의 본질을 보여 주고 있다는 사실이 명백해질 것이다."
>
> _ 프란츠 카프카(Kafka, 1924/1997: 304~305)

부르디외는 1988년 역사학자 로제 샤르티에Roger Chartier와 가진 대담에서 소설과 사회학의 차이를 말하기 위해 자신이 분석한 플로베르의 사례를 끌어온다. 그가 보기에 플로베르는 사회 세계의 진실을 말하고자 했고 또 그것을 말했으나, 플로베르 자신이 견뎌 낼 수 있는supportable 형식 — 즉 소설 — 속에서만 그럴 수 있었다는 것이다. 그의 표현을 빌리자면, 소설가는 "형식이라는 핀셋으로 실재를 집는" 사람이다. 소설이 드러내는 진실은 실재에 대한 부정dénégation의 산물이므로, 사람들에게 그만큼 매력적일 수 있다. 그것은 "누구도 알기 원하지 않는 사회적 불을 가지고 벌이는 '불장난'의 매혹"을 안겨 준다. 소설가가 수행하는 형식화 작업의 요체는 실재와 거리를 둠으로써 그것을 견뎌 낼 만하게 만드는 것이다. 반면 실재와 직접 대면하는 사회학자에게는 형식화 작업이 빠져 있으며, 따라서 사람들은 대개 그가 제시하는 진실을 제대로 견뎌 내지 못한다(Bourdieu & Chartier, 2010/2019: 130~132).

우리는 여기서 형식화의 문제와 다시 만난다. 하케와의 대화에서도 부르디외가 사회학적 진실을 호소력 있게 형식화하는 예술의 기능에 주목해 마지않았음을 기억하자. 하지만 약간 모호한, 혹은 어긋나는 부분. 다른 저작들을 통해 그는 형식화를 모든 사회 공간, 온갖 사회적 상황에서 일어나는 원초적인 현상으로 개념화한 바 있다. 즉 그것은 사람들이 가지고 있는 표현적 이해 관심intérêt expressif과 그들이 속한 장의 구조가 부과하는 검열censure 사이의 근본적인 조정 과정이라는 것이다.[22] 우리가 점잖은 자리의 대화에 끼려면 점잖게 말해야 하듯이, 학계나 예술계에서 어울리고 또 인정받기 위해서는 논문의 학술 언어로, 작품의 예술 언어로 스스로를 표현해야만 한다. 이렇게 보자면, 투명한 담론이란 없다. '과학'이라고 해도 나름대로 형식화되지 않을 도리가 없

22 그래서 부르디외는 형식화가 완곡화 작업travail d'euphémisation이자 (어떤 본능을 대신 표출하는 동시에 그 본능에 대한 금지를 체현하는) 일종의 정신분석적 타협 형성formation de compromis이라고 지적한다(Bourdieu, 2001a/2015: 339~340).

는 것이다. 담론의 속성은 그것이 생산되고 수용되는 장의 요구와 기대에 의해 조건 지어지며, 담론 생산자의 사회적 위치와 관점에 의해 구조화된다. 부르디외는 이러한 시각에서 하이데거의 철학이라든지 플로베르의 소설이 어떤 형식화 과정을 거쳤는지 분석한 바 있는데, 이는 '창작의 내적 원리'에 대한 사회학적 해명이라 할 만하다(Olivesi, 2005/2007: 201). 그렇다면 예술과 사회학의 분기점은 형식화 여부 그 자체에 있다기보다는, 그것의 성격에 있다고 말해야 할 것이다. 곧 예술은 감각적/미학적 형식화를, 사회학은 (아마도 투명성을 지향하는) 과학적 형식화를 수반한다는 것이다.[23]

둘은 어떻게 다른가? 아니 차라리, 예술적 형식화는 어떤 특징을 갖는가? 플로베르에 관한 부르디외의 논의에 기대자면, "형식화한다는 것은 형식을 갖춰 조심스럽게 말하는 것mettre des formes이다. 문학적 표현이 수행하는 부정은 진실을 제한적으로만 나타나게 해 주는 것인데, 이 진실은, 달리 말해졌더라면, 견딜 수 없는 것이다. (……) 문학적 객관화가 진술되는 형식은 아마도 가장

23 억압과 부인, 타협과 왜곡이 형식화의 가능 조건을 구성한다면, 사회학에 형식화 작업이 빠져 있다는 부르디외의 언급은 최소한 비판적 사회학(또는 부르디외식 사회학!)은 그러한 조건들 너머에서 이루어진다는 주장일 것이다. 사회학자는 '아무런 매개 없이' 사회적 실재에 맞선 인식의 투쟁을 실천한다. 한데 어떻게 그럴 수 있을까? 사회학자의 성찰성이 마치 정신분석과도 같은 기능을 하는 것일까? 부르디외가 보기에, 성찰성이 사회학의 과학성 쟁취에 토대가 되는 이유가 거기 있을 것이다. 하지만 그것을 일반인들은 어떻게 확인하고 또 신뢰할 수 있을까? 우리는 그저 자율적 장의 자정 작용을 믿기만 하면 되는 것일까?

심층적이며 가장 잘 숨겨져 있는 (……) 실재가 떠오르게끔 해 준다. 그것이 저자와 독자에게 실재를 감추면서, 있는 그대로 보지 못하게 만들어 주는 베일이기 때문이다"(Bourdieu, 1992a: 60~61). 소설의 경우, 예술적인 형식화는 작가와 독자 모두 차마 직접 마주할 수 없는 실재, 그리하여 부정할 수밖에 없는 실재를 '문학적 연금술'로써 변형시켜 제시하는 것이다. 이 완곡어법은 실재를 첫째, 부분적으로, 둘째, 더욱 심원한 것까지, 셋째, (은폐를 통한 폭로라는) 역설적인 방식으로 드러낸다는 특징을 지닌다. 그리하여 소설이 생산한 진실은 사회학이 생산한 진실에 비해 불완전하지만, 더 매력적이고 감각적으로 와 닿는 동시에 견뎌 낼 수 있는 것이 된다.

한마디로 부르디외에게 예술의 핵심은 형식에 대한 작업이다. 이는 그저 형식만이 예술의 유일한 목적이자 전부라는 의미가 아니다. 이 지점에서 그는 "순수한 형식에 대한 순수한 작업"이 감각에 즉각적으로 주어진 현실보다 더 현실적인 현실을 마술처럼 떠오르게 한다고 본 보들레르와 의견을 같이한다. 형식에 대한 작업은 결국 형식과 내용, 스타일과 메시지 사이의 구분을 무화시키면서, 훨씬 더 심층적인 "현실 효과"를 생산해 낸다는 것이다(Bourdieu, 1992a: 157~159). 훌륭한 예술가는 형식에 대한 작업을 통해 단순한 현실의 기술, 외양의 묘사가 보여 줄 수 있는 현실 이상의 현실을 표현한다. 바로 그렇기에 형식화가 중요하며, 그에 요구되는 기술과 능력의 습득(즉 문화자본)이 중요한 것이다. 형식화는 일정한 문화자본을 갖춘 개개인, 그리고 그러한 자본 소유자들 간의 경쟁이 이루어지는 장을 매개로 해서만 발전한다.

형식화 과정에서 작동하는 것은 (플로베르의 용어를 빌려 말하자면) "인식 없는 시학poétique insciente"이다. 부르디외에 따르면, 이는 "형식에 대한 작업이 촉진하는 사회적 무의식의 작업"으로, "형식화가 조장하는 동시에 제약하는 [망각 상태에 있는 것에 대한] 상기anamnèse의 도구"다(Bourdieu, 1992a: 151). 그것을 기반으로 작가는 장 안에서의 자기 위치와 궤적, 그리고 하비투스에 연계되어 있는 직관, 세계상, 정치적 입장으로부터 그것들을 배태하고 있었던 사회 구조와 역사의 켜를 드러내게 된다. 달리 말해, 작가는 자신이 무의식적으로, 또는 실천적으로 품고 있던 '사회적인 것'을 예술 장이 제공하는 가능성의 공간에서 작품으로 풀어 내는 것이다. 예컨대, 《감정 교육》에서 플로베르는, 부르디외의 해석에 따르면, 19세기 프랑스 부르주아 사회에서 자신이 겪은 사회적 경험과 거기 작용한 결정 요인들을 "거의 과학적인quasi-scientifique" 경지에 이를 만큼 탁월하게 "객관화"했다(Bourdieu, 1992a: 152). 이는 부르디외가 플로베르를 높이 평가하는 주요인이 된다.

그렇다면 그의 시각에서 예술이란 일종의 '사회 분석socio-analyse'에 가깝다고 말할 수 있을 것이다. 그는 사회학이 사회적 무의식을 해독하는 상기 작업이라고 보는데, 예술 역시 그것과 크게 다를 바 없는 활동으로 여기는 것이다. (그래서인지 부르디외는 문학적 객관화와 매력의 메커니즘을 사회학적으로 설명하기 위해 끊임없이 정신분석의 용어들 — 리비도, 무의식, 검열, 부정, 승화, 작업, 타협 형성, 저항 등 — 을 동원한다.) 물론 예술은 고유한 형식화 과정 때문에 사회적 진실을 제한적으로, 그것도 감각에 소구하는 방식으로만 구현한다는 특성을 지닌다. 그럼에도 그것은 성공적일 경우, 실재 이상의 실재, 즉 현상 너머의 사회 구조를 '은폐를 통해 폭로하는' 기능을 수행하는 것이다. 예술 장에서 행위자는 예술자본을 더 많이 축적할수록 더 뛰어난 형식화를 실현하게 되며, 사회적 진실에 관해 더 잘 말하게 된다. 이러한 '은폐/폭로'는 그 자체로 지배에 대한 비판일 수밖에 없다. 사회적 진실이란 무엇보다도 불평등한 권력 관계와 지배의 현실이며, 그 현실을 지속시키는 동력은 무엇보다도 무지와 오인méconnaissance이기에 그렇다.

궁극적으로 부르디외에게 예술은 감각적/미학적 형식화의 문제다. 그것은 특수한 기술과 능력을 필요로 하기에, 일반적으로 전문가들이 한층 더 훌륭하게 수행할 수 있다. 형식화 작업 덕분에 우리는 사회적 진실에 적어도 더 쉽게 다가설 수 있게 된다. 예술의 진보는 과학적 현실 인식을 촉진하고 확장한다는 점에서 정치적 진보이기도 하다. 사회적 진실을 드러내는 형식화로서 예술. 형식에 대한 작업은 아무것도 아닌 것이 아니며, 오히려 결정적인 것이다. 하지만 그렇다고 해서 형식화가 예술과 사회학에 공통된 '진실 말하기'의 속성까지 무화시키는 것은 아니다. 예술 장에서 상징자본가가 미학적인 동시에 정치적인 급진성을 띨 수 있다면, 이는 부르디외에게 미학과 정치의 원리가 하나, 즉 진실(혹은 과학)이기 때문이 아닐까? 과학, 정치, 예술의 분화와 상대적 자율성을 주창하는 부르디외이지만 결국 과학적으로 옳은 것이 정치적으로 올바르며 미학적으로도 탁월하다고 암암리에 전제하고 있는 것은 아닐까?

여기에는 인식중심주의, 과학중심주의, 나아가 지독한 사회학주의가 있다. 부르디외의 관점에서 뛰어난 예술가는 감각을 일깨우는 형식으로 사회적 진실을 말한다. 그 진실은 사회학이 더 잘 알고는 있지만, 더 효과적으로 말하지는 못하는 것이다. 그 주된 원인은 사회학이 직설적으로 알려 주는 진실을 사람들이 차마 견뎌 낼 수 없기 때문이다. 프리드리히 니체Friedrich Nietzsche를 슬쩍 비틀어 보자면, 드디어 무엇이 진실인지 아는 것이 문제가 아니라 진실을 견뎌 내는 것이 문제가 된다. 그리하여 《자유 교환》에서 부르디외는 사회학이 예술의 도움을 받아 진실을 더 널리 더 쉽게 수용할 수 있는 형식으로 만들 필요가 있으며, 이는 올바른 정치 참여의 한 방법이라고 주장하는 것이다. 사회적 진실을 감각적으로 구현하면서 그 효과적인 전파에 봉사하는 예술. 전문가들의 소관 영역이자 그들에 의해서만 발전하는 예술. 부르디외의 정교한 사회학적 예술론은 어느새 도구주의적, 엘리트주의적 예술관과 기묘한 닮은꼴을 그리게 된다. 예술의 목적과 기능을 진실의 인식으로 환원하고, 감각과 형식화의 문제를 계몽과의 연관 속에서만 사유하면서. 이러한 부르디외의 논리 안에서 예술이 개개인의 일상 속에 빚어내는 감정과 경험, 욕망과 쾌락, 상상과 이미지, 의미와 무의미의 자리는 좀체 보이지 않는다.[24]

24 이는 물론 부르디외가 예술을 단순히 도구적으로만 사유했다거나 사회과학보다 열등한 무언가로 이해했다는 말은 아니다. 이와 관련해 그가 문학이 이룬 성과를 사회학에 끌어들이는 방식에 대해 살펴볼 필요가 있다. 그는 자신이 사회학 연구

그런데 상징혁명이 종국에는 개개인의 시각을 변화시키고 몸과 하비투스를 변형시키는 일이라면, 예술이 그 과정에 개입할 수 있는 통로는 인식과 계몽 말고도 다양하다고 인정해야 하지 않을까? 이때의 예술이 반드시 제도화된 생산 장에서 정의하는 식의 예술일 필요도 없을 것이다. 예술 장과 예술 시장을 거의 구분하기조차 어려워진 신자유주의 시대에 상징혁명의 동력을 동시대 미술의 전복적 힘에서만 구해야 할 이유 또한 어디에도 없다. 예술 장 외부에서 '예술의 장소들'을 발명하고 다른 감각의 가능성을 실험하고 또 대안적인 형식의 삶-예술을 상상하는 것. 그것이 일반 대중의 소비주의 욕망과 계급적 구별짓기 의지로 아무리 오염되어 있다 하더라도 그 진보적인 잠재력을 최대한 불러일으키

를 위해 수집한 생애담의 실제 구성 방식이 모더니즘 소설과 매우 유사하다는 사실을 깨닫는데, 이는 버지니아 울프, 윌리엄 포크너, 클로드 시몽 등이 수행한 형식적 탐구가 전통적 소설의 선형적 서사보다 시간적 경험의 진실에 훨씬 가깝다는 점을 일깨운다. 그 결과 부르디외는 자신이 무의식적으로 배제하려 애썼던 '날것의 자료'를 정당한 학문 담론의 지위에 올려놓는 혁신을 단행하게 되었다고 말한다(Bourdieu & Wacquant, 2014/2015: 338). 그는 적시하지 않았지만, 이는 평범한 사람들의 인터뷰를 그대로 전재한《세계의 비참》의 스타일을 암시한 것으로 여겨진다. 모더니즘 소설의 글쓰기는 체험의 시간 구조와 담론 구조 사이의 관계를 새롭게 고민하고 사회학의 글쓰기를 갱신하는 데 기여한 것이다. 그런데 이처럼 사회적 진실의 효과적 재현을 위한 문학의 용도를 논하면서, 부르디외는 자신이 "연구자, 혹은 과학의 관점"에서 말하는데, 우리에게는 당연히 "문학에서 '실재적인 것'의 폭로 이외의 여러 가지 것들을 기대할 권리"가 있고 그 역시 그러한 기대를 품고 있다고 덧붙인다(Bourdieu & Wacquant, 2014/2015: 338). 하지만 부르디외는 정작 그것들이 무엇이며, 또 어떤 의미를 갖는지 상세히 밝히지 않는다.

는 것. 그리하여 평범한 사람들을 미학적·정치적 아방가르드로 만들어 내는 것. 아마도 거기에 역사적 아방가르드가 끝마치지 못한, 나아가 《자유 교환》이 우리에게 남겨 놓은 어떤 숙제가 있지 않을까?

노트 9 | 문화적 즐거움과 사회학적 성찰

《예술의 규칙》 발간 직후 가진 인터뷰에서 부르디외는 예술이 자신의 삶에서 언제나 매우 중요한 문제였다고 말하면서 몇 가지 개인적 사실을 털어놓는다. 고등사범학교에 다닐 때 그가 진지하게 작곡가나 오케스트라 지휘자가 되려 했고, 이를 포기한 이후에는 미술비평가가 되고 싶어 했다는 것, 또한 예술 창작에 대한 관심을 결코 놓은 적이 없다는 것 등이다. 사회학자가 된 뒤에 그는 1963년부터 고등사범학교에서 문학과 예술사에 관한 세미나를 조직했고, 1975년 창간한 사회과학 잡지 〈악트〉에서도 예술 관련 주제를 특집으로 자주 다뤘다. 부르디외는 자신이 개인적으로는 마리오 바르가스 요사, 보르헤스, 데이비드 로지, 후안 베네트 등 여러 작가를 좋아한다고 말한다. 그는 특히 자신이 되풀이해서 읽는 윌리엄 포크너의 예를 들면서, 그러한 독서에는 일부 직업적인 면도 있지만 '즐거움'과 '성찰'이 반드시 대립적인 것은 아니라고 지적한다. 우리는 자신의 (계급) 하비투스로 인해 특정한 작가나 작품에 매력을 느끼고, 그냥 '자기에게 편안한 것'을 마치 '그 자체로 흥미로운 것'인 양 착각하는 오류를 범할 수 있다. 사회학자 또한 실제로는 대단하지 않은 것을 과잉 해석에 기대 좋아할 수도 있고, 정말 뛰어난 것을 기질상 싫어할 수도 있다. 하지만 사회학적 시선과 인식론적 조심성을 발휘해 이러한 편향을 극복할 수 있다는 것이 부르디외의 주장이다(Biaisi, 2010: 266~268). 그리하여 '문화적 즐거움'과 '사회학적 성찰'은 긴밀하게 얽히고 서로 강화한다는 것이다.

한편 부르디외는 문학이 우리의 상상력에 작용한다는 점을 간과하지 않는데, 이를 곧바로 사회적 인식에 대한 공헌에 결부시킨다. 그의 표현대로라면, "상상적 변주의 실행은 아주 강력한 사유의 도구"이기 때문이다. 이를테면, "평범한 것을 평범하지 않게 만드는 상상력, 특히 평범한 것 중에서도 제일 평범한 것을 이루는 일상의 사회적인 것을 평범하지 않게 만드는 이 상상력은 힘이 될 수 있다." 부르디외는 우리에게 익숙한 일상적 기대를 깨뜨림으로써 사회 세계에 대한 일상적 경험을 분석하는 민속방법론ethnomethodology의 예를 들면서, 이를 SF 문학에 견준다. SF 문학은 유토피아와 디스토피아, 가상과 미래에 대한 자유로운 상상을 통해 현실 정치나 사회 세계에 관한 진지한 발언의 통로로 기능할 수 있기 때문이다. 이러한 가능성은 그가 보기에, 주류 문화가 SF 문학에 대해 드러내는 거부감의 한 가지 이유로도 작용한다 (Bourdieu, 1985a).

부르디외가 자기 사회학 안에서 문학을 활용하는 방식은 그 자체로도 주의를 기울일 만하다. 그것이 문학과 사회과학이 맺을 수 있는 다층적 관계를 시사해 주는 동시에, 그 자신이 상세히 논하지 않은 문학의 다양한 기능을 메타적으로 제시하기 때문이다. 부르디외가 문학을 이용하는 양태는 크게 다섯 가지로 유형화가 가능하다. 첫째, 부르디외는 문학이 사회학 글쓰기의 서사 구축, 발화 양식 등에 참고할 만한 자원을 제공한다고 본다. 그는 이러한 관점에서 플로베르나 프루스트, 포크너 등의 작품을 중요한 참조 체계로 삼는다. 둘째, 부르디외는 취향의 차별화 같은 특정한 사회학적 명제나 주장을 뒷받침하기 위해 공인된 작가들을 수사학적 자원으로 동원하고 '권위의 논증'을 구사한다. 클로델, 지드, 릴케 등이 그 예다. 셋째, 부르디외는 때로 사회학 못지않게 예리하고 엄밀하게 실재를 기술하고 그 원리를 성공적으로 환기할 수 있는 분석적 자원으로 문학 작품을 취급한다. 프루스트, 카프카, 울프 등의 소설이 그러한 실례를 제공한다. 넷째, 부르디외는 사회학자의 윤리를 일깨우기 위한 일종의 우회로로서 문학을 소환한다. 그에 따르면, 예컨대 시인 프랑시스 퐁주가 내세운 "필연적인 것으로 만들기nécessiter"라는 태도는 사태를 있는 그대로 이해하려 애쓰는 사회학자에게도 의미 있는 윤리적 지침을 제공한다. 다섯째, 부르디외는 비판적 메시지를 효과적으로 전달하기 위한 목적으로 패러디, 아이러니 같은 문학적 수사학을 활용한다(David, 2006; Speller, 2011: 5장; Bourdieu, 1986 참조).

사실 부르디외는 문학과 사회학이 여러 차이점은 있을망정 서로 대립하지 않는다고 보면서, 특히 사회학자가 "과학적 작업에 대한 과학주의적 또는 실증주의적 재현에 함축된 검열과 전제를 벗어나는 데" 작가들이 큰 도움을 줄 수 있다고 주장한 바 있다(Bourdieu & Wacquant, 2014/2015: 337). 예컨대, 문학 작품은 학문 장에 고유한 압력으로 인해 억눌린 중요한 연구의 단서와 방향성을 제시할 수도 있고, 사회학 글쓰기에 새로운 형식적 진보를 가져다줄 수도 있다. 그는 다양한 문화 영역 ― 문학, 미술, 철학, 과학, 법 등 ― 이 내부의 근본적 대립 구조에 있어서는 동일하며, 따라서 그것들의 경계를 가로질러 한 영역 안에서의 성취를 다른 영역에 도입할 수 있으며 또 그래야 한다고 믿는다. 그러한 차원에서 부르디외는 서사 이론 같이 사회과학보다 문학에서 더욱 발전된 부분을 사회학자들이 비판적으로 검토하고 전유해야 한다고 강조한다(Bourdieu & Wacquant, 2014/2015: 336~339; Bourdieu, 1998b 참조).

노트 10 | 〈게르마니아〉의 정치적 미학

나치 독일 시기 히틀러는 2차 세계 대전 승리 후의 베를린 재건축 계획을 구상하고, 거기에 '세계 수도 게르마니아Welthauptstadt Germania'라는 이름을 붙인다. 1993년 하케가 베니스비엔날레 독일관에 설치한 작품 〈게르마니아〉는 이러한 나치즘의 역사와 깊은 관련이 있다. 원래 독일관은 1909년 비엔날레가 열리는 자르디니 정원에 세 번째 국가관으로 세워졌다. 그런데 1938년 나치 미학에 따라 이 건물의 재건축이 이루어졌고, 외관의 정면에는 크게 '게르마니아'라는 글자가 새겨졌다. 웅장한 석조 양식의 독일관은 이처럼 로마제국을 넘어서는 거대한 독일제국을 건설하고자 했던 히틀러의 야심을 담고 있었다. 하케는 이 건물의 입구에 정권을 잡은 직후인 1934년 베니스비엔날레를 방문했던 히틀러의 사진을 붙이고, 문 위쪽으로는 1마르크짜리 동전의 거대한 모형을 얹어놓았다. 입구를 지나 건물 안으로 들어선 관객은 텅 빈 공간 속에서 산산이 조각난 바닥 면 위를 비틀거리며 걸어야 했다. 이는 전쟁과 학살의 참상, 나아가 '역사의 폐허'를 일깨우는 장치나 다름없었다. 국가적 권위를 상징하는 전시관을 이렇게 연출함으로써 하케는 1991년 통일 이후 새롭게 부흥하던 독일의 민족적 자의식의 연원이 과연 역사적으로 어디에 닿아 있는지, (네오)나치즘의 발흥이 결국 자본의 지배와 긴밀히 연결되어 있지는 않은지 자문한다. 그는 또 나치즘의 프로파간다를 위해 동원되었던 독일관의 역사를 일깨우면서 예술의 자율성과 정치적 중립성이라는 허상을 폭로하고자 한다(윤희경, 2017 참조).

부르디외는 〈게르마니아〉에 대한 비평 글 "너무 아름답다"에서 하케가 "과거를 기억 속에 복원하는 작업을 현재에 대한 비판적 문제

그림 13　1993년 한스 하케가 베니스비엔날레 독일관에 설치한 〈게르마니아〉.

제기로 전환"시킨다고 평가한다. 무엇보다도 사회학자는 이 장소 특정적site-specific 작품이 역사의 상기 작업을 통해 베니스비엔날레가 두르고 있는 예술적 아우라를 어떻게 해체하는지에 대해 일깨운다. 약간 길지만, 이 글의 마지막 부분을 그대로 인용하면 다음과 같다.

> "한편으로는 사진이 갖는 고도의 사실주의적 환기력을 이용하면서 한스 하케는 자신이 전시 초청을 받은 전시관 — 1930년대에 건립된 이 공간은 그대로 남아 있는데 — 입구에 1934년 히틀러의 비엔날레 방문 사진을 설치한다. 이렇게 해서 그는 전시 장소를 본래의 기능과 의미 작용 속에 복원하면서 전시 대상으로 구축한다. 다른 한편 예술적 효과를 내는 수단을 늘 그렇듯 요령 있게 활용하면서, 그는 전시장 입구를 장식했던 제3제국의 독수리 문양을, 막강한 마르크화의 대형 복제품으로 대체한다. 예술계 안까지 뻗친 마르크화의 법칙은 그리하여, 히틀러 또한 주장하러 온 바 있는, 이 위대한 통일 국가의 헤게모니를 일깨운다. (……) 이 [하케의] 해방적인 환기 작업은 과거 속에 갇혀 있는 현재, 단순한 기념식이 변함없이 내버려 둔 현재를 석방한다. 그러한 환기 작업은 겉보기에는 죽어 땅에 묻힌 과거가 현재에 관해서 공지하는 모든 것, 또 우리가 귀 기울일 줄 안다면 종종 어떤 사람들의 현재의 말과 행위 속에서 공지되는 모든 것에 과감히 맞서도록 요구한다. 모종의 기회주의적 변신Gestaltwandel을 대가로 치르면서 (……) 이 사람들은 예배용의 닳지도 않는 낡은 찬송가를 무한히 반복할 수 있다. 특히나 예술가와 예술 작품에

대한 예배를 통해 (서구의) 엘리트는 끊임없이 자기 자신에게 예배를 드려 왔던 셈이다"(Bourdieu & Haacke, 1994: 118, 119).

노트 11 | 취향의 인종주의

부르디외는 문화예술 부문이 한 사회의 지배 관계를 유지하고 재생산하는 데 중요한 역할을 담당한다고 본다. 그것을 통해 기존의 사회문화적 위계에 대한 정당화가 이루어지며, 이른바 사회신정론sociodicée이 작동한다는 것이다. 원래 신정론神正論/théodicée이란 세상에 악이나 불행이 출몰한다는 이유로 신의 존재를 부인하는 논리에 대응해, 절대적으로 바르고 의로운 신의 존재를 합리화하는 담론이다. 여기서 비롯한 사회신정론 개념은 사회의 현 질서에 대한 이론적 설명과 변호를 가리킨다. 신정론이 신의 존재를 정당화하듯, 사회신정론은 사회 구조의 현재 상태를 정당화한다. 부르디외는 에밀 뒤르켐Emile Durkheim을 인용해 "사회가 바로 신"이라고 주장하고, 베버를 소환해, "지배자들은 언제나 자기들 특권의 신정론을 필요로 한다"고 지적한다(Bourdieu, 1997b: 288, 1998a: 49; 김건우, 2019: 312~314 참조). 그들은 부와 권력을 누리는 데서 더 나아가 그것에 합리적 의미를 부여하고 정당화하려 하는 것이다.

20세기 초 베버는 지배 계급이 종교를 매개로 '행운의 신정론,' 즉 신이 내려준 '행운'이 계급적 특권의 원천이라는 담론을 구축한다고 보았다. 오늘날에는 '능력'이 세속화된 신정론의 중심에 자리한다. 우리는 무엇보다도 능력주의가 위세를 떨치는 세상에 살고 있다는 말이다. 이미 오래전 부르디외가 지성의 인종주의racisme de l'intélligence를 비판한 것도 이러한 맥락에서다. 그에 따르면, 인종주의는 하나만 있는 것이 아니라 여럿으로 존재하는데, 그 핵심은 본질주의이고 그 기능은 자기 집단의 존재 양식 그대로를 승인하는 데 있다. 지배 계급 구성원들이 강하게 드러내는 지성의 인종주의는 그들 권력 기반의 일부인 직위와 칭호가 자기들 '지성'의 보증서이며, 지배의 자격이 '태생적 우월성'에 있다고 느끼도록 해 준다(Bourdieu, 1980a: 264~268). 이러한 부르디외의 논의를 이어받아 우리는 문화예술을 매개로 작동하는 사회신정론에 '취향의 인종주의'라는 이름을 붙일 수도 있을 것이다.

예술사회학 관련 연구 결과들에 따르면, 예술 작품 앞에서 순수한 무사무욕의 태도를 취할 수 있는 성향, 그리고 작품 해독에 필요한 지식의 총체로서 심미적 능력은 계급적 출신 배경 및 교육 수준(특히 학업 연한)과 밀접한 상관관계를 가진다. 그런데 자신의 사회적 지위와 권한을 특히 문화자본에 빚지고 있는 예술가, 지식인, 문화생산자는 예술을 볼 줄 아는 '눈,' 창작과 감상의 '미적 감성'이 생래적 역량인 양 여기면서, 자기들이 향유하는 특권을 정당화하고 집단적 나르시시즘에 빠져들기 쉽다. '지성'이든 '취향'이든 이처럼 지배 계급의 사회신정론이 강력한 인종주의적 성격을 띠는 이유는 그 계급의 재생산이 부분적으로 문화자본의 세대 간 이전에 달려 있기 때문이다. 문화자본의 상속은 주로 체화를 통해 이루어지고, 따라서 '유전된 지능'이나 '타고난 감각'처럼 자연적이고 본성적인 것으로 표상된다. 신자유주의 체제 아래서 그것이 더 이상 '생래적 소여'가 아니라 부단한 노력과 '자기계발'의 성과로 인식된다 해도, 그 성취의 토대인 계급적 불평등 구조가 정당한 것으로 오인되거나 불가피한 것으로 수용된다면 사회신정론의 작동 방식은 근본적으로 달라졌다고 보기 어렵다. 그저 '좋은 유전자'의 자리를 '좋은 집안'이 대체했을 따름이다. 부르디외는 성찰적 사회학이 '엘리트 고유의 재능' 혹은 '선택받은 소수의 징표'처럼 인지되는 속성들을 집합적 역사의 산물로서 해체함으로써 사회신정론을 탈신비화할 수 있다고 역설한다.

노트 12 | 예술에서의 보수 혁명

1990년대 내내 프랑스에서는 비평지와 지식인 잡지 등을 중심으로 동시대 미술에 관한 논쟁이 지속적으로 벌어졌다. 특히 일부 유명 지식인들은 동시대 미술이 '가짜'고 '엉터리 사기극'이며, 대중과 괴리되어 국가와 공공 지원 없이는 존재할 수 없고, 미학적으로도 빈약하며, 미 제국주의와 전 지구화 세력의 성공적인 마케팅 기획물이라는 등 가차 없는 비판을 가했다(Michaud, 1997/1999 참조). 1999년 6월 부르디외는 님미술학교Ecole des beaux-arts de Nîmes 학생들을 대상으로 한 강연에서 일련의 동시대 미술 비판을 일종의 '보수 혁명'으로 규정하며 반박한다. 잘 알려져 있다시피, 보수 혁명은 일차적으로 바이마르 공화국 시기와 나치 정권 초기에 이르기까지 독일 지식인들이 이끌었던 담론을 가리킨다(전진성, 2001 참조). 이 담론은 원래 혁명적 진보와 구체제 복귀를 모두 반대하는 이중적 거부로 특징지어졌는데, 부르디외는 1990년대 신자유주의 체제 아래 사상, 예술, 출판 등 문화 영역에서 전방위로 나타난 반동적·복고적 분위기를 보수 혁명으로 규정하면서, 그에 대해 강한 우려를 표명했다(Bourdieu, 1998a, 2001b; Bourdieu & Grss, 2002 참조).

보수 혁명은, 그의 정의에 따르면, "혁명 또는 진보적 개혁으로 자처하는 과거의 복원," "진보처럼 나타나는 퇴행 내지 후방 회귀"를 가리키며 그 기본 패러다임은 바로 나치즘이다. 이 운동은 그것에 맞서 투쟁하는 사람들이 마치 반동처럼 여겨진다는 점에서 다분히 역설적이다. 부르디외는 1980년대 이래 신자유주의가 구현하는 보수 혁명이 특별히 문화예술 영역에서 나타나기 쉽다고 본다. 경제 영역에서 하층 계급은 언제나 자신들의 빈곤을 의식하고 있으며, 과거로의 회귀(예컨대, 복지제도의 폐지)가 그러한 빈곤을 심화할 수 있다는 직관을 가진다. 반면 문화예술 영역에서 (문화자본이 빈곤한) 하층 계급은 스스로가 문화적으로 빈곤하다는 의식조차 빈곤하다. 문화적 퇴행이 진보적인 외양을 띠고 출현할 수 있는 이유는 바로 민중이 그러한 반동을 승인하기 때문이다. 문화예술에서 '진보적인 것'과 쉽게 동일시되는 '민중적인 것'을 판단하기 위한 궁극적인 심판자는 '당연히 민중뿐'이라고 간주된다. 그런데 부르디외가 보기에, 정작 민중은 문화자본의 빈곤으로 인해 예술적 진보를 제대로 인식하거나 분별하지 못하는 것이다(Bourdieu, 2001c).

사실 보수 혁명가들은 동시대 미술에 제동을 걸기 위해 민중을 소환하면서, 민중이 동시대 미술을 좋아하지 않는다는 점을 강조한다. 그런데 부르디외는 이와 관련된 사회학적 사실과 그 함의를 정확히 이해해야 한다고 주장한다. 정확히 말하자면, 민중은 동시대 미술을 좋아하지 않는다기보다, 그냥 관심이 없으며 스스로 거기 관여되어 있다고 느끼지 않는다. 그들 내면에 예술 사랑, 예술에 대한 욕구, 혹은 예술적 리비도libido artistica가 구성되어 있지 않기 때문이다. 이는 달리 말하면, 민중이 예술의 진보에 접근할 수 있는 인식 수단과 능력, 미학적 신념과 성향을 습득하지 못했다는 뜻이다. 민중은 예컨대, 작가나 유파, 혹은 시대별 작품의 차이를 알아보고 구별할 수 있는 역량, 나아가 자신의 선호를 느끼고 말할 수 있는 역량, 한마디로 '취향'을 갖고 있지 않다. 그러니 부르디외에 따르면, 민중이 동시대 미술을 놓고 '좋다,' '나쁘다' 어느 한쪽으로 평가했다기보다는, 지각 범주와 차별 원리, 판단 준거의 부재로 인해 아주 근본적인 무관심을 드러낸 것으로 보아야 한다. 인상주의 이후의 미술에 대한 민중의 거부와 몰이해는 교육(부재)의 산물이자 사회적 구성물일 따름이다.

부르디외는 당대의 예술 현실을 제대로 이해하기 위해 두 가지 상이한 추세를 함께 고려해야 한다고 지적한다. 한편으로는 예술 작품에 대한 접근 수단의 불균등한 분포라는 경향이 있다. 즉 동시대 미술로 갈수록 그 수용 관객의 사회적 지위는 점점 더 높아진다. 다른 한편으로 예술 생산 장은 내부의 고유한 논리에 따라 일반 세계로부터 점점 더 멀어지는 경향이 있다. 예술 생산과 소비 사이의 이러한 간극은 아주 오랜 연원을 가지지만, 예술 생산 장이 자기성찰적으로 변화하기 시작하고, 예술이 예술 자체를 중요한 대상으로 삼게 되면서 한층 극적으로 벌어졌다. 장의 자율적 논리에 충실한 동시대 예술가들은 (이전 시기 예술의 생산 원리인) 공통의 지각 범주를 끊임없이 의문에 부친다. 마네가 원형을 제공한 바 있는 진정한 예술 혁명은 이른바 대중과 그 통속 취향에 맞서서 이루어진다. 반면 대중, 특히 문화자본이 부족한 수용자들은 학교에서 습득한 과거 예술(예컨대, 인상주의)의 지각 범주를 동시대 예술 작품에 적용하는 식으로, 일종의 구조적 아카데미즘에 치우치는 양상을 보인다. 그 결과, 대중과 예술가 사이의 단절이 생겨나는 것이다(Bourdieu, 2001c).

부르디외는 이와 같은 상황의 해법은 무엇보다도 예술 생산 장의 성취에 대한 대중의 수용 기회와 능력을 증진하는 일이라고 주장한다. 미학적 진보라는 '보편적인 것'에 보편적으로 접근할 수 있는 조건과 수단을 사회구성원 모두에게 보편화하는 데 문제의 핵심이 있다는 것이다. 따라서 아방가르드와 동시대 예술의 '반민중성'을 비난하고 그 공공 지원을 문제시하며, 때로는 전통적인 회화의 아름다움과 시각적 즐거움을 예찬하는 온갖 시도는, 부르디외가 보기엔, 보수 혁명에 지나지 않는다. 게다가 그 힘의 은밀한 원천은 사실 미술관이나 갤러리를 찾는 부르주아 관객이 아방가르드를 혐오하고 불편해하는 데 있다. 실제로 미학적 진보를 '싫어하는' 수용자층은 바로 (민중과 달리 예술을 많이 소비하지만, 문화자본이 문화적 부르주아에 비해 상대적으로 적은) 경제적 부르주아 계급이기 때문이다. 예술 장 내에 아방가르드를 주축으로 진정한 예술 혁명의 전통이 자리 잡는 국면에서 보수 혁명가들은 한층 기승을 부리며, 그러한 전통을 계승·구현하는 비판적 예술을 단순한 사기라고 비난한다. 흥미로운 역설이지만, 그들은 경제적 부르주아지의 취향과 이해 관심에 거스르는 아방가르드를 배척하기 위해 그것이 ('반부르주아적'이 아니라) '반민중적'이라는 딱지를 붙이는 것이다(Bourdieu, 2001c). 1990년대 말 예술계의 이러한 흐름을 보수 혁명으로 명명하면서 부르디외는 아방가르드와 동시대 미술을 강력하게 옹호하는 입장을 표명했다. 나아가 그는 대중을 위한 보편적 예술 교육의 필요성을 강조했다.

노트 13 | 예술가의 이중 게임

정치적으로는 좌파 성향을 띠면서도 미학적으로는 보수성을 드러내는 예술가를 어떻게 보아야 할까? 부르디외는 흔히 있는 이러한 사례를 예술 장의 자율성에서 파생하는 결과로 설명한다. 즉 상대적 자율성을 띠는 장 내에서 예술가는 두 가지 존재 조건을 받아들여야 한다. 하나는 장에 고유한 상징자본인 예술자본을 더 많이 쌓기 위해 끊임없이 투쟁해야 한다는 것이고, 다른 하나는 그 투쟁에서 정당하게 승리하려면 미학적 혁신을 이루어야만 한다는 것이다. 이러한 '영구 혁명'의 논리가 작동하는 장에서 이중 게임의 전략을 구사하는 예술가들이 나타난다. 이는 정치·사회 문제에서 진보적인 입장을 취함으로써 미학적으로 구현하지 못한 혁신을 대체하려는 전략이다. 그 결과, 명시적 의도나 내용에서 정치적 급진성을 표방하는 작품이 미학적 보수성을 띠는 경우가 나타난다. 어떤 작가나 예술가는 문학사와 미술사에 대한 지식을 바탕으로 아방가르드의 외양만을 취한다. 이들은 '정치적 올바름'에 조공을 바치면서 '상징적 전복'을 흉내 내지만, 실제로는 기존의 미학적 관행과 형식을 재생산하는 데 머문다. 부르디외는 이들이 예술사에 대한 지식을 냉소적이고 기회주의적인 방식으로 이용하면서, 진정한 위반이 아닌, "위반의 순응주의conformisme de la transgression"를 수행한다고 본다. 이러한 현상은 예술과 비예술, 전복과 순응성, 혁명과 보수 혁명 사이의 경계를 흐리고, 해석과 비평을 매우 어렵게 만들며, 예술에 대한 믿음을 위기 상태로 몰고 간다(Bourdieu, 2001c).

예술가의 정치적 입장과 미학적 입장의 불일치라든지, 아방가르드의 '전략적 오용' 가능성은 상대적 자율성을 갖는 예술 장에 구조적으로 새겨져 있는 것이다. 따라서 부르디외는 그러한 장의 작동 논리를 객관적으로 이해해야 할 필요성을 강조한다. 예술 장은 역사 속에서 점진적으로 발전한 소세계다. 이러한 역사적 발전은 특유의 지식, 방법, 기술, 절차 등의 축적을 동반하며, 이는 역전시키기 어렵다. 장의 구성원들은 집합적으로 소유한 자원들을 집합적으로 계속 축적해 나가며, 이는 제약이자 가능성을 구성한다. 장 안에는 언제나 가능한 것, 개연성 있는 것, 불가능한 것이 있고 사유할 수 있는 것과 사유할 수 없는 것이 있다. 예술가는 모든 것을 할 수는 없으며, 아무것이나 할 수도 없다. 장 특유의 분류 체계와 문화적 위계질서가 있고, 이는 예술가의 선택과 전략을 방향 짓는다. 따라서 자율적인 예술 장 내에서라면 정치적 입장과 예술적 입장을 기계적으로 동일시하거나 어느 하나를 다른 하나로 환원할 수 없다. 이는 정치적 급진성을 내세우는 작품이 미학적 지체를 드러낼 수 있는 만큼이나, 정치와 무관해 보이는 형식주의적 작품이 미학적 급진성을 담보할 수 있다는 뜻이다. 부르디외가 더 높게 평가하는 예술 경향은 전자가 아닌, 후자 쪽이다. 물론 가장 이상적인 예술가는 사회 비판적 지향을 미학적 성취 속에서 구현하는 경우일 것이다.

일례로 부르디외는 흑인 여성 작가인 토니 모리슨Toni Morrison이 아주 복잡한 미학적 탐구와 정치적 관여를 동시에 수행한다는 점에 찬사를 보낸다. 이를테면, 두 여주인공의 흑인–백인 범주가 사라져 버리는 소설에 대한 작가의 구상은 당연시되는 사회적 범주를 문제 삼는 형식 실험을 통해 문학적 요구와 정치적 요구를 함께 충족시킨다. 모리슨 개인은 또 흑인 운동이나 페미니즘 운동에 적극적으로 참여하지 않지만, 두 운동은 모두 모리슨을 원용할 정도로 그의 작품은 정치적이다.

모리슨은 "거리 둔 참여engagée-dégagée라는 아주 특별한 방식으로 매우 참여적"인 것이다(Bourdieu, 1998b). 부르디외는 위대한 예술가는 모리슨처럼 장의 특정한 상태가 제시하는 문제들의 총체와 대결하면서, 형식적 탐구와 정치적 참여의 대립같이 화해 불가능해 보이는 선택지들을 종합하려 시도하는 인물이라고 지적한다. 그런 이물이야말로 어떤 상징 생산 영역에서든 성공할 가능성을 가진다는 것이다(Bourdieu, 2001e).

노트 14 | 예술 영역의 근대적 자율성

부르디외는 분화된 예술 영역의 자율성이 미학적 진보를 위해 필수적이라고 본다는 점에서는 위르겐 하버마스Jürgen Habermas와 의견을 같이한다. 근대의 발전을 과학, 도덕, 예술 등 가치 영역들의 분화 과정으로 이해하는 하버마스는 각각의 영역을 내재적 논리에 따라 발전시키고 그 잠재력을 일상생활의 이성적인 조직을 위해 이용하려는 노력이 중요하다고 강조한다. 그것이 바로 '아직 끝나지 않은' 근대성의 기획이다. 따라서 자율적인 예술 제도에 대한 아방가르드의 공격은 잘못된 지양의 시도였던 셈이다. 하버마스가 보기에는 예술 영역의 자율성은 보호받아야 하며, 예술 생산에서는 고유한 논리의 추구가 불가피하다. 다만 예술 수용에서는 전문가의 심미적 판단을 매개로 하지 않으면서도, 미적 경험이 삶의 여러 상황을 재조명하고 인지적 해석과 규범적 지향을 변화시키는 데 쓰일 수 있다. 그런데 부르디외는 생활 세계에서 이루어지는 인식, 윤리, 심미성의 전유와 상호 작용을 이상화하지 않는다는 점에서 하버마스와 입장이 갈라진다. 한편 뷔르거는 하버마스의 아방가르드 비판이 근대 예술사에 대한 단선적인 이해에 기초해 있다는 점을 논박한 바 있다. 이는 19세기 후반 유미주의aestheticism가 내세운 자율성 주장을 지양하고 일상적 실천 속에 예술을 다시 통합하려 했던 아방가르드 기획의 역사적 정당성을 역설하기 위한 것이다. 내적 논리에 따른 예술 발전은 작품의 '의미론적 위축semantic atrophy'이라는 위험성을 야기했다는 것이다. 뷔르거는 또한 하버마스의 가정과 달리 과학, 도덕, 예술의 세 영역이 서로 독립적으로 나란히 발전해 오지는 않았으며, 이들 간 사회적 위상과 영향력, 상호의존성에도 구조적인 차이가 있다고 지적한다. 그는 특히 도덕과 예술 영역에 대한 (경험)과학의 우월성을 문제적 현실로 간주한다. 하버마스에 대한 뷔르거의 논평은 부르디외 논리의 비판적 이해에도 시사점을 준다(Habermas, 1981: 3~14; Bürger, 1981: 19~22 참조).

4
고다르 × 부르디외
콜레주 드 프랑스에서 〈콜라주 드 프랑스〉까지

가상의 책

언젠가 누군가는 영화가 20세기 후반의 사회학자들에게 미친 영향에 관한 책을 써야 할 것이다.[25] 만일 그런 책을 쓴다면 첫 장은 어빙 고프먼Erving Goffman에게 바쳐져야 마땅하다. 유대인 이민자 상인의 아들로 태어난 고프먼은 캐나다에서 성장하고 교육받았다. 중학생 때 집에 실험실을 차릴 정도로 화학에 심취했던 그는 1939년 매니토바대학 화학과에 진학했다가 1943년 오타와에 있던 국립영화위원회(National Film Board, 이하 NFB)에서 우연히 일하게 된다. 고프먼이 어떤 경위로 거기 들어갔는지, 정확히 어떤 역할을 맡았는지는 상세히 알려져 있지 않다. 중요한 것은 당시 NFB의 커미셔너commissioner가 기록 영화 이론의 창시자로 다큐멘터리라는 용어를 처음 사용한 영국 감독 존 그리어슨John Grierson이었

25 20세기 초 고전 사회학자와 영화의 관계에 대해서는 게오르크 짐멜Georg Simmel의 사례를 논한 흥미로운 연구서가 나와 있다(Fritsch, 2009).

으며, 그의 주도 아래 여러 팀이 한 해 수백 편의 선전 영화와 기록 영화를 제작, 배포했다는 점이다. NFB에 속해 있던 젊은 지식인들은 영화에 대한 그리어슨의 열정에 많은 감화를 받았으며, 하루 일과를 마친 뒤 영화를 보고 토론하고 시나리오를 읽는 활동을 함께했다. 1944년 여름 고프먼은 NFB 프로듀서였던 친구의 조언으로 토론토대학 사회학과에 편입하여, 마침내 사회학자로서의 수련 과정에 본격적으로 들어선다. 고프먼의 사회학적 전기를 쓴 이브 뱅캥Yves Winkin은 화학과에서 NFB 그리고 사회학과로 이어지는 이 시기를 기술하면서, 고프먼에게 "영사기가 열다섯 살 때의 실험실을 대체했다고 보아도 무모한 가정은 아닐 것"이라고 추론한다(Winkin, 1988: 20). 이 말에 우리가 어렵지 않게 공감할 수 있다면 고프먼의 사회학 저작들에서 다큐멘터리스트의 예리한 시선을 느낄 수 있기 때문일 터다.

《영화와 사회학자》라는 가상의 책에서 가장 다루기 쉽지 않을 인물은 아마도 피에르 부르디외가 아닐까 싶다. 그가 이미지 일반에 큰 관심을 두고 있었음은 분명하다. 이를테면 그는 사진에 강한 열정이 있었고, 1950년대 말부터 1960년대 초 알제리에서 현지 조사할 때부터 이미 사진기를 중요한 도구로 활용했다.[26]

26 1958년부터 1961년까지 부르디외가 알제리에서 인류학적 현지 조사를 하면서 찍은 사진들은 그 작업에 관심을 가진 몇몇 연구자의 노력에 힘입어 2000년대 들어 미술관 전시와 단행본 출판의 대상이 되기에 이른다(Bourdieu, 2003). 국내에서도 2004년 대림미술관에서 부르디외의 알제리 사진전이 열린 바 있다.

1970년대 중반 사회과학 전문지 〈악트〉를 창간할 때도 그는 텍스트를 시각적으로 제시하고 표현하는 작업에 많은 주의를 기울였다. 그런데 그가 영화에 특별한 흥미를 드러냈다거나 그로부터 영향을 받았다는 흔적은 찾아보기 어렵다. 《구별짓기》가 중간 계급의 도시민 위주로 이루어지는 영화 장르의 소비에 대한 분석을 포함하고 있고, 그의 사회학이 영화 연구에 나름대로 쓰임새가 있다는 논문들도 꾸준히 나오지만 부르디외라는 사회학자 개인은 영화와 별다른 관련이 없어 보인다(Bourdieu, 1979/1995; Austin ed., 2016 참조). 그런데 하나 잊지 말아야 할 것은 고프먼이 다큐멘터리의 창시자 그리어슨과 멀지만 묘한 인연을 맺었듯, 부르디외가 말년에 장뤽 고다르와 색다른 인연을 맺었다는 사실이다. 이 프랑스 감독이 영화사에서 차지하는 압도적 지위를 감안한다면, 우리가 그와 특이한 교분을 가졌던 사회학자를 가상의 책에서 결코 빼먹을 순 없는 노릇이다. 게다가 두 사람의 인연은 반드시 영화 그 자체는 아니라 하더라도, 예술과 사회학의 관계라든지 상징혁명의 메커니즘 같은 문제를 곱씹어보게 만든다는 점에서 한번쯤 되돌아볼 만한 가치가 있다.

다섯 장면

1930년생 동갑내기인 고다르와 부르디외가 서로 친해진 계기는 1995년 프랑스에서 벌어진 대규모 사회 운동이었던 것으로 알려져 있다. 철도 노동자 파업 때 만났던 두 사람은 이후 불법 체류자 지지 운동 때 다시 만나 교감을 나누었다(Baecque, 2010: 720). 그렇게 시작된 이들 관계는 그저 순탄하지만은 않았는데, 그 굴곡은 몇몇 흥미로운 에피소드에서 선명히 드러난다.

#1 《텔레비전에 대하여》의 한 대목

1996년 봄 부르디외는 한 케이블 채널에서 텔레비전의 검열 메커니즘과 부정적 효과에 관해 두 차례 강의를 한다. 주 내용은 텔레비전이 시청률 지상주의로 대표되는 자본과 시장의 논리를 문화생산 부문에 침투시키고 미디어 지식인을 양산함으로써 문학, 예술, 과학, 철학 등의 자율성을 침해한다는 것이었다. 이 강의는 그해 말 《텔레비전에 대하여》라는 문고본으로 나왔고, 단기간에 십수만 부가 팔리는 인기를 끌었다. 이 책의 서문에서 부르디외는 고다르의 1972년 인터뷰를 인용하며 그의 영화를 '이미지에 의한 이미지 비판'이라는 견지에서 높이 평가했다. 이는 부르디외가 자기 책에서 영화 감독을 인용한 매우 희귀한 순간이었고, 감독에 대한 사회학자의 경의가 공적으로 알려진 순간이기도 했다.

> 부르디외　제 경우와 같이 담론에 의거한 (이미지) 비판은 일종의 응급책일 뿐이며, 이미지에 의한 진정한 이미지 비판에 비하면 효과도 재미도 덜한 대용물일 따름이라는 것을 전 잘 의식하고 있습니다. 우리는 이미지에 의한 진정한 이미지 비판을, 예컨대 〈만사형통*Tout va bien*〉(1972), 〈여기저기*Ici et ailleurs*〉(1976), 〈어

때?*Comment ça va?*〉(1978)의 장뤽 고다르라든지 피에르 카를Pierre Carles에 이르는 곳곳에서 발견합니다. 저는 또 제가 하는 강의가 '커뮤니케이션 코드의 독립성'을 위해 싸우는 모든 이미지 전문가들의 끊임없는 투쟁의 연장이자 보완 작업이라는 점, 특히 나 또 장뤽 고다르가 [미국 언론인] 조지프 크래프트Joseph Kraft의 사진과 그 활용에 대한 분석을 통해 모범적으로 예시해 준, 이미지에 대한 비판적 성찰의 연장이자 보완 작업이라는 점을 의식하고 있습니다. 저는 이 시네아스트가 제안했던 프로그램을 제 것으로 삼을 수 있었을 것입니다. (고다르를 직접 인용하자면, 다음과 같습니다.) "이 작업은 이미지와 소리, 그리고 그것들 간의 관계에 관해 정치적으로(저였다면 사회학적으로라고 말했겠지요) 질문하면서 시작했다. 그것은 더 이상 '이는 정확한 이미지다une image juste'라고 말하는 것이 아니라 '이는 단지 이미지일 뿐이다juste une image'라고 말하는 것이며, '이는 말을 탄 [미국 남북 전쟁 당시의] 북군 장교다'라고 말하는 것이 아니라 '이는 말과 장교의 이미지다'라고 말하는 것이다"(Bourdieu, 1996b/1998: 14~15).

#2 영화사가이자 고다르의 전기 작가인 앙투완 드 배크의 전언

1990년대 고다르는 공공 기관에 들어가고 싶어 했다. 제도야말로 자신의 실험적인 영화 작업과 교육은 물론, 경제적 안정성까지 동시에 보장해 줄 수 있을 것이라는 기대, 혹은 '제도에 대한 환상'에서였다. 그는 국립영화학교FÉMIS, 스트라스부르 국립극장, 툴루즈 시네마테크 등에 지원했으나 결국엔 모두 실패했다.

그림 14 기존의 영화 수백 편에서 뽑아낸 시청각적 인용들을 몽타주한 〈영화의 역사(들)〉은 영화예술에 대한 고다르의 역사적 조망인 동시에, 20세기 역사에 대한 실험적 이미지 비평으로도 평가받는다.

같은 맥락에서 고다르는 콜레주드프랑스의 교수 자리에도 관심을 가졌다. 1997년의 일이었다. 고다르는 〈영화의 역사(들)*Histoire(s) du cinema*〉(1988~1998)에서 시도했던 것처럼, 20세기의 역사를 영화(사)와 연결 지어 강의하고 싶어 했다. 그는 영화(사)를 통해 사회학, 인류학, 역사학 같은 기존 인문사회과학과는 완전히 다른 각도에서 역사를 바라볼 수 있다고 믿었다. 고다르가 콜레주드프랑스에 들어가기 위해서는 안팎에서 그를 지원해 줄 수 있는 이들이 필요했다. 즉 교수진 전체의 투표로 신임 교수 선발 절차를 거치는 기관이니만큼 그를 위해 선거 운동을 해 줄 내부자가 있어야 했고, 특정한 후보가 적임자라는 여론을 조성해 줄 언론계의 협력자가 있어야 했다. 고다르를 위해 부르디외가 콜레주 내부에서, 그리고 문학비평가 필리프 솔레르스Philippe Sollers가 〈르몽드*Le Monde*〉를 비롯한 언론계에서 작업을 벌였다. 부르디외는 철학 교수 자크 부브레스Jacques Bouveresse의 도움을 받으며 고다르를 콜레주드프랑스로 데려오기 위해 노력을 기울였다(Lescourret, 2008: 348). 하지만 결과는 좋지 않았다.

고다르 "솔직히 말해서 (교수로 선출되었더라면) 기뻤을 겁니다. 나와 함께 영화가 콜레주드프랑스로 들어가는 것이니까요. 하지만 부르디외가 금세 자기가 보기엔 불가능하다고 내게 말해 주었지요. 그가 일단 주변 사람들에게 선거 캠페인을 벌였더니 그들이 거부하더라는 겁니다. 거기 지원하기 전에 일종의 트랙을 한 바퀴 돌면서 첫 의견을 모아야만 합니다. 일반적으로 과학자들은 반대하지 않았다고 해요. 반대했던 것은 문과 교수들이었죠. 그들은 알랭 레네Alain Resnais라면 받아들였을지도 모르지만 고다르는 안 된다고 했답니다. 나보다 더 문학적인 사람도 없는데 말이죠! 하지만 그들은 아마 내가 하듯이 책을 다뤄서는 안 되고, 영화에서 그런 식으로 책에 관해 말해선 안 된다고 생각했겠죠"(Baecque, 2010: 720~721).

#3 〈리베라시옹〉 기자 올리비에 세귀레의 기사

1999년 봄 장클로드 기게Jean-Claude Guiget 감독이 지인들을 대상으로 신작 〈통행자들*Les passagers*〉(1999)의 시사회를 가졌다.[27] 이 자리에 있었던 고다르는 영화를 보고 반했고, 기게에게 이 작품을 반드시 부르디외에게 보여 주어야 한다고 주장했다. 기게는 〈리베라시옹*Libération*〉에 중개자 역할을 부탁했다. 부르디외를 위한 특별 시사회가 열렸고, 시사 직후 고다르와 부르디외의 토론이 이어졌다. 고다르의 예상과 달리 영화는 부르디외를 설득하지 못했다. 두 사람은 올리비에 세귀레Olivier Séguret의 표현을 빌리면, "열정적이고 난해하고 종종 삐걱거렸던" 토론 끝에, 마침내 "기게의 영화를 보호하기 위해" 토론을 신문에 게재하지 않기로 합의했다.

세귀레 "다른 곳에서 다른 영역들에 함께 개입합시다." 부르디외가 제안했다. "계속해서 영화로 돌아옵시다. 〈통행자들〉은

27 고다르처럼 영화평론가 출신인 기게의 이 영화는 유튜브에서 볼 수 있다.

(부르디외의 공저서)《세계의 비참》의 형제입니다." 고다르가 마무리하며 고집했다. 호기심 어린 접근과 방어적인 재간의 교활한 게임이었던 이 양자 토론은 테이블 주변에 있었던 이들에게는 '역사적' 사건이었다. 두 사람 간 서로에 대한 존중과 경의에는 의심의 여지가 없었다. 하지만 상대방에게 휘둘릴지도 모른다는 두려움 또한 그들 모두에게 뚜렷이 나타났다(Séguret, 2002).

#4 다시 앙투완 드 배크의 전언

1999년 가을 고다르는 〈리베라시옹〉 신문사에서 당시 사장이었던 세르주 쥘리Serge July 그리고 부르디외와 점심 식사를 같이한 뒤, 코소보로 함께 떠나자고 제안했다. 보도 사진에 나온 익명의 여성, 즉 전쟁을 피해 도망쳐 나온 구멍 난 양말의 비참한 여성을 다시 찾으러 가는 여정을 꾸려 보자는 것이었다. 고다르는 프랑스·독일 합작의 문화 채널인 아르테Arte와 접촉해서 영화 제작과 세 사람의 여행 경비를 지원하겠다는 약속을 받았다. 하지만 일은 고다르의 계획대로 이루어지지 않았다. 쥘리와 부르디외가 별로 적극성을 보이지 않았기 때문이다.

고다르　그들은 파리에 관해 언쟁하기를 더 좋아했고, 특히 언쟁하면서 서로 추켜 주기를 더 좋아했소. 나는 우리가 대화를 계속하면서 그것을 촬영하고 몇몇 사진을 뽑아 같이 편집해 넣자고 제안했지요. 침묵이 이어졌소. 우리는 헤어졌고, 그 뒤로 아무 일도 없었지요(Baecque, 2010: 789).

#5 〈사회학은 격투기다〉의 한 장면

부르디외가 타계하기 몇 달 전인 2001년 봄, 피에르 카를의 다큐멘터리 〈사회학은 격투기다*La sociologie est un sport de combat*〉가 프랑스 관객에게 첫선을 보였다. 카를은 부르디외가 《텔레비전에 대하여》 서문에서 고다르와 더불어 이미지로서 이미지를 비판하는 전문가의 또 다른 예로 들었던 젊은 감독이었다.[28] 그는 지식인 부르디외의 다양한 일상을 담는 영상 작업을 1998년부터 3년간 진행했고, 그 결과물로 영화 〈사회학은 격투기다〉를 내놓았다.[29]

---

28 사실 《텔레비전에 대하여》가 출간되었을 때까지 카를이 실질적으로 무명의 영화 감독이었다는 점을 감안하면, 부르디외가 고다르와 카를을 나란히 언급한 것은 가히 파격적이었다고 할 만하다. 원래 방송 기자로 경력을 시작한 카를은 지배 엘리트의 가식과 이중성을 폭로하는 시도를 계속함으로써 여러 차례 방송을 금지당하거나 방송사에서 해고당하는 어려움을 겪었다. 1995년 그는 카날플뤼스Canal+ 방송국의 요청으로 다큐멘터리 〈텔레비전에서 보이지 않은*Pas vu à la télé*〉을 찍었으나, 이 또한 정계와 미디어의 은밀한 공모를 부담스러울 만큼 적나라하게 다뤘다는 이유로 편성을 거부당했다. 카를은 이 다큐멘터리를 바탕으로 〈보이지 않은, 찍히지 않은*Pas vu, pas pris*〉(1998)이라는 작품을 만들었다. 사회학자 로익 바캉을 통해 카를의 작업에 대해 알고 있었던 부르디외는 이 영화의 배급에 도움을 주기 위해 애쓰기도 했다. 결국 1998년 파리의 상영관 한 곳에서 개봉한 카를의 데뷔작은 어떤 광고나 홍보에도 의존하지 않은 채 16만 명이라는 엄청난 관객을 동원하는 성과를 올렸다(Champagne et al., 2004: 111~113; http://www.allocine.fr/personne/fichepersonne-28223/biographie).

29 이 영화는 현재 유튜브에서 감상할 수 있다. 카를은 〈사회학은 격투기다〉가 자신의 다른 영화들과도 일정한 연속성이 있다고 말한다. 텔레비전을 비롯한 미디어가 자명한 것, 자연스러운 것으로 부과하는 상식들에 대해 의심해야 한다는 메시지를 부르디외의 사회학적 작업을 통해 제시하고 있다는 점에서 그렇다는 것이다. (Pierre Carles, Une entrevue avec Loïc Wacquant et Olivier Cyran, http://www.homme-

카를의 2시간 20분짜리 부르디외 다큐멘터리는 프랑스에서만 7만 명 이상의 관객을 모았다. 전성기의 고다르가 제인 폰다와 이브 몽탕이라는 당대 스타들을 데리고 만든 〈만사형통〉에 고작 관객 3만 명이 들었던 것에 비하면, 엄청난 상업적 성공을 거둔 셈이었다. 이 영화에는 부르디외가 고다르에게서 온 편지를 읽는 장면이 나온다(그림 15 참조). 〈통행자들〉에 대한 토론이 있은 이후, 고다르는 몇 달 동안 부르디외와 〈리베라시옹〉에 시적이며 정치적인 메시지를 보냈는데, 영화에서 부르디외가 받은 편지는 그중 하나였다(Séguret, 2002). 그런데 3분 30초 분량의 이 고다르 관련 장면은 뜻하지 않은 논란을 낳았다. 영화를 본 사람들 사이에서는 부르디외가 고다르를 비아냥거린 것 아니냐는 의구심이 일었고, 감독이 왜 그 장면을 편집에서 빼지 않았는지 모르겠다는 비난의 목소리도 불거졌다. 마침내 감독이 직접 나서서 그 장면이 실재에 대한 과학적 접근과 예술적 시선 사이의 간극을 드러내려는 의도였다고 해명하는 상황까지 빚어졌지만, 논란은 쉽게 사그라들지 않았다(Carles, 2001 참조).

---

moderne.org/images/films/pcarles/socio/cyran.html) 카를에 따르면, 이 다큐멘터리는 독일·프랑스 공동 문화 채널인 아르테에 세 번이나 거부당했다. 카를은 기획 단계에서, 그리고 영화 완성 이후 아르테에 제작 지원과 편성을 제안했으나 거부당했다. 이후 부르디외의 타계를 계기로 아르테의 독일 측 담당자가 이 영화를 방영하고자 했으나 프랑스 측이 이를 받아들이지 않음으로써 방송은 결국 불발로 끝났다(Champagne et al., 2004: 111~113).

그림 15 〈사회학은 격투기다〉에는 부르디외가 고다르에게서 온 편지를 읽는 장면이 나온다. 피에르 카를은 이 장면을 통해 고다르와 부르디외 사이의 미묘한 거리, 나아가 세계에 대한 예술적 시선과 사회학적 태도 사이의 괴리를 보여 준다.

카를 (외화면 목소리) 누구한테서 온 거죠? 장뤽 고다르요?

부르디외 굉장한 게임이요. 그렇죠? 수수께끼 같소. 그가 하는 모든 일이 그렇듯이 말이오. (이미지를 카를에게 보여 주며) 아, 그가 찍은 영화에서 발췌한 장면들이군요.

카를 (외화면 목소리) 〈영화의 역사〉요?

부르디외 복수형이 붙는 〈영화의 역사'들'〉이지요. (편지를 읽는다) 어쨌거나 그는 모종의 재능이 있어요. 난 아무것도 이해 못 하겠고요.

(카를의 외화면 웃음소리. 편지를 읽고 난 부르디외가 카를에게 말한다.)

부르디외 맞아요, 좀 당황스럽지요. 나는 그것이 충분히 아름답다고 생각하지만 조금도 이해하지는 못 하겠소. (웃음) 그래요. 말하자면, 난 시인이 아닌 게요.

카를 (외화면 목소리) 사실 시는 사물을 직관적으로 지각하는, 또 다른 수단이지요……

부르디외 물론 그렇소. 암, 그렇고말고요. 나는 그가 뭔가 말하려 한다고 생각해요. 그 점에서는 의심하지 않아요. 그는 뭔가 말하려 하지요…… (편지를 보며) 자, 그래요. 그건 버스지요. 〈마이 걸*My Girl*〉(1991) 포스터가 붙어 있는 버스요. 그리고 그는 이렇게 말합니다. "나는 승객들을 보여 주는 이 자료를 마주하고서 자문했습니다. 우리가 거기서 같은 것을 보았는지, 또 그래서 우리가 함께 같은 이야기, 원칙적으로 진실인 이야기를 하려 애쓴다고 자처할 수 있을지 말입니다. 안타깝게도 내가 보기엔, 우리와 온갖 장소에 있는 모든 코소보 주민들에게, 그에 대한 대답은 '아니오'입니다. 〈마이 걸〉은 당신에게 말해 줄 것입니다. 진실에 대한 사랑과의 만남은 어긋나 버렸고, 바람과 함께 사라져 버렸다고. 헐뜯기 좋아하는 자는 말할 것입니다. 잠든 자들이여, 편안한 밤 되시길, 우리 대부분이 패배, 이름, 정치 담론이라고 불리는 것을 이 영화인에게서 귀 기울여 듣지 않았습니다." 자, …… (마지막 구절을 소리내어 다시 읽는다) …… 당신은 이해해요?

카를 (외화면 목소리) 솔직히 말하자면 이해 못 하겠습니다만, 전 편지를 전부 읽지는 않았잖아요.

부르디외 그런데 이게 다예요. 더 이상 아무것도 없어요. 당신은 전부 읽은 거예요.

(부르디외가 편지를 다시 봉투에 넣는다.)

카를 (외화면 목소리) 어쨌든 그것은 당신을 파고들잖아요. 당신이 그 이미지로부터 같은 것을 이해하지는 않는다고 해도, 당신은 …… 할 수 없겠지요.

부르디외 네, 그거요. 그 점을 난 이해했죠. 하지만 뒤에 그가 말할 때, 아, 음, 그러니까, 뭐라고 해야 할까……

카를 (외화면 목소리) 그러니까 귀머거리들의 대화로 남는 셈이네요. (웃음)

부르디외 뭐, 원래부터 그랬소. (한숨) 아, 불쌍한 부르디외.

(장면 전환)

귀머거리들의 대화?

고다르와 부르디외의 에피소드들은 두 거장을 잇는 관계가 하나로 합쳐진 일직선(-)도, 나란히 오가는 두 개의 평행선(=)도 아닌, 차라리 서로 어긋난 가위표(×)에 가깝지 않았나 하는 인상을 남긴다. 게다가 영화를 둘러싼 마지막 에피소드는 분명히 예술과 사회학, 시적 이해와 학문적 이해의 한가운데를 가로지르는 어떤 균열을 보여 준다(아니 정확히 말하자면 보여 주는 것처럼 보인다). 자신이 "아무것도 이해할 수 없으며" 그런 점에서 "시인이 아니"라는 말이 화면에서 직접 부르디외의 입을 통해 내뱉어지는 순간, 관객에게 그 균열은 더할 나위 없이 명백한 단절인 듯 비쳐진다. 그런데 단순히 그렇게 결론짓는다면, 이는 이미지의 힘에 굴복하는 일이다. 설령 카를의 카메라가 포착한 일상인으로서 부르디외는 그랬을지 몰라도, 사회학자 부르디외가 과연 예술과 과학의 분리를 그토록 자연스럽고 확고하게 받아들였는지는 의문이다. (→ 노트 15: 사회학과 동시대 예술의 공통점) 기하학적 정신esprit de géometrie과 섬세한 정신esprit de finesse, 혹은 이성raison과 심장의 이유raisons du coeur를 아울러 사유한 파스칼주의자로서 부르디외는 인간의 일상적인 실천과 심층적인 믿음 속에서 작용하는 직관과 논리, 감정과 합리성 가운데 어느 한쪽도 소홀히 다루려 하지 않았기 때문이다. 그는 미적인 것, 감각적인 것의 중요성을 잘 알고 있었으며, 그것을 자신의 사회학 이론에서는 물론 사회학적 계몽의 기획에도 적극적으로 활용하고자 했다. 그렇다면 고다르에 대한 부르디외의 태도를, 그리고 뭔가 통하는 듯싶으면서도 덜컹거렸던 두 사람의 관계를 좀 더 복잡하게 이해해 볼 수도 있지 않을까?

먼저 《텔레비전에 대하여》로 되돌아가 보자. 거기서 부르디외는 말(강의)과 글(책)을 통한 자신의 이미지 비판이 고다르의 이미지(영화)를 통한 이미지 비판에 비하면 재미나 효과 면에서 부족하다고 주장한다. 일리가 없지 않지만, 그럼에도 이미지에 의한 이미지 비판만이 '진정한 비판'일 수 있다는 식의 그의 주장에는 과장과 겸양의 수사학이 동시에 뒤섞여 있다. 비판의 수단으로 이미지와 언어는 각기 장단점이 있기 때문이다. 예컨대 이미지는 '거의,' '조금' 혹은 '결코'라고 결코 말할 수 없다. 또한 그것은 본래 "언표적 다성성multivocité énonciative"과 "확연적 비결정성indétermination assertorique"으로 특징지어진다(Passeron, 1991: 269). 풀어 말하자면, 이미지는 (좁은 의미의) 언어에 비해 훨씬 다양한 해석이 가능하며, 그 진실성 정도를 규정하기 매우 어렵다는 뜻이다.[30] 그러니 이마고imago를 이용한 이미지 비판과 로고스logos에 의지한 이미지 비판 사이에는 분석과 전달 방식상의 고유한 특성과 차이가 있을 뿐이다. 다만 부르디외가 전자를, 그리하여 고다르를 각별히 평가한 데는 그 나름의 이유가 있었을 것으로 여겨진다. 그

30 하워드 베커의 말을 약간 응용해 표현해 보자면, 모든 이미지는 하나 또는 그 이상의 질문들에 대한 대답으로 해석될 수 있다. 우리는 그 이미지가 우리 질문에 제공하는 대답이 사실인지에 관심을 가지는데, 우리가 하나의 이미지에 대해 제기하고 답하는 질문에는 하나 이상의 방식이 있으며, 이 질문들은 제기하거나 답하는 방식에서 맞거나 틀린 것이 아니라 다만 서로 다를 따름이다(Becker, 2007/2016: 185).

것은 바로 이미지 전문가로서 고다르가 이미지에 의한 이미지 비판을 수행함으로써 메타meta-의 차원 혹은 자기성찰성의 차원을 확보했다는 점이다. 사회학자로서 그는 사회학이 다른 대상들 '위에' 있기 위해서가 아니라, 스스로가 무엇이고 무엇을 하고 있으며 어디에 있는지 더 잘 알기 위해 언제나 스스로에 대해 메타가 되어야 한다고 역설한 바 있다(Bourdieu & Wacquant, 2014/2015: 313). 이러한 맥락에서 '사회학의 사회학'을 중시한 부르디외가 '이미지에 대한 이미지'로서 고다르의 영화 비판을 주목하고 또 상찬한 것은 자연스러운 논리적 귀결이었을 것이다. (→ 노트 16: 이미지의 이미지)

물론 그렇다고 해서 두 사람이 가지고 있던 영화 취향 혹은 영화에 대한 평가 기준이 동일할 수는 없었을 터다. 〈통행자들〉에 관한 의견 불일치는 그것을 단적으로 알려 주는 에피소드라 할 만하다. 코소보행을 둘러싼 해프닝 역시 두 사람의 상이한 기질과 지식인관을 보여 준다. 더 상세한 정보가 없는 상태에서 그들의 취향이나 기질에 대해 이렇다저렇다 단정적으로 말하기는 곤란하지만, 우리는 적어도 부르디외의 지식인관과 관련해 한두 마디를 덧붙일 수 있을 것이다. 부르디외가 당시 전쟁 중이던 코소보에 영화를 찍으러 들어가자는 고다르의 권유에 미적지근한 반응을 보인 것은 그의 지식인관에 비추어 보면 당연한 일이었을 것이라고 말이다.

말년으로 갈수록 그 정도가 좀 약해지긴 했지만, 그럼에도 부르디외가 일생 동안 학문 이외의 활동에 대해 대체로 금욕적인 태도를 견지했다는 사실은 부인하기 어렵다. 그는 언제나 지식인으로서 자신의 일차적인 임무가 과학적인 연구 실천에 있으며, 그것은 사회 현상과 구조를 분석하고 이해하기 위한 것이지, 정치적 입장 위에서 어떤 해결책을 처방하고 제시하기 위한 것은 아니라고 보았다. 특정한 정치·사회적 이슈에 개입할 때조차 그는 철저히 학문적인 방식으로 하려 했고 금세 다시 연구 실천으로 되돌아갔다. 때때로 그는 자신이 왜 개입하지 않는지, 또 문제가 얼마나 복잡한지를 설명하기 위해서만 개입했다. 부르디외는 스스로 잘 알지 못하는 문제에 관해서는 그 분야의 전문가들에게 말할 기회를 주고자 노력했으며, 공론장에서 '말할 권리'를 얻지 못한 사람들이 직접 목소리를 내는 데 기여하고자 했다. 그는 모든 것에 관해 모든 것을 말하는 보편적 지식인, 인민이 나아가야 할 바를 제시하고 인도하려는 예언자적 지식인을 경계하고 혐오했다.

이러한 부르디외의 원칙들은 실제 다양한 상황에서 소극적이거나 부정적인 선택으로도 나타났다. 예컨대 그는 예술 장을 분석하는 사회학자로서 예술 비평에 관여하는 일이 직업 윤리상 적절치 않다는 이유로 최대한 삼갔다. 주변 동료들은 또 그가 자신의 텔레비전 출연이나 다큐멘터리 촬영, 사진집 발간 등을 얼마나 많은 고민 끝에 신중히 결정했는지 증언한다. 사회학자의 그러한 면모를 고려하면, 코소보전의 현장에 뛰어들어가 영화를 찍자는 고다르의 제의가 그에게 무리한 요구로 받아들여졌으리라는 것은 불 보듯 빤한 일이다. 그것이 단순히 고다르의 냉소적인 언급이 암시하듯, 다른 지역에서 벌어지고 있는 참상에 무관심한 채 자기들끼리의 논쟁에만 골몰하는 '입 진보,' '캐비어 좌파'의 무책임을 표상한다고 본다면 과한 비난이 될 것이다. 고다르의 제안 앞에서 부르디외는 어쩌면 자신이 미디어 지식인의 전형으로 틈날 때마다 비판해 마지않았던 철학자 베르나르앙리 레비Bernard-Henri Lévy의 영화 〈보스나!*Bosna!*〉(1994)를 떠올렸을지도 모른다. 휴머니즘을 내세우며 사르트르를 흉내 내고 싶어 했던 레비는 유고슬라비아 내전 현장에 가서 직접 찍은 이 다큐멘터리에서 노골적으로 보스니아 편에 서서 세르비아를 비판함으로써 정치적·윤리적 논란을 불러일으킨 바 있었다.

고다르와 부르디외의 다섯 장면 가운데 콜레주드프랑스를 둘러싼 에피소드는 부르디외 사후에까지 그 여파가 길게 이어졌다는 점에서 흥미롭다. 예술가가 자신의 실패한 입후보를 연상시키는 작품 〈콜라주 드 프랑스〉를 오랫동안 준비하다가 또 다른 난관에 봉착했기 때문이다. 대체 어떤 일이 벌어졌던가?

〈콜라주 드 프랑스〉, 도래하지 않은 기획

퐁피두센터의 문화 프로그램 기획자였던 도미니크 파이니Dominique Païni에 따르면, 고다르가 센터와의 공동 작업을 논의하기 시작한 것은 2003년부터였다.[31] 애초에 고다르와 파이니는 9

---

31 이 프로젝트의 전개 과정에서 있었던 우여곡절에 관해서는 앙투완 드 배크Antoine de Baecque와 파이니의 서술을 주로 참고했다(Baeck, 2010: 777~816; Païni,

개월 동안 매달 새로운 영화를 상영하는 계획을 협의했다. 과거의 영화 이미지와 현재의 뉴스 이미지를 조합해 만들어질 고다르의 새 영화들은 일종의 시리즈를 구성할 예정이었다. 논의가 점차 발전해 가면서 2005년 새로운 안이 나왔다. 1,100제곱미터 넓이의 센터 남쪽 갤러리에 아홉 개의 방을 만들고 그 안에서 영화를 매개로 '영화의 사유'를 '전시'한다는 것이었다. 전시 내용은 고다르가 콜레주에 제안했던 강의 — 그 일부는 〈영화의 역사(들)〉에 쓰였다 — 를 근간으로 할 터였고, 그 구체적인 배치와 조직은 기억의 여정에 의지하는 방법 — 고다르의 표현으로는 '고고학' — 에 따라 이루어질 터였다. 그리하여 전시의 가제는 〈콜라주 드 프랑스 — JLG에 의한 영화의 고고학*Collage(s) de France, archéologie du cinéma d'après JLG*〉으로 정해졌다. 짐작할 수 있듯, 이 제목은 고다르가 콜레주드프랑스와 맺었던 — 혹은 맺지 못했던 — 모종의 관계를 풍자적으로 암시하는 동시에, '콜라주'라는 단어의 의미 역시 그대로 담고 있었다. 사전에 연계나 비교 혹은 대조의 가능성이 없었던 이미지들 간의 충돌과 역동성이 전시의 중심에 위치할 것이기 때문이었다.[32] 고다르와 이 프로젝트를 긴밀히 상의하며

2006: 420～426).

32 고다르가 무엇보다도 다른 이미지들을 인용하며 몽타주하는 방식으로 그 특유의 영화 미학을 구축해 왔다는 점에 비추어보면, 이는 새삼스러운 기획은 아니었다고 평해야 한다. 조르주 디디위베르망George Didi-Huberman이 적절히 지적하듯이, 고다르는 '순수하게 시각적인 것'을 생산하는 기술로서의 몽타주를 통해 이미지를 이중적이며 모순적인 양식 속에서 나타나게 한다. 즉 두 이미지의 충돌은 어떤 긴장과

정교화시켜 나갔던 파이니의 증언에 따르면, 관람객은 아홉 개의 방을 순서에 따라 방문하게 된다. 각 방에는 저마다 제목이 달려 있다. '신화(알레고리),' '인류(이미지),' '카메라(은유),' '영화(들)(의무(들)),' '연합(무의식, 토템, 터부),' '비열한 놈들(비유),' '실재(몽상),' '살해(주문, 공리, 몽타주),' '무덤(우화).' 각 방에서 관람객은 영화사나 예술사 또는 뉴스에서 가져온 이미지들의 몽타주를 접하며 시적이고 철학적인 성찰을 요구받는다. 이러한 공간적 환경은 사유 그 자체의 시간적 과정에 대한 서술이라는 차원에서 중요하다. 관람객은 각 방을 걸어 다니면서 사유를 시각적으로 구현하는 영화의 '시간'이라는 재료를 경험하고 영화적 개념화의 과정을 발견할 수 있다. 감독이 관객에게 지각하도록 만들기 위해 개념화한다면, 관객은 감독의 개념화 여정을 되짚어가기 위해 지각해야 한다. 물론 방들의 연결은 영화 창작의 교과서적인 순서를 따르지 않는다. 관람객은 무수한 이미지들을 나름대로 콜라주하면서 정신적으로 이 거대한 퍼즐의 질서를 맞춰야 한다. 그러면서 그는 영화를 개념화하는 시간을 다른 식으로 지각하도록 초대받는다. 고다르는 이 프로젝트를 위해 수작업으로 직접 마케트maquette를 제작했다. 그것 역시 가위와 풀을 이용한 일종의 '콜라주'였다. 이 마케트는, 파이니의 표현

비결정성을 자아내며 관객의 시선을 자유롭게 열어 놓는 한편, 특정한 결론을 부과하며 시선을 이끌어가기도 한다. 고다르의 몽타주는 이처럼 관객의 시선을 해방시키려는 움직임과 지휘하려는 움직임 사이에서 모호하게 머뭇거리며, 이미지들이 혼돈 속에서 풍요로운 의미를 빚어내게끔 뒤흔드는 변증법을 구현한다(Didi-Huberman, 2015: 52~53).

그림 16　고다르의 〈콜라주 드 프랑스〉(2004～2006) 마케트 가운데 일부. 이 18개의 마케트를 복원한 작품이 2018년 〈유토피아의 기억들: 장뤽 고다르의 '콜라주 드 프랑스' 모형*Memories of Utopia: Jean-Luc Godard's "Collages de France" Models*〉이라는 제목으로 뉴욕에서 전시되었다.

을 빌리자면, "구체적인 공간 설계의 예비 형상화"이자 "영화를 전시한다는 사실 자체에 대한 비판적 관점"을 구성했다(그림 16 참조).

파이니는 〈콜라주 드 프랑스〉의 기획이 기존하는 이미지와 텍스트들을 재활용하는 '복제reproduction'라는 원리를 바탕으로 하고 있었다고 지적한다. 이 프로젝트에서 쓰이는 모조 미술품, 통신사 사진, 문학 작품의 인용문 등은 모두 복제의 원리 속에 자리 잡는다. 영화 역시 그 원리를 척도 삼아 다른 문화생산물들과 견주어질 수 있을 것이며, 이는 '영화의 전시'가 어떻게 작동하는지 질문하게 만들어 줄 수 있을 것이다. 인용으로만 이루어진 책을 쓰고자 했던 발터 벤야민Walter Benjamin의 소망을 연상시키는 고다르의 이러한 구상에 대해 파이니는 "언젠가 그가 모든 것을 다른 곳에서 빌려온 영화를 꿈꾸었다면 〈콜라주 드 프랑스〉 전시는 아마도 이 꿈을 실현시켜 주었을 것"이라고 말한다(Païni, 2006: 420~426).

하지만 파이니를 흥분시켰던 이 흥미로운 기획은 결국 무산되고 말았다. 고다르와 미술관 스태프 사이의 갈등, 엄청난 초과 예산과 작업의 지체에 대한 미술관 측의 불만, 마케트 제작 이후 고다르가 느낀 개인적인 싫증과 변덕, 새로운 창작 없이 기존 이미지의 복제와 재활용으로만 이루어지는 전시에 대한 미술관 측의 의구심 등, 여러 요인들이 복합적으로 작용한 결과였다. 그럼에도 퐁피두센터와 맺은 계약을 지키기 위해 고다르는 예정보다 훨씬 늦어진 시점에 '실패의 흔적들'을 전시해야만 했고, 그 결과물은 2006년 5월 〈유토피아에서의 여행(들): 잃어버린 공리를 찾아서*Voyage(s) en utopie, Jean-Luc Godard, 1946~2006: À la recherche d'un théorème perdu*〉라는 제목으로 나타났다.[33]

드 배크가 "파괴의 풍경, 전투 이후의 전장"으로 묘사한 이 전시에서 고다르는 미술관에 대한 불편한 감정과 비판적 시선을 노골적으로 드러냈다. 전시장 입구에는 고다르가 직접 쓴 간단한 공지문 한 장이 다음과 같이 붙어 있었다.

> "퐁피두센터는 예술적, ~~기술적, 그리고 재정적~~ 난점들 때문에 '콜라주 드 프랑스. 영화의 고고학'이라는 제목의 전시 기획을 구현하지 않고, 이를 '유토피아에서의 여행(들): 잃어버린 공리를 찾아서'라는 또 다른 기획으로 대체하기로 결정했습니다. 이 두 번째 기획은 '콜라주 드 프랑스' 마케트의 부분적인 또는 완전한 제시를 포함합니다. 장뤽 고다르는 퐁피두센터의 결정을 승인했습니다"(Baeck, 2010: 805, 취소선은 원저자).

관람객들이 볼 수 있었던 것은 도래하지 않은 전시의 작업 현장, 비가시적인 작품의 어지럽고 무질서한 자취였다. 전시장에는 영화 이미지들과 더불어 건축용 비계, 시멘트 블록, 방호 철책, 널빤지와 각목 들이 널려 있었다.

그런데 드 배크는 다시 만날 수 없을 〈유토피아에서의 여

33 이 전시는 고다르의 영화 전작 회고전과 더불어 총 석 달간 열렸다.

행(들)〉 전시의 모습을 묘사하면서 그 뒤에 숨겨진 판돈이 무엇이었는지를 예리하게 잡아낸다. 약간 길지만, 의미심장한 그의 말을 그대로 인용해 보자.

> "장뤽 고다르는 언제나 자기 작품을 전시한다는 아이디어에 매혹되었지만, 그럼에도 끊임없이 미술관을 혐오했다. 그는 관념으로서의 미술관을 경외하는 만큼이나 공간과 제도로서의 미술관을 대놓고 파괴했다. 역설적이지만 바로 미술관에 대한 이러한 혐오가 시네아스트를 보부르Beaubourg[퐁피두센터의 별칭]로 이끌었고, 파리의 이 명망 높은 기관이 그에게 제안한 전시 기획으로 이끌었던 셈이다. 그리하여 고다르는 계약서에 서명하자마자 자신의 전시를 내파하도록 만들었고, 그와 함께 전시를 구체화할 책임을 맡은 이들을 소거해 버렸다. 한마디로 예술가는 그의 전시가 가능하기를 원치 않았고, 그것이 불가능하기를 욕망했다. 그가 매일 1,100제곱미터에서 천여 명의 관람객들에게 보여 준 것은 불가능한 전시의 가능한 흔적들이었다. 미완의(그리고 그렇게 남을) 전시 안에 내팽개쳐진 전시의 심연은 두 가지 목표에 봉사했다. 한편으로는 (《영화의 역사(들)》에 친숙한 관객이라면 알아챌, 늘 동일한) 영화의 단편들과 실패한 기획의 마케트를 제시하는 것이다. 20여 개의 스크린에서 장 르느와르Jean Renoir, 알프레드 히치콕, 로베르토 로셀리니Roberto Rossellini, 사샤 기트리Sacha Guitry, 존 포드 등등을 비롯한 여러 감독을 찬미했는데, 그 가운데는 시네아스트 자신도 있었다. 다른 한편 고다르는 퐁피

> 두센터의 부당하게 인색한 관료제의 희생자로서 순교자의 반열에 오르게 된다. 그것은 저항적이고 포섭 불가능한 예술가의 태도였는데, 그는 보부르에서 지원을 받은 후 보부르가 대가를 치르도록 만들었다. 따라서 장뤽 고다르의 전시는 일종의 '재앙'이었다. 하지만 예술가는 그것을 강력히 요구했는데, 예술의 이러한 패배가 그 기획의 중심에 있었기 때문이다. 그는 자신의 근본적인 과업에서 압승을 거두었다. 그 과업은 틀림없이 그의 주장, 이미지, 콜라주의 전시를 내보이는 것이라기보다 제도에 대한 그의 승리를 연출하는 것이었을 터다"(Baeck, 2010: 805~806).

고다르와의 협업을 성공적으로 끝마치지 못했던 파이니는 그럼에도 〈유토피아에서의 여행(들)〉에 대해 "고다르의 천재성은 그 자신보다도, 그의 자기 파괴 의지보다도 훨씬 강력하다"고 감탄했다지만, 비평가들의 평가는 다소 엇갈렸다. 드 배크는 고다르가 이 프로젝트의 '실패'로 인해 마음에 큰 상처를 입었다고 전한다. 어쨌거나 보부르 전시의 성패 여부를 따지는 일은 여기서 중요하지 않다. 우리가 주목하고 확인하고자 하는 것은 다만 〈콜라주 드 프랑스〉라는 기획이 그 구상에서부터 〈유토피아에서의 여행(들)〉으로의 빗나간 실현에 이르기까지 제도와의 팽팽한 긴장, 제도에 대한 심층적 비판을 함축했다는 점이다.

위상 창조자 혹은 상징혁명가

고다르가 영화사에서 독보적인 지위를 갖는 감독이라는 점에는 영화학자나 비평가 사이에 별 이론의 여지가 없는 듯 보인다. 예컨대 나탈리 에니크는 고다르를 영화사에서의 위상 창조자créateur de statut로 규정한다. 그에 따르면, 위상 창조자란 미래 세대에게 작품 못지않게 혹은 그 이상으로 작가 개인이 어떤 원형prototype을 제시한 예술가를 가리킨다. 이를테면, 미술사에서 다 빈치는 '예술가-과학자'의 위상을, 푸생은 '문인-화가'의 위상을, 반 고흐는 '저주받은 천재 화가'의 위상을 제각기 창조했다. 마찬가지 방식으로 우리는 이런저런 예술사에서 다양한 위상 창조자들을 열거할 수 있을 것이다. 문학사에서 '시인-방랑자' 랭보라든지, 음악사에서 '어린 천재 작곡가' 모차르트 하는 식으로 말이다. 에니크에 따르면, 이들은 특정한 계열을 열어젖힌 동시에 닫아 버림으로써 그 사람 자체가 자신의 가장 중요한 걸작이 되어 버린 인물이며, 그 이름이 더 이상 고유 명사가 아니라 범주 명사로 작동하는 인물이다. 그리하여 우리는 랭보 같은 시인, 모차르트 같은 음악가, 고흐 같은 화가를 이야기할 수 있다. 에니크가 보기에 고다르는 영화사에서 '비평가-감독,' '지식인-예술가'라는 위상을 창조했다는 중요성을 지닌다. 그러한 위상의 특성은 그의 전기적 경력에서뿐 아니라 작품에서도 뚜렷이 드러난다(Heinich, 2001: 305~313).

그런데 고다르의 위상 창조가 1960년대 프랑스에서 나타난 영화의 예술화 과정과 긴밀히 맞물려 있었다는 데 유의해야 한다. 에니크의 분석을 계속 좇아가자면, 당시 영화 잡지 〈카이에 뒤 시네마〉가 주도한 영화 애호cinéphilie는 새로운 영화적 시선을 발명했고, 기존의 영화비평계에 전문 비평이라는 대안을 제시했다. 즉 대중 비평과 아카데미 비평이 모두 (정서적이든 문학적·도덕적이든) 주제에만 관심을 두었다면, 전문 비평은 작품의 내용보다는 작가의 이름과 개성에, 그리고 그의 주제와 스타일에서의 일관성에 초점을 맞췄다. 경량화된 소형 카메라와 음향 장비라든지 빛에 민감한 필름의 개발과 같은 기술적 진보와 프랑스 영화 산업의 몰락 같은 경제적 조건들이 누벨 바그Nouvelle vague의 미학적 혁신 — 스튜디오를 벗어난 촬영과 같은 — 을 자극했다. 고다르의 비평과 창작 활동은 영화에 '작가' 개념을 부과하고 독립적인 예술로서 영화를 인정받고자 했던 논쟁적인 맥락에서 이루어졌다. 이를 위해 고다르는, 에니크에 따르면, 예술사에서 공통적으로 쓰여온 두 가지 가치 부여 전략stratégie de valorisation에 의존했다. 하나는 영화를 이미 그것보다 더 큰 상징적 가치를 확보한 다른 문화 영역 — 철학, 문학, 연극, 조형 예술 등 — 과 대등하게 다루는 것이었으며, 다른 하나는 영화를 표준화된 기술적 작업이 아니라 지적이고 개인적인 창조성의 영역으로 정립함으로써 그 특수성과 자율성을 주장하는 것이었다.

고다르는 자기 경력을 통해 영화에 예술적 가치를 부여하고 예술가로서의 '영화 작가'라는 지위를 구축하는 계기를 마련했다. 비평가로서 그는 영화를 철학이나 여타 예술과 비교하며 동렬에 놓는 한편, 특정한 감독들에게서 나타나는 주제와 스타일상의 통일성을 조명했다. 또한 감독으로서 그는 영화의 전통과 다른 예술에 대한 참조를 자신의 고유한 스타일로 구사하는 동시에 내러티브로부터의 해방을 도모함으로써 '영화적인 것'을 구현하고 집단적 규약을 능가하는 작가의 권력을 확인했다. 그리하여 고다르는 제작자나 배우, 장르나 내러티브 등과 무관한 독자성을 갖는 '고다르라는 이름'의 영화들을 만들었다. 고다르는 이처럼 영화사에서 비평가와 감독, 사상가와 창작자, 지식인과 예술가, 시네필과 시네아스트를 결합한 새로운 위상을 대표한다는 점에서 주목할 만하다(Heinich, 2001: 305~313).

에니크가 적시하지 않지만 위상 창조자라는 개념은 그의 선생이기도 한 부르디외의 상징혁명가 개념의 변형본이라 해도 크게 틀리지 않을 것이다. 상징혁명이란 사람들이 일상적으로 세계에 대한 표상의 생산에 이용하는 지각과 평가 범주를 심층적으로 변화시키는 사건을 가리킨다. 종교 개혁이나 원근법의 발명은 그 전형적인 사례라 할 수 있다. 근대 이후 그러한 사건은 일차적으로 전문화된 문화생산의 장에서 발생하며, 더 넓은 사회공간 속으로 점차 확산되는 과정을 거친다. 부르디외는 마네, 보들레르, 플로베르, 하이데거, 사르트르 등을 자신이 속한 장에서 일종의 상징혁명을 주도한 인물로 예시하고 또 분석한 바 있다. 그는 고다르 역시 그러한 상징혁명가들 가운데 한 명으로 이해했을 것이다. (→ 노트 17: 누벨 바그의 예술 혁명)

더욱이 부르디외가 스스로를 상징혁명가로 인식했을 가능성이 크다는 사실을 고려하면, 그가 고다르에게 선택적 친화성을 느꼈다 해도 그리 이상한 일은 아니다.[34] 고다르가 프랑스 내 영화의 예술화 과정에서 등장한 상징혁명가라면, 부르디외는 사회학의 사회과학화 과정에서 출현한 상징혁명가였다. 아니, 우리는 에니크식으로 고다르가 '지식인-예술가'라는 위상의 창조자였다면, 부르디외는 (기존의 '철학자-왕philosophe-roi'에 버금가는) '사회학자-왕'이라는 위상의 창조자였다고 덧붙일 수도 있겠다. 그 자신이 반드시 그것을 의도하고 지향했는지는 별개로 하더라도 말이다.[35] 실제로 부르디외는 자기식의 고유한 사회학적 틀 안에서 국가·경제·교육·과학·종교·법·문화·미학·스포츠·미디어 등 '거의 모든 것'을 다루었고, '모든 것은 사회적'이기에 종내 사회학적일 수밖에 없는 진리를 사회학자로서 말했으며, '과학으로서의 사회학'에 스스로의 위상을 성찰하는 '메타'의 차원과 능력까지 부여함으로써 사회학자에게 '진리의 독점권' 혹은 이 표현이 너무 강하다면, '최종 발언권'을 선사했다.

이 과정에서 부르디외는, 고다르가 그랬던 것처럼, 다양한 방식으로 담론적·사회적 경계들을 횡단했고 기성 제도에 저항했다. 그는 미국식 사회과학도, 프랑스식 급진주의와 에세이주의도 거부했다. 그는 박사 학위를 포기했고, 대안적 학술지를 창간했으

34 사회학자 파스칼 카자노바Pascal Casanova는 마네에 관한 부르디외의 강의에 자기 분석적인 동일시의 차원이 있었음을 지적한다(Casanova, 2013: 737~739).

35 일찍이 랑시에르는 최상의 학문으로서 철학의 지위를 사회학으로 대체하려는 부르디외의 야심을 비판하기 위해 같은 표현을 쓴 바 있다(Rancière, 1983: 239~288).

며, 젊은 동료들을 모아 분과 학문의 구분을 넘나드는 여러 연구를 함께 진행했다. 마지막에 콜레주드프랑스에 안착하긴 했지만, 그는 콜레주가 무엇보다도 프랑스 고등 교육 재생산 기구 — 즉 파리 대학들 — 의 대척점에 있는 '학문적 이단의 공인 장소'라는 데 큰 의의를 두었다. 콜레주에 입성한 뒤로도 그는 사회과학의 이단을 위하여 상징투쟁을 벌인다고 자처했으며, 콜레주에 질 들뢰즈Gilles Deleuze, 자크 데리다Jacques Derrida 같은 자기 세대의 또 다른 이단들을 끌어들이려 애썼다(Lescourret, 2008: 349). 이렇게 보면 부르디외가 고다르의 콜레주 지원을 지지했던 것도 충분히 그다운 결정이었다 할 만하다.

물론 시골의 프티부르주아 출신인 부르디외와 달리, 고다르는 의사 집안의 아버지와 부유한 은행가 집안의 어머니를 두고 이십대부터 이미 자기 가문의 후광에 힘입어 이런저런 예술 잡지에 비평을 실었던 인물이었다. 그렇다면 영화비평가 마티유 르 비앙Matthieu Le Bihan과 스테판 에아스Stéphane Héas의 언급처럼, 부르디외는 고다르에게서 예술과 상속자본 간의 사회학적 관계를 성찰하게끔 해 주는 하나의 실례를 보았을지도 모른다(Le Bihan & Héas, 2006). 사실 부르디외는 1998년부터 2000년까지 콜레주드프랑스에서 마네의 상징혁명에 관한 강의를 진행했고, 상징혁명의 수행에는 막강한 (경제·문화·사회관계) 자본 — 즉 경제적 여유, 최상의 교육, 폭넓은 인맥과 연줄 — 이 필수적이라는 점을 확인한 바 있었다. 고다르는 그와 같은 상징혁명가의 사회학적 초상화를 구체화하는 데 유용한 추가 사례를 제공했을 수 있다

(Bourdieu, 1987b, 1987c/2012, 2013 참조). 게다가 이 감독이 퐁피두센터와의 작업에서 겪은 실패 경험은, 만일 부르디외가 살아서 보았더라면, 나름대로 할 말이 많았을 것이다. 성공한 상징혁명가조차 장 안에서 꾸준히 작업해 나가기가 여러모로 어렵고 힘들 수밖에 없음을 생생히 보여 준 예이기 때문이다. 장 내에서 혁명가로서 존재하고 활동한다는 것, 그것은 구체적으로는 다양한 제도적 층위를 의지하며 이용한다는 것이자, 그 층위들과 적절히 교섭하고 타협한다는 것이며, 경우에 따라 그것들을 거부하고 파괴하거나 재정립한다는 것이다. 그러한 작업이 어떻게 순조롭고 평탄할 수 있겠는가? 그것은 혁명가에게는 오히려 일상적인 긴장과 고통의 원천에 가까울 터다.

상징투쟁과 제도

영화와 사회학, 더 일반적으로 예술과 과학은 제각기 상이한 목표와 절차, 방법에 따라 수행되는 담론-실천이지만, 그럼에도 둘 다 일종의 상징 형식으로서 중요한 공통분모를 지닌다. 그것은 다름 아닌 세계 이해 방식의 가능태들possibles을 포착하고 표현함으로써 그 수용자로 하여금 실재를 이전과 달리, 새롭게 지각하고 구성하게끔 만들려는 의지라 할 수 있다. 이렇게 볼 때 상징혁명은 그러한 의지의 성공적이면서도 단절적인 실현 양상을 가리키는 용어라 해도 틀린 말은 아닐 것이다. 부르디외는 19세기 프랑스 예술 장의 자율화 과정을 분석하고 그 과정에서 상징혁명 개념을 제시했지만, 그 개념 자체에 관해 엄밀하고 상세한 논의를 전개하지는 않았다. 다만 《예술의 규칙》과 콜레주드프랑스 강의록인 《마네: 상징혁명》을 통해 우리가 알 수 있는 것 가운데 하나는 부르디외가 상징혁명이나 상징혁명가라는 단어에 대한 낭만적 표상을 경계했다는 점이다. 이는 그가 (장의) 역사 이해에서 연속성/불연속성의 이항 대립과 양자택일을 기각했다는 사실과도 관련된다.

상징혁명은 어떤 개인이나 집단, 또는 하나의 작품이나 사건에 의해 단번에 근본적이고 단절적으로 이루어지는 변동이 아니다. 그것은 확고하고 균질적이며 불가역적인 추세라고도 할 수 없다. 인상주의 이후의 미술사에서 보듯, 때로는 보수 혁명의 반동이 일어나기도 한다. 그러므로 상징혁명은 장기 지속의 작업이자 일련의 문제 제기와 단절의 축적에 따르는 결과에 가깝다. 이는 세계에 대한 기존의 표상 체계와 그 생산 양식이 변화하려면 상당히 길고 험난한 과정이 요구된다는 말이기도 하다. 기존의 상징 질서에 전면적이고 근본적으로 맞서는 혁명 주체(들)가 있어야 하는 만큼이나 그를 따라 개종하는 초기의 이단, 추종자들이 있어야 하고, 이들이 존속하면서 다양한 중개 기구를 통해 새로운 표상 원리를 사회적으로 공인받고 확산시킬 수 있어야 한다. 말하자면 광범위한 전파 과정이 필수적인 셈인데, 이는 그리 간단하거나 순탄치만은 않은 것이다(Bourdieu, 2013: 363~390).

또 다른 난점은 장이 높은 수준의 상대적 자율성을 획득한 단계에 있을 때, 개혁가 혹은 (예비) 혁명가는 그 안에서 이미 상당한 제도적 기득권을 누리고 있을 개연성이 크다는 데서 비롯한다. 부르디외에 의하면, 자율적인 장에선 애당초 '독학자-혁명가'가 출현할 수 있는 여지가 극히 적다. 장 내의 규준에 따라 최상의 교육을 받고 최고의 상징자본을 보유한 자만이 진정한 상징혁명을 추구할 수 있기 때문이다.[36] 혁명을 할 만한 능력이 있는 주체라면 상대적 자율성을 가진 장 내에서 인정받지 않았을 리 없다. (→ 노트 18: 즈다노프의 법칙) 그러므로 동시대의 상징혁명가는, 19세기 후반 근대 미술 장을 정초한 마네처럼 아카데미 같은 기성 제도로부터 거부당하고 그에 대적하는 위치에 놓이기보다는, 장 내부에서 확보한 제도적 공인과 위상을 바탕으로 끊임없는 (자기) 혁신을 시도해야 하는 상황에 처한다. 그는 상징혁명가이기 위해서 누구보다도 막강한 상징자본가여야 하며, 마침내 자신의 그림자를 상대로 쉴 새 없는 섀도 복싱을 펼쳐야 하는 것이다.[37]

---

36 예를 들어, 부르디외는 마네가 받은 교육을 고려하면 그의 회화에서 실수 내지 오류처럼 여겨질 수 있는 특징 — 원근감의 무시, 정면의 인물 표현, 마감 처리가 부족한 짧은 붓질 등 — 은 '무지의 효과'라기보다 '의도적인 실험'이라고 지적한다. 이는 고다르의 영화에 대해서도 마찬가지로 적용 가능한 논리다.

37 부르디외가 개념화하는 자율적인 문화생산 장이란 내부에서 고유한 상징적 평가 기준(과학 장의 경우 이른바 '과학성')이 제대로 작동하면서 상징 생산 능력에 따른 지위와 보상의 공정한 분배가 이루어지는 공간이다. 그러므로 그 안에서는 실력이 뛰어난 행위자가 제도의 공인 아래 지속적인 혁신을 수행해 갈 가능성이 높다. 그 결과, 예컨대 자율적인 과학 장에서는 제도적으로 가장 높은 권위를 인정받은 독점 자본가들이 더 많은 상징자본(학술자본)을 차지하기 위해 경쟁하고 투쟁함으로써

이로부터 하나의 이율배반이 생겨난다. 한편으로 그는 장 내부 위계의 정점에서 막강한 권력을 행사하고 있지만, 다른 한편으로는 자신을 떠받치고 있는 장을 급진적으로 비판하고 성찰해야만 한다는 내적 요구에 직면한다. 게다가 이러한 요구에 부응하려는 그의 노력이 성공한다 하더라도 그 결과 장의 작동이 근본적으로 위협받을 가능성은 매우 낮다. 오히려 장은 지적·문화적 혁신을 통해 거시적인 수준에서 한층 진보한 단계에 올라설 수 있으며, 혁명가 역시 그 덕분에 자신의 제도적 위치를 더욱 공고히 할 수 있다. 이처럼 그가 자신이 속한 장과 그 작동 논리를 비판함으로써 더 많은 상징자본을 축적할 수 있다는 역설은 때로 그의 '위선'과 '전략적 계산'에 대한 다른 사람들의 냉소를 낳는 요인으로 작용한다. 고다르나 부르디외 같은, 성공한 상징혁명가에 대해서라면 그러한 냉소의 여지가 더욱 커질 것이다. 상징혁명은 어느 정도 정전화 과정에 들어서 있을 테고, 그의 제도적 위상은 더욱 높아졌을 터이기 때문이다.

그런데 고다르의 잇단 좌절이 예시하는 것처럼, 혁명 이후에도 계속되는 혁명가(로서)의 삶은 각종 제도와의 갈등과 불화 속에서 힘겹고 고단한 상태에 머물 수도 있다. 고다르는 콜레주

지속적인 영구 혁명의 상태에 돌입한다. 말하자면, '진리 생산의 독점 자본주의 체제'가 작동하는 셈인데, 거기서 '상징이윤율 저하 경향의 법칙'이라든지 '상징자본의 재생산 위기'를 발견하지 못하는 부르디외는 그 체제를 이성 발전에 유리하며 불가피한 동시에 영속(해야)하는 것인 양 제시한다. 그는 이러한 논리를 큰 틀에서 자율적인 예술 장에도 그대로 적용하는 것으로 보인다.

드프랑스나 퐁피두센터 같은 기구의 힘을 빌려, 자기 생활과 작업의 안정된 경제적 기반을 마련하고 학문과 예술, 영화와 미술 간의 제도화된 경계를 급진적으로 돌파하고자 했으나 결국 원하는 대로 하지 못했다. 그가 퐁피두센터로부터 돈을 받고서 원래 계획과는 다른 전시로 '물을 먹였다'고 해서 적극적으로 무엇을 성취했다고 말하기는 쉽지 않다. 그러한 고다르의 경험은 어떤 면에서는 지금의 문화생산 장들이 탁월한 자기 조절 능력을 갖추고 있다는 사실을 암시한다. 장의 제도와 기구 들은 너무도 유연하고 포용적인 동시에 때로는 교묘하게 배제적이다. 그것들은 비판과 혁신을 수용하면서도 적정선에서 통합하고 내부화함으로써 자신의 지반을 견고하게 유지하고 재생산한다. 예컨대, 장의 존재와 경계 자체를 진지하게 문제 삼는 투쟁이 장 내에서 인정받고 성공할 확률은 지극히 낮다. 전문화된 행위 영역으로서 장들이, 거시적으로 보자면, 후기 자본주의라는 역사적 체제 안에서 그 체제의 원활한 작동에 모종의 실제적·이데올로기적 기능을 수행하고 있다는 점 또한 간과할 수 없다. 그러한 메커니즘을 추상적인 차원에서 '이성의 간지奸智'나 '장의 발전'이라는 용어로만 서술하고 만다면, 이는 그 정치적 효과를 시야에서 놓아버리는 무책임한 처사일 것이다.

사실 부르디외는 제도를 상대하는 일의 어려움과 제도적 공인이 초래하는 딜레마를 누구보다도 잘 알고 있었다. 그는 콜레주드프랑스에 지원하는 단계에서는 물론, 교수로 선임된 이후에도 이 기관의 상징권력에 대해 강한 자의식을 가지고 비판적 성찰을 거듭했다. 그 고민의 흔적은 취임 강연문인 《강의에 대한 강의 *Leçon sur la leçon*》를 비롯해 《말하기의 의미*Ce que parler veut dire*》, 《호모 아카데미쿠스》, 《국가 귀족》과 같은 1980년대 저작들에서 특히 선명하게 나타난다. 한편 부르디외가 말년에 본격적으로 시도한 정치 개입은 신자유주의의 헤게모니에 대항하는 동시에 전통적인 지식인관을 혁신하려는 상징투쟁의 성격을 띠었다. 그런데 이 과정에서 제도권 미디어 비판에 앞장섰던 부르디외는 평소 그에게 적대적이었던 언론사들뿐만 아니라 우호적이었던 언론사들 — 이를테면, 〈르몽드*Le Monde*〉, 〈누벨 옵세르바퇴르*Le Nouvel Observateur*〉 — 로부터도 숱한 비난과 공격을 받으며 힘들게 나아갈 수밖에 없었다. (→ 노트 19: 부르디외에 대한 언론의 공격) 이는 다양한 제도들과의 합종연횡 속에서 일어나는 장 안팎에서의 상징투쟁이 예술가 못지않게 사회학자에게도 여전히 헤쳐 나가기 어려운 과제로 남아 있었음을 시사한다. 인생사가 "멀리서 보면 희극, 가까이서 보면 비극"이라는 찰리 채플린의 말을 비틀어, 성공한 상징투쟁도 '멀리서 보면 혁명, 가까이서 보면 상처'라고 덧붙일 수 있을까? 고다르와 부르디외의 관계가 서로 어긋나면서일망정 어떤 교차점을 이루었다면, 그것은 바로 제도들과의 일상적인 고투로 인해 얻은 무수한 상처 자국의 형상을 하고 있을지도 모른다.

노트 15 | 사회학과 동시대 예술의 공통점

지그문트 프로이트Sigmund Freud의 《집단심리학과 자아분석*Massenpsychologie und Ich-Analyse*》(1921)에는 당시 유행했던 '콘라트 리히터의 수수께끼'가 나온다. 그것은 "세계를 짊어진 아기 예수를 다시 어깨에 들쳐멘 성 크리스토퍼의 발이 어디를 딛고 있는가" 하는 질문이다. 부르디외는 "세계를 어깨에 지고 있는 아틀라스의 발은 어디를 딛고 있는가"라는 질문과도 일맥상통하는 이 근대적 성찰성의 알레고리를, 사회학과 동시대 예술의 공통점을 지적하기 위해 끌어온다(Bourdieu 2001c; 김홍중, 2007

그림 17 ↑독일 화가 마이스터 폰 메스키르흐Meister von Messkirch의 〈아기 예수를 업고 강을 건너는 성 크리스토퍼*Saint Christopher*〉(1560?).

그림 18 ←신학자 빌헬름 굼펜베르크 Wilhelm Gumppenberg의 책 《아틀라스 마리아누스*Atlas Marianus*》(1672)의 체코어 발췌 번역본(1704) 표지 그림.

참조). 그에 따르면, 사회학이나 동시대 예술은 모든 것을 의심에 부치며 자연적인 것, 성스러운 것, 본질적인 것을 끊임없이 해체한다. 사회학은 우리가 자연스럽다고 믿거나 혹은 자연스러운 것이길 바라는 대상들이 사실 역사적 토대만을 가지는 자의적인 것이라는 점을 간파한다. 미학과 예술 또한 그러한 사회학적 시선의 적용으로부터 자유로운 대상이 아니다. 이 부분에서 사회학은 동시대 예술과 만나는데, 후자 또한 아름다움의 원형이나 본질 같은 것은 없으며, 아름다움은 그것에 대한 집합적 믿음이 생산된 예술 장 안에서만 존재한다는 점을 인식하기 때문이다(Bourdieu, 1992a). 사회학자와 동시대 예술가는 모든 것에 제기하는 근본적 질문을 자신의 정체성과 실천에까지 용감하게 밀어붙이고, 그 결과 자기 발밑에 있는 확실성의 지반을 스스로 드러내는 지경에 이른다. 부르디외는 이와 같은 상황에서 사회학과 동시대 예술이 모종의 슬픔을 공유한다고 말한다. 그것은 의지할 만한 토대가 존재하지 않는 데서 오는 슬픔인데, 정확히 말하자면 그 근원은 사회학이나 예술 자체에 있는 것이 아니라, "존재의 이유가 없는 존재"인 인간 자체, 그러한 인간에게 존재의 이유를 부여하는 유일한 심급인 사회 세계 자체인 것이다(Bourdieu, 1982: 51).

그런데 부르디외는 이처럼 모든 것에 아무런 토대도 없다는 인식이 반드시 상대주의로 귀착할 필요는 없으며, 오히려 성찰성의 발휘를 매개로 역사적 진보를 이룰 수 있다고 본다. 사회학은 자기성찰성을 통해 한층 객관적인 인식에 다가가며, 또 동시대 예술의 가장 중요한 흐름은 예술 자체에 대한 반성적 문제 제기로 나아간다. 이러한 자기성찰성의 증가는 학문 장이나 예술 장의 자율성 증가와 맞물린 경향이다. 부르디외는 여러 예술 가운데서도 조형 예술이 성찰적 지향 면에서 가장 오랜 전통을 갖고 있으며, 제일 앞서 있다고 지적한다. 오늘날 동시대 예술가는 자기 존재의 사회적 토대에 관한 질문을 사회 세계에 제기한다. 이런 의미에서 그들은 사회학자와 매우 가까운 존재이고, 사회학이야말로 동시대 예술을 가장 잘 방어해 줄 수 있다고 부르디외는 주장한다 (Bourdieu, 2001c).

노트 16 | 이미지의 이미지

베르나르 랑시야크는 1960년대 미국의 팝아트를 비판적이고 대안적으로 전유한, 이른바 서사적 구상figuration narrative 계열의 프랑스 미술 작

그림 19 베르나르 랑시야크의 〈마지막 위스키 *Le dernier whisky*〉(1966).

가 중 한 명으로 잘 알려져 있다. 사실 신문, 잡지의 사진이라든지 광고, 만화 같은 기존 대중문화의 이미지들을 재료로 삼아 그 정치적 함의들을 부각하고 재해석함으로써 후기 자본주의 사회를 비판하는 랑시야크에게서 고다르와의 어떤 공통된 면모를 발견하기란 어려운 일이 아니다. 이미지에 의한 이미지 비판이라는 차원에서는 더욱 그렇다. 랑시야크의 전시 〈1966년*L'année 1966*〉 도록에 실은 텍스트 "이미지의 이미지"에서 부르디외는 다음과 같이 쓴 바 있다. "이미지의 이미지는 이미지를 가능하게 하는 실책bévue, 자신이 보게 만든 것을 보지 못하는 사진가의 실책, 스스로 보임당한다는 것을 보지 못하는 대상의 실책을 보게 한다. 그런데 그 실책들을 보게 하면서 이미지의 이미지는 그것을 응시하는 사람에게 그가 바로 이미지의 이미지를 보지 못했음을 보게 한다. 이미지의 이미지는 그것이 포착하는 모든 것을 시사적이지 않은 '시사성actualité'으로 변환시키는 일상적인 시각, 산만한 시선에 내재하는 실책을 보게 한다. 관객에게 현재에 현존하도록 요구함으로써, 이미지의 이미지는 그가 보지 못하는 것을 보게 할 뿐만 아니라, 그가 그것을 보지 못함을 보게 한다. 이미지의 이미지는 그가 응시하도록, 그리고 응시하면서 자기를 응시하도록 강제하면서 그 자신의 실책을 보게 한다"(Bourdieu, 1989[1967]: 27). '무지나 부주의로 인한 잘못'이라는 뜻의 프랑스어 명사 'bévue'는 '시각, 시선, 보기' 등의 뜻을 가진 'vue'와 부정형 접두어 'bé-'가 합쳐진 단어다. 이를 이용해 부르디외는 뭔가를 보여 주는 이미지가 그렇게 하기 위해 다른 무언가를 보지 못하게 한다는 점을 일깨우며, 이미지의 생산자, 대상, 소비자가 모두 간과하는 이 '반反시각'의 오류를 보게 만드는 데 랑시야크(그리고 고다르)가 생산하는 '이미지의 이미지'가 갖는 강점이 있다고 지적한다. '이미지의 이미지' 사례가 시사하듯, 부르디외는 사회학 못지않게 예술에서도 자기성찰적인(또는 자기비판적인) 메타meta-의 차원에 각별한 중요성을 부여했다. 자신이 높이 평가한 또 다른 예술가 파트릭 세투르에 관해 논하면서 그는 이렇게 되묻는다. "스스로를 대상으로 삼는 예술, 예술가와 그의 일상적이고 평범한 작업, 초안, 기획을 자화자찬의 목적에서가 아니라 (……) 예술가에 대한 물신주의적 숭배와 단절할 목적에서 대상으로 삼는 예술에 어떻게 흥미를 갖지 않을 수 있을까?"(Bourdieu, 1993c: 58).

노트 17 | 누벨 바그의 예술 혁명

부르디외 사회학의 관점에서 누벨 바그의 예술 혁명을 분석한 필리프 마리Philippe Mary에 따르면, 1960년대 초 프랑스에서 누벨 바그의 등장은 '새로운 영화'와 '낡은 영화'의 구분을 아로새겼다. 누벨 바그 이전의 영화는 대규모 예산을 들인 '시나리오 작가의 영화'였고 '제작진의 영화'였으며 '스타의 영화'였다. 즉 그것은 문인이 쓰거나 문학 작품을 각색한 시나리오를 가지고 잘 조직된 촬영, 조명, 세트 등의 장인들이 스타 배우의 상업적 매력을 극대화하면서 최대 다수의 관객을 위해 생산하는 상품이었다. 고다르, 프랑수아 트뤼포François Truffaut, 클로드 샤브롤Claude Chabrol, 알랭 레네, 아녜스 바르다Agnès Varda 등 누벨 바그 감독들은 이 전통적인 영화의 가치들을 전복했다. 그들은 적은 예산을 가지고서 스튜디오가 아닌 거리나 카페 같은 자연스러운 상태에서 빨리 촬영하는 방식으로 영화를 제작했다. 시나리오는 감독이나 그의 친구들이 직접 썼고, 종종 대단한 학위나 경력이 없는 소규모의 제작진이 젊은 신인 배우 — 감독 자신을 대변하는 — 와 함께 작업했다. 감독들은 앙리 랑글루아Henri Langlois가 창립한 시네마테크의 시네 클럽에서 공부하고 영화 잡지 〈카이에 뒤 시네마〉에서 트뤼포가 주창한 작가 정책politique de l'auteur이라는 비평 노선을 공유한 젊은 시네필들이었다. 그들은 경쟁적으로 영화의 시나리오와 스타일을 전통으로부터 해방시켰고, 장인적 기능성과 상업성의 규준에 봉사하던 '영화 생산'의 시대를 감독이라는 '작가'가 주도하는 '영화 창작'의 시대로 이행시켰다. 마리는 이러한 누벨 바그가 19세기의 인상주의나 20세기의 초현실주의와 유사한 예술 혁명이었다고 주장한다. 그는 또 이 혁명의 주체들이 대부분 중상류층 이상의 계급적 배경을 가지고 어린 시절부터 상당한 문화자본을 상속받아 축적했으면서도 공식 교육에서 탈락하거나 평가절하당했던 이들이었다고 지적한다. 그들이 자기 능력과 좌절감, 반제도적 기질을 문화적 정당성이 상대적으로 약한 영화에 투자함으로써 큰 성공을 거두었다는 것이다(Mary, 2006, 2010).

노트 18 | 즈다노프의 법칙

문화생산 장의 자율성은 무엇보다도 그 장 안에 고유한 상징자본이 내부 경쟁의 얼마나 중요한 원동력인지의 정도에 달려 있다. 즉 장 안에서 상징자본의 가치와 비중이 크면 클수록 자율성 또한 커진다. 따라서 장의 자율성은 정치와 경제에 대한 독립성 못지않게, 고도의 상징적 전문성에서 비롯한다. 장 특유의 상징자본(예컨대, 문학 장에서의 문학적 인정과 공인)이 경쟁에서 가장 중요한 잣대로 기능하고, 상징자본을 많이 가진 행위자들이 지배적 위치를 차지하고 있을수록 장의 자율성은 높아진다. 역으로 상징자본이 상대적으로 적은 행위자들이 지배적인 지위를 장악하면 장의 타율성이 높아진다. 그런 사람들은 다른 장에 대한 종속에 더 많은 이해 관심을 가지며, 그리하여 국가, 정당, 교회, 혹은 자본의 요구에 순응하는 성향을 보이기 때문이다.

대표적인 사례가 과학 장의 제도적 위계 안에서 고위직을 맡은 세속적 권력자들(기관장, 책임자, 보직 교수 등)이다. 이들은 정치인, 고급 공무원이나 기업 대표 등과의 사회관계자본을 활용하고, 과학적 전문성과는 무관하게 행정 권력, 연구비 수주 등으로 자신의 능력을 과시함으로써 과학 장에 고유한 상징자본의 논리와는 다른 게임, 즉 '정치 모델'을 부과한다. "그들은 외부 권력을 내부 투쟁에 개입시킴으로써 합리적 교환의 충만한 발전을 가로막는다"(Bourdieu, 1997: 61). 또 다른 예로, 예술 장에서 대단한 실력을 인정받지 못하는 예술가가 예술진흥기구나 기금 위원회의 요직을 차지하고 장 내부에 권력을 행사하는 경우를 들 수 있을 것이다. 일반적으로 말해, 문학, 예술, 과학, 철학 등 문화생산 장에서 상징자본이 적은 피지배자들, 혹은 세속적 권력을 가진 지배자들은 통속적인 의미에서 장을 '정치화'할 개연성이 매우 크다. 이는 장의 자율성을 위협하는 중요한 요인이라 할 수 있다.

이와 관련해 부르디외는 이른바 '즈다노프의 법칙loi du Jdanov'이 작동한다고 주장한다. 구 소비에트 연방의 공산당 지도자이자 이데올로그인 안드레이 즈다노프Andreï Jdanov(1896~1948)는 문화 및 선전 정책의 총 책임자이기도 했다. 그는 스탈린의 지지를 등에 업고서 소련 문화

예술계에 사회주의 리얼리즘 노선을 강요했으며 (퇴폐적이고 부르주아적이라는 낙인 아래) 형식주의, 유미주의, 아방가르드 등에 대한 숙청 운동을 주도했다. 부르디외는 이처럼 문화생산 장의 내부 경쟁 논리에 이질적인 힘을 끌어들여 장을 정치화하고 부정적인 영향을 끼치는 행위자 집단에 대한 경계심을 드러낸다. 그는 물론 위대한 학자나 예술가 중에도 외부 권력에 대한 순응자들이 있으며 즈다노프의 법칙을 기계적으로 적용할 수는 없다고 지적하면서도, 상징자본이 적은 행위자들이 장에 외적인 논리를 유입시킴으로써 자율성을 약화시키는 경향성은 매우 뚜렷하다고 주장한다.

노트 19 | 부르디외에 대한 언론의 공격

2012년 부르디외의 콜레주드프랑스 강의록 《국가에 대하여》가 출간되자 프랑스 언론은 10년 전 타계한 이 세계적 사회학자의 혜안과 통찰력을 칭송하며 숱한 찬사를 쏟아냈다. 그러자 월간지 〈르몽드 디플로마티크*Le Monde diplomatique*〉는 불과 10여 년 전 신문, 잡지, 방송 등 온갖 미디어가 부르디외에게 전방위로 신랄한 비난을 가했던 사실을 상기시키며, 돌연한 태도 변화와 이중성을 씁쓸하게 지적하고 나섰다(Rimbert, 2012). 이 기사를 바탕으로, 1996년 《텔레비전에 대하여》가 나온 직후부터 대략 1999년까지 이어진 맹렬한 부르디외 공격 사례를 몇 가지만 들어보자. 철학자 베르나르앙리 레비는 주간지 〈르 푸앵*Le Point*〉에 "부르디외: 1960년대가 우리에게 물려준 가장 케케묵은 것"이라고 썼다. 언론인 프랑수아즈 지루Françoise Giroud는 주간지 〈누벨 옵세르바퇴르〉에서 부르디외의 텍스트들이 "독설과 뻔한 얘기"로 채워져 있다고 단언했다. 지식인 잡지 〈에스프리〉의 주간 올리비에 몽갱Olivier Mongin은 부르디외가 "현학적이고 전투적인 머저리singe"이며 "지식 깡패 집단voyoucratie intellectuelle의 우두머리"라고 비난했다. 또 같은 잡지에서 정치학자 마르크 라자르Marc Lazar는 부르디외라는 "포퓰리스트"가 제시하는 "심층에서 반동적이고 위험한 단순화된 분석"에는 "대의민주주의와 개혁에 대한 일부 좌파의 낡은 적대감"이 드러난다고 주장했다. 철학자 알랭 핑켈크로트Alain Finkelkraut는 라디오 채널 프랑스 퀼튀르France Culture에 나와 부르디외가 "전체주의적 비판"을 수행한다고 비난했고, 〈르몽드〉 주필 에디 플레넬Edwy Plenel은 〈르몽드 디플로마티크〉에서 "미디어 세계에 대한 [부르디외의] 도식적 시각"을 비판했다. 작가 필리프 솔레르스는 저서 《호랑이 해*L'année Tigre*》에서 부르디외를 "전형적 스탈린주의자"이자 "형편없는 작가"라고 평했다. 철학자 로베르 르데케르Robert Redeker와 영화 감독 클로드 란츠만Claude Lanzmann은 〈르몽드〉에서 부르디외가 "국가 프티부르주아지에게 화젯거리의 중심이 되는, 과학으로 위장한 교조를 생산한다"고 단언했다(Rimbert, 2012; Bauman, 2002와 Watine, 1999도 참조). 한편 부르디외는 이러한 거친 비판들에 대해 1998년 가진 인터뷰에서 다음과 같이 대꾸한 바 있다. "나는 프랑스의 대단한 언론인 모두에게서 종종 아주 거세게 공격당하는 기쁨을 누렸다. 스스로 주체라고 믿었던 이 사람들은 [《텔레비전에 대하여》를 비롯한 사회학 책을 통해] 자신이 [저널리즘 장의] 꼭두각시라는 사실을 깨닫고는 견뎌 내지 못했기 때문이다"(Rimbert, 2012).

5
부르디외, TV를 말하다

소음과 분노

"미디어를 비판하기 위해 미디어를 선택하는 것은 하나의 정치적 선택이다. 그것은 아마도 미디어의 표상으로 이루어진 세계에서 우리에게 남겨진 유일한 자유의 선택일 것이다."

_ 움베르토 에코(Eco, 1985: 13)

1995년 11월 말, 새로 들어선 우파 정부의 신자유주의적 경제 개혁 조치 — 노동 시장 유연화, 정년 단축, 사회 보장 제도의 대폭적인 축소 등 — 에 대한 반발로 공공 부문 대파업이 일어나자, 대부분의 프랑스 미디어는 노동 계급에 적대적 입장을 취했다. 특히 텔레비전이 그러했다. 예컨대, 모닥불 곁에서 거칠고 과격한 행색으로 모여 있는 노조원들의 야외 인터뷰와, 이들의 집단 이기주의를 질타하는 전문가들의 '이성적인' 스튜디오 토론이 이원 방송되는 식이었다. 이 전문가들은 물론 친정부적, 자유주의적 성향의 인사 일색이었다. 아주 간단한 산술적 형평성만을 따져 보더라도, 그해 12월 1일 공영 채널 프랑스2France2의 두 시간짜리 파업 특집 생방송 프로그램에서 노동자들의 발언에 할당된 시간은 고작 15분에 지나지 않았다. 이러한 이데올로기 공세 속에서도 3주간이나 계속된 파업은 사회 보장 제도에 대한 정부 개혁안의 부분 수정을 이끌어 내며 마무리되었다.

1996년 1월 23일, 프랑스 교육 방송의 대표적 미디어 비평 프로그램인 〈화상 정지*Arrêt sur image*〉에 부르디외가 출연했다. 진행자 다니엘 슈네데르만Daniel Schneidermann의 초청을 받은 그는 텔레비전의 파업 관련 보도를 분석할 예정이었다. 파업 당시 직접 거리에 나가 지지 연설까지 했던 부르디외로서는 명백히 정치적 개입의 의미를 띤 방송 출연이었다. 물론 그전에 오랜 섭외와 망설임이 있었다. 그의 토론 상대로는 저명한 방송인 장마리 카바다Jean-Marie Cavada와 기욤 뒤랑Guillaume Durand이 나왔다. 부르디외는 텔레비전이 파업 동안 어떤 식으로 교묘한 편파 왜곡 보도를 일삼았는지 비판했다. 일례로, 카메라 앞에서 의사 표현에 능숙한 전문가들과 그렇지 못한 노동자들 간에 '공정한' 방송 토론이 진행되려면, 진행자가 '불공정하게' 노동자들을 배려했어야 하는데, 그렇지 않았다는 것이다. 토론자들은 부르디외의 비판이 객관적 분석이기보다는 그의 정치적 편향이 담긴 과잉 해석일 뿐이고, 방송 현장의 실제를 모르는 데서 비롯된 비현실적 주장이라며 맞받아쳤다. 스튜디오의 분위기는 점점 심상치 않게 돌아갔다. 정해진 시간 안에 간단히 정리된 발언을 해 주길 요구하는 진행자에게, 사회학자는 화난 표정과 오만한 침묵으로 맞섰

그림 20　1996년 1월 프랑스 5France 5의 미디어 비평 프로그램 〈화상 정지〉에 출연한 부르디외가 방송인들과 텔레비전의 파업 보도에 관해 토론하고 있다.

다. 결국 프로그램은 출연자들 간의 어색한 긴장 속에서 불편하게 끝이 났다.[38] 이와 함께 감정적인 논전의 새로운 막이 올랐다.

3월 18일, 부르디외는 콜레주드프랑스 방송 강좌의 일환으로 텔레비전 저널리즘에 관한 강의 두 편을 녹화했고, 이는 5월 문화 전문 채널 파리 프르미에르Paris Première를 통해 방영되었다.[39] 3월 23일, 슈네데르만은 언론학자 다니엘 부뉴Daniel Bougnoux를 프로그램에 초청해 1월 23일 방송에서 보인 부르디외의 태도를 비평하는 자리를 마련했다. 한편 부르디외는 〈르몽드 디플로마티크〉 4월호에 "텔레비전 출연에 대한 분석"이라는 글을 기고했다. 이 글에서 그는 자신이 프로그램 제작에 내걸었던 조건 — 충분한 발언 시간, 적절한 토론 상대 등 — 이 제대로 지켜지지 않았으며, 텔레비전을 비판하려는 목적만으로 방송에 출연했던 자신의 선의가 연출자와 진행자에 의해 악용되었다고 주장했다. 나아가 그는 '텔레비전이 진정 텔레비전을 비판할 수 있는가'라는 질문을 제기하며, 상징폭력의 도구로 전락한 현재의 텔레비전이야말로 민주주의의 적이라고 공격했다(Bourdieu, 2002: 409~416). 뒤이어 같은 잡지 5월호는 슈네데르만의 반론 "피에르 부르디외에게 답한다"를 게재했다. 그는 방송국 스튜디오와 콜레주드프랑스의 강의실

---

38 이 프로그램은 현재 다음 사이트에서 볼 수 있다. https://beta.arretsurimages.net/articles/1996-bourdieu-a-arret-sur-images

39 이 프로그램은 현재 유튜브에서 볼 수 있다. https://www.youtube.com/watch?v=vcc6AEpjdcY

이 결코 혼동되어선 안 되며, 실제 프로그램에서 부르디외의 발언 시간이 토론자 두 명의 발언 시간을 합친 것보다도 훨씬 많았다고 지적했다(Schneidermann, 1996). 부뉴 역시 〈에스프리〉 6월호를 장식한 "피에르 부르디외, 뾰루퉁한 사회학자"라는 글에서 과학적 권위만을 내세우며 토론과 비판을 거부하는 부르디외의 엘리트주의를 신랄한 어조로 논박했다(Bougnoux, 1996; Fortin, 2000 참조). 이후 사그라드는 듯 싶었던 논쟁이 다시 시작된 것은 그해 말, 부르디외의 새 책 《텔레비전에 대하여》가 발간되고, 이 책이 이례적인 판매 부수를 올리게 되면서부터다.

보이는 화면의 안 보이는 논리

> "성찰적 사회학은 원한의 감정을 마지막 싹까지 남김없이 잘라버린다. (……) 원한은 인간적인 불행의 특별한 형식이며, 지배자들에 의해 피지배자들 안에 각인된 최악의 감정이다. 내게 있어 사회학은 해방의 도구, 따라서 **관용**의 도구다."
>
> _ 피에르 부르디외(Bourdieu & Wacquant, 2014/2015: 344~346)

《텔레비전에 대하여》는 발간되자마자 열띤 논란을 불러일으켰다.[40]

40 아래에서 논문 제목을 제외한 겹따옴표 안의 표현이나 문장은 《텔레비전에 대하여》로부터 직접 인용한 것이다. 문장을 너무 무겁게 만들지 않기 위해 페이지는

프랑스의 내로라 하는 지식인과 언론인이 각종 지면을 통해 이 책을 비평하고 나섰다. 마치 그것이 부르디외의 대표작이라도 된다는 듯이. 하지만 《텔레비전에 대하여》는 40여 권에 달하는 그의 저작 가운데서도 아주 주변적인 저작에 속한다. 원문으로는 채 100페이지가 못 되는 이 책은 2회분의 텔레비전 강연 원고("텔레비전에 대하여," "저널리즘의 장과 텔레비전")와 1994년에 발표된 논문 한 편("저널리즘의 영향력")으로 이루어져 있다. 그것은 또 부르디외가 직접 기획을 맡은 리베르-행동의 이유Liber-Raisons d'agir 총서의 첫 번째 책이기도 하다. 문고본 형식으로 발간하는 이 총서는 다양한 시사 문제에 대한 학문적 참여engagement의 성격이 매우 강하다. 즉 사회과학 전문 지식의 대중화와 일반 독자의 계몽을 목표로 삼고 있는 것이다. 《텔레비전에 대하여》는 총서의 이와 같은 기본 방향에 충실하다.

더욱이 출간을 전후한 맥락으로 미루어 알 수 있듯이, 이 책은 논쟁적인 성격이 뚜렷하다. 그래서인지 지나치게 단순화된 논리와 과장된 표현이 많고, 일부 지식인과 언론인에 대한 부르디외의 개인적 반감 또한 노골적으로 드러나 있다. "스튜디오와 그 내막"을 논한 부분은 그 자신의 방송 출연 경험을 무리하게 일반화시키고 있는 듯한 인상마저 준다. 따라서 저자가 부르디외라는 이유만으로 이 책이 엄청난 학문적 가치를 지닌 것처럼 과

따로 표시하지 않았다.

그림 21 1996년 5월 부르디외는 〈텔레비전에 대하여〉, 그리고 〈저널리즘 장과 텔레비전〉이라는 제목의 콜레주드프랑스 텔레비전 강좌 시리즈 두 편을 방송했다. 부르디외의 서가에 놓인 "즐거운 난장판Joyeux Bordel"이라는 문구가 적힌 카드는 《세계의 비참》의 표지를 맡았던 디자이너 제라르 파리클라벨Gérard Paris-Clavel이 성탄절에 보내 준 것이었다. '즐거운 성탄절Joyeux Noël'을 패러디한 이 문구에서 부르디외는 권위주의와 관료주의로부터 탈피한 니체식의 '즐거운 지식'으로서 사회학에 대한 권유, 그리고 사회 운동이 빚어내는 정치적 혼란과 역동성에 대한 예찬을 읽었다. 그는 1998년 12월 문화 매거진 〈레쟁로킵티블*Les Inrockuptibles*〉의 초빙 편집인으로 특집호를 꾸미면서 전체 기획의 제목을 '즐거운 난장판'이라고 달았다.

장할 필요도 없고, 거꾸로 이 책의 결함이 부르디외의 다른 저작들에도 공통된 것처럼 속단할 필요도 없다. 우리는 일단 부르디외가 이 책 속에서 텔레비전 출연에 얽힌 개인적 감정을 사회학적으로 어떻게 승화시켰는지 살펴볼 것이다. 그러한 승화 작업은 세 가지 문제에 대한 과학적 분석에 걸려 있다. 장으로서의 저널리즘 세계, 텔레비전의 발전이 저널리즘 장에 가져온 변화, 그리고 저널리즘 장이 문화생산 장 전반에 미치는 영향력이 그것이다. 분석의 도구는 물론 장, 하비투스, 자본, 전략, 상징폭력 등의 개념 체계로 구성된 그의 장이론이다.

부르디외는 저널리즘 세계가 상대적 자율성을 지니는 하나의 소우주로 파악될 수 있다고 본다. 그에게 사회란 정치 장, 경제 장, 행정 장, 문화생산 장과 같은 다양한 소우주들이 서로 영향을 주고받으며 접합되어 있는 공간이다. 저널리즘 장은 문화생산 장의 한 하위 장을 이룬다. 거기에서 언론인은 특수한 형식의 상징자본 — 즉 저널리즘자본 — 을 독점하기 위해 투쟁하며, 그들의 성향과 전략은 소유 자본의 양과 구조에 따라 장 안에서 차지하는 객관적 위치에 의해 결정된다. 부르디외에 따르면, 19세기 이래 서구 저널리즘 장은 문화생산 부문의 다른 장들과 마찬가지로, 두 축의 대립에 의해 구조화되어 왔다. 상업적 성공에 주로 의존하는 선정적 신문, 대중지가 그 한 축을 이룬다면, 저널리즘 고유의 가치를 추구하는 진지한 신문, 권위지가 다른 한 축을 이룬다(Shudson, 1978/2019 참조). 역사적으로 이러한 양극 사이의 갈등 위에서 발전한 저널리즘 장은 정치 장으로부터 독립하면서 상대적인 자율성을 획득했다.

부르디외는 저널리즘 장이 이중적 차원에서 특수하다고 본다. 먼저 그것은 문화생산 장 안에서 차지하는 열등한 지위에도 불구하고, 정보의 대량 배포 능력을 바탕으로 과학 장, 예술 장과 같은 여러 다른 하위 장을 특수한 방식으로 지배할 수 있다. 그것은 또 경제 장에 대한 종속성의 정도가 매우 높다. 즉 직접적으로 수요에 의존하면서 시장과 대중 평판의 제재를 강하게 받는 것이다. 이러한 맥락에서 1950년대 이후 저널리즘 장에 도입된 텔레비전은 기술적으로 정보의 대량 배포 능력을 극대화하는 동시에, 경제 장에 대한 종속성 또한 심화시키는 결과를 가져왔다고 부르디외는 지적한다.

그에 따르면, 시청률이라는 텔레비전의 "숨은 신" 때문에 저널리즘 장에는 두 가지 부정적인 효과가 발생한다. 우선 미디어는 어느 누구도 불편해하지 않고 누구의 흥미라도 자극할 수 있는 잡다하고 단편적인 정보와 스캔들에 주력하게 된다. "시청률 정신"은 또 긴급성의 압력으로 전환되어 미디어 간 치열한 속보 경쟁, 특종 경쟁을 낳는다. 그런데 이는 정보의 다양화와 수준 향상으로 이어지는 것이 아니다. 오히려 "경쟁자들보다 항상 앞에 있거나 그들을 앞지르기 위하여, 혹은 그들과 다르게 하기 위하여 서로 모방하기 때문에, 언론인들은 모두 배타성(예를 들면, 단독 보도)의 추구라는 똑같은 일을 하기에 이른다. 이는 다른 장에서는 독창성과 특이성을 생산하지만 여기에서는 획일화와 진부화로 귀결된다"(Bourdieu, 1996b: 15).

즉 맹렬한 경쟁 관계 속에서 최소한 남들보다 뒤처지지 않기 위해, 신문 기자들은 타사 신문이나 방송을 끊임없이 참조하고 그들과의 미세한 차이에 만족한다. 방송 기자 또한 마찬가지다. 이렇게 해서 언론인들은 서로를 의식하며 비슷비슷한 정보를 양산해 낸다. "동일한 제약 요인, 동일한 광고주와 시장 조사에 구속된 신문이나 기자 간 경쟁은 정보를 동질화한다." 부르디외의 표현을 빌리자면, 바로 "장의 폐쇄 효과"가 발생하는 것이다. 그 결과, 저널리즘 장은 "시민들이 민주적 권리를 행사하기 위해서 가져야 할 적절한 정보를 멀리하게 만들며," 그들에게 일상적 편견과 지배 계급의 이해관계에 부합하는 세계관을 부과하기에 이른다.

부르디외가 특히 주목하는 현상은 오늘날 "과학이나 예술을 포함한 문화생산의 모든 활동에 텔레비전의 영향력이 엄청나게 확산되었다는 사실"이다. 그에 따르면, 이 영향력은 두 가지 수준에서 드러난다. 우선 텔레비전은 전달 범위가 넓고 영상으로 소구한다는 특징 때문에 출연자들이 쉽게 공적 명성을 축적할 수 있게 만들어 주는 반면, 고유한 시간적 제약과 시청률의 논리 때문에 고급 정보의 제공은 어려운 미디어라 할 수 있다. 그 결과, "미리 사고되고 소화된 문화적 즉석 음식을 제공하는 즉석 사상가들fast-thinkers"이 주로 텔레비전을 매개로 한 상징자본의 축적에 활발히 나서게 된다. 이른바 연예인 교수나 탤런트 철학자가 나타나는 것이다. 문제는 이들이 저널리즘 활동을 통해 축적한 상징자본을, 자기가 속한 하위 장에 고유한 자본으로 태환하려는 전략을 구사한다는 데 있다. 이렇게 해서 예컨대, 학문적 업적은 별로 없으면서도 텔레비전에 많이 출연해 유명해진 철학자가 철학 장 안에서 지배적 위치를 차지하게 된다거나, 철학자본의 평가 원리를 다시 규정하는 일이 벌어질 수 있다. (→ 노트 20: 미디어의 상징권력) 각 장의 자율성이 내적인 자본 축적과 위계화 원리에 의해 보장된다면, 이와 같은 상황은 문화생산 장 일반, 특히 과학 장과 예술 장의 자율성을 위태롭게 만들 수밖에 없다.

부르디외는 또 텔레비전이 여타 문화생산 부문 안에 경제 장의 상업 논리를 침투시키는 통로가 되고 있다고 본다. 전문화된 하위 장들을 구성하는 가치 속에 텔레비전을 매개로 경제적 평가 범주가 유입되면서, 과학적 혹은 예술적 순수성에 대한 상업성의 압력이 증가하고 있다는 것이다. 이는 저널리즘 장에서 텔레비전의 위상이 점점 더 높아가고, 여론 조사와 시청률 조사 등이 활발해져 가는 경향과도 맞물려 있다. 시장의 힘에 따른 "구조적 검열"은 텔레비전에 나오려는 담론이나 문화 산물을 균질화, 탈정치화하는 효과를 가져온다. 부르디외에 따르면, 이 모든 현상은 문화생산의 하위 장들이 오랜 세월의 투쟁 끝에 얻어낸 자율적 자본 축적과 평가 원리, 즉 "내재적 정의"를 뒤흔들 수도 있다는 공통점을 지닌다.

사회학의 사회적 활용: '과학'과 '비판' 사이

"부르디외를 정당하게 평가하려면, 중요한 저작과 논쟁의 여지가 있는 저작을 반드시 구분해야 한다. (……) 나는 지난 10년에서 15년 동안의 부르디외의 작업을 완전히 한쪽으로 제쳐 둔다. 특히 미디어에 관한 것은 더 이상 사회학이 아니었다. 그것은 선전 선동이었다."

_ 뤽 볼탕스키(Boltanski, 2002: 29)

부르디외는 《텔레비전에 대하여》에서 자신의 논의가 '규범적 비판'이 아닌, '과학적 분석'이라고 거듭 강조한다. 그는 심지어 "이 책이 많은 사람들에게 비판으로 받아들여지겠지만, 이러한 반응은 분석에 맞서 자신을 방어하려는 하나의 방식일 뿐"이라고까지 덧붙인다. 진실에 저항하는 이해당사자들의 주관적 심리가 객관적 분석을 특정한 관점의 주관적 비판으로 상대화 혹은 평가절하한다는 것이다.[41] 그는 또 《텔레비전에 대하여》의 영역본에

41 이러한 부르디외의 주장은 그 자신이 줄곧 견지해 온 과학주의적 태도의 연장선 위에 있는 것이다. 1968년의 공저 《사회학자의 직능》에서 체계화된 바 있는 부르디외의 과학주의는 1990년대 이후 활발한 현실 개입과 더불어 점차 약화되어 가는 경향을 보인다. 예컨대 그는 2000년 서울에서 가진 "위험에 처한 문화"라는 강연에서 그즈음 자신의 작업이 "객관성의 이념이라는 이름 아래 스스로에게 부여한 한계를 넘어서고" 있으며, "객관성의 이념은 점차 검열의 한 형식으로 느껴진다"고 고백한다(Bourdieu, 2016b: 75).

부친 서문에서, 대부분의 논평자들이 이 책에서 작동된 방법, 즉 저널리즘에 대한 장이론적 분석을 통속적인 입장 표명의 명제들로 환원시켜 이해했다고 지적한다. 그러나 이는 별로 온당치 못한 책임 전가인 것 같다. 부르디외가 걱정하는 오독과 오해의 근거는, 내가 보기엔, 잠재적인 독자의 머릿속에 숨어 있다기보다 그의 텍스트 안에 있기 때문이다. 그의 우려는 어쩌면 다른 사람들의 진실 — 심리적 방어 기제와 환원론적 독서 습관 — 보다는 그 자신의 진실 — 모든 상대적·규범적 비판의 관점을 넘어서 과학적이고자 하는 욕망 — 에 관해 더 많은 것을 알려 주고 있는지도 모른다.

사실 《텔레비전에 대하여》에는 적지 않은 입장 표명의 명제들이 들어 있다. 그 자체가 흠이라고 할 수 있을까? 아니다. 더욱이 그 명제들은 책의 설득력을 높이는 데 크게 기여하고 있다. 예컨대, 오늘날 저널리즘의 지나친 상업화라든지, 그것이 문화생산 부문에 끼치는 부정적 영향을 우려하지 않는 사람은 드물 것이다. 텔레비전 출연자가 "거기에서 정말 말할 것이 있는지, 말하고자 하는 바를 말할 수 있는 조건에 있는지, 그것이 거기에서 말해질 만한 가치가 있는지" 성찰해야 한다는 부르디외의 주장이나, 텔레비전을 "직접민주주의의 특출한 도구"로 만들기 위해 작가, 예술가, 과학자, 언론인이 연대하자는 제안에 이의를 달 사람 또한 별로 없을 것이다. 그것이 설령 볼탕스키의 지적처럼 "선전 선동"에 불과하다 할지라도, 나는 그 선전 선동에 기꺼이 넘어갈 용의가 있다.

하지만 부르디외가 이 책을 객관적 분석이자 엄정한 과학으로 제시하고자 한다면, 사정은 조금 달라진다. 그의 말을 곧이곧대로 받아들이기에는, 이 책은 허점이 너무 많다. 물론《텔레비전에 대하여》는 명시적으로 사회과학 전문 지식의 고급스런 통속화haute vulgarisation를 표방한 책이다. 그런 만큼 이 책의 구체적인 내용이나 논증이 엄밀하지 못하다는 비판은 무의미할 것이다. 전문성의 부족은 이론적 결함 때문이라기보다는, 책의 목적과 형식에서 비롯된 결과일 수도 있기 때문이다. 그러므로 비판의 초점은 책의 시각이 과연 충분히 객관적인지, 즉 부르디외가 바라듯, 과학적 객관화 과정을 통해 규범적 입장으로부터 초연한 경지에 이르렀는지 하는 문제에 맞춰져야 할 터다. (→ 노트 21: 사회학적 이해의 효용)

《텔레비전에 대하여》의 중심 테마는 텔레비전과 (그것을 매개로 한) 경제 장의 상업 논리가 다양한 문화생산 장의 자율성을 위협하고 있다는 한마디로 요약될 수 있다.[42] 자율성이라는 개념

42 이 테마는 부르디외에게 새로운 것이 아니다. 1989년의 영어 논문 "보편의 조합주의: 근대 세계에서 지식인의 역할"(1992년 저작《예술의 규칙》에 후기로 수록)로부터 1994년 강연 "작가의회, 무엇을 할 것인가?," 1999년의 논문 "출판에서의 보수혁명," 2000년 서울 강연 "위험에 처한 문화" 등에 이르기까지 부르디외는 미디어의 영향력과 기업의 후원 아래 진정성을 잃은 채 상업화되어 가는 문화생산 부문의 위태로운 현실을 거듭 경고해 왔다. 그에 따르면, 문화생산 부문의 자율성은 ('보편적인 것'에 이해 관심이 걸려 있는) 지식인과 문화예술인이 우선적으로 지켜내야 할 덕목인 것이다.

은 장이론의 체계 안에 하나의 사회학적 원리로 도입된 것이다. 부르디외는 다양한 장의 자율화로 이르는 사회 세계의 분화 과정을 가정한다. 이 가정은 《예술의 규칙》에서 연구된 19세기 프랑스 예술 장의 사례를 통해 구체성을 얻는다. (→ 노트 22: 문화생산 장의 자율화) 그런데 문제는 정치 장이나 종교 장, 경제 장 같은 여타 장들의 영향력으로부터 독립성을 확보하고 있다는 의미의 기술적 descriptive 개념으로서 자율성이 모종의 가치 판단과 은밀히 결합해 버린다는 데 있다. 부르디외는 문화생산 장의 자율화를 역사적으로 기술할 뿐만 아니라, 나아가 좋은 것, 바람직한 것으로서 묘사하는 것이다. 하지만 그 가치 판단의 근거는 분명치 않으며, 때때로 엘리트주의의 혐의를 불러일으킨다. 자율화된 장의 모습 또한 상당히 막연하다. 《텔레비전에 대하여》에서 부르디외 논지의 일관성과 객관성이 흐트러지고 있는 이유도 바로 이 자율성 개념이 책의 핵심에 자리하기 때문이다.

하나하나 따져 보자. 부르디외는 화젯거리와 스포츠의 비중 증가 등, 시청률 지상주의의 확산으로 말미암은 각종 폐해를 비판하며, 경제 장에 대한 저널리즘 장의 자율성을 강화해야 한다고 주장한다. 그런데 자율성의 강화란 어떤 조건 아래서 가능한 것일까? 그것이 이루어진 상태는 또 구체적으로 어떤 것일까? 부르디외에 따르면, "아주 자율적인 장이란, 수학 장의 경우처럼, 생산자들이 자신의 경쟁자들만을 고객으로 가지는" 장을 말한다. "자율성을 쟁취하기 위해서는 일종의 상아탑을 구축해야만 한다. 그 안에서 생산자들이 서로 평가하고 비판하고 상대방의 입장을 잘 알면서 투쟁하는 상아탑, 과학적 도구, 기술, 방법과 같은 무기를 가지고 격돌하는 상아탑 말이다." 그렇다면 자율화된 저널리즘 장이란 언론인들이 그들만의 아성에서 상호 평가, 비판, 투쟁하는 공간이 되는 것일까? 부르디외가 기자들끼리의 "서로가 서로를 비추는 거울 게임," 중요하지도 않은 정보의 끝없는 악순환을 분석하면서 비판하는 저널리즘 장의 폐쇄성은 자율성과 어떻게 구분되는가? 저널리즘 장에서 "배타성의 추구"는 왜 "획일화와 진부화로 귀결"되는가? 만일 반드시 그렇다고 한다면, 이 장의 자율화는 과연 바람직하다고 할 수 있는 것일까? 저널리즘의 장과 소비자들은 어떤 관계를 맺을 수 있으며, 또 맺어야 하는가?(이상길, 2018a: 286~289)

문제는 아직 더 남아 있다. 추구해야 할 가치로서의 자율성 개념을 정초한 예술 장에 대한 분석이 여전히 논쟁적이라는 사실이다. 예술 장의 자율화가 바람직한 가치라는 주장은 몇몇 전제를 가진다. 자율화된 장 안에서 예술 생산자들의 작품 판단 능력과 지식이 일반 소비자들이나 다른 장 — 예컨대 저널리즘 장 — 의 행위자들에 비해 훨씬 우월하다는 것, 그러므로 예술 생산자들끼리의 평가와 투쟁을 통해서 지속적인 상징혁명과 더 우수한 예술 작품의 생산이 이루어진다는 것 등이다. 그런데 미적 판단 범주와 예술 작품의 본원적인 위계화가 가능하다는 이 입장은 부르디외가 일련의 예술사회학 관련 작업 — 특히 《구별짓기》 — 에서 보여 준 입장과 어떻게 조화될 수 있는 것일까? 이전에 그는 미적 판단 범주와 그에 따른 예술 작품의 평가가 순전히 자의적인 것이며, 다만 사회적인 활용을 매개로 계급 관계 속에서 지배의 효과를 생산할 뿐이라는 점을 주장하지 않았던가?

저널리즘 장과 문화생산의 여타 하위 장들 사이의 관계에 관한 질문 역시 제기된다. 자율적인 장에서 이룬 문화적 성취가 사회 공간 안에 확산되는 과정에서 교육 제도와 미디어의 몫은 더할 나위 없이 크다. 부르디외는 특히 미디어가 상업적인 이해관계 때문에 전문적인 문화생산 장 내의 평가 기준과 위계를 무시하거나 왜곡해선 안 된다고 강조한다. 예를 들어, 과학자나 예술가가 텔레비전에 출연하거나 소개될 때, 이는 장에서 그들이 차지하는 위상과 비중에 걸맞게 이루어져야 한다. 과학자본이나 예술자본이 많은 사람일수록 방송에 자주 나와야 하고, 또 중요하게 대접받아야 한다는 것이다. 나아가 그들의 지식이나 의견이 텔레비전을 통해 전달될 때, 전달의 형식은 최대한 그들의 의사에 따라 결정되어야 한다. 단적인 예로, 부르디외는 파리 프르미에르 채널에서의 텔레비전 강의가 제목과 시간의 아무런 제약도 받지 않고, 기술적 조정(편집, 자막, 특수 효과 등)을 요구하는 사람도 없이 이루어졌다는 사실을 강조한 바 있다. 언뜻 이론의 여지조차 없어 보이는 이러한 주장들은 두 가지 문제를 불러온다.

첫째, 이는 저널리즘 장의 자율화라는 명제와 상충된다. 부르디외는 적어도 문화 부문에 관한 한 저널리즘 장의 평가 기준이 예술 장이나 과학 장의 기준을 그대로 따라야 한다고 보는 것이다. 그렇다면 언론인들의 전문적이고 자율적인 판단이 설 자리는 어디인가? 부르디외가 말하는 저널리즘 장의 자율화는, 언론인들의 직업적 능력과 가치 판단이 소비자 일반이라는 평가 기준 — 경제 장의 논리 — 으로부터 독립되기를 요구하는 동시에, 다른 문화생산자들의 평가 기준 — 문화예술 장의 논리 — 에는 기꺼이 종속되기를 요구하는 이율배반적 성격을 띤다. 이러한 주장은 문화자본의 보유량에 따라 일반 소비자 — 언론인 — 과학자·예술가를 서열화하는 위계질서 위에서 작동한다. 그런데 이 문화적 능력주의meritocracy는 제도화된 문화자본의 평가와 축적 기준만을 정당한 것으로 승인하는 지배중심주의의 혐의를 떨치기 어렵다. (→ 노트 23: 문화적 차이와 공통성의 역학)

둘째, 부르디외의 논의에서는 텔레비전의 투명성이 바람직한 것인 양 전제된다. 하지만 그의 강연 방송처럼 방영 시간 내내 화면 크기와 카메라 각도의 변화 없이, 또 CG나 자막 등의 이용도 없이 진행되는 텔레비전 강의가 과연 강연자의 발언에 충실하다는 이유만으로 칭찬받아야 하는 것일까?[43] 이 대목에서

43　사실 부르디외가 참여한 콜레주드프랑스 텔레비전 강의의 형식은, 정치사회학자 파트릭 샹파뉴에 따르면, 부르디외가 요구한 것이 아니라 원래 시리즈에 일괄적으로 정해져 있는 것이었다. 부르디외 자신도 2002년 공개된 피에르 카를의 다큐멘터리 영화 〈마침내 찍힌?*Enfin pris?*〉에서, 그 혼자 카메라 앞에서 행한 텔레비전 강의가 이상적인 방송 형식은 아니었다고 말한다. 그는 예컨대, 베르나르앙리 레비 같은 미디어 지식인이 아닌, 노엄 촘스키Noam Chomsky 같은 전문성 있는 학자와의 대담 형식이라면 흥미로울 것이라고 덧붙인다(Champagne et al., 2004: 115~117). 하지만 부르디외의 이 순진한(?) 언명은 후기 자본주의 사회의 일상생활에서 텔레비전이 담당한 문화적 기능과 오락적 효용, 그리고 기술적 표현력을 무시하는 비현실적 규범론이라는 비판을 피해 가기 힘들 것이다.

부르디외의 논리는 단순히 규범적인 수준을 넘어서, 비현실적인 차원으로까지 나아간다. 그것은 미디어의 기술적 특성이라는 부분을 아예 무시해 버린다. 어떤 강연이 신문에 실릴 때, 라디오에 나올 때, 텔레비전에서 방영될 때 생길 수 있는 차이란 고작해야 텍스트가 글로 되어 있는지, 소리로 나오는지, 아니면 그것을 말하는 사람의 모습까지 담아내는지 여부에 불과한 것일까? 미디어나 저널리즘이라는 총칭 명사가 신문이나 텔레비전, 혹은 라디오 같은 개개 전달 수단의 기술적 차이와 특수성, 그리고 문법을 가려 버린다면, 교육과 계몽을 위한 효과적인 활용의 여지 또한 사라져 버릴 것이다. 역설적이게도 《텔레비전에 대하여》에서는 하나의 독특한 미디어로서 텔레비전 자체에 대한 성찰이 거의 눈에 띄지 않는다. 그런데 저널리즘 장에 대한 분석이 아무리 뛰어난들, 그 빈자리까지 메워 줄 수는 없는 것이다.[44]

---

44 물론 부르디외가 미디어가 구축하는 특수한 물질적 수용 맥락에 무지하거나 무신경했다고 말할 수는 없다. 오히려 사실은 그 반대에 가깝다. 이는 흥미롭게도 《텔레비전에 대하여》를 둘러싼 논란에 대한 부르디외 자신의 해석에서도 드러난다. 한 인터뷰에서 그는 이 책이 나왔을 무렵 자신이 저널리즘에 관한 〈악트〉의 특집호에 (《텔레비전에 대하여》와 비슷한 내용과 주장을 담은) 서문과 강연문을 실었지만, 그것들은 책처럼 격렬한 반발을 사지 않았다는 사실을 환기한다. 그가 보기에, 이는 "출판 지면의 효과"다. "내가 보기에, 출판 지면이 변화하면 텍스트의 의미 또한 변화하는데, 독자들이 변화하기 때문이다. [단행본] 텍스트는 이제껏 [논문에서] 배제되어 왔던 독자들이 접근할 수 있는 무언가가 되고, 그들은 자기 나름의 독서 습관을 들여온다. 그러한 습관은 의식적으로나 무의식적으로 과학적 구성 작업을 (무지에 의해, 때로는 몰이해에 의해) 괄호 쳐 버리고, 독자들은 자신을 넘어서는 담론 안에서 에피소드라든지 개인적 공격, 혹은 그들이 알아냈다고 믿는 진부한 명제들에만 매달

부르디외의 원래 의도와 달리, 《텔레비전에 대하여》는 매력적인 입장 표명의 명제들이 사회학적 분석의 취약성을 가려 주는 책이다. 그 명제들이 반드시 장이론을 통해서만 얻어질 수 있는 과학적 판단인 것은 아니다. 그 이면에서 작동하는 시각 또한 언제나 객관적인 것도, 일관된 것도 아니다. 그럼에도 불구하고 이 책이 여전히 흥미로운 이유는 사이비 지식인들을 야유하는 부르디외와 구조적 제약 요인들을 객관화하려는 부르디외, '좌파의 좌파'를 자처하는 부르디외와 사회학을 어떻게든 과학의 지위에 올려놓고 싶어하는 부르디외 사이에서 생겨나는 팽팽한 긴장 때문일 것이다. 그런 의미에서 《텔레비전에 대하여》는 비판의 발판과 과학의 발판을 동시에 딛고서 비틀거리는, 죽마 탄 아이를 연상시키는 책이다. 그런데 그는 과연 얼마나 멀리 갈 수 있었던가?

린다. [텍스트의] 학문적 내용은 실질적으로 똑같은데 말이다"(Bourdieu & Delsaut, 2002: 234~235). 이처럼 부르디외는 책과 논문의 상이한 텍스트 양식이 수용 과정에서 생산하는 고유한 효과에 대해 사회학적 주의를 기울이는 반면, 정작 텔레비전과 관련해서는 그것이 전달 범위가 넓고 영상으로 소구한다는 상식적 일반론 너머의 전문적 인식을 보여 주지 못한다.

노트 20 | 미디어의 상징권력

미디어가 사회 속에서 발휘하는 힘을 부르디외의 이론틀과 어떻게 접목할 수 있을까? 다양한 시도 가운데 미디어 메타자본media meta-capital과 명성자본celebrity capital 개념은 특히 주목할 만하다. 먼저 미디어 메타자본은 닉 콜드리Nick Couldry가 제안한 개념이다(Couldry, 2003). 부르디외는 다양한 유형의 자본(경제적, 문화적, 사법적, 군사적 등)을 역사적으로 축적하고 정당하게 독점하는 근대 국가가 일종의 메타자본을 가지고, 상이한 장에 대해 권력을 행사한다고 보았다. 국가의 메타자본은 다른 유형의 자본들과 그들 간 태환율에 영향을 미친다는 것이다. 콜드리는 이를 응용해 미디어가 상대적 자율성을 지니는 하나의 장을 구성하는 동시에, 일종의 메타자본을 가지고 다른 장들 전체에 상징권력을 가한다고 주장한다. 즉 미디어는 사회 세계에 대한 정당한 표상과 의제를 제시하면서 사회적 이슈를 틀 짓는 담론 체제를 구축하는 한편, 각 장의 상징자본을 구성하는 데 개입함으로써 태환율에까지 영향을 미칠 수 있다는 것이다.

올리비에 드리센스Olivier Driessens는 이러한 미디어 메타자본이 특히 명성자본이라는 구체적 형식으로 나타난다고 지적한다(Driessens, 2013). 그에 따르면, 명성자본은 반복적인 미디어 노출과 재현으로 축적된 미디어 가시성이자 인정 가능성을 뜻한다. 명성자본은 부르디외가 말하는 상징자본이나 사회관계자본으로 환원되지 않는다. 특정한 장 안에서 이루어지는 인정, 공적으로 승인된 권위를 가리키는 상징자본과 달리, 명성자본은 사회 공간을 가로질러 여러 장에서 효력을 발생시키기 때문이다. 하지만 행위자가 명성자본을 축적한다고 해서 이것이 곧

장에 고유한 상징자본을 보장하는 것은 아니다. 미디어를 통해 명성자본을 쌓은 예술가라고 해서 예술 장 내부에서 훌륭한 예술가로 인정을 받을 수는 없다는 말이다. 그럼에도 장의 특성에 따라 명성자본은 일정한 정도로 상징자본을 산출할 수 있다. 정치 장이나 연예 장은 명성자본의 가치가 중요하게 기능하는 대표적 공간일 것이다. 명성자본은 금전적 수입(경제자본), 유력 인사들과의 네트워크(사회관계자본), 인정과 공인(상징자본)으로 태환 가능한데, 이는 장 내부의 반발을 낳기도 한다. 신문 칼럼이나 방송 출연으로 유명해진 학자에 대한 학계의 비판은 그 단적인 사례라 할 수 있다. 이 경우 명성자본은 학문 장 내부의 고유한 판단 잣대(즉 학술적 성과를 통한 상징자본의 축적)를 뒤흔들어 상대적 자율성을 위협하는 요인으로 여겨지는 것이다.

노트 21 | 사회학적 이해의 효용

"비웃거나 한탄하거나 저주하지 말고, 다만 이해하라." 부르디외는 스피노자의 이 경구를 즐겨 인용하곤 했다. 그것이 '사회학적 시선'의 핵심을 잘 담고 있다고 보았기 때문이다. 사회학자는 언제나 어떤 대상을 있는 그대로 취하면서 그것이 어째서 현재와 같은 모습인지 그 원인과 이유를 찾아내려 애쓴다. 그 대상은 사람일 수도, 현상일 수도, 때로는 사물일 수도 있다. 부르디외는 이러한 사회학적 이해가 '필연적 사건'으로서의 대상을 구체적이고 역사적인 관계 속에 놓는 일이라고 규정했다. 그가 사회학적 인식의 기본 원칙으로 언제나 '관계 중심적 사고'를 역설했음을 고려하면, 그에게 '이해는 곧 인식이고 인식은 곧 이해'였다 해도 과히 틀린 말은 아닐 것이다. 그런데 "인식은 [대상에 대한] 일종의 인정을 포함한다. 그 인정은 [대상에] 민감해지려는 노력, 판단과 책망의 욕망을 거부하려는 노력 자체에 함축되어 있다"(Bourdieu, 1986: 436). 결국 사회학적 이해란 대상을 그 자체로 받아들이려 노력하면서, 섣부른 가치 평가를 배제하고 사회적 관계 속에 배치하려는 시도를 가리킨다(Bourdieu dir., 1993: 7~8; Bourdieu & Passeron, 1967: 64).

당연하게도, 사회학자의 일에서 이해는 종착점이 아닌, 출발점이다. 그것은 또한 단순한 인지적 수준을 넘어서는, 복합적 의미를 지니는 활동이기도 하다. 그 효용을 부르디외는 특히 즐거움과 해방의 두 가지 차원에서 찾았다. '진정한 이해' — 부르디외에게 이는 '사회학적 이해'와 동의어였을 것이다 — 는 그 주체에게 지적 쾌감을 안겨 주고, 나아가 자유를 가져다준다는 것이다. 이러한 논리를 예컨대, 문화예술의 영역에도 적용할 수 있을까? 부르디외는 그렇게 믿었던 것 같다. 그가 보기에, 어떤 문학 작품을 제대로 이해하려면 한두 번 읽고 마는 것으로는 충분하지 않다. 적어도 근대 이후의 작가는 자기 작품이 누군가에게 읽힐 것이라는 사실, 나아가 읽히고 다시 읽히고 때로는 자신의 이전 작품들이나 다른 작가의 작품들과의 관계 속에서 읽힐 것이라는 사실을 알고서 글을 쓴다. 그렇다면 그 작품을 진정으로 이해하기 위해 사회학자-독자는 그것을 작가의 입장에서 여러 번 되풀이해 읽고 역사적 배경, 사회적 맥락, 다른 텍스트들과 맺는 관계 등을 바탕으로 깊이 있게 분석할 수 있어야 한다(부르디외는 자신이 플로베르의 《감정 교육》에 관한 글을 쓰기 위해 그 소설을 40번도 넘게 읽었다고 토로한 바 있다). 이러한 지적 판독 intellectual deciphering으로부터 문학 작품 읽기의 고유한 즐거움이 생겨난다. 음악, 미술, 공연, 영화 등 다른 예술 장르 또한 이 같은 원리로부터 예외일 수 없을 것이다.

부르디외에 따르면, 사회학은 바로 예술에 대한 지적 판독을 가능하게 함으로써 감상의 즐거움을 배가하는 실질적 무기 가운데 하나다. 그 즐거움이 인지적인 동시에 정서적인 혼합물이라는 점은 낯선 사회를 탐구하는 인류학자가 그곳을 지성적으로 이해해 가면서 감정적으로 매료되는 흔한 사례를 통해 잘 나타난다. 그런데 사람들이 예술의 사회학적 이해를 꺼린다면 반드시 어리석거나 무지해서가 아니다. 그들은 '신성하고 신비로운 예술'이라는 이미지와 충돌하는 사회학의 관점에 대해 '사회적 경멸감' 혹은 '계급적 우월의식'을 드러내며, 그 결과 사회학이라는 무기를 내팽개친다. 하지만 부르디외가 보기에, 이는 예술이 줄 수 있는 커다란 즐거움을 스스로에게서 자발적으로 박탈하는 일이나 다를 바 없다(Glenn, 2010: 40~41). 한마디로 우리가 사회과학에 대한 일상적 편견과 고정관념에서 벗어나기만 한다면, 예술로부터 또 다른 유형의 쾌락, 지적 즐거움을 얻을 수 있다는 주장인 셈이다.

부르디외에 의하면, 진정한 이해는 즐거움의 원천일 뿐만 아니라 자유의 기반이기도 하다. 예술을 사회학적으로 이해함으로써 우리는 사회가 거기 부과한 오래된 신성성의 굴레 — 창작의 신비, 정전正典의 정당성, 창작자의 권위, 재능 이데올로기 등등 — 로부터 자유로워질 수 있다. 예술을 둘러싼 사람들의 착각과 오인이 사회관계 속에서 취향과 예술을 통한 부드러운 폭력이 가해지는 토대를 구성하기에, 이를 벗어던질 수 있게 해 주는 사회학적 시선은 커다란 중요성을 갖는다. 사실 문제가 되는 것은 예술 작품만이 아니다. 모든 (미디어) 문화 현상과 그 메커니즘이 사회학적 독해와 분석의 대상이 될 수 있으며, 또 그렇게 되어야만 한다. 우리를 얽어매고 짓누르는 무수한 역사적 잔해와 사회적 논리를 이해함으로써 우리는 결국 그것들로부터 자유로워질 수 있는 최소한의 실천 근거를 확보하는 데 이르기 때문이다. 이러한 이해는 우리 안의 사회적인 것을 성찰하게 만들고, 때로는 그것이 새겨놓은 상처를 치유해 주며, 앞으로 '다르게 될 수 있는' 여지를 상상하도록 이끈다. 부르디외가 "우리는 결정된 채로 태어나지만, 자유로운 상태로 생을 마칠 수 있는 작은 기회를 갖고" 있고, "우리는 사유하지 않는 상태로 태어나지만, 주체가 될 수 있는 아주 작은 기회를 갖고" 있다고 말할 때, 그는 사회학적 이해가 가져다줄 수 있는 인간 해방의 가능성을 신뢰하며 또 역설하는 것으로 보인다(Bourdieu & Chartier, 2010/2019: 49).

노트 22 | 문화생산 장의 자율화

사회학자 존 스펠러John Speller는 부르디외가 여러 저작에서 산발적으로 논의한, 서양에서의 문화생산 장의 자율화 역사를 체계화해 재정리한 바 있다(Speller, 2011:80~85). 그에 따르면, 고대 사회에서는 문학, 음악, 춤, 연극, 노래 등 온갖 종류의 표현 형식들이 총체적이고 직접적으로 접근 가능한 스펙터클 안에 합쳐져 있었다. 예술은 공동체가 함께 어우러지는 창작 활동이었고, 공연자와 관객 사이의 역할 구분 또한 모호하고 유동적이었다. 서양사상 최초로 나타난 문화생산 장의 분화 조짐은 BC 5세기 그리스 철학자 집단의 형성에서 찾아볼 수 있다. 정치-종교 장에서 철학 장의 사회적 분리가 일어나면서 (신화와 의례가 보여 주는) 유비적

이성으로부터 논리적 이성으로의 정신적 이행이 뒤따랐다. 문화생산 장의 분화 과정은 중세 기간의 오랜 정체 이후에 15세기 피렌체에서 르네상스와 더불어 다시 시작한다. 문학, 예술, 과학 장이 철학과 종교로부터 분리되기에 이른 것이다. 이는 다시 2세기에 걸친 유럽 절대주의 왕정의 통치와 반종교 개혁counter-reformation에 의해 제동이 걸렸으나, 이 기간에 작가는 일반 노동자보다 더 높은 사회적 인정을 얻었으며 안정적인 지위를 다졌다.

프랑스에서는 1635년 아카데미프랑세즈Académie française의 설립과 함께 작가들이 문학적 권위와 정당성을 부여받았으나, 여전히 국가의 후원자 노릇에 매인 상태였다. 《예술의 규칙》에서 부르디외는 사회 공간의 점진적 분화라는 일반적 경향 아래 프랑스 문학 장이 제2제정기(1851~1871)에 어떻게 자율성을 획득했는지를 기술한다. 즉 그것은 19세기에 들어서야 비로소 국가 및 시장과 상대적으로 분리된 고유한 법칙nomos을 갖는 공간으로 출현할 수 있었다. 당시 산업자본주의의 발전은 귀족의 부와 권력을 침식하는 한편, 구식 예술 지원 체제의 점진적인 몰락을 가져왔다. 이러한 상황에서 산업화와 더불어 중심 세력으로 등장한 부르주아지와 노동 계급이 문학 시장의 주축으로 자리 잡았다. 작가 집단이 국가와 귀족으로부터 독립할 수 있었던 데는 대도시의 팽창, 교육의 확대와 문해율의 상승, 출판 기술의 발달 등으로 인한 문학 시장의 성장이 기여한 바 컸다. 여성, 도시 중간 계급, 나아가 노동 계급이 새로운 독자층으로 부상하고 출판사, 신문, 문학 잡지, 살롱과 아카데미, 학회 등이 번성하면서 작품의 보급 통로는 물론 정당화의 심급 또한 다양해졌다. 이와 함께 작가들 역시 수적으로 많아지고 다원화, 전문화되었다(Speller, 2011: 80~85; Bourdieu, 1992a 참조).

시장의 발전은 작가들이 귀족층의 주문과 후원에서 벗어나는 계기를 마련했다. 그들은 주제와 언어상의 제약을 부과하던 정치적·도덕적 권위를 떨쳐내고, 시장을 통해 새로운 수입원과 정당화 원리, 그리고 예술적 자유를 확보할 수 있었던 것이다. 물론 시장의 요구와 검열이 또 다른 압력으로 작용하기 시작했고, 19세기 초 일군의 작가는 대중 독자의 요구와 취향, 일정한 성공 공식에 따르는 상업성 강한 작품을 대량 생산했다. 1839년 저명한 문학비평가 샤를오귀스탱 생트뵈브Charles-Augustin Sainte-Beuve는 여기에 산업 문학littérature industrielle이라는 이름을 붙이고, 그것이 점점 더 번창하는 데는 책으로 먹고살려는 작가의 의지, 책 판매에 영향을 미치는 광고의 발전, 지나친 상업주의 등과 같은 이유가 있다고 보았다. 그는 또 이러한 산업 문학의 득세가 진정한 예술가의 진지하고 훌륭한 문학에 나쁜 영향을 미친다고 주장했다. 생트뵈브의 관찰대로, 당시 프랑스 문학계는 대중 신문의 연재소설 같은 산업 문학이 인기를 끌면서, 문학에 대한 출판 자본과 저널리즘의 영향력이 커져 가는 상황이었다(Gilnoer, 2009).

플로베르, 보들레르, 마네 같은 작가, 예술가 등이 문화생산 장에서 새로운 위치와 가능성을 창안하기 위해 작업했던 것은 이처럼 반지성주의가 만연하고 돈의 지배가 강고해져 가는 분위기에서였다. 소수의 작가는 지배 계급 성향의 부르주아 예술과 민중 계급 성향의 사회적 예술을 모두 미학적으로 기각하면서, 기존의 문학적 관습과 규약에 맞서는 독창성을 지향했다. 양극단의 계급 시장에서 중간 위치에 있었던 이 '문화적 부르주아지'는 형식주의적 낭만주의와 사회적 사실주의를 화해시키는 새로운 스타일을 추구했다. 그것은 사회적인 내용의 글쓰기에서 정확성과 중립성에 집중하면서 형식 그 자체를 강조하는 '예술을 위한 예술'의 기획으로 나타났다. 플로베르가 바로 이러한 스타일을 발명했는데, 그것은 장 외부의 독자층에게는 외면당한 반면, 장 내부의 작가와 예술가, 특히 보헤미안 문화생산자 집단에게 광범위한 지지를 얻었다. 그들은 정치권력과 시장의 압력으로부터 독립적인 미학의 기준을 열망했고, 그것을 충족시키는 순수한 형식의 예술을 높이 평가했다. 그리하여 부르디외에 따르면, '순수하고 자율적인 작가'의 위치와 성향 체계(경제적 이윤 추구의 거부, 도덕적 중립성, 정치적 독립성)가 19세기에 새롭게 출현하고, 외부의 정치경제적 질서에 구애받지 않는 자율적 문학 장이 발전하기 시작한다(Bourdieu, 1992a 참조).

이러한 문화생산 장의 자율화 과정은 당연히 국가별로 상이한 리듬에 따라 상이한 정도로 이루어졌다고 보아야 한다. 다양한 사회의 구체적 차이들에 대한 경험 연구가 필요한 것이다. 어쨌거나 유의할 점은 부르디외가 문화생산 장의 분석에 동원하는 제한 생산 부문과 대규모 생산 부문이라는 범주가 프랑스 문학 장의 자율화에 관한 역사적 연구에 바탕을 둔다는 것이다. 19세기 초 생트뵈브가 선구적으로 "산업문학"이라고 불렀던 것, 그리고 한 세기 뒤 아도르노와 호르크하이머가 "문화산업"이라고 불렀던 것이 대규모 생산 부문 개념과 닿아 있다면, 부르디외가 "제국 속의 제국"이라고 부른 것, 즉 자율적 문학 장 내에서도 상업성을 거부하며 고유한 예술적 가치를 추구하는 영역은 제한 생산 부문 개념으로 이어진다.

노트 23 | 문화적 차이와 공통성의 역학

'문화적 능력과 자원의 계급 간 불균등한 분포'는 부르디외 문화사회학의 중요한 테제 가운데 하나다. 이는 그가 예컨대, 대중문화가 자아내는 문화민주주의의 허상을 비판하면서 대중문화 산물의 소비와 활용에서 드러나는 계급적 차이에 주목하게 만든 근거이기도 했다. 부르디외가 가장 기본적 문화 불평등을 확인하는 영역은 바로 언어다. 상이한 사회계급은 제각기 다른 사회화 과정 속에서 언어자본을 불균등하게 전수받으며, 이는 계급 간 소통을 상징폭력의 통로로 만든다. 또한 언어자본에서의 격차는 그것을 바탕으로 축적되는 문화자본(지식, 교양, 학력 등)의 불평등을 낳음으로써 상징적 경계와 배제의 근간을 마련한다(Bourdieu, 2001a/2015).

흥미롭게도 언어학자 피에르 앙크르베Pierre Encrevé는 부르디외가 언어를 논하면서 '듣기'와 '말하기'를 구별하지 않으며, 개인의 언어를 '말하는 언어'와 동일시한다는 점에 주목한다. 그런데 언어학자가 보기에, 말하기는 언제나 듣기의 부분 집합일 따름이다. 앙크르베는 페르디낭 드 소쉬르Ferdinand de Saussure가 언어를 청취라는 차원에서 규정했으며, 로만 야콥슨Roman Jakobson 또한 화자의 능력과 청자의 능력을 구분했다는 사실을 환기한다. 같은 맥락에서 프레드릭 제임슨Fredric Jameson 또한 "랑그는 말하는 힘이라기보다 발화를 이해하는 힘"이라고 지적한 바 있다(Jameson, 1972/1985: 22) 부르디외가 말하는 언어 하비투스는, 앙크르베에 따르면, 서로 떼려야 뗄 수 없는 '청자-화자의 이중적 능력' 속에서 구축된다. 이는 왜 중요한가? 부르디외는 다양하면서도 위계화된 말하기의 변이 양상을 근거로 '공통어langue commune'가 없다고 주장하지만, 앙크르베는 설령 '화자의 공통어'가 없을지언정 "청자의 공통어"는 존재할 수 있으며 또 실제로 존재한다고 주장하기 때문이다. 예컨대, 언어자본이 적은 민중 계급의 청소년은 '화자로서' 정당한 언어를 생산할 수는 없을지 몰라도, '청자로서' 정당한 언어를 이해하고 '정신적으로' (재)생산할 수 있다는 것이다(Encrevé, 2003: 262~264).

앙크르베의 주장은 물론 좀 더 견고한 경험적 검증을 요구한다. 하지만 만일 청자로서 민중 계급의 언어 능력과 수행성이 지배 계급의 그것과 크게 다르지 않으며, 나아가 모든 계급이 청자로서 일종의 공통 기반을 가진다면 언어 차원의 차이와 그로부터 기인하는 상징폭력에 대한 부르디외의 문제 제기는 약한 수준에서 이해되어야 한다. 즉 자신이 그렇게 말하지는 못하지만 알아듣고 이해할 수 있는 언어에 대해 민중 계급의 화자가 느끼게 되는 감정이 막연한 위축감이나 수치심, 무조건적 열등의식만은 아닐 수 있기 때문이다. 이로부터 언어자본의 차이에 따른 폭력성보다는 언어자본의 공통성에 따른 (상징폭력의 와중에서도 나타나는) 소통 가능성에 주목할 수 있는 여지가 생겨난다. 우리는 이러한 차이와 공통성의 문제를 비단 언어 차원만이 아니라 문화 차원의 모든 영역에 확장, 적용해 볼 수 있다. 이를테면, 미디어 이용 방식의 계급적 차이에 유의하면서도 그 이용의 공통성이 가지는 함의를 따져 보는 식으로 말이다. 텔레비전이나 인터넷을 상이한 계급이 제각기 다른 식으로 활용, 전유한다는 사실이 중요한 만큼이나, 예컨대 90% 이상의 사람들이 그러한 미디어에 '보편적으로' 접근하는 새로운 현실 자체가 지니는 의미를 간과할 수 없는 것이다. 이처럼 문화적 차이와 공통성의 역학에 대한 섬세한 인식은 중요하다. '문화적 차이와 폭력'의 문제를 비판적으로 분석하는 동시에 '공동의 문화적 자원과 능력'이라는 차원을 적절히 고려할 수 있어야만, 문화적 지배에 대한 비판의 끈을 놓치지 않으면서도 변화의 가능성과 그 방향에 대한 논의를 열 수 있을 것이기 때문이다.

6
저널리즘 장과 민주주의

부르디외의 미디어 비평

부르디외는 생전에 오랫동안 사회과학계를 중심으로 제한적인 명성만을 누리고 있었다. 그랬던 그가 매스 미디어를 통해 전 세계적인 유명 인사로 떠오르게 된 것은 1995년 프랑스의 공공 부문 노동자 총파업을 적극적으로 지지하고 나서면서부터였다. 부르디외는 이 사건을 계기로 사르트르와 푸코의 뒤를 잇는 대표적인 좌파 지식인으로서 프랑스 안팎에 강한 인상을 남긴다. 이후 그는 세상을 뜨기 직전까지 동료 연구자들과 더불어 신자유주의 반대 운동을 활발하게 전개함으로써, 현실 참여적인 투사 지식인으로서의 이미지를 더욱 공고히 했다. (→ 노트 24: 부르디외의 지식인론) 부르디외가 통상적인 의미의 미디어 비평을 각종 신문, 잡지에 상당수 발표했던 것도 바로 이 시기의 일이다. 기고나 논평, 강연, 성명서 등의 형식을 띤 그 글들의 일부는 1998년과 2001년에 각각 출간된 《맞불*Contre-feux*》과 《맞불 2*Contre-feux 2*》, 그리고 2002년 부르디외의 사후에 나온 《개입 1961~2002: 사회과학과 정치적 행동

Interventions, 1961～2001: Sciences sociales et action politique》에 실려 있다. 이밖에 1990년대 이전에 공간된 그의 미디어 관련 글들은 학술적인 성격의 논문이 대부분이며, 1996년 출판되어 공론장에서 큰 논란을 불러 일으켰던《텔레비전에 대하여》는 텔레비전 저널리즘의 작동 논리를 장이론적 관점에서 논의한 강연문이다.

부르디외가 남긴 미디어 비평 텍스트들은 그의 방대한 저작 전체에 비추어 볼 때, 양적으로는 별로 많지 않다. 더욱이 그것들은 미디어 그 자체를 집중적으로 탐구하기보다, 정치경제적 변화와의 관련 속에서 미디어의 역할을 비판한 글들이 대다수다. 하지만 그렇다고 해서 그것들이 지니는 무게가 덜해지는 것은 아니다. 부르디외의 미디어 비평은 그 자신이 지식인으로서 특수한 정치 상황 — 특히 신자유주의적 전 지구화와 그에 맞선 투쟁 — 에 비판적으로 개입한 결과물인 동시에, 사회학자로서 40여 년에 걸쳐 정교화시킨 이론 체계를 미디어와 저널리즘이라는 대상에 적용한 학문적 단편들이기 때문이다. 따라서 그 비평에는 실천적인 의미 못지않게, 이론적인 의미가 적지 않다. 롤랑 바르트Roland Barthes의《신화지*Mythologies*》가 단순한 문화 비평의 수준을 넘어 기호학sémiologie이라는 새로운 인식 지평을 예비했다면, 부르디외의 미디어 비평은 저널리즘에 대한 새로운 사회학적 접근 방법을 함축하고 있다. 그의 글들이 보여 주는 세부적 정세 판단이나 비판, 제안뿐만이 아닌, 그 접근 방법 자체에 주목해야 할 이유가 바로 여기 있다.

더욱이 부르디외는 정치적 개입을 위해서는 언제나 문제

에 대한 과학적 인식이 먼저 이루어져야 한다는 태도를 견지했다. 즉 주어진 조건과 문제의 결정 요인들, 그리고 변화가 가능한 지점을 구체적이고 경험적으로 파악하는 작업이 일차적인 과제라는 것이다. 그에 따르면, 특정한 입장을 취하고 그것을 알리는 일은 정확한 현실 판단과 더불어 이루어져야만 효과적일 수 있다. 그러므로 부르디외의 미디어 비평을 1990년대의 프랑스 사회와는 명백히 다른 한국 사회의 현실에 적절하게 개입하기 위한 도구로 이용하고자 한다면, 문제 인식과 분석의 기초를 제공하는 접근 방법을 우선적으로 이해해야 한다. 그러한 이해는 변화된 사회적 맥락에 적합한 사회학적 분석과 정치적 입장의 설정, 그리고 실천적 개입을 위해 필수불가결한 전제이기 때문이다. 이와 같은 관점에서 나는 부르디외의 미디어 비평을 그 형성 맥락과 논리 구조의 차원에서 상세히 살펴보고 그것이 제시하는 윤리적 원칙 또한 짚어 보려 한다.

대중문화론 비판에서 저널리즘 장의 분석으로

부르디외는 이미 1960년대부터 매스 미디어, 여론 조사, 저널리즘과 같은 연구 주제들을 자신의 사회학적 기획 속에 고유한 방식으로 용해시켰다. 여기서 '고유한 방식'이라는 표현은 세 가지 의미를 지닌다. 첫째, 프랑스 사회학의 주류가 전통적인 에세이주의와 미국으로부터 수입된 실증주의로 양분되어 있던 이 시기에 부르디외는 두 선택지를 모두 지양하고자 했다. 그는 이론 체계와 경험적 연구를 종합하고 사회학자 자신의 위치와 관점까지도 끊임없이 객관화하는 성찰적 사회학을 지향하면서, 맹목적 경험주의나 실용주의, 현학적 텍스트중심주의(기호학)나 유사 철학적 기술 문명론(변형된 매클루언주의) 등을 논박했다. 둘째, 부르디외는 미디어나 저널리즘과 같은 연구 대상을 고립적으로 파악하지 않고 자신이 구축한 사회 이론 체계 안에 유기적으로 통합했다. 셋째, 그러한 작업은 이데올로기 비판과 지식인 비판의 형식 아래 나타났다. 그가 보기에, '문화민주주의,' '여론민주주의,' '신자유주의' 등은 그럴듯한 외양과는 달리 비과학적 이데올로기에 불과한 것이었고, 그 이데올로기는 일반인들의 것이기 이전에 먼저 학자, 전문가, 언론인들의 것이었다. 따라서 부르디외의 미디어 연구는 언제나 통렬한 지식인 비판의 성격을 띠었다.

그 첫 번째 과녁이 되었던 것은 1960년대 프랑스 지식 사회에 널리 유행한 탈계급적 대중사회론과 대중문화론, 그리고 기술 결정론적 미디어 이론이다. 부르디외는 1963년 장클로드 파스롱과 함께 쓴 논문 "신화지의 사회학자들과 사회학자들의 신화지"에서, 경험적 조사와 검증을 결여한 이 '문화민주주의'의 논의들이 메시지의 다양성과 수용의 불평등성에 무지한 "새로운 포퓰리즘" 또는 "종말론적 세계관"에 불과하다고 신랄하게 공격한다(Bourdieu & Passeron, 1963). 이들의 논거는 기본적으로 '전능한 미디어'라는 환상에 맞서는 두 가지 명제에 바탕을 두고 있었다. 우선 매스 미디어에 의해 대량 배포되는 동일한 메시지와 콘텐츠가 문화를 동질화할 것이라는 주장은 부적절하며, 계급별로 상이하게 나타나는 실제 수용 양식이 중요하다는 것이다. 또 사회집단 간 문화적 차이를 생산하고 구조화하며 정당화하는 과정에서 무엇보다도 학교가 핵심적인 역할을 수행한다는 것이다. 이러한 명제들을 기반으로 부르디외는 미디어의 사회문화적 힘에 대한 그 당시의 피상적인 인상론을 비판하고 배격했다.

나아가 부르디외는 1965년의 공저 《중간예술》에서 당시 활발히 보급되었던 사진기의 이용 양식을 대규모의 설문 자료와 현지 조사에 기초해 분석함으로써 이데올로기적인 매스 미디어론에 맞설 만한 대안적인 연구들을 내놓는다. 그것은 기술이 그 용도의 객관적 한계만을 설정할 뿐이라는 소극적 결정론 déterminisme négatif의 관점에서 미디어의 효과와 영향력보다는 그 사회적 구성과 활용이라는 차원에 초점을 맞추었다. 예를 들어, "사진이 보이는 세계의 완벽하게 사실적이고 객관적인 기록으로 여겨진다면, 그것은 우리가 (애초부터) 사진에 '사실적'이고 '객관적'이라고 인정된 사회적 용도를 부여했기 때문이다"(Bourdieu et al., 1965/2004: 108~109). 그런데 사진의 실제 활용 방식은 각 사회 계급의 에토스에 따라 분화된다. "만일, 추상적으로, 사진술의 본질과 진보가 모든 것을 객관적으로 '찍을 수 있는' 것으로 만드는 경향이 있다면, 각 집단은 사실 기술적으로 가능한 사진의 이론적 무한성 속에서 유한하고 한정된 범위의 주제, 장르, 구도를 선택한다"(Bourdieu et al., 1965/2004: 24). 그리하여 사진의 기술적 가능성은 그것을 이용하는 행위자들의 계급 조건과 구체적인 활용 맥락 — 가정 생활, 일상 의례, 동호회, 미디어 등 — 속에서 선별적으로만 실현된다는 것이다. 이와 같은 시각에서 부르디외는 매스 미디어가 자동적으로 사회 통합과 문화민주주의의 실현을 견인할 것이라는 1960년대의 낙관론을 강력하게 반박했다.

1970~1980년대 그는 문화적 위계와 불평등의 재생산에 관한 연구들에서 1960년대의 문제의식을 계속 발전시켜 가는 한편, 지식 사회와 정치권에서 점차 중요성을 더해 갔던 언론인들의 역할에 주목한다. 계급적 생활 양식의 공간에서 이루어지는 (신문을 비롯한) 각종 문화 산물의 차별화된 수용과 소비를 분석한 1979년 《구별짓기》가 첫 번째 경향을 드러낸다면, 정치적 의견 생산과 여론 조사 저널리즘의 관계에 관한 일련의 논문 — 1972년 "통념의 전문가들doxosophes," 1973년 "여론은 존재하지 않는다," 1977년 "정치의 문제," 1985년 "여론 조사: 과학자 없는 '과학'" 등 — 은 두 번째 경향을 잘 보여 준다(Bourdieu, 1972, 1980a, 1987a 참조). 이 시기에 부르디외의 또 다른 비판 대상으로 등장한 것은 바로 '여론민주주의'라는 신종 이데올로기다. 그에 따르면, 평등한 개인들의 의견의 합으로서 "여론은 존재하지 않는다." 정치적 의견 생산에 필요한 주체의 능력이 사회적으로 균등하게 배분되어 있지 않기 때문이다. 여론 조사 응답의 분포는 "응답을 생산해 낼 수 있는 원초적 확률에 준해서만 의미를 지니는 조건적 확률"이다(Bourdieu, 1987a: 223). '진정한 과학'으로서 부르디외 자신의 사회학은 이러한 사실의 결정 요인들에 관심을 두는

반면, "과학자 없는 과학"으로서 여론 조사는 그것을 은폐한 채 정치가나 언론인들이 만들어 낸 '가짜 문제들'을 부과하고 '강요된 답변'을 생산함으로써, 의심받지 않는 지배적 문제틀을 정당화하고 재생산한다는 것이다. 결국 여론 조사가 여론을 '과학적으로' 포착함으로써 민주주의의 활성화에 이바지한다는 인식은 하나의 허상에 불과하다는 주장이다. 부르디외는 이처럼 여론 조사를 "정치적 소피스트들," 혹은 여론 기술자들 — 정치 마케팅과 조사 전문가, 언론인, 정치평론가, 정치학자 등 — 의 이해관계가 걸린 새로운 상징적 지배 도구로 보았다. 그는 심지어 정치의 "정치학화science-politisation"가 탈정치화의 효과적인 기술일 따름이라고까지 비난했다(Bourdieu, 1972). 이는 통계 기법의 과학성에 대한 반성 없는 믿음 위에서 기술 관료적 수요에 부응하는 데만 연연하는 정치학의 행태주의적 경향을 겨냥한 것이기도 했다. 한편 1988년 좌파 성향의 일간지 〈리베라시옹〉의 청탁에 따라 작성되었으나 결국 공개되지 못한 글 "리베, 20년 후"에서 부르디외는 시장 경쟁에 의해 주도된 저널리즘의 상업화 문제를 제기했다. 그의 분석에 따르면, 창간 이래 20년간 〈리베라시옹〉의 주 독자층에서 고소득·고학력의 도시 거주자 집단이 차지하는 비중이 증가하고, 특히 구매력 있는 관리직 종사자 집단은 거의 두 배 가까이 급증하는 변화를 보였는데, 이는 신문 내용과 논조상의 보수화와도 밀접하게 맞물린 현상이었다(Bourdieu, 2002: 387~389).

저널리즘이 부르디외의 본격적인 연구 대상으로 부상한 때는 1990년대 들어서다. 개인적으로는 활발한 정치 참여를 보여 주는 이 시기에 부르디외는 문화생산을 압박하는 상업성과 엘리트 중심적 정치의 폐쇄성에 우려를 표명하고 경제의 신자유주의화와 전 지구화 이데올로기를 공격하는데, 이 모든 문제의 중심에서 다시 미디어를 발견한다. 그가 보기에, 당시 프랑스의 저널리즘은 치열한 시장 경쟁에 종속되어 상업화됨으로써 점점 더 본연의 가치를 상실해 가고 있었다. 그것은 경제 논리를 문화생산 부문 전반에 유입시키는 한편, 정치를 시민 사회의 실제 요구와는 괴리된 내부의 권력 게임에만 몰두하도록 만든다. 시장 추동적market-driven 저널리즘은 또 전 지구적인 신자유주의 경제의 불가피성을 선전하면서 소수 지배 세력의 이해관계에 봉사한다. 부르디외에 따르면, 이러한 현상이 프랑스뿐만 아니라 세계 도처에서 관찰된다는 데 문제의 더 큰 심각성이 있다. 미디어가 광범위한 보수혁명의 대변자이자 촉매제 역할을 하고 있다는 것이다(Bourdieu, 1998a, 2001b, 2002 참조). 그가 저널리즘 장에 대한 체계적인 분석을 시도하게 되는 것도 바로 이 때문이다.

사실 부르디외가 말년에 미디어에 기울인 학문적·비평적 관심은 여러 정황상의 이유로 지나치게 논쟁적인 차원에서만 받아들여진 측면이 있다. 1990년대 중반 이래 그는 사회학자로서 신자유주의적 전 지구화로 인한 재앙을 경고해야 한다는 책임감을 가지고 시위나 파업, 불법 점거, 성명서 발표와 같은 정치 활동에 적극적으로 개입했다. 1993년 그가 이십여 명의 연구자들과 협업해 내놓은 공저서 《세계의 비참》은 그 전조와도 같은 작업이었다. 그 이전까지만 해도 '과학의 해방적 미덕'에 대한 신념을 내세우며 학계에서의 연구 활동에 주로 전념했던 부르디외였기에, 이러한 변화는 돌발적인 것으로 여겨졌으며 많은 지식인과 언론인에게 냉소적인 반응마저 낳았다. 그와 같은 상황에서 노동자 투쟁에 대한 방송사들의 왜곡 보도를 비판하기 위해 미디어 비평 프로그램에 출연했던 부르디외는 "텔레비전에서 논리 정연한 텔레비전 비판론을 펼치기란 불가능하다는 사실"을 확인하고, 본격적인 미디어 비판을 기획했다(Bourdieu, 2002: 409). 1996년 저작 《텔레비전에 대하여》는 그 성과물이라 할 수 있다. 부르디외에 따르면, 그 책의 목적은 저널리즘에 대한 장이론적 접근의 개요를 제시하고, 미디어가 정치와 문화 부문에 행사하는 패권을 객관적으로 분석하는 데 있었다. 그런데 그 책에서 저자가 의도한 원래 주제들은 객관적 분석과 주관적 비판 사이에 아슬아슬하게 걸쳐진 책의 모호한 성격과 발간 당시의 복잡한 사회정치적 맥락 탓에 공공 토론의 초점으로 부각되지 못했다. 게다가 언론인과 미디어 지식인을 향한 부르디외의 도발적이고 공격적인 수사학 — "검열관," "바보들의 대변자," "즉석 사상가," "부역자" 등 — 탓인지, 책을 둘러싸고서 주로 감정적이고 인신 공격적인 논란만 일었던 것도 사실이다.

그런데 부르디외식 미디어 비평, 그리고 저널리즘에 대한 장이론적 접근이 지니는 의미와 유용성은 부르디외의 일부 텍스트, 특히 《텔레비전에 대하여》의 내용만으로 평가되어선 곤란하다. 파트릭 샹파뉴, 알랭 아카르도Alain Accardo, 루이 팽토Louis Pinto, 레미 르느와르Rémi Lenoir, 에릭 느뵈Eric Neveu, 도미니크 마

그림 22 왼쪽 위부터 시계 방향으로 《세계의 비참》(1993), 《텔레비전에 대하여》(1996), 《새로운 경비견들》(1997), 《프랑스 지식인들의 '12월'》(1998).

세티Dominique Marchetti와 같은 동료 연구자들이 오랫동안 부르디외의 문제의식과 이론틀을 정교화하고 미디어 현상에 경험적으로 적용하는 작업을 해왔기 때문이다. 이들 가운데 특히 샹파뉴는 저널리즘, 여론 조사, 정치의 삼자 관계를, 아카르도는 언론인들의 계급 조건을, 그리고 팽토는 저널리즘과 지식인의 관계를 상세히 분석함으로써 장이론적 접근의 정립에 중요한 공헌을 했다. 《텔레비전에 대하여》 출간을 전후해 나왔던, 관련 연구 성과와 미디어 비평들 또한 같은 맥락에서 주목을 요한다. 부르디외가 1975년 창간해 2001년까지 책임 편집인을 맡았던 사회과학 전문 학술지 〈악트〉는 이전까지 없었던 저널리즘 관련 특집호를 1994년('저널리즘의 패권L'emprise du journalisme')과 2000년('저널리즘과 경제Journalisme et l'économie') 두 번에 걸쳐 냈으며, 1999년에는 출판 관련 특집호('출판, 출판사들Edition, Editeurs' 1, 2) 또한 두 차례 발행했다. 1997년 좌파 월간지 〈르몽드 디플로마티크〉의 기자 세르주 알리미Serge Halimi는 일부 언론인과 지식인을 "새로운 경비견들Les nouveaux chiens de garde"이라고 조롱하면서 프랑스 언론계에 널리 퍼져 있는 공모 저널리즘과 경배 저널리즘을 폭로했다(Halimi, 1997). 또 이듬해 유럽사회학연구소의 젊은 연구자들이 공동으로 펴낸 《프랑스 지식인들의 '12월'*Le «décembre» des intellectuels français*》은 1995년 겨울 우파 정부의 연금 개혁안을 지지했던 지식인들과 노동자 편에서 그것을 반대했던 지식인들 사이의 지적·정치적 대립을 다루면서 이 사건이 공공 문제로 구성되는 과정에서 미디어가 어떤 식으로 개입하였는지 분석했다. 부르디외 사회학으로부터 이론적 자원을 공급받는 미디어 연구와 비판, 감시 활동은 지금까지도 그의 동료와 제자들에 의해 활발히 이루어지고 있다.[45] 그러므로 부르디외의 미디어 비평을 그 내용과 논리 구조의 측면에서 재구성하기 위해 나는 그의 논의를 중심에 놓으면서도 주변 연구자들의 성과 또한 적절히 참조할 것이다.

저널리즘 장의 구조와 역학

미디어의 권력과 정치경제적 종속성

부르디외에 따르면, 근대 이후의 사회는 복잡하게 분화된 인간 활동을 중심으로 형성된 다양한 소우주들 — 예컨대, 정치 장, 경

45 1995년의 사회 운동을 계기로 부르디외는 동료 연구자들과 더불어 일종의 국제적 지식인 운동 단체인 '행동의 이유Groupe Raisons d'agir'를 창립했다. 이 단체는 리베르-행동의 이유라는 문고본 전문 출판사 역시 운영했는데, 여기서 발간한 《텔레비전에 대하여》와 《새로운 경비견들*Les nouveaux chiens de garde*》, 《프랑스 지식인들의 '12월'》 등은 모두 엄청난 상업적 성공을 거두었다. '행동의 이유'는 1998년 사단법인으로 등록해 활동하다가, 2010년 '사단법인 지식/행동Association Savoir/Agir'으로 전환했다. '자율성을 갖는 집합적 지식인intellectuel collectif autonome'을 모토로 '좌파의 좌파'를 표방하는 이 단체는 2007년부터 잡지 〈지식/행동*Savoir/Agir*〉을 발간하고 있다. 사회학자 프레데릭 르바롱Frédéric Lebaron, 제라르 모제Gérard Mauger 등이 운영을 맡고 있다(http://www.savoir-agir.org 참조). 또한 부르디외의 또 다른 동료였던 파트릭 샹파뉴와 앙리 말레르Henri Maler는 1996년 미디어 비평 전문 단체인 ACRIMED(Action-critique-médias)를 창립, 현재까지 활발한 언론 감시 활동을 벌이고 있다(http://www.acrimed.org 참조).

제 장, 행정 장, 문화생산 장 등 — 이 상대적 자율성을 가지고 상호 작용하면서 접합되어 있는 공간이다. "장은 구조화된 사회 공간으로 세력 장 — 즉 지배자와 피지배자가 있고, 이 공간 내부에서 발생하는 영구적이고 항상적인 불평등의 관계가 있다 — 이다. 그것은 또한 이 세력 장을 보존하거나 변화시키기 위한 투쟁의 장이기도 하다. 이 세계에서 각 개인은 다른 사람들과 경쟁하는 가운데 자신이 지닌 (상대적) 힘을 사용한다. 이 힘이야말로 장 안에서 그의 위치를 규정하며, 따라서 그의 전략을 규정한다"(Bourdieu, 1996b: 46). 사회의 다른 부분들과 마찬가지로 하나의 장을 구성하는 문화생산 부문은 각별한 정치적 중요성을 지닌다. 사회 세계가 분화하면서, 사회적 표상과 의미를 생산하고 부과하는 작업이 전문적인 문화생산 장 내부에서의 투쟁을 통해 이루어지기 때문이다. 부르디외는 저널리즘 세계 역시 학계, 예술계, 종교계 등과 함께 문화생산 장의 하위 장으로서, 사람들이 인식하고 경험하는 실재의 구성 과정에 핵심적인 역할을 수행한다고 본다.[46] 부르디외

46 장은 마치 러시아 인형처럼 상동성을 지닌 구조(하위 장)가 계속 중첩되어 있는 공간으로 개념화된다. 예컨대, 사회 공간 안에는 정치 장, 경제 장, 문화생산 장 등이 있고, 문화생산 장 안에 다시 문학 장, 과학 장, 저널리즘 장 등이 있으며, 저널리즘 장 안에 또 신문 장, 텔레비전 장 등이 있는 식이다. 따라서 분석의 수준을 어떻게 잡는가에 따라 분석 단위 또한 달라지게 된다. 즉 한 사회의 저널리즘 장 전체를 분석하고자 한다면, 행위자는 각 신문사, 방송사 등 다양한 저널리즘 미디어를 모두 포괄하게 될 것이며, 신문의 장을 분석하고자 한다면 개별 신문사들이 주요 행위자로 고려될 것이다. 나아가 부르디외는 특정한 기업 — 예컨대, 〈르몽드〉 — 을 '하나의 장처럼' 볼 수 있다고도 말한다. 그 경우, 행위자는 기업 내의 경영진, 간부, 평기자 등이

가 보기에, 전체 사회 공간은 지배 계급과 피지배 계급의 대립, 그리고 지배 계급 내부 지배 분파와 피지배 분파의 대립에 의해 구조화된다. 이러한 구분의 결정 요소는 여러 자본 유형(경제자본, 문화자본, 사회관계자본)의 총량과 구성비, 그리고 그 변화 양상으로서의 궤적이다. 자본 총량이 많은 집단은 지배 계급, 적은 집단은 피지배 계급의 위치에 각각 놓이며, 자본의 구성비상 경제자본과 문화자본 가운데 어느 쪽 비중이 더 큰가에 따라, 각 계급 내에서도 지배 분파와 피지배 분파가 갈라진다. 문화생산자들은 자본 총량이 많다는 점에서는 고위 행정 관료, 경영인 등과 더불어 지배 계급에 속하지만, 소유 자본의 구조상 경제자본보다는 문화자본이 비중이 더 높다는 점에서 피지배 분파에 속한다. 이러한 문화생산자들의 활동 영역으로서 문화생산 장은 권력 장 내에서 지배받는 위치에 있다고 할 수 있다(이상길, 2018a: 201~203).

문화생산 장은 특수한 문화적 권위의 독점을 위한 투쟁과 세력 선에 의해 규정되는 공간이다. 여기에서 통속적인 경제 논리는 정지되고 나아가 전도되며, 이 장의 고유한 활동은 문화가 '별개의 신성한 세계'라는 믿음을 생산하고 재생산한다(Bourdieu, 1983; 1994: 61~80). 문화생산 장에서 생산자와 생산물의 위계화는 기본적으로 제한 생산의 하위 장과 대규모 생산의 하위 장 사이

될 것이다. 이러한 하위 장들도 기본적으로는 상위 장들과 동일한 방식으로 구조화되어 있다고 가정된다. 또 저널리즘자본의 분포 구조 속에서 행위자가 차지하는 위치는 행위자의 입장 선택prise de position과 실천에 결정적인 중요성을 가진다.

대립에 기초한다. 제한 생산 장에서 생산은 전문가들에 의해 주로 전문가들을 대상으로 이루어지고, 생산물은 장에 내재하는 자율적 기준과 범주에 따라 평가된다. 이 장에서는 경제 논리가 상대적으로 무시되고 상징 논리가 우위에 선다. 반면 대규모 생산 장에서 생산은 가급적 많은 소비자를 확보하려는 목표에 얽매이고, 생산물은 상업적 성공을 기준으로 평가 받는다. 문화생산 장이 지니는 자율성의 정도는 외적(정치경제적) 위계화 원리가 내적(문화적) 위계화 원리에 종속된 정도에서 드러난다.

부르디외에게 저널리즘 장은 "어쩌면 문화생산의 가장 타율적인 형식"으로 여겨진다(Bourdieu, 1983: 326). 바꿔 말하면, 저널리즘 장은 특히 경제 장에 대해 누리는 자율성의 정도가 매우 낮다는 것이다. 그것은 대량 생산의 하위 장에 속하며, 여기서는 외적 요구와 상업적 수요에 부응한 표준화된 생산이 이루어진다. 매스 미디어의 기술적 특성 덕분에 저널리즘 장은 정보 생산과 배포의 막강한 권력을 가지는데, 바로 그 강력한 힘 때문에 정치 장과 경제 장에 이중으로 구속당하는 양가적 위상을 지닌다(Champagne, 1995a 참조)(그림 23과 표 1 참조). 저널리즘 장에서 다양한 미디어와 언론인들은 특수한 형식의 상징자본인 저널리즘자본capital journalistique을 독점하기 위해 투쟁하며, 그들의 성향과 전략은 소유 자본의 양과 구조에 따라 장 안에서 차지하는 객관적 위치에 의해 결정된다. 저널리즘자본의 축적은 동료들의 인정 — 예컨대, 특종상, 기자상의 수상 — 과 공적인 명성의 확보 — 대기자, 뉴스 앵커, 유명 칼럼니스트 — 를 통해 이루어진다.

표 1　문화생산 장의 이원 구조

	제한 생산의 하위 장	대규모 생산의 하위 장
생산 논리	창의성, 지적 논리	외부 수요, 기존 생산 규범
문화 유형	고급문화, 아방가르드	상업 문화, 대중문화
주로 추구되는 자본	상징자본	경제자본
정당화의 심급	비평, 교육, 전문 저널리즘	광고, 홍보, 상업 저널리즘
문화생산과 배포 범위	소규모	대규모
주요 수요자층	지식인, 문화예술인, 중상류 계급	일반 대중, 중하층 계급
사회적 기능	문화생산 장의 자율성 강화, 문화적 보편의 구성	문화생산 장의 종속성 강화, 지배 이데올로기 전파

부르디외가 보기에, 저널리즘 장은 이중적인 차원에서 특수하다. 먼저 그것은 경제 장에 대한 종속 정도가 매우 높다. 달리 말하면, 소비자들의 수요에 직접적으로 의존하면서 시장과 대중적 평판의 제재를 강하게 받는 것이다. 생산자와 생산물은 수용자에 대해 거둔 성공 수준, 그리고 그 성공이 가져다준 정치경제적 이윤의 수준에 따라 평가된다. 저널리즘 장은 문화생산의 하위 장들 가운데서도 그 자율성의 정도가 극히 낮으며, 그 결과 장 자체의 고유한 내적 평가 기준을 제대로 확보하지 못한다는 사실로 특징지어진다. 한데 그렇다고 해서 그 지위나 영향력이 다른 장에 비해 미약하지만은 않다는 데 저널리즘 장의 또 다른 특수성이 있다. 그것은 정보를 대규모로 전달하고 배포할 수 있는 능력의 실질적인 독점에 힘입어 정치 장이나 예술 장 등 여타 장들에 대해 구조적인 제약을 가할 수 있다. "언론인들은 문

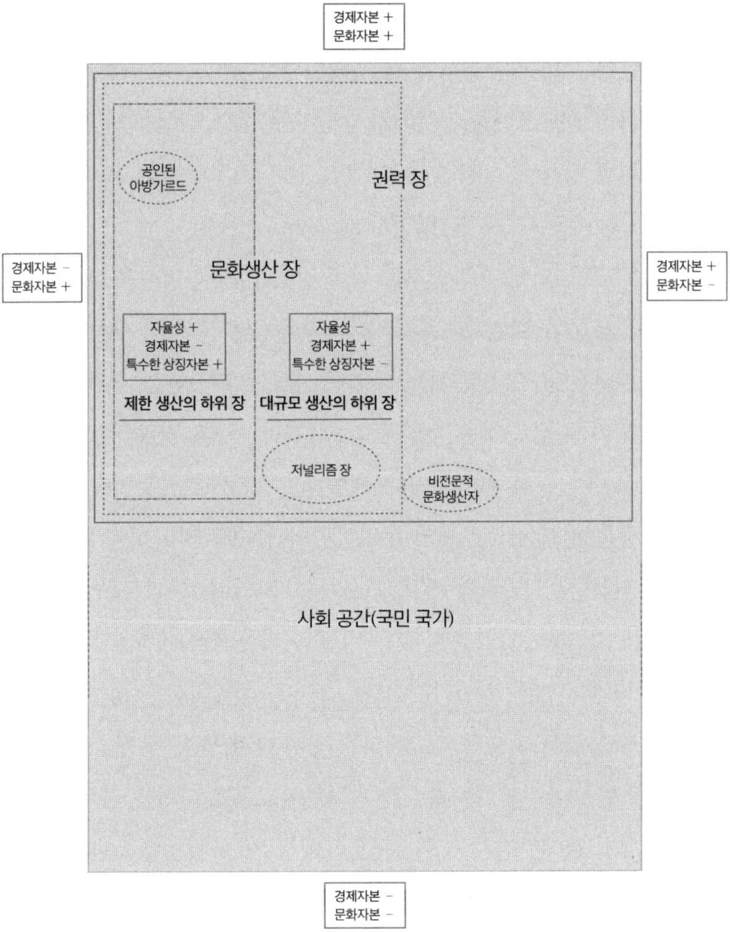

그림 23　권력 장, 문화생산 장, 저널리즘 장.
(출처: Bourdieu, 1992a, p.178의 그림을 수정)

화생산 장 속에서 열등하며 지배받는 위치를 차지하고 있지만, 동시에 아주 희귀한 형식의 지배를 행사한다. 그들은 [사람들이] 공적으로 자신을 표현하고 존재하게 만드는 수단, 남들에게 알려지고 공적인 명성(이는 정치인과 지식인에게는 핵심적인 목표다)을 얻을 수 있게 만드는 수단을 지배한다"(Bourdieu, 1996b: 52~53).

부르디외에 따르면, 저널리즘 장의 역사적 형성은 다른 문화생산 부문과 마찬가지로 상징적 축과 경제적 축의 대립 위에서 이루어졌다. 즉 한편에는 상업적 성공에 매진하는 선정적 대중지가, 다른 한편에는 저널리즘 고유의 가치를 지향하는 진지한 권위지가 발전하면서 장 전체를 구조화했다는 것이다. 저널리즘 장은 정치 장으로부터 독립하면서 상대적 자율성을 확보했는데, 신문들이 '권력의 비판자,' '민주주의의 수호자,' '인민의 대변자'를 자처할 수 있었던 것은 바로 이러한 맥락에서였다. 그런데 1950년대 이후 저널리즘 장에 들어온 텔레비전은 정보의 대량 배포 능력을 기술적으로 극대화하는 한편, 경제 장에 대한 의존도 또한 매우 높이는 결과를 가져왔다고 부르디외는 지적한다. 말하자면, 텔레비전은 사회 공간 안에서 저널리즘 장 전체의 영향력을 강화하는 한편, 상업화 경향을 부추기는 촉매제 구실을 하게 되었다는 것이다. (→ 노트 25: 신문 · 방송의 문화적 위상)

언론인의 실천 논리

텔레비전의 광범위한 보급과 더불어 더욱 두드러지게 된 저널리즘 장의 이중적 특수성은 다시 언론인이라는 직업 집단의 모순적 특성과 겹쳐진다. 부르디외에 따르면, 언론인은 취약한 개인들로 구성된, 아주 강력한 전문직이라 할 수 있다. 사회 공간 내 언론인의 객관적 위치는 정치인이나 지식인에 비해 낮지만 사회적 기능은 유사하며, 언론인의 집합적 권력은 어떤 면에서 때로 그들을 능가할 수 있다. 그로부터 정치인과 지식인에 대한 언론인의 경쟁심과 양가감정(선망과 반발, 열등감과 우월감), 그리고 담론 수준에서의 경합 현상이 발생한다.

저널리즘 장은 저널리즘자본의 분포에 따라 위계화되어 있으며, 장의 구조는 경제적 이해관계를 상징적 이해 관심으로 변형시켜 행위자들에게 부과한다. 장 내부에서 지배적인 분파는 언론사의 경영진과 간부 집단이다. 이들은 경제적인 성과를 통해 능력을 인정받았거나 오랜 언론 활동을 통해 상징자본을 축적한 사람들로서, 인사와 보상, 처벌 등의 권한 행사를 통해 기사에 대한 자신들의 분류 및 평가 기준을 기자들에게 강하게 제시한다. 시장의 요구는 이처럼 장 내부의 위계를 매개로 언론인의 직업적 실천에까지 영향을 미친다. 교사나 의사, 변호사 집단과 달리 선발·승진·통제·평가의 메커니즘이 사회적으로 제도화되어 있지 않은 저널리즘의 현실은 간부나 경영진이 자의적으로 권력을 극대화하기에 유리한 조건이라 할 수 있다. 기자의 지위나 기능은 상징적·상업적 능력 발휘, 개인적 연줄, 권위에 대한 인정, 충성의 표시와 서비스 제공 등에 불투명하게 의존한다(Accardo et al., 1995: 27~36).

개인적 성공이 무엇보다도 (그것이 함축하는 물질적 이득과 더불어) 상징자본의 축적에 달려 있는 언론인들로서는, 자신의 위치가 장 안에서 열세인 경우(예컨대, 말단 평기자, 지방지 기자 등), 이른바 위치의 비참misère de position을 경험하게 된다. 이는 특권적이고 권위 있는 세계 내부에서 상대적으로 낮은 위치에 있는 사람들이 느끼는 고통을 말한다(Bourdieu dir., 1993: 11). 부르디외가 지적하듯, "집단적으로 언론인들은 위압적일 수 있다. [하지만] 개인적으로 그들은 끊임없이 위험에 처해 있다. 여러 가지 사회학적 이유 때문에, 그 직업은 삶이 고달프며(그렇게 많은 알코올 중독 현상이 거기서 발견되는 것은 우연이 아니다), 종종 끔찍한 상사들에게 시달리기도 한다. 이 상사들은 기자들의 경력뿐만 아니라, 의식까지도 망쳐 놓는다. 이는 안타깝게도 (프랑스 아닌) 다른 곳에서도 마찬가지다. 언론인들은 많은 고통을 받는다. 이와 동시에 그들은 위험스러워진다. 고통에 빠진 계층은 언제나 자신의 고통을 결국에는 폭력과 경멸의 형태로 외부에 전이시키게 되기 때문이다"(Bourdieu, 2002: 400~401). 여러 연구자들은 프랑스에서 언론인의 고용 불안정성이 높아지고, 이른바 프리랜서나 인턴사원이라는 이름의 비정규 계약직이 많아져 가는 현상이 위치의 비참에서 오는 개개인의 고통을 집단적으로 가중시킨다고 지적한다. 다만 그것은 사람들의 선망 대상인 강력한 전문직 집단에의 소속이 주는 충족감, 그리고 언론사라는 권력 기관이 재분배해 주는 상징이윤을 통해 어느 정도 완화되는 경향을 띤다는 것이다(Accardo et al., 1995 참조).

장이론적 접근은 언론인들을 단순한 구조의 담지자로 보지 않으며, 그렇다고 해서 마냥 자유로운 주체로도 보지 않는다.

이 접근은 그들을 특수한 제약과 조건 아래 특수한 이해 관심을 추구하며 경쟁하는 집단으로 파악한다. 즉 저널리즘 장은 내적 경쟁의 공간으로서 기능하고, 여기서 언론인은 가장 만족스러운 상징적 속성(권위, 존경, 인정 등)을 획득함으로써 가능한 한 차별적인 위치를 차지하기 위해 노력한다. 언론인이 수행하는 차별화의 절정은 특종을 잡아, 다른 언론인들의 집합적인 실패를 이끌어 내는 데 있다. 특종은 차별화의 이중적 상징이윤을 생산한다. 한편으로 동료-경쟁자들로부터 능력을 인정받는 데서 나오는 내적 이윤이 있으며, 다른 한편 일반 공중에게 권력 집단에 대한 언론사의 독립성이나 다른 언론사들에 대한 우월성을 과시하는 데서 비롯하는 외적 이윤이 있다. 이러한 언론인들의 활동은 기본적으로 장을 구조화하는 위계화 원리principe de hiérarchisation와 계급 하비투스habitus de classe에 의해 규정된다.[47]

47 사람들은 가정이나 학교, 교회, 직장 등에서 이루어지는 사회화 과정에서 일군의 습성과 성향을 형성해 간다. 부르디외가 보기에, 그러한 습성과 성향은 파편적이고 무질서하기보다 나름의 응집성과 통일성을 지니면서 일종의 체계를 구성한다. 이 습성과 성향 체계, 이른바 하비투스는 과거의 실천이 신체에 누적되면서 생겨난 결과물이지만, 미래의 실천을 발생시키고 규정하는 지속적인 조건으로 작용한다는 점에서 매우 중요하다. 하비투스의 형성에는 어린 시절 가정과 학교에서 받는 의식적·무의식적 교육이 결정적인 역할을 담당하지만, 성장한 뒤에 직장, 동호회, 친구 관계 등을 통해 받는 영향 또한 무시할 수 없다. 하비투스는 개인적 차원과 집단적 차원으로 구분 가능하다. 개인적 하비투스란 각 개인이 지니는 모종의 실체적 독자성을 가리킨다. 이는 두 개인이 결코 동일한 사회적 위치에서 동일한 경험을 할 수는 없다는 점과 관련이 있다. 집단적 하비투스는 다양한 사회적 범주와 분할 선의 존재를 기초로 한다. 우리는 예컨대, 남성 하비투스나 프랑스인 하비투스, 언론인 하비투스에

저널리즘 장에는, 다른 문화생산 장과 마찬가지로, 생산자의 목표와 생산물의 평가 기준이 되는 위계화의 두 원리, 즉 내적 위계화 원리와 외적 위계화 원리가 있다. 장에 고유한 자본 축적 방식에 따르는 내적 원리는, 저널리즘 장의 경우, 정치권력의 압력이나 경제적 이익을 고려하지 않고 지적·전문적 판단을 기초로 정보를 선택하는 일과 관련된다. 반면 외적 원리는 상업적이거나 정치적인 잣대에 의해 정보를 취사선택하는 것이다. (저널리즘 장의 자율성이 낮다는 지적은 일반적으로 내적 원리에 비해 외적 원리가 더 강력하게 작용한다는 의미이기도 하다.) 이러한 위계화 원리들은 정보 생산 방식의 두 축과도 밀접하게 연관되어 있다. 정부나 공공 기관 등에서 제공하는 제도적 정보(보도 자료) 수집이 정보 생산 방식의 한 극을 이룬다면, 탐사 취재는 또 다른 극을 이룬다. 기자들은 대학이나 전문 학교, 직장에서의 교육 과정을 거치면서 탐사 취재에 적극적인 가치를 부여하게 된다. 능력 있는 기자라면 미리 가공된 정보와 보도자료를 거부하고, 감추어진 사건, 이면의 진실,

---

관해 말할 수 있다. 즉 집단적 하비투스는 사회 공간 안에서 서로 가까이 있는 개인적 하비투스들의 명목론적 분류 범주인 셈이다. 부르디외는 특히 계급 하비투스에 주의를 기울였는데, 계급을 결정하는 요인들(경제자본, 문화자본, 사회관계자본)이 개인적 하비투스를 구조화하는 가장 중요한 물적 토대이기 때문이다. 따라서 같은 계급의 구성원들이 공유하는 유사한 사회적 조건과 궤적은 그들의 하비투스를 서로 근접시키고, 그러한 근접성으로부터 계급 하비투스의 일정한 유형화가 가능해진다. 각 개인은 고유한 하비투스를 가지지만 그 안에는 그가 속한 계급 공통의 특성들 역시 작동하며, 이와 같은 견지에서 우리는 계급 하비투스를 추상화할 수 있는 것이다.

새로운 이슈를 추구해야 하는 것이다. 탐사 취재는 정보원에 대한 기자의 자율성과 사건에 대한 전문 지식을 드러냄으로써 더 많은 상징이윤을 보장한다. 부르디외에 의하면, 정보 생산에 어떤 원리와 방식이 채택될 것인가 하는 문제는 기자 개개인의 하비투스, 언론사 내에서 기자의 위치와 전략, 그리고 전체 장 안에서 개별 언론사 혹은 미디어가 차지하는 비중 등에 달려 있다 (Neveu, 2001: 34~42 참조).

한편 언론인은 대부분 고등 교육을 받은 중간 계급, 혹은 (경제자본보다 문화자본의 양이 많은) '지배 계급 내 피지배 분파'의 구성원이라 할 수 있다. 이들은 객관적인 존재 조건이 동일한 계급 내부에서 사회화 과정을 거치고, 저널리즘 관련 학교나 학과에서 비슷한 유형의 교육을 받으면서, 공통된 성향 체계 — 지각 방식, 인지 구조, 취향 등 — 를 내면화하게 된다. 이렇게 형성된 특수한 계급 하비투스는 언론인의 실천에 심층적인 영향을 미친다. 예를 들면, 언론인은 정치경제적 지배 세력에 대해 사회적 거리감과 함께 양가감정(애증, 동경과 질투, 존경과 경멸 등)을 강하게 느끼는데, 이러한 모순된 심리는 그 집단의 인정이 지니는 상징적 가치를 오히려 증폭시키기도 한다. 즉 지배 세력의 '호의'와 '대접'은 그들에게 중요한 보상으로 작용하는 것이다. 이는 기자들이 (대개 지배 집단에 속하는) 정보원과 맺는 개인적인 관계에서 다양한 '우정의 표시'를 거절하지 못한다는 점에서 명백히 드러난다. 기자들의 이러한 태도는 정보 수집 범위를 한정할 뿐만 아니라, 정보원과 유사한 인지 범주를 가지고 정보를 판단하는 습성을 강화하는 경향이 있다. 계급 하비투스는 이처럼 기자들이 정보를 얻고 처리하는 방식에서 근본적인 제약 요인으로 작용한다. 그것은 또 장의 효과와 맞물리면서 저널리즘 자체의 무의식적이며 체계적인 자기 검열의 원리로 작동한다. (→ 노트 26: 언론인의 계급 하비투스) 부르디외에 따르면, "요컨대 작업 조건과 출신, 교육 배경에서 공통점이 많은 기자들이 상대방이 쓴 글을 서로 읽고 만나고 토론장에서 끊임없이 마주친다는 사실은 폐쇄 효과effet de fermeture를, 그리고 솔직히 이야기하자면, 중앙 집권적 관료주의나 정치적 개입이 보여 주는 것만큼이나 효율적인, 아니 — 그 원리가 보이지 않기 때문에 — 그 이상으로 효율적인 검열 효과를 갖는다"(Bourdieu, 1996b: 26).

저널리즘 장의 '사악한 효과'

부르디외의 시각에서 보자면, 현재의 저널리즘 장은 사회학적이며 윤리적인 의미에서 이른바 사악한 효과effet pervers를 생산한다고 할 수 있다. 사회학에서 사악한 효과(혹은 역효과)란 어떤 개인이나 제도 혹은 사회가 의도하지 않은 작용을 가리킨다. 즉 하나의 목표를 추구하는 둘 이상의 개인이 그들 중 한 사람이나 모두에게 바람직하지 않을 수 있는, 원하지 않은 결과를 발생시킬 때 우리는 사악한 효과가 있다고 말할 수 있다. 그런데 행위자 개개인이 의도하지 않았으며 통제할 수도 없는 이 장의 효과는 궁극적으로 민주주의의 가치를 훼손한다는 점에서도 '사악한' 것이다. 장이론적 접근은 저널리즘 장의 작동 논리가 빚어내는 사악한 효과를 저널리즘 그 자체, 정치 장, 문화생산 장, 그리고 전체 사회 공간의 네 가지 수준에서 포착한다. 그 내용을 일종의 명제로 표현하자면, 저널리즘 장은 정보를 동질화·저속화하고, 정치 장의 폐쇄성을 강화하며, 문화생산 장의 자율성을 위협하고, 지배 이데올로기를 전파·강화한다고 요약할 수 있다.

저널리즘 장은 내부의 행위자들에게 구조적 힘을 행사하며, 그들을 통해 생산물에도 부정적 영향력을 가한다. 언론인들 간의 관계는 "인정사정없이 맹렬한 경쟁 관계인 동시에 상징 생산 장 내 그들의 위치에 연계된 공통의 이해 관심에 기초한, 또 사회적 출신과 교육(혹은 비교육)에 연계된 인지 구조와 지각 및 평가 범주의 공유에 기초한, 객관적 공모, 공모 관계이기도 하다"(Bourdieu, 1996b: 39). 부르디외에 따르면, 정보원이 부과하는 제약과 경쟁, 공모의 논리에 의해 저널리즘은 점점 더 동질화되어 간다. 거의 똑같은 정보가 돌고 도는 악순환, 서로가 서로를 비추는 거울 게임이 생산해 내는 "폐쇄, 정신적 감금의 놀라운 효과"가 나타나는 것이다. 텔레비전이 저널리즘 장에 끌어들인 '시청률 정신'은 이를 더욱 심화시켰다. 신문과 방송은 누구도 불편해하지 않고, 누구의 흥미라도 자극할 수 있는 잡다하고 단편적인 정보와 스캔들, 선정적인 기삿거리에 주력하게 된다. 저널리즘은 강한 상업적 압력 아래서 사건 사고, 스포츠, 오락 기사 등 19세기 황색 신문yellow paper식의 기교에 점점 더 의존하는 추세에 있다. 게다가 미디어 간 치열한 특종 경쟁과 속보 경쟁은 언론인들이 서로 모방하면서 똑같은 일을 하도록 자극함으로써 정보를 다양화·고급화하기보다는, 오히려 획일화·저질화한다. 부르디외가 보기에 이는 시민들이 민주적 참여에 요구되는 정보를 제대로 얻지 못한 채, 지배 이데올로기에 휩쓸리게끔 만든다. (→ 노트 27: 저널리즘의 소비)

더욱이 기자는 사회적으로 공인된 뉴스 가치를 지닌 사건과 인물과 현장 주변을 맴돌게 되고, 서로가 서로의 일탈을 통제하게 된다. 나아가 그들은 장의 상대적 자율성과 내적 경쟁의 논리 속에서 점점 더 서로를 위해, 서로를 향해 말한다. 거기에는 '상호 독서의 효과' 또한 있다. 즉 언론인은 가장 신속하면서도 왕성한 미디어 소비자다. 치열한 경쟁 속에서 최소한 남들보다 뒤떨어지지 않기 위해, 언론인은 다른 신문이나 방송을 끊임없이 보고 참고하면서 경쟁자들과의 소소한 차이에 만족한다. 이렇게 해서 이들은 서로를 의식하면서 비슷비슷한 정보를 양산해 낸다. 유사한 제약 조건, 막강한 광고주와 시장 조사에 매여 있는 미디어나 언론인 간의 경쟁은 결국 정보를 동질화하는 부정적 결과로 이어지는 셈이다(Neveu, 2002: 50∼54 참조).

부르디외는 1980년대 이래 프랑스의 정치에서 두 가지 대립 경향이 점점 심화되고 있다고 지적한다. 한편으로 정치가 시민들의 실생활이나 사회 세계의 실용적 문제와 단절된 채, 내부의 권력 게임과 공허한 이슈 및 스캔들에 몰두하는 폐쇄성을 보여 준다면, 다른 한편으로는 정치인과 정치 활동 자체가 시민의 시선에 더 많이, 더 직접적으로 노출되고 있다는 것이다. 부르디외에 따르면, 이러한 이율배반적 추세의 중심에 바로 텔레비전이 있다(Bourdieu, 2002: 235). 정치 세계는 시민 사회와의 소통 창구를 여론 조사나 미디어에 거의 전적으로 의존하는 동시에 미디어, 특히 텔레비전을 통해 정치적 효과를 생산하려는 노력을 기울인다. 이 과정에서 정치 장과 저널리즘 장의 긴밀한 공모 체제가 형성된다.

정치인은 상징자본을 획득하는 가장 간편하고도 확실한 방법으로 텔레비전 출연을 선호하며, 보도가 예상되는 사소한 사건을 일으키는 데 주력한다. 이른바 '이미지 정치'가 일반화되는 것이다. 언론인들은 공중의 관심을 어렵고 복잡한 정책 의제 경쟁으로 이끌기보다는, 정치가의 인간적 면모, 개인적인 야심과 이기주의, 정치의 흥미로운 이면 세계나 정파적 갈등 상황으로 돌린다. 이렇게 해서 정치는 사사화, 오락화되고 공공선을 둘러싼 정치인들의 정치적 비전이나 이념 투쟁은 공중의 시야를 벗어나게 된다(Champagne, 1989 참조). 또 저널리즘 장에서 구성되어 정치인들에게 의제로 부과되는, 이른바 '사회 문제'는, 미디어의 상업주의가 심화된 상황에서 잘못 제기될 가능성이 매우 높아진다. 즉 시장의 압박 아래 속보 경쟁에 휘말려 있는 언론인은 현안에 대해 시간을 두고 진지하게 성찰하기보다, 강력한 이해집단의 요구와 집단 감정의 압력을 거리 두기 없이 즉각적으로 반영하는 태도를 보인다. 이는 성급한 가치 판단, 신중하지 못한 현상 진단과 고정관념의 확대 재생산으로 이어지는 것이다(Bourdieu dir., 1993: 941).

한편 프랑스에서 1970년대 이래 일상화된 여론 조사는 정치 장과 저널리즘 장의 역학 관계 변화를 잘 보여 준다(Champagne, 1990 참조). 언론인이 부과하는 잘못된 문제틀을 재생산하기 일쑤인 여론 조사는 정치인의 기회주의를 강화시키고, 공공 토론의 구성에 부정적으로 작용한다. 또 주기적으로 이루어지는 정치인 지지도 조사는 정치 장 내 세력 관계 — 예를 들어, 당 총재나 대통령 후보자 선출 — 에 직접적인 영향을 미치며, 선거에 의해 뽑힌 정치인들의 정당성마저 구조적으로 불안정하게 만든다. 그것은 마치 매일 치러지는 투표처럼 여겨지면서, 제도화된 선거가 정치인에 부여한 대의의 자격과 임기의 안정성을 뒤흔드는 탈정당화 효과effet de délégitimation를 생산한다. 이렇게 해서 여론 조사는 정치 장에 대한 저널리즘 장의 권력을 한층 강화시켜 준 요인으로 자리 잡았다. '여론 그 자체'의 이름으로 말하게 됨으로써 언론인들은 선거에 기초한 정치인들의 힘에 맞설 수 있게 되었다(Champagne, 1990: 248~250; 1995b)

부르디외는 과학과 예술을 포함한 모든 문화생산 활동에 텔레비전의 영향력이 엄청나게 확대되었다는 사실에 주목한다. 이 영향력은 두 가지 수준에서 나타난다. 먼저 텔레비전은 전달 범위가 막대하고 이미지로 소구한다는 특징 때문에, 출연자가 쉽게 '공적 명성'이라는 상징자본을 축적할 수 있게 해 준다. 그런데 그것은 특유의 시간적 압박과 상업성 때문에 고급스러운 정보를 전달하기 어려운 미디어라 할 수 있다. 사유의 전개는 내적으로 시간에 연계되어 있는데 반해, 텔레비전 미디어는 희소재인 시간의 효율적이고 생산적인 관리를 위해 짧고 빠른 정보 유통을 선호하기 때문이다. 한마디로 텔레비전은 그 속성상 사유를 촉진하는 데 부적당한 미디어인 셈이다. 게다가 프로그램 제작자의 하비투스와 사회적 관계망이 출연자 선정에 편향을 가져오면서 실력도 전문성도 없는 지식인들이 주로 텔레비전을 통한 상징자본의 축적에 나서게 된다. 이에 따라, '미디어 지식인'들이 등장한다. 이들은 신문 기고나 방송 출연을 매개로 쌓은 명성과 권위를 이용해, 종종 자신이 속한 장에서 영향력을 행사하려는 전략을 구사한다. 예를 들면, 별다른 연구 성과는 없지만 잦은 미디어 노출로 높은 인지도를 얻은 사회학자가 사회학 장 안에서 지배적인 위치를 차지하는 경우가 생길 수도 있다. 이는 사회학 장의 자율성을 위협한다. 예술가와 예술 장에서도 마찬가지 현상이 나타날 수 있다(Pinto, 1994: Lenoir, 1994 참조).

이에 더해 부르디외는 "저널리즘 장의 전체적인 하중을 통해 경제가 모든 문화생산 장을 짓누르고 있다"고 지적한다(Bourdieu, 1996b: 65). 텔레비전은 이러한 경향을 더욱 촉진한다. 시청률 조사나 여론 조사 등을 매개로 경제적 평가 범주가 문화생산의 하위 부문들에 중요하게 부과되고 상업성의 압력이 증가하는데, 이는 그러한 부문들을 구조화하는 상징적 축과 경제적 축 가운데 후자의 비중이 훨씬 커진다는 것을 의미한다. 이는 결과적으로 문화생산에서 과학적·예술적 가치를 추구하는 대신 상업적 이익을 우선시하는 풍조를 강화하며, 그러한 사람들이 더 많은 권력을 행사할 수 있도록 만든다. '자율적 시장'의 제재로부터 문화생산 장의 타율성이 생겨난다. 생산자와 생산물은 수용자에 대해 거둔 성공, 그리고 그것이 보장하는 정치적·경제적 이윤의 정도에 따라 평가된다(Bourdieu, 1983a: 326~327). 텔레비전을 통해 널리 유통되고 인정을 받고자 하는 문화 상품이나 담론은 시장의 힘에 의한 '구조적 검열'을 감수하면서 균질화되고 탈정치화된다. 이러한 현상은 문화생산의 하위 장이 오랜 역사적 투쟁 속에서 확보한 내부의 상징적 가치와 평가 원리를 위협할 수 있다.

한편 부르디외는 텔레비전이 전체 사회 공간 속에서 막강한 상징권력을 행사한다는 점을 강조한다. "일상적 상호 작용의 차원에서, 또는 전 지구적 차원에서 정치 투쟁의 목표 가운데 하나는 세계에 대한 비전을 부과하는 능력, 사람들이 특정한 구분(청년과 노년, 프랑스인과 외국인)에 의거해 세상을 보도록 만드는 안경을 부과하는 능력이다. 그러한 구분을 강제하면서 사람들은 집단들을 동원하고, 이 집단들은 동원됨으로써 자기 존재를 확인시키게 되고, 압력을 행사하거나 이득을 얻을 수 있다. 오늘날 이 투쟁에서 텔레비전은 결정적인 역할을 한다"(Bourdieu, 1996b: 22). 그 대표적인 예로, 부르디외는 신자유주의 경제에 대한 미디어 보도가 사회 세계에 대한 지배 세력의 관점과 이해관계를 자연스럽게 만드는 데 기여한다고 비판한다(Bourdieu, 1998a 참조). 미디어가 아무런 비판 없이 수용하거나, 또는 적극적으로 동조하면서 유포시키는 지배 계급의 언어와 담론이 합리적인 공공 논쟁을 침식한다는 것이다. 신자유주의 경제를 사회에 강제하는 지배 세력의 상징폭력은 특히 완곡 어법을 통해 구사된다. 예컨대, '해고' 대신 '구조

조정'이나 '인원 감축downsizing,' '고용 불안정' 대신 '노동 유연성' 이나 '탄력성,' '시장에 의한 규제' 대신 '탈규제,' '사회안전망의 축소' 대신 '개인의 책임과 자율성의 증대'라는 말들로 치장된 신자유주의는 마치 자유화와 해방의 보편적 메시지인 것처럼 사람들에게 전달된다. 그 과정에서 '시장'에는 '자유,' '개방,' '유연성,' '역동성,' '미래,' '새로운 것,' '성장,' '개인,' '개인주의,' '다양성,' '진정성,' '민주주의' 등의 이미지가, '국가'에는 '제약,' '폐쇄성,' '경직성,' '부동성,' '과거,' '지양된 것,' '퇴보,' '집단주의,' '동일성,' '인공성,' '전체주의' 등의 이미지가 체계적으로 따라붙는다(Bourdieu, 2002: 443~449; Bourdieu & Boltanski, 2008 참조). 그리하여 부정적인 국가의 통제로부터 벗어난 시장의 독재가 더 긍정적이고 자연스러운 상태인 양 정치적 정당성을 획득한다는 것이다.

부르디외는 "세계를 변화시키기 위해서는, 세계를 만드는 방식들, 즉 세계에 대한 비전 및 집단을 생산하고 재생산하는 실제적인 활동들을 변화시켜야 한다"고 역설한다(Bourdieu, 1987a: 163). 이러한 견지에서 "세계를 만드는 권력," 곧 상징권력을 효율적으로, 그리고 대규모로 행사하는 미디어의 정치적 중요성은 아무리 강조해도 지나치지 않다는 것이 그의 주장이다.[48] 부르디외

48 부르디외에 따르면, 타인들에게 세계상(사회적 분리에 대한 시각)을 부과하고 집단을 창출하는 상징권력은 두 가지 조건에 맞물려 있다. 우선 상징권력을 행사하려면 상징자본을 소유하고 있어야 한다. 달리 말하면, 상징권력은 그 주체가 이전의 투쟁에서 획득한 사회적 권위에 달려 있다. "상징자본은 신용crédit이다. 그것은 인정을 부과할 수 있을 만큼 인정을 얻어 낸 사람들에게 주어진 권력이다. 따라서 조직의 권

의 미디어 비평은 미디어의 과도한 상징권력에 맞서 사회학적 대항 권력을 구성하려는 노력의 일환이었던 셈이다.

저널리즘의 사회학적 윤리를 향하여

1910년에 이미 베버는 근대적 삶을 "신문에 의해 생겨나는 특수한 공적 성격"으로 특징지으면서, 자본주의적 사기업으로서 신문사, 특히 자본의 증가, 대자본의 신문 기업이 여론 형성에서 하는 역할, 정보원(조직)의 사회적 위치, 정보 가공 및 생산자로서의 언론인(출신 및 교육 배경, 직업적 지위, 실존적, 직업 외적 조건 등), 신문 읽기의 유형, 신문이 생산하는 효과 등을, 신문의 사회학적 분석을 위한 의제로 제시한 바 있다(Weber, 1992). 이러한 베버의 제안을 구현하는 문제틀로서 부르디외의 장이론은 저널리즘에 대한 기존의 다른 학문적 접근들과 비교해 볼 때 몇 가지 특징을 지닌다. 그것

력, 동원으로 새로운 집단을 만들어 내는 권력, 위임권에 기초해 승인된 대변인으로서 집단을 위해 말하면서 집단을 존재하게 만들 수 있는 권력은 오랜 임명 과정 끝에나 얻어질 수 있다. 그때가 돼서야 집단을 만드는 권력을 집단으로부터 받은 대리인이 제도화된다." 다음으로 상징권력이 발휘하는 효능은 사람들에게 제시된 세계상이 실재에 바탕을 둔 정도에 달려 있다. 집단의 조직은 무無에서 이루어지는 것이 아니다. 그것은 실재에 기반할수록 성공할 가능성이 더 많아진다. 따라서 "상징권력은 공인 혹은 현시révélation의 권력, 이미 존재하는 것을 확고하게 만들거나 드러내 보여주는 권력이다"(Bourdieu, 1987a: 164).

은 먼저 '상징적 지배'라는 문제의식을 놓치지 않으면서도, 언론 제도와 현상을 고립적이거나 부분적으로만 보지 않고, 전체 사회 구조와의 관련 속에서 체계적으로 파악할 수 있도록 해 준다. 이는 저널리즘 장 개념을 통해 이루어지는데, 이 개념은 언론 활동에 관여하는 전문가 집단의 구체적 실천, 상호 작용과 상호 의존 관계, 그리고 다른 사회 집단이나 세력에 대한 상대적 자율성을 분석의 초점에 놓는다. 그럼으로써 장이론은 사회적 생산과 수용 조건으로부터 추상화한 메시지 구조를 해독하려는 기호학적 접근이나, 미디어가 자본가와 지배 계급의 정치경제적 이해관계를 직접적으로 반영하고 그에 봉사한다고 보는 마르크스주의적 접근이 드러냈던 한계와 문제점을 극복하려 애쓰는 것이다 (Benson, 1999; Benson & Neveu eds., 2005; Champagne, 1989 참조).

장이론에 근거하는 부르디외의 미디어 비평은 다음과 같은 주장들로 요약될 수 있다. 즉 텔레비전에 의해 저널리즘 장에 도입된 시청률과 상업주의 논리가 언론인의 직업적 자율성을 잠식하면서 미디어 생산물을 동질화, 저속화하고 정치를 공중과 단절된 자족적 소세계로 구성하며, 문화생산 장 일반의 내적 순수성을 위협하고 있다는 것이다. 신자유주의 반대 운동에 적극적으로 참여하고 나섰던 1990년대 중반 이후, 부르디외는 시장 독재와 전 지구화, 복지 국가 축소를 정당화하는 미디어 담론 역시 강하게 비판했다. 그는 전례 없는 상업화의 압력에 시달리는 미디어가 민주주의에 위험한 존재가 되었다고 경고한다. 이러한 텔레비전과 미디어가 상징적 지배의 도구가 아닌, 정치 장의 투명성과 개방성을 보장하는 직접민주주의의 수단으로 활용될 수 있으려면 저널리즘 장부터 변화시켜야만 한다.

이러한 맥락에서 부르디외는 자신의 미디어 비평이 단순한 주관적·상황적·정파적 의견으로서 받아들여질 가능성을 경계했다. 또한 그의 이론이 언론 활동의 구조적 제약 요인들을 보여 준다고 해서, 새로운 변화와 그것을 위한 실천의 가능성을 전적으로 배제하는 것은 아니라는 점을 강조해 마지않았다. 그의 말을 빌리자면, "구조에 대한 분석은 사회적 행위자들로부터 자유를 앗아가지 않는다. 그들에게는 그들을 사로잡고 있는 메커니즘에 대한 인식을 통해 증가하는 아주 작은 몫의 자유가 있다. 그러므로 언론인이 저널리즘에 대한 분석을 '비판'으로 취급한다면 이는 잘못이다. 그들은 그 분석에서 그들을 사로잡고 있는 구조적 제약을 인식하고 의식하는 데 필수 불가결한 도구, 따라서 그들에게 약간의 자유를 더 줄 수 있는 도구를 보아야 한다"(Bourdieu, 2002: 380~381).

이러한 전제 아래 부르디외는 1994년 6월 릴저널리즘학교Ecole supérieure de journalisme de Lille의 강연에서 문제적인 미디어 상황을 개선하기 위한 몇 가지 실천적 대안을 제시한 바 있다. 그 제안들은 저널리즘 장의 자율성을 최대한 강화하고, 언론인들로 하여금 보편적 덕목에 이해 관심을 갖게 만드는 사회적 메커니즘의 확립에 초점이 맞추어진다(Bourdieu, 1994: 237~244 참조). 릴 강연과 또 다른 기회들을 빌려 부르디외가 주장한 저널리즘 개선 방안 몇 가지를 정리하면 다음과 같다. 첫째, '시청률 정신'과 시장

만능주의 사고방식의 일반화가 야기하는 저널리즘 부문의 상업화를 최대한 막아야 한다는 것이다. 이는 신자유주의 경제의 확산을 막는 과제와도 직결된다. 시청률이나 판매 부수가 아닌, 언론인 집단의 내적·전문적 가치가 저널리즘의 성과를 비판적으로 평가하는 실질적 심급이 되어야 한다. 둘째, 언론인의 오류와 이기주의를 규제하고 공공 서비스의 태도를 진작할 수 있는 제도적 장치를 만들어야 한다는 것이다. 언론인의 권력 남용을 최소화하기 위해서는 도덕과 직업 윤리의 규제만으로는 불가능하다. 따라서 특정한 게임의 규칙을 준수하지 않는 사람들이 언론 활동에 종사하지 못하도록 진입 장벽을 높이고, 금기(표절이나 사실 왜곡 등)의 위반자에게는 거의 자동적으로 제재가 가해지며 '퇴장의 의무'까지도 부과되는 강력한 조치가 필요하다. 반대로 게임의 규칙을 준수하며 성과를 올리는 사람이 (예컨대, 참고와 인용의 형식으로) 동료의 존경을 받게 하는 긍정적인 조치도 고안해 볼 수 있을 것이다. 부르디외는 높은 자율성을 누리는 학문 장으로부터 이러한 장치의 모델을 빌려올 수 있다고 본다.

셋째, 언론인이 개인적으로나 집단적으로 말의 오용과 남용을 자율적으로 통제할 수 있는 능력을 갖추어야 한다는 것이다. 부르디외가 논하듯, "언론인은 말을 통해 효과를 생산하고, 상징폭력을 행사한다. 따라서 그들은 말을 통제함으로써 그들이 의지와 무관하게 가할지도 모르는 상징폭력의 효과를 제한할 수 있다"(Bourdieu, 2002: 392). 언론인은 세계를 지각하고 이해하는 데 필수적인 언어를 생산함으로써 시민들에게 특정한 세계상을 부과하는 강력한 상징권력을 행사한다. 따라서 언론인에게는 그러한 권력의 부정적 효과를 최소화할 수 있도록 특정한 개념이나 용어, 표현 등의 전제와 내용을 성찰하고 절제 있게 이용하는 덕목이 요청된다. 넷째, 저널리즘에 대한 내적 비판과 외적 비판, 사회과학적 비판 등의 교차 통제를 강화해야 한다는 것이다. 부르디외는 개인적인 '의식'이나 '의지'에 근거를 두는 저널리즘의 윤리는 위험하며, 자기 신비화의 도구만 제공한다고 지적한다. 실천에 대한 진정한 지식을 구축하기 위해서는 언론인 집단이 스스로의 실천에 대해 주장하는 담론을 객관적으로 평가하는 작업이 반드시 요구된다. 사회과학자들이 개입할 수 있는 지점이 바로 여기에 있다. 특히 "서로 공격하지 않는다"는 언론계의 묵시적인 카르텔이 지니는 사회적 기능을 분석할 필요가 있다. 다섯째, 부르디외는 미디어가 생산하는 탈정치화 효과를 거부하고 경제 권력의 횡포를 제한하기 위해 "시민 윤리에 부합하는 비판적인 저널리즘 운동"을 벌일 것을 주창했다(Bourdieu, 1997a: 29). 비판적 지식인은 권력과 자본의 검열 아래서 고통받는 언론인과 연대해 저널리즘 장을 비롯한 문화생산 장의 독립성을 지켜야 한다. 부르디외에 따르면 "기자 세계가 완전히 균질적인 것처럼 표상해서는 안 된다. 시청률의 압력에 굴복했다는 공통점을 갖고 있는 사람들과 시청률의 꼭두각시에 불과한 간부들 사이에 돌고 도는 정보의 (악)순환이 가져오는 이 거대한 동질적 정보의 도가니 속에서 작은 차이들을 드러내려고 절망적으로 싸우는 힘없는 기자, 젊은 기자, 반항적인 기자, 끈덕진 기자 들이 있다"(Bourdieu, 1996b:

27). 부르디외가 제시하고 실천한 집합적 지식인의 모델은 비판적 언론인과 지식인, 문화생산자 들이 연합해 지배 권력에 저항하는 과정에서 의미 있는 준거가 될 수 있을 터다.

그럼에도 이러한 원칙론이 실제 언론인들에게 얼마나 설득력 있게 다가갈 수 있을지는 자못 의심스럽다. 당장 릴 강연에서 어떤 언론인이 보였다는 반응은 그러한 어려움을 단적으로 시사한다. 부르디외가 언론인의 직업적 실천을 억압하는 메커니즘에 더 잘 저항하기 위해 연구자 집단과 언론인 집단이 공동으로 연구를 수행할 필요성을 제안하자, 방송사 편집국장 출신의 이 청중은 "편집국에 발 한 번 담가 보지 않은 대학교수에게서" 훈계를 들을 필요는 없다고 대꾸했다는 것이다(Watine 1999: 131). 이는 부르디외의 이상적인 기대와 달리, 언론인과 연구자 들에게조차 연대나 연합, 상호 이해보다는 경쟁과 배척, 그리고 몰이해가 훨씬 흔한 현실임을 일깨워 준다. 더욱이 부르디외의 논의가 기본적으로 1990년대 프랑스 사회의 저널리즘 현상을 배경으로 나온 것인 만큼, 그것이 설령 일반론의 형식 아래 제시되었다 하더라도, 우리가 거기에 아무런 유보 없이 보편적인 의미를 부여할 수는 없다. 그럼에도 하나 부인하기 어려운 것은 장이론적 접근이 시대와 사회의 제약을 넘어서는 일정한 타당성을 확보하고 있다는 점이다. 부르디외의 저널리즘 분석에서 언뜻언뜻 현재 우리 사회 저널리즘의 모습을 떠올리게 되는 이유는 아마도 그 때문일 것이다. 나아가 미디어 권력의 부정적 효과에 대한 부르디외의 예리한 문제의식, 그리고 그 효과를 과학적 탐구와 비평의 실천적 개입으로 견제하고자 했던 정신 역시 우리에게 중요한 의미를 지닐 수 있을 것이다. 그가 발전시킨 개념과 이론을 무기 삼아, 우리의 저널리즘 현실을 적절하게 비판하고 개선 방향을 모색하는 일은 디지털 미디어 환경이 일상화된 지금 한층 더 절실해진 과제다.

노트 24 | 부르디외의 지식인론

1990년대 이후 프랑스의 정치적 비민주성이 심화되고 공공성이 위협받는 국면에서 부르디외는 사회과학을 혁신하고자 한 기존의 노력에 더해, 지식인의 존재 방식에 대한 새로운 시각을 부과하고자 애썼다. 그는 지식인이 여러 이유로 발언권을 박탈당한 사람들에게 말을 돌려주는 역할, 소크라테스적 의미의 '산파' 역할을 할 수 있다고 믿었다. 특히 "사회 세계에 대한 사실주의적 시각을 집단적으로 드러내는" 사회학자가 법적으로 선출된 대변인인 정치인, 그리고 대변인의 권리를 자처하며 독점하려 드는 미디어 지식인의 권력을 통제해야 한다는 것이다. 부르디외가 보기에, "인간 존재와 행위를 그것을 생산해 낸 사회적 조건들에 연관 짓는 사회학적 시선은 타자에 대한 이해에 이르게 한다. 그러한 이해는 모든 것을 용서하고 감내하는 관용도 아니고, 있는 그대로의 세계를 수용하는 체념도 아니다"(Bourdieu, 1992b: 116). 그것은 오히려 사회 세계를 진정한 민주적 변화로 이끄는 지적 기반을 마련한다. 이러한 입장에서 부르디외는, 마치 푸코가 그랬던 것처럼, 콜레주드프랑스의 교수라는 공식 직함 위에 '투사' 내지 '사회 운동가'로서의 면모를 포개 놓았으며, 자신이 축적한 상징자본을 매개로 국경을 초월한 '지식인 연대'의 구축을 도모했다. 그리하여 그는 성찰적 사회학 위에서 각종 인식론적 이항 대립 — 객관 대 주관, 구조 대 개인, 거시 대 미시 등등 — 의 허구성을 지양하고자 했던 것처럼, 새로운 정치적 실천을 통해 기존 지식인론들의 대립 구도 — 학자적 전문성 대 투사적 참여, 특수한 지식인 대 보편적 지식인, 합리주의 대 유토피아주의 등등 — 가 지닌 전형성을 극복하고자 했다.

그런데 부르디외의 이론적 명분과 무관하게, 실제 정치적 실천은 당시 프랑스 지식 사회에서는 급작스러운 변모이자 전환으로 받아들여졌다. 본래 비정치적 연구자로서의 정체성이 강했던 부르디외가 '위대한 지식인' 전통의 빈자리를 차지하기 위해 사회 참여를 본격화했다는 것이었다. 1990년대 그가 각종 사회 운동의 와중에서 동료 연구자들과 발간한 일련의 논쟁적인 저작과 팸플릿 역시 지식인과 언론인에 대한 과격한 실명 비판으로 거센 반발을 불러일으켰다. 주목할 점은 부르디외가 자신에게 쏟아진 비판에 대해 자기 작업을 왜곡하거나 오독한 결과일 뿐이라며 일축했다는 것이다. 그는 자신의 사회학 텍스트가 줄곧 '과학적 구성'과 '정치적 개입'이라는 씨줄과 날줄로 짜여 왔다고 강조하면서, 적대자들이 자신을 비난하기 위해 새삼 정치적 성격만을 부각할 뿐이라고 반박했다. 예를 들어, 1960년대 내놓은 《알제리의 노동과 노동자*Travail et travailleurs en Algérie*》나 《상속자들*Les héritiers*》처럼, 지금 와서는 지극히 학문적인 텍스트로 여겨지는 책들도 출간 당시엔 '지나치게 정치적'이라는 비판으로부터 자유롭지 못했다는 것이다. 부르디외는 《텔레비전에 대하여》라든지 《맞불 1, 2》 같은 저작에 내재한 과학적 접근법을 보지 못한 채 표면적인 논란과 공방에만 치중하는 식의 이해는, 일부 그 책들의 팸플릿 형식에서 기인하지만, 결코 온당하지 않다고 강변한다. 그의 주장에 따르면, 예컨대, 작가 필리프 솔레르스를 비판한 《맞불》의 텍스트는 단순한 정치적 인신공격으로만 받아들여졌지만, 하비투스 분석 방식을 실연한 사례 연구이기도 하다(Bourdieu & Delsaut, 2002: 234~235; Bourdieu, 1998a: 18~20 참조).

자신의 인식론적·정치적 일관성을 역설하는 부르디외의 자기변

호가 얼마나 타당한가에 대해서는 별도의 면밀한 검토가 뒤따라야 할 것이다(이상길, 2018a: 3장 참조). 하지만 그가 학계의 통념상 상충하는 것으로 표상되는 '과학적 구성'과 '정치적 개입'을 늘 종합하려 애썼다는 사실만은 새삼 확인해 둘 필요가 있다. 저자의 의도가 저작에 실제로 충실히 구현되었는지 여부와는 별개로, 그 의도를 아예 무시한 채 특정한 방향으로만 읽는다면, 이는 저자와 저작에 대한 정당한 대우가 아닐뿐더러 독자에게도 생산적인 읽기로 기능할 수 없기 때문이다. 그렇다고 이러한 주장이 부르디외 스스로 내세우는 내적 일관성을 무조건 추인해야 한다는 뜻은 아니다. 그의 사유는, 최소한 그 자신이 표방하는 것보다는 훨씬 더, 정치사회적 맥락과 밀접히 상호 작용하며 이루어진 진화의 차원에서 파악되어야 한다. 이러한 관점에서 후기 부르디외를, 자신의 소명에 충실한 사회학자라면 필연적으로 이를 수밖에 없는, '관조하는 삶'과 '행동하는 삶'의 통합으로 해석한 영국 사회학자 지그문트 바우만Zygmunt Bauman의 평가에 귀 기울일 필요가 있다. 바우만은 이렇게 설명한다. "사회학자의 관조하는 삶vita comtemplativa은, 어쩔 수 없이, 활동하는 삶vita activa으로 인도한다. (……) 객관성과 신뢰성에 대한 순수하게 직업적인 요구가 사회학자를 '활동가'로 만든다. (……) 그 성격상 중립적이지 않은 일들을 하면서 사회학자는 이미 그가 탐구하는 세계의 모습에 책임이 있다. 정치적 투쟁으로의 진입은 그러한 책임을 위해 책임을 감당하는 일 그 이상도 이하도 아니다. 책임을 감당하기, 즉 사회학자에서 지식인으로의 전환은 '위반' 행위다. 하지만 그러한 위반은 [사회학자라는] 직업적 소명에 대한 충실성으로부터 유기적으로 솟아난다"(Bauman, 2002: 186).

노트 25 | 신문·방송의 문화적 위상

신문·방송 같은 매스 미디어의 상징적 지위가 예컨대, 같은 매스 미디어인 영화에 비해 훨씬 낮은 이유는 무엇일까? 영화는 신문·방송과 마찬가지로 기술·자본 집약적 산업이면서도 '제7의 예술'로 자리 잡고서 상대적으로 더 우월한 문화적 평판을 누리고 있으니 말이다. 거기에는 여러 요인이 복합적으로 작용하는 것으로 보인다. 먼저 영화의 역사적 발전은 기존의 다른 예술들에 대한 끊임없는 모방과 상호 작용 속에서 이뤄진 반면, 신문이나 방송은 그렇지 않았다. 또한 영화는 하나의 통일성 내지 내적 완결성이 있는 문화적 표현 양식인 반면, 신문이나 방송은 시사성에 크게 의존하는 정보 전달 수단으로서의 사회적 기능, 그리고 이질적인 콘텐츠와 장르를 모두 조합시킨 형식 등에서 그렇지 못하다. 이 점에서도 미루어 알 수 있듯, 결정적인 요인은 신문·방송이 그 자체의 고유한 언어나 표현 형식을 계발시켜 나가기보다, 역사적으로 다른 문화 재화들의 배포 미디어로서의 성격을 확립시켜 간 데 있는 것으로 보인다. 신문·방송은 "근대성의 하부 구조"로서, 간접적 사회관계의 비중이 엄청나게 커진 근대 사회의 새로운 생활 세계를 형성하는 정보 네트워크가 되었던 것이다(Calhoun, 1992). 이 과정에는 다양한 정치경제적 요인과 역사적 우연성이 개입했을 테지만, 중요한 것은 결과적으로 신문·방송이 정치권력과 경제 논리에 구조적으로 유착하게 된 한편, 정기성, 연속성을 통해 사회구성원들의 일상생활을 조직하는 미디어로 발전했다는 사실 그 자체다. 이는 현재 문화적 위계 차원에서 신문·방송이 낮은 지위에 있는 근본 이유일 것으로 여겨진다. 근대 사회에서 상징적 정당성으로서 '예술성'은 정치권력과 경제 논리로부터의 자율성, 그리고 비일상성을 주요 속성으로 가지기 때문이다.

노트 26 | 언론인의 계급 하비투스

부르디외와 동료 연구자들은 프랑스의 저널리즘이 표면적인 다양성만을 구가하고 있다고 비판한다. 즉 겉보기에 여러 개 신문사와 방송사가 다양하고 이질적인 입장을 보여 주는 것 같지만, 이는 피상적인 차이일 뿐, 실제로 전체 저널리즘은 정치 체제에 대한 광범위한 합의와 이데올로기적 획일성을 숨기고 있다는 것이다. 이는 저널리즘이 주로 판매와 광고 시장의 중심축인 중상 계급을 향해 말한다는 점만으로는 충분히 설명하기 어렵다. 바로 이 대목에서 계급 하비투스 개념이 들어온다. 계급 하비투스란, 간단히 정의하면, "계급 조건과 그것이 부과한 심리 상황의 체화된 형태"를 가리킨다(Bourdieu, 1979: 112). 지배 계급 내 피지배 분파에 속하는 언론인 집단은 상대적으로 많은 문화자본과 적은 경제자본에 의해 특징지어지는데, 이로 인해 생겨난 고유한 하비투스를 드러낸다. 즉 언론인은 문화자본의 면에서는 지식인과 예술가에 비해, 그리고 경제자본의 면에서는 의사, 판검사 등 전문직 종사자에 비해 불안정한 상황에 처해 있다. 신흥 부르주아지가 그렇듯, 언론인 집단도 자신이 욕망하는 것을 어느 하나도 완전히 가지지 못한 이 모호한 상태로부터 다른 집단과 구별되는 적절한 권위를 끌어내려 애쓴다. 그럼에도 프랑스 언론인들은 크게 보면 사고방식이나 생활 양식에서 지배 계급 분파들과 상당한 실존적 동질성을 갖는다. 이들은 거주 지역이라든지 사회적 교류, 여가 활동 등에서 상당한 공통점을 지니며, 정치인, 지식인 같은 주요 정보원들과 같은 학교(에컨대, 파리정치학교Science Po) 출신인 경우가 많다. 이는 언론인이 취재 및 비판의 대상과 일종의 암묵적 공모 관계에 놓여 있다는 의미이자, '말해지지 않고 말할 필요도 없는' 통념의 광범위한 공유를 통해 지배 이데올로기를 재생산할 위험성이 크다는 의미이기도 하다(Pinto, 1991; Rieffel, 1984 참조).

한편 계급 하비투스는 언론인들이 열악한 노동 환경을 감내할 수 있도록 만드는 데 기여한다. 지적 노동을 주로 하는 중간 계급 문화 생산자 집단은 "무사무욕에 대한 이해 관심intérêt au désintéressement"을 체득하고 있으며, 이러한 성향은 '자기 착취auto-exploitation'를 용이하게 한다(Accardo et al., 1995: 20~22; Bourdieu, 1991a: 6). 달리 말하면, 이기적이고 물질적인 이해 관심을 부정하고자 하는 언론인 집단의 하비투스로 말미암아 저널리즘 실천은 외부에서 부과되고 강제된 업무로서보다는, 자아실현을 위한 자유로운 선택으로 여겨진다. 그 결과, 언론 노동자는 직업의 공식적 요구 수준을 훨씬 넘어서는 투자(시간과 에너지)를 자발적으로 감수하는 무언의 합의 상태에 이른다. 이처럼 "객관적 필연성을 변별적 자질로 변형시키는, 사회적으로 획득·유지되는 태도"는 지식 노동자들 대부분이 공유하는 하비투스인데, 특히 여성과 청년층에 많은 프리랜서나 인턴사원에게서 두드러지게 나타난다(Accardo et al., 1995:20). 언론인 대다수를 배출하는 중간 계급에는 이미 직업이 개인적 창조성의 발현이라는 인식이 매우 강한데, 언론인은 여타 화이트칼라 노동자로부터 자기 직업의 상징적 가치를 차별화하려는 담론("기자는 다른 직업과 다르다")을 통해 직업 이데올로기를 강화한다. 취업의 객관적 기회가 상대적으로 제한된 언론계 상황은 이러한 성향을 한층 부추기며, 미래의 물질적·상징적 보상에 대한 기대(기회 구조에 대한 주관적 판단)는 불합리한 노동 조건과 자기 착취를 감내하게끔 이끈다(Accardo et al., 1995; Neveu, 2001).

하지만 집단이나 집합체를 나타내는 모든 담론이 그렇듯, "'언론인'에 관한 총칭적 담론은 언론인 개개인이 위치 지어지는 유의미한 관계의 장을 이해하는 데 주된 장애물"이라는 지적을 잊지 말아야 한다(Champagne, 1995a: 224). 즉 우리는 흔히 '언론인'이라는 용어로 한데 묶어 이야기하지만, 실제 존재하는 것은 소속 미디어의 규모와 위상, 부서, 직위, 궤적 등에 따라 그 위치는 물론, 전략과 실천, 경쟁심과 연대 의식 역시 달라지는 다양한 '언론인들'이다. 이로부터 그들을 '위계화된 관계망'인 장 안의 구체적 행위자로 파악해야 할 필요성이 나온다. 언론인을 그저 추상적인 구조의 담지자로 보지 않는다면, 우리는 저널리즘에 대한 상업적 압력이 증대되고 노동의 질과 조건이 악화되어 가는 상황에 대해 그들 대부분이 왜 저항하지 않는지, 구조적 결정 요인들은 언론인 개개인에게 어떻게 경험되는지, 또 개인적 실천 속에서 어떻게 관철되거나 변형되는지를 질문해야 할 것이다.

노트 27 | 저널리즘의 소비

장이론적 접근은 문화생산자와 생산물, 그리고 수용자의 삼자 관계를 구조적 상동성homologie structurale 개념을 통해 기술한다. 부르디외가 보기엔, 사회 공간 내 특정한 위치에 새겨진 기대와 그 위치의 점유자가 지닌 일련의 성향 간에는 객관적·직접적 일치가 있고, 각 장에서 지배적 또는 피지배적 위치에 있는 사람들의 성향 체계 사이에도 "거의 기적적인 조화"가 있다(Bourdieu, 1971d: 116, 1977: 22~23). 이러한 조건 아래서 문화생산물의 수요와 그에 대한 공급의 조절은 의식적으로 일어나기보다, 저절로 자연스럽게 이루어진다. 상이한 문화생산자들은 생산 장 내에서 그들의 위치에 따른 속성에 맞춰 객관적으로 분화된 생산물을 제공하게 된다. 그것은 "진정한 조율의 추구 없이도, 권력 장 내부 상동적 위치의 점유자들(이 중에서 대부분 소비자가 충원된다)의 기대에 맞게 조정된" 결과물이다. "작품과 수용자의 만남은 대부분 우연의 일치coïncidence이며, 어느 정도 독립적인 인과의 계열이 어울려 빚어내는, 의도치 않은 효과다. 이것은 고객층의 기대에 대한 의식적이거나 노골적인 추구라든지, 주문 혹은 수요의 제약에 의해서는 결코 완전하게 설명되지 않는다"(Bourdieu, 1991: 31).

물론 생산자–생산물–소비자 간 상동성의 정도에도 생산자 위치에 따른 일정한 차이가 나타난다. 즉 상징자본을 추구하는 자율적 문화생산자는 자신의 의지, 입장, 표현 욕구에 따라 작품을 생산하고, 이는 그의 위치와 상동성이 있는(그럼으로써 비슷한 관점과 성향을 지니는) 소비자를 만난다. 이를테면, '순수 예술'은 언제나 공급이 수요를 초과하는 과잉 공급의 상태에 놓이고, 대개 극소수의 소비자만 확보하게 마련이다. 반면 경제자본을 추구하는 타율적 문화생산자는 이질적인 성향의 대중 소비자를 최대한 확보하고자 의식적인 기획과 계산에 따라 작품을 생산하고, 기존하는 기대나 평균적 흥미에 부응하기 위한 사전 시장 조사라든지 광고, PR, 마케팅 등을 통한 '욕구의 생산'과 '수요의 창출'에 주력한다. 달리 말하면, 문화생산의 상업적·타율적 축에 가까워질수록 상대적으로 상동성의 효과는 감소하는 것이다.

그렇다면 저널리즘 소비의 경우는 어떨까? 저널리즘 장은 예컨대, 아방가르드 예술에 비하면, 타율성과 상업성이 강해 상동성의 효과가 약한 편이지만, 그럼에도 그 내부에서 상징적 축에 위치하는 정론지, 권위지의 경우엔 상동성의 효과가 강하게 나타난다. 저널리즘은 언론인이 의식적으로 특정한 부류의 독자를 겨냥한 주제와 스타일을 추구하고 선택함으로써 만들어지는 것이 아니다. 언론인은 저널리즘 장이라는 경쟁 공간 안에서 그들이 차지하는 위치에 따라 변별적인 입장을 갖고서 기사를 생산한다. 그리하여 예컨대 〈르몽드〉의 내용은 대개 그 독자층의 기대에 객관적으로 부응한다. 이 독자층의 취향, 의견, 세계관이 〈르몽드〉 제작진과 구조적으로 일치하기 때문이다. 따라서 〈르몽드〉의 언론인은 정의상 그 독자층과 암묵적인 공모 상태에 있는데, 이는 그가 의식하지 못한 채 고객의 이데올로기적 이해에 부합하는 담론을 생산한다는 말이기도 하다. 이런 식으로 각 신문은 자기 독자층의 기존 성향을 강화하는 경향이 있다. 언론인의 사회적 속성과 그 독자의 속성 간에는 이처럼 일정한 상동성이 존재하며, 언론인 대부분은 독자로서 자신이 읽고 싶어 하는 신문을 만든다. 이는 특히 새로운 신문의 출현에서 선명하게 나타난다. 즉 많은 문화생산물이 그렇듯, 신문의 창간 또한 대개는 '내가 읽고 싶은 신문을 내가 직접 만든다'는 DIY의 논리 속에서 이루어진다(Champagne, 1990: 248). 부르디외는 《구별짓기》에서 프랑스인의 저널리즘 소비에 대한 체계적 연구를 제시한 바 있다. 그가 특히 주목하는 것은 여러 사회 계급이 신문·잡지와 독자층으로서 맺고 있는 관계가 각 계급이 정치와 맺고 있는 주관적·객관적 관계의 단면을 드러낸다는 점이다. 우선 프랑스에서 전국 대상 정론지의 구독률은 학력자본capital scolaire과의 관련성을 매개로 사회 계급에 따라 달라진다. 학력 수준은 정치와 정통 문화에 대한 소속감에 중요하게 작용하는데, 이 소속감은 '정론지를 읽을 권리와 의무가 있다는 느낌' 역시 포함한다. 부르디외에 따르면, 지배 계급의 구성원들은 이른바 '일반 이익'이 걸린 정치적 사건에 자기들의 특수한 이익이 깊숙이 관련되어 있기에, 그러한 문제에 특수한 관심을 가지고서 자기 계급의 성향에 맞는 정론지의 입장에 큰 영향을 받는다. 하지만 이처럼 정치적 의견을 제공하는 신문의 기능은 소수의 독자에게만 해당한다. 그러한 기능의 실현은 사람들이 정보를 뒤쫓고 시사 문제를 따라잡기 위해 계속 노력한다는 '개인적 의견의 신화'를 자기 중심적으로 믿을 때만 가능하기 때문이다. 정당과 달리 신문은 다차원적 상품으로 반드시 정치적 의견이나 정보뿐만 아니라, 사건·사고, 문화예술, 연예, 스포츠 소식 등 다양한 기사를 제공하므로, 순전히 정치적이지만은 않은 여러 이해 관심의 대상이 될 수 있다. 이러한 맥락에서 사회적 위계의 아래에 위치하는 독자일수록 자신의 구독하는 신문의 정치적 의견에 대해 더 독립적인 경향을 띤다(Bourdieu, 1979: 515~516).

부르디외에 의하면, 정치와 시사 문제를 중심에 놓는 정보지presse d'information와 연예와 스포츠를 주로 다루는 선정지presse de sensation의 차이는 능동적 의견과 수동적 의견, 적극적 정치 참여자와 수동적 방관자의 대립을 재생산한다. 이는 정보지를 많이 구독하는 중간 계급과 지방지나 선정지를 많이 구독하는 민중 계급의 경계에서 뚜렷이 드러난다. 부르디외가 보기에, 두 계급의 상이한 저널리즘 소비 양태는 고등 교육과 기술 교육, 전문직 세계와 작업장 세계라는, 서로 다른 사회화 환경의 누적 효과라 할 수 있다. 신문·잡지의 소비가 실제로 정치적 입장을 구별하는 지표로서 의미를 갖는 것은 중상류 계급에서

다. 이때 신문·잡지 구독의 양과 질은 각 계급 분파가 소유한 자본의 총량과 성격에 따른 통상적 대립을 거의 그대로 재생산한다. 즉 경제자본이 많은 분파 — 중간 계급에서의 장인, 소상인 등과 지배 계급에서의 사장, 기업주, 대규모 자영업자 등 — 는 상대적으로 구독하는 신문·잡지 수가 적고, 주로 대중적 종합지를 읽는다. 반면 문화자본이 많은 분파 — 중간 계급에서의 사무 노동자, 일반 관리직, 초등학교 교사 등과 지배 계급에서의 전문직, 상급 관리직, 상급 기술자, 교수 등 — 는 여러 개의 신문·잡지를 구독하며, 특히 전통 있는 권위지와 주간지를 읽는다. 부르디외는 이러한 소유 자본의 성격에 따른 계급 분파 간 차이는 각 집단 내부의 노년층과 청년층, 구세력과 신흥 세력을 대립시키는 효과 때문에 한층 복잡해진다고 덧붙인다(Bourdieu, 1979: 520~524). 이제 더 이상 신문·잡지를 종이로 읽는 시대는 지나가고 있지만, 우리는 부르디외 사회학의 논리가 인터넷 등 다른 플랫폼을 이용한 저널리즘의 소비에도 적절한지 따져 볼 수 있을 것이다.

7
미디어와 문화산업은 장이론의 맹점인가

《텔레비전에 대하여》 이후

1980년 영국의 미디어 정치경제학과 문화연구 전통을 각각 대표하는 학자인 니콜라스 간햄Nicholas Garnham과 레이먼드 윌리엄스Raymond Williams는 부르디외 사회학을 소개하는 공동 논문에서 프랑스의 이 새로운 이론이 미디어·커뮤니케이션 연구에 통합적인 시각을 제공해 줄 수 있으리라는 기대를 표명한 바 있다(Garnham & Williams, 1980). 그런데 그와 같은 기대는, 부르디외가 정작 미디어나 커뮤니케이션 문제를 대상으로 이렇다 할 사회학적 분석을 내놓지 않는 상황이 계속되면서, 제대로 채워지지 못한 공백으로 남아 있었다. 결국 10여 년 뒤 간햄은 부르디외 이론에서 미디어에 대한 진지한 고려가 발견되지 않는다는 점을 지적하고, 문화 영역의 상업화가 한층 더 진전된 지금의 현실이 부르디외식 접근의 심각한 한계를 드러낸다고 비판하기에 이른다. 그에 따르면, 매스 미디어, 특히 텔레비전은 문화 소비의 계급적 위계 구조를 붕괴시켰고, 문화 부문이 자본의 순환과 이윤 창출에 핵심 고리가 되면서 지배 계급 내 지배 분파(자본가, 고위 관료)와 피지배 분파(지식인, 문화예술인) 간 대립 관계 또한 격화되고 있다. 이 모든 현상은 부르디외 이론의 기본 가정들을 의문시하게 만든다는 것이다(Garnham, 1993: 188~189). 간햄의 이 지적은 사실 자신이 윌리엄스와 이미 10여 년 전 제기했던 질문에 부르디외가 여전히 답을 주지 못하고 있다는 힐난처럼 들린다. 그들은 부르디외 사회학에 대한 소개의 말미에 경제자본이 문화산업을 통해 문화생산 장에 대한 직접적인 개입을 증대시키는 상황이 상징권력의 행사를 어떻게 변화시키는지, 나아가 지배 계급 내 지배 분파의 경제적 이해관심이 피지배 분파의 문화적 이해 관심을 직접적으로 위협하는 상황에서 그러한 상징권력 행사가 두 분파 간 세력 관계를 어떻게 변화시키는지 질문한 바 있었다(Garnham & Williams, 1980: 222).

1996년에 나온 부르디외의 《텔레비전에 대하여》는 영미권 미디어·커뮤니케이션 연구자들의 기대를 충족시켜 주기는 고사하고, 그것을 아예 "깊은 실망감"으로 변질시켜 버리는 결과를 가져온 듯하다(Hesmondalgh, 2006: 211). 그 책이 일반 독자를 상대로 거둔 상업적 성공에도 불구하고, 전문가들에게는 진부한 일반론의 되풀이라는 인상을 주었기 때문이다. 프랑스에서 이른바 매개학médiologie[49]을 창시했던 레지스 드브레Régis Debray는 《텔레

49 매개학은 1960년대 체 게바라Che Guevara와 함께 남미에서 했던 혁명 활동으로 유명한 철학자 레지스 드브레가 1990년대에 본격적으로 발전시킨 학문적 기획이다. 그것은 기술과 문화 간 상호작용에 대한 체계적 연구로, 특히 관념을 물질적

비전에 대하여》를 두고, "인용 표시 없는 짜깁기와 새로울 것 없는 상식의 적절한 잡탕"일 따름이며, 만일 콜레주드프랑스 교수가 쓴 책이 아니라 "언론학과 학생이 낸 과제물이었다면 나쁜 성적을 받았을 것"이라고 비아냥거릴 정도였다(Debray, 1997: 17). 물론 《텔레비전에 대하여》를 부르디외의 제언대로 저널리즘 장 분석의 유용한 프로그램으로 간주하고 그 생산적 이용 가능성을 타진해 본 시도가 없었던 것은 아니다. 예컨대, 미국의 미디어 사회학자 로드니 벤슨Rodney Benson은 부르디외의 장이론을 기존의 조직적 접근, 헤게모니적 접근, 정치경제학적 접근의 단점을 보완하는, 미디어 연구의 새로운 패러다임으로 이해하였다(Benson, 1999). 그는 프랑스 부르디외 학파 연구자들과의 협력을 바탕으로 장이론적 관점의 저널리즘 분석 논문들을 편집하기도 했다(Benson & Neveu eds., 2005). 또 같은 맥락에서 미디어 연구자 대니얼 핼린Daniel Hallin과 파올로 만치니Paolo Mancini는 장이론이 미디어 체계의 국제적인 비교 연구에 쓸모 있는 준거가 될 수 있다고 강조하였다(Hallin & Mancini, 2004/2009).

하지만 일부의 긍정적 평가와 수용도 부르디외 사회학이

힘으로 변환하는 매개 과정의 총체에 각별한 관심을 가진다. 그에 따라 매개학은 커뮤니케이션의 온갖 물질적·제도적 벡터를 포함하는 식으로 미디어 개념을 확장하고, 사유와 의미의 시간적·공간적 전달transmission 수단에 주목한다(Vandenberghe, 2007 참조). 매개학의 성과는 저널 〈매개학논집*Cahiers de Médiologie*〉(1996~2004)과 〈메디움*MédiuM*〉(2004~2019)에서 찾아볼 수 있다. 다음 웹사이트도 참고할 만하다. https://www.mediologie.org/

과연 미디어·커뮤니케이션 연구의 적절한 수단이 될 수 있는지 하는 근본적인 의심을 가라앉히기에는 역부족이었던 것으로 보인다. 사실 《텔레비전에 대하여》는 텔레비전 저널리즘에 관한 논고이지, 텔레비전 방송 시간의 대부분을 차지하는 드라마나 오락·교양 프로그램, 나아가 텔레비전 문화 전반에 대한 분석을 제시하고 있지는 않다. 그 텍스트는, 어떤 이들에게는, 산업화된 미디어 문화 현상들을 제대로 설명해 줄 수 있는 이론적 도구가 부르디외에게는 없다는 점을 역설적으로 증명한 셈이 되었던 것이다. 이는 영국의 미디어정치경제학자 데이비드 헤스먼달치David Hesmondhalgh의 부르디외 비판에서도 분명하게 드러난다. 그는 장이론이 대규모 생산의 하위 장에 대한 구체적인 논의를 결여하고 있으며, 이는 미디어와 문화산업의 분석에 치명적인 결함이 될 수밖에 없다고 역설했다(Hesmondhalgh, 2006). 그의 이러한 주장은 10여 년 전 간햄이 제기했던 비판의 연장선 위에 있으면서도, 경험적 현실에 비추어 장이론의 개념들을 상세히 논박함으로써 강한 설득력을 가진다.

그렇다면 과연 장이론은 저널리즘을 넘어서는 미디어 문화 전반, 그리고 그것을 생산하는 미디어와 문화산업의 분석에 매력적인 대안이 될 수 없는 것일까? 이 문제를 진지하게 따지기 위해 나는 헤스먼달치의 부르디외 논평을 되짚어 보고 보완하면서 그것과 비판적으로 대화하는 방식을 취하고자 한다. 무엇보다도 그 논평이 앞의 질문에 대한 체계적이고 포괄적인 답변을 주고 있는 흔치않은 시도이기 때문이다. 나는 헤스먼달치의 답변이 전체적으로는 온당하지만, 어떤 부분에서는 반박의 여지가 적지 않다는 사실을 미리 지적해 두고 싶다. 그것들은 좀 더 명료하게 재론될 필요가 있다. 그 과정에서 문화생산 장이론의 성격과 활용 방식에 관련된 중요한 쟁점들이 드러날 수 있기에 더욱 그렇다. 이러한 문제의식 아래 나는 장이론을 통해 문화 기업과 대규모 생산 부문이 어떻게 다루어질 수 있을지 헤스먼달치와 약간 다른 시각에서 검토한 후, 장이론이 나름의 한계에도 불구하고 미디어와 문화산업의 탐구에 쓸모 있는 접근법이 될 수 있다고 주장하고자 한다.

문화/경제의 복잡한 짜임새

문화생산 장은 한 사회의 전문화된 문화생산 활동이 이루어지는 공간을 가리킨다. 그것은 다시 대규모 생산이 일어나는 하부 공간과 제한 생산이 일어나는 하부 공간으로 크게 이원화된다. 대규모 생산의 하위 장에서 생산자들은 시장에서의 상업적 성공과 경제자본을 추구한다. 문화생산 활동에 대한 금전적 보상이 그들의 가장 일차적인 목표가 되는 것이다. 반면 제한 생산의 하위 장에 있는 생산자들은 경제적 성공보다는 상징적 권위와 명예를 더 소중히 여긴다. 이들은 인정, 명성, 존경 등의 형식을 띠는 상징자본을 추구한다. 상이한 속성을 지니는 두 하위 장의 설정은 부르디외가 문화생산의 공간을 대립적인 축에 의해 구조화한다는 점을 일깨워 준다. 그에 따르면, 한편에는 경제적 이익에 대한 부정, 그리고 순수성과 무사무욕의 가치에 대한 인정에 바탕을 둔 상징적 축이 있다. 이 축을 중심으로 이루어지는 제한 생산은 "생산 가능한 수요만을 인정하는 생산"으로, 소수의 소비자들(때로는 동료 생산자들과 포개진다)을 대상으로 하는 자율적 생산이다. 다른 한편에는 단기의 상업적 이익 창출에 중점을 두는 경제적 축이 있다. 이 축을 중심으로 삼는 대규모 생산은 "고객층의 기존하는 수요"에 부응하는 타율적 생산이다. 사실 상징적 이익과 경제적 이익의 추구가 반드시 서로 배타적인 것만은 아니다. 경제적 이윤을 추구하는 문화생산 기업들도 상징적 이윤을 고려하지 않을 수 없다. "어쨌든 이 기업들은 장에 속해 있기 때문에 아주 거친 중상주의와 그들의 이해관계가 얽힌 목적을 노골적으로 드러내지 않는 한에서만 일반 기업들의 경제적 이윤과 지식 기업에 보장된 상징적 이윤을 축적할 수 있다." 반대로 금전적 손해를 무릅쓰며 경제 논리에 거스르는 듯 보이는 제한 생산의 장에서 창작자들이 축적한 상징 자본은 경제적 이윤으로 이어지기도 한다. 그것이 "장기적으로 어떤 조건 아래서는 '경제적' 이윤을 보장하는 진정한 저축이자 신용crédit"이기 때문이다(Bourdieu, 1992a: 202~203).

장이론은 문화생산이 이렇게 구조화된 공간 안에서 관계 중심적으로 이루어지는 활동이라고 본다. 달리 말하면, 상대적 자율성을 지니는 각 행위 주체(기업 포함)는 다른 행위자들과의 (소유 자본의 규모와 구조에 따라) 불평등한 세력 관계 속에서 의식적, 무의식적 전략에 따라 행동한다. 그러한 전략은 행위 주체의 하비투스, 그리고 장 안에서의 궤적과 관련되어 있다. 또 '관계 중심적'이라는 표현은 행위자의 선택이 무엇보다도 특정한 시점에 가능한 (정치적, 예술적, 과학적, 종교적 등의) 입장 공간espace de prise de position 안에서 장 내부의 다른 상대를 알게 모르게 의식하고서, 그와 자신을 끊임없이 차별화하는 식으로 진행된다는 뜻이다. 특정한 문화 재화의 성격은 그러한 관계 내 전략의 산물이다. 이 과정에서 생산자 공간과 작품 공간 사이에는 일정한 구조적 상동성이 만들어진다. 상동성은 그 공간들과 소비자 공간 사이에서도 나타난다. 부르디외에 따르면, "문화생산의 가장 타율적인 형식인 듯 보이는 저널리즘의 경우에서조차, 수요에 대한 조정은 생산자와 소비자 사이 의식적인 조절의 산물이 아니다. 그것은 생산자 공간, 그리고 그로 말미암아 제공된 생산물 공간과 소비자 공간 사이의 상응 관계로부터 나온다. 이는 두 공간의 상동성에 기초를 두고서, 생산자들 간의 경쟁을 통해서만, 그리고 가능한 입장 공간과 위치 공간 사이의 상응 관계에 의해 부과된 전략들을 통해서만 생겨난다. 달리 말하면, 장 내부 상호 배타적인 위치들 간의 객관적인 경쟁 논리에 복종하면서, 다양한 범주의 생산자들은 권력 장 내부 다양한 위치들의 기대에 맞추어 조정된 생산물을, 그러한 조정의 의식적인 추구 없이도, 공급하는 경향이 있다"(Bourdieu, 1983: 326).

장이론은 과연 지금의 미디어와 문화산업의 작동 논리를 분석하는 데 유용한 틀이 될 수 있을까? 문화산업을 비판적 정치경제학의 시각에서 접근하는 헤스먼달치의 대답은 부정적이다. 그는 먼저 부르디외가 문화를 다양한 예술 장르뿐만 아니라 과학, 법, 종교까지 아우르는 폭넓은 뜻으로 쓰면서도, 정작 실제 문화생산 장 연구에서는 문학과 미술에만 집중하고 있다고 지적한다. 그가 보기에, "부르디외가 문화의 **타율적인** 대규모 생산 부문에 관해 거의 할 말이 없었다는 것은, 그 부문이 동시대의 세계에서 차지하는 엄청난 사회문화적 중요성, 그리고 — 그가 분명히 훨씬 더 많은 관심을 가지고 있었던 — 제한 생산 하위 장의 조건들을 결정하는 데 가지는 중요성을 고려한다면, 아주 간단히 말해, 놀라운 일이다"(Hesmondhalgh, 2006: 217). 헤스먼달치에 따르면, 《구별짓기》에 나타난 문화 소비의 분석이 고급문화로부터 대중문화에 이르기까지 아주 포괄적인 데 반해, 문화생산에 대한 연구는 매우 선별적이며 주로 제한 생산 부문에 초점이 맞추어져 있다는 것이다.[50] 부르디외의 문화생산 장이론이 가장 체계적으로 제시된 《예술의 규칙》에서도 이러한 특징은 두드러진다. 그 책의 1부에서 부르디외는 19세기 중반 프랑스의 문화생산 장이 권력 장으로부터 상대적 자율성을 획득하는 과정을 다루고, 1880년대 상징적 축('예술을 위한 예술,' '순수 예술')과 경제적 축('부르주아 예술')의 대립에 기초를 둔 문화생산 장 내 이원 구조의 출현을 논의한다. 나아가 그는 19세기 후반 형성된 이 구조가 상징재화 시장으로 정착하고 지속된다는 가정 아래, 1970년대의 프

50 간햄은 1979년에 나온 《구별짓기》의 색인에 텔레비전이 단 한 번밖에 등장하지 않는다는 사실에 놀라움을 표한 바 있다(Garnham, 1993: 187).

랑스 출판 장과 예술계를 분석한다. 상업 논리가 문화 부문에 침투한 현실을 비판할 때에도 역시, 부르디외의 관심 영역은 좁은 의미의 예술과 학문이다. 문화산업의 작동 논리를 직접적으로 분석하는 대신 일반 기업의 광고, 메세나, 스폰서, 연구비 지원 등이 제한 생산 장의 자율성을 침해하는 현상에 주목하는 것이다. 이는 《텔레비전에 대하여》에서조차 예외가 아니다(Hesmondhalgh, 2006: 218~221).

헤스먼달치는 부르디외의 장이론이 문화 부문을 가로지르는 미시적 권력 관계를 고려하며 여러 사회 영역과의 관계 속에서 문화생산 논리를 포착한다는 장점을 지니는 반면, 서구에서는 이미 1920년대부터 시작된 문화 기업들의 성장과 팽창을 간과하는 결정적인 약점을 가진다고 주장한다. 더욱이 그것은 대규모 생산 부문의 다양한 양상을 지나치게 단순화하고 문화생산의 자율성과 타율성을 극단적으로 대립시킨다는 것이다. 이른바 퀄리티 텔레비전quality television의 예는, 헤스먼달치에 따르면, 장이론의 한계를 보여 주는 대표적인 현상이 아닐 수 없다. 네트워크 텔레비전에서 낮은 시청률에도 불구하고 꾸준히 제작, 유지되는 수준 높은 프로그램들의 존재는 일반 대중을 상대로 한 대규모 생산이 지니는 복잡다단한 면모를 보여 주기 때문이다. 〈힐 스트리트 블루스*Hill Street Blues*〉와 같은 퀄리티 텔레비전 프로그램들은 기본적으로 지식인이나 문화예술인을 위한 것이며, 각종 방송상의 수상이나 비평가들의 호평에서 드러나듯, '동료 생산자들을 위한 생산물'이지만, "그 배포 미디어의 속성 때문에 대중 수용자에게도 접근 가능했다"(Hesmondhalgh, 2006: 222). 퀄리티 텔레비전은 대규모 생산 부문이 고급 프로그램이나 록 음악처럼 공인된 문화consecrated culture를 확산시킬 수 있는 능력을 가진다는 점을 입증한다. 공인된 문화의 생산은 미디어에서 부분적인 자율성을 지니는 하위 분파들의 설립, 매입 또는 흡수를 통해 일어난다. 메이저 영화 스튜디오와 텔레비전 채널은 독립 제작사들과 외주 계약을 맺고, 메이저 음반사는 독립 음반 제작사와 배급, 라이센싱, 재정 지원 등의 계약을 맺는다. 문화 형성의 초기에 제한 생산과 대규모 생산은 일종의 조직 원리로 기능할 수 있겠지만, 많은 장에서 문화생산이 거대해지고 복잡해질수록 대규모 생산 부문의 성장과 더불어 제한 생산의 하위 장들이 번성한다.

이러한 현실을 설명하기 위해 헤스먼달치는 "대규모 생산과 제한 생산 사이의 경계 위에서 엄청나게 많은 문화생산이 이루어지고 있다거나, 혹은 제한 생산이 대규모 생산의 장 **속으로** 도입되었다고 볼 것"을 제안한다(Hesmondhalgh, 2006: 222). 또한 그는 부르디외가 대규모 생산이 이미 정립된 형식 내에서 기존하는 수요에 조응한다고 간주하는 것은 사태를 단순화하는 데 지나지 않는다고 비판한다. 시청률 측정이나 마케팅, 시장 조사를 통한 수요의 예측과 그에 부응하는 문화 상품의 생산은 사실 매우 어렵고 불확실하며 위험한 작업으로 실패의 확률이 매우 높다. 장 이론이 전제하듯, 생산과 수요 간에 거의 자동적인 조정이 일어난다고 볼 수는 없다는 것이다(Hesmondhalgh, 2006: 223~225). 마지막으로 헤스먼달치는 현재 문화생산 조직과 미디어 기업 안에서 노동 분업이 아주 복잡하게 이루어지고 있는 반면, 장이론에는 그러한 현실을 섬세하게 분별해 낼 개념적 도구가 없다고 주장한다. 물론 부르디외는 생산과 소비 사이에서 모종의 중개 역할을 하는 집단으로 문화 매개자들cultural intermediaries을 설정한다. 하지만 이들은 실질적으로 매우 좁은 범주인 비평가들을 가리킬 따름이다. 헤스먼달치에 따르면, 영국의 일부 문화사회학자들은 문화 매개자 개념을 상징 재화의 생산과 서비스에 종사하는 광고, 마케팅, 홍보, 영업, 패션 등의 직종을 포괄하는 것으로 오용하고 있는데, 이는 부르디외가 말하는 신흥 프티부르주아지와 문화 매개자를 동일시하는 혼동에서 비롯한 것이다. 장이론은 대중문화 생산과 소비를 매개하는 노동 분화에 충분한 주의를 기울이지 않는다(Hesmondhalgh, 2002: 6장과 2006: 226~227). 결론적으로 헤스먼달치는 영미권의 비판적 미디어 연구가 장이론보다 더 성공적으로 문화의 대규모 생산 부문을 분석한다고 강조한다. 영미권의 비판적 미디어 연구는 이제 헤게모니적 접근과 정치경제학적 접근, 조직 이론을 결합한 형태를 띠며 문화연구와도 끊임없는 대화와 긴장 관계를 유지하고 있다. 문화생산에서 나타나는 자율성과 통제의 문제, 그리고 상업화로 인한 변화 등 장이론이 내세우는 주요 이슈들은 비판적 미디어 연구에 의해 더 잘 다루어질 수 있다는 것이 헤스먼달치의 최종적인 평가다.

문화생산 장이론의 쟁점

헤스먼달치의 장이론 비판은 전반적으로 타당해 보인다. 나는 특히 "아마도 대규모 생산은 부르디외의 작업이 시사하는 것보다 더 분화되어 있을 것이며, 자율성과 타율성의 관계는 그가 함축하는 것보다 훨씬 유동적이고 복잡할 것"이라는 헤스먼달치의 추정에 전적으로 동의한다(Hesmondhalph, 2006: 221). 하지만 동시에 그러한 추정이 부르디외의 시각과 상충되는 것도 아니며, 장이론의 기본 주장과 모순되는 것도 아니라는 점을 덧붙이고 싶다. 헤스먼달치의 지적처럼 부르디외는 대규모 생산 부문에 대한 관심을 전범이 될 만한 본격적인 연구 속에서 풀어낸 적이 없다. 그러나 그가 대규모 생산 부문을 상세히 논한 적이 없다는 사실로부터 그의 사회학 언어로는 그것을 논할 수 없다는 결론을 곧장 이끌어 낼 수는 없는 일이다. 이러한 문제들과 관련해 나는 부르디외와 동료 연구자들이 내놓은 몇몇 의미 있는 연구를 보충적으로 살펴봐야 할 필요성을 느낀다. 사실 헤스먼달치는 자신의 논지를 뒷받침하기 위해 부르디외뿐만 아니라, 그의 영향 아래 작업하는 여러 학자의 미디어와 문화산업 관련 문헌을 폭넓게 참고한다. 그럼에도 불구하고 그는 상당히 중요한 몇몇 연구 성과를 포괄하지 않은 채 조급하게 자신의 논지를 구축함으로써 장이론의 생산성에 대해 지나치게 부정적인 입장을 취하기에 이른 것 같다. 나는 그러한 '누락'으로 판단되는 책 한 권과 논문 네 편을 골라 집중적으로 검토하면서, 그의 논점들이 얼마나 타당한

지 재조명해 보고자 한다.

파스칼 카자노바의 1999년 저작 《세계 문필공화국*La république mondiale des letteres*》(2004년 영역본 출간), 뤽 볼탕스키의 1975년 논문 "만화 장의 구성," 부르디외의 1999년 논문 "출판에서의 보수 혁명," 베네딕트 레노Bénédicte Reynaud의 1999년 논문 "그룹의 지배력 — 1980년대 초 프랑스 출판에 관하여," 그리고 쥘리앵 뒤발Julien Duval의 2006년 논문 "리얼리즘의 기술 — 2000년대 초 프랑스의 영화 장"이 내가 자세하게 살펴보려는 연구 성과다 (Boltanski, 1975; Bourdieu, 1999a; Casanova, 1999; Duval, 2006; Reynaud, 1999). 이 논문들은 모두 부르디외가 편집한 사회과학 전문 학술지 〈악트〉에 실렸다. 흥미로운 점은 〈악트〉의 창간호, 그리고 헤스먼달치의 논문과 같은 시기에 나온 특집호가 각각 대규모 생산 부문인 만화 장과 영화 장을 분석한 글들을 게재했다는 사실이다. 게다가 〈악트〉는 1999년 두 차례의 출판 특집호를 발간했다. 헤스먼달치가 이 특집의 존재를 알면서도 참고하지 않았는지, 아니면 그 존재를 아예 몰랐는지 나로서는 확인할 길이 없다. 하지만 그의 참고 문헌 목록을 보면, 그가 적어도 2000년 두 차례에 걸쳐 나온 〈악트〉의 저널리즘 특집호의 존재는 알고 있었던 것으로 보인다. 그렇다면 그는 출판 특집호에 실린 글들의 가치가 별로 높지 않다고 판단해 제대로 참고하지 않았던 것일까? 그랬을 가능성 또한 없지 않다. 만일 그렇다면 나는 그의 판단이 잘못되었다고 말하고 싶다. 이 출판 특집호, 특히 부르디외와 레노의 출판 관련 논문은 헤스먼달치의 장이론 비판이 어느 정도나 적절하고

유효한지 되돌아보게 만드는 내용을 담고 있기 때문이다. 나는 그가 문화생산 장이론의 약점을 좀 더 정확하게 짚기 위해서라도 이 글들을 비판적으로 검토했어야 한다고 본다. 헤스먼달치의 고려 대상에서 빠진 책 한 권과 논문 네 편 — 이 가운데 2006년 〈악트〉의 영화 특집호에 게재된 뒤발의 논문은 출간 시기 때문에 그럴 수밖에 없었을 것이다 — 은 대규모 생산 부문에 장이론이 어떤 식으로 적용될 수 있는지, 그것의 장점과 단점은 무엇인지를 잘 드러내준다.

대규모 생산의 분화, 대량 배포의 권력

먼저 볼탕스키의 "만화 장의 구성"은 1950년대 말 1960년대 초 프랑스에서 만화 장이 형성되는 과정을 탐색한 논문이다. 장이론의 초창기 부르디외의 가장 긴밀한 협력자에 의해 씌어진 이 글은 만화와 같이 대규모로 생산되는 문화 산물을 중심으로 하나의 독립된 장이 만들어지는 과정을 보여 준다는 점에서 시사적이다. 이때 유의해야 할 것은 장이 결코 그냥 주어지는 것이 아니라, 역사적으로 구성되는 것이라는, 너무 당연하면서도 잊기 쉬운 원칙이다. 장이 "정치 세계와 경제 세계로부터 독립된 자기만의 작동 법칙을 가지는 별개의 사회 세계"라는 정의를 되새겨 보자(Bourdieu, 1993b: 162). 이 말은 장이 특정한 대상(예컨대 문학이나 만화, 텔레비전)과 더불어 자동적으로 구획될 수 있는 것이 아니라, '독립의 역사,' 정확히 말해 일종의 자율화 과정을 거쳐 형성, 쟁취된다는 것을 의미한다. 무엇으로부터의 독립이고 자율화인가?

물론 정치 세계와 경제 세계를 위시한 다른 세계들로부터의 독립이며 자율화다. 그런데 그 가운데 어떤 것으로부터의 해방이 더 문제시되는가는 대상 주체의 성격, 그리고 그것이 위치한 역사적 국면(특히 정치적 자유주의와 경제적 자유주의의 정도)에 따라 달라진다. 그 해방은 언제나 불완전할 수밖에 없으며, 장을 일정한 긴장 속에 놓는다. 이른바 상대적 자율성 개념은 그러한 사정을 가리킨다. 따라서 부르디외가 《예술의 규칙》에서 탐구한 프랑스 예술계는 19세기 중반 시장의 힘을 빌려 정치권력으로부터 자율성을 획득하고 하나의 독립된 장으로 구축되었으나, 20세기 후반에는 국가의 힘에 기대 시장으로부터의 자율성 침해를 방어하고 있는 상황으로 묘사되는 것이다.

그렇다면 만화의 경우는 어떨까? 볼탕스키는 다음과 같이 주장한다. "만화는 19세기 말 등장한 이래 비교적 최근(약 1960년)까지 대규모 배포의 장 안에서 생산된 재화들 대부분에 공통적인 속성을 가지고 있었다. 만화의 고유한 특성은 그것이 정당성 위계 안에서 차지하는 피지배적 위치, 그리고 경제 장에 대해 가지는 아주 약한 자율성으로부터 비롯된 것이다. 그 결과, 만화 생산자들은 무엇보다도 시장의 법칙에 복속되었다"(Boltanski, 1975: 37). 이는 문학 장이나 미술 장의 경우와 달리, 만화 장(그리고 아마도 많은 미디어 문화 상품)은 그 재화의 성격상 경제 장으로부터의 독립이 훨씬 중요한 과제라는 것을 암시한다. 특히 정치 체제가 민주화되어 있다면 더욱 그럴 것이다. 나아가 만화와 같은 미디어 문화 상품 장의 자율화 과정에는 '뒤집어진 경제 논리의 세계'인 제한 생산의 하위 장 혹은 상징적 축의 형성이 핵심적인데, 거기에는 기존 문화생산 장들의 개입과 영향이 중요한 역할을 담당한다. 예를 들면, 문학이나 미술, 인문학 등 상대적 자율성의 정도가 높은 장의 행위자들, 즉 예술가와 지식인은 만화 생산에의 참여라든지 비평 활동 등을 통해 자신(이 속한 장)이 축적한 상징자본을 이전해 주는 동시에, 문화적 위계질서에 대한 과감한 위반이 가져다주는 상징이윤으로 보상받는다. 거꾸로 만화 생산자들은 문학 작품의 만화화, 미술 화풍의 모방, 인문학적 주제의 차용 등, 자율적인 장들에서의 생산을 적극적으로 전유하고 따라잡는 방식으로 상징자본을 이양받는다. 이렇게 해서 만화 장 안에서도 고유한 문화와 상징적 축이 성립하기에 이른다.[51]

(→ 노트 28: SF의 문화적 지위)

볼탕스키의 만화 장 연구는 다른 미디어 혹은 대중문화생산에도 적용될 수 있는 논리적 절차를 보여 준다. 즉 기술적·경제적 속성상 대량 배포되는 경향을 가지는 미디어와 대중문화 부문도 역시 역사 속에서 하나의 장으로서 형성되어 가는 것이며, 이는 달리 말하면 그 안에서 (상대적인 의미의) 제한 생산의 하위 장이 분화되는 과정을 겪는다는 것을 뜻한다. 그러므로 예컨대 텔레비전은 그 자체로 전체 문화생산에서 대규모 생산의 하위 장에 속

51 물론 그 과정에는 다른 요인들 또한 복잡하게 관여한다. 신참자들의 만화 생산 부문 진입, 지식 장이나 예술 장에서의 권력 투쟁, 사회 공간 전체(생산자와 소비자)에 영향을 미치는 교육 수준의 향상 등을 대표적인 예로 들 수 있다.

할 수밖에 없는, 그래서 그러한 성격만을 갖도록 정해져 있는 하나의 고정된 대상이나 장르가 아니다. 비록 그 특성상 경제 장이나 정치 장으로부터 독립성 확보가 쉽지는 않지만, 그 가능성이 여전히 잠재해 있는 영역인 것이다. 다만 우리는 그 자율성이 구조적으로, 또 다른 장들에 비해 상대적으로 미약하고 위태로울 것이라고 가정할 수 있다. 부르디외는 "장이 자율적이 될수록 상징적 세력 균형은 가장 자율적인 생산자들에게 더 유리해지고, 제한 생산의 하위 장과 대규모 생산의 하위 장 사이의 구분은 더욱 뚜렷해진다"고 지적한 바 있다(Bourdieu, 1983: 320). 그렇다면 구조적으로 자율성이 미약한 대부분의 미디어와 대중문화생산 장에서는 제한 생산과 대규모 생산의 하위 장이 명확하게 분리되기보다는, 상징적 축과 경제적 축의 대립 관계를 바탕으로 좀 더 모호한 연속선continuum의 양상이 나타날 것으로 추측해 볼 수 있다. 그리고 이는 사실 2000년대 초의 프랑스 영화 장을 다중 대응 분석multiple correspondence analysis을 통해 연구한 뒤발의 논문이 보여준 결과이기도 하다(Duval, 2006).

또 헤스먼달치가 제기한 퀄리티 텔레비전의 문제는 사실 장이론의 논리적 결함을 드러내는 예가 아니라, 오히려 그 타당성을 입증하는 예라고도 할 수 있다. 고급 프로그램의 생산은 텔레비전 장 안에서 상징적 축의 구성을 알리는 지표로 이해되기 때문이다. 그렇다면 헤스먼달치는 왜 이러한 해석을 내리는 대신, 거기에서 장이론의 모순점을 보았을까? 퀄리티 텔레비전이 내적이며 상징적인 인정을 추구하면서 제작되지만, 기본적으로는 대량 배포에 의해 규정되는 대규모 생산 부문 내부에서 나타나는 현상이라고 여겼기에 그랬을 것이다. 하지만 크게는 대규모 생산의 하위 장에 속하는 상업 채널이나 제작사라 하더라도, 상당한 정도로 조직이 발전된 경우라면, 그 내부가 '마치 장처럼' 좀 더 상징적인 축과 좀 더 경제적인 축으로 분화될 수 있다는 것이 장이론의 시각이다. 또 소수를 위해 생산된 고급 프로그램이 누구나 볼 수 있도록 널리 방송된다고 해서, 그것을 대규모 생산 부문에 속한다고 단정 짓기는 어렵다. 텔레비전 장 내에서 이루어지는 '생산의 분화'와 그 '보편적 배포 가능성'은 별개의 차원에서 다루어져야 할 문제이기 때문이다. 텔레비전의 막강한 전달 능력은 장이론에서 하나의 권력이자 (메타)자본으로 여겨질 수 있다 (Couldry, 2003 참조). 하지만 텔레비전이 어떤 문화 상품을 광범위하게 배포할 수 있다고 해서 모든 프로그램 제작이 선험적으로 대규모 생산에 속한다거나, 제작 부문 내에서 상징적 축과 경제적 축의 분화를 겪지 않는다고 장이론이 가정해야 할 이유는 아무데도 없다. 다만 텔레비전의 보편적 배포 능력과 그에 따른 상징 권력의 행사, 그리고 그 사회적 결과에 대한 적절한 해석 — 문화적 평준화? 취향 구별의 소멸? — 은 이론적으로나 경험적으로 더 많은 탐구를 요구하는 과제라 할 수 있을 것이다.[52] (→ 노트 29: '자

52 사실 부르디외는 이미 1963년에 장클로드 파스롱과 함께 쓴 논문에서 매스 미디어가 문화민주주의를 가져온다는 일부 프랑스 학자들의 주장을 맹렬하게 비판한 바 있다. 이는 경험적인 연구를 결여한 채, 지식인들의 환상을 새로운 미디어의 출현

본'으로 보는 하위문화와 대중문화)

문화 기업에 대한 이중적 접근

"출판에서의 보수 혁명"에 관한 부르디외의 논문은 그가 《예술의 규칙》에서 다룬 1970년대 프랑스 출판 장이 이후에 어떻게 발전하고 변화했는지 1990년대 중반의 상황을 중심으로 분석한 것이다. 이 연구는 장이론의 관점에서 문화 기업이라는 대상에 접근하는 방법을 보여 준다는 점에서 주목할 만한 가치가 있다. 헤스먼달치 비판의 초점 가운데 하나는 장이론이 과연 문화 기업을 제대로 분석할 수 있는가 하는 문제에 맞춰져 있기 때문이다. 부르디외는 이 논문에서 출판 장을 구성하기 위해, 장 안에서 효과를 행사할 수 있을 만큼 존재감이 있는 일정한 규모 이상의 문학 전문 출판사를 분석 단위로 삼는다. 그가 분석에 이용한 변인들은 다음과 같은 다섯 차원으로 나뉜다. 법적·경제적 지위(주식회사 여부, 자본금, 매출 규모 등), 재정적·상업적 종속 관계(주주 가운데 다른 출판사의 존재 여부), 시장에서의 비중(베스트셀러 목록에의 출현 순위 등), 상징자본(전통, 소재지, 노벨문학상 수상작 발간 등), 외국 문학의 비중(번역물 규모, 노벨문학상 번역 여부, 번역 작품의 원래 국적 등). 이를 바탕으

현상에 투사한 '신화지'일 따름이라는 것이다(Bourdieu & Passeron, 1963). 따라서 그가 30년 뒤 간햄으로부터 정반대 시각에서의 비판을 되돌려 받게 된 것은 일종의 아이러니인 것처럼 보인다. 그러나 간햄의 주장은 선진국의 매스 미디어 보급이 거의 포화 상태에 이른 시점에 경험적인 연구를 인용하는 방식으로 이루어졌다는 점에서 1960년대의 낙관적 대중문화 예찬론과는 그 성격을 근본적으로 달리한다.

로 총자본량 그리고 자본 구조(상징자본과 경제자본의 대립)가 두 중심축을 이루는 출판 장의 공간 구성이 가능해지는 것이다.

부르디외는 출판사를 장 안의 행위자로서 논할 때 크게 두 가지 방식을 취한다. 하나는 출판사가 대체적으로 대표-소유주와 동일시될 만하다고 보는 것이다. 기업의 특성(규모, 전통, 통제 방식 등)과 그 경영자의 특성(출신 배경, 재산, 출신 학교 등)이 겹쳐진다는 인식에서다. 이러한 맥락에서 "출판인의 특성과 그가 소유한 출판사의 특성 간에 대체적인 상응 관계가 존재한다는 사실"이 강조된다(Bourdieu, 1999a: 16). 이는 출판사의 특징을 출판인의 특징으로 환원시킨다든지, 두 요인을 서로 교차시켜 가며 사용할 수 있는 가능성을 암시한다. 부르디외에 따르면, "이는 가장 개인적인 차원에서 인물이 본질적으로 장의 구조, 더 정확하게는 이 장 내부의 위치에 실질적이거나 잠재적으로 새겨진 요구들의 **인격화** personnification라는 점을 잊지 않는 것이다. 그 결과, 우리는 어떤 회사의 경영자들에게 주가 되는 자본 유형에 대한 지식으로부터 그 회사가 경제 권력의 장 안에서 차지하는 위치, 그것이 다른 회사들 및 국가와 맺는 관계에 대한 정보를 끌어낼 수 있다"(Bourdieu, 1989: 449). 출판사의 '스타일'이 출판인의 하비투스와 출판사의 위치 안에 새겨진 제약들의 결과물이라는 주장은 그러한 논리를 드러내는 하나의 예다(Bourdieu, 1999a: 18). 이러한 논의에서는 출판사의 내부 조직에 대한 고려가 생략된다. 부르디외가 출판 기업에 접근하는 또 다른 방식은 그 내부가 기본적으로 하위 장처럼 분화되며, 서로 다른 위치의 행위자들 사이에 세력 갈등이 벌어진다고 보는 것이다. 이때 내부의 대상은 특정한 조직 단위가 될 수도 있고 기업 전체가 될 수도 있다.[53] "한 출판사가 규모가 크고 구획되어 있을수록 의사 결정의 제도적 장치는 (최소한 겉보기에는) 확장되고 복잡한 경향이 있어서 하나의 하위 장처럼 작동할 정도다. 그 하위 장의 한가운데서 제각기 다른 (재정적, 상업적, 문학적) 행위자들이 다른 비중을 가지고 격돌한다. 그 비중은 문제가 되는 의사 결정 단위가 전체 출판 장 안에서 차지하는 위치에 달려 있다"(Bourdieu, 1999a: 7).

이처럼 장이론에서 기업 조직의 작동 논리를 분석할 수 있는 거시적 틀은 분명히 존재한다. 출판 장 논문에서 부르디외는 특히 출판기획위원회나 편집위원회 같은 기구를 중요한 행위자로 고려한다. 하지만 그의 이러한 시각은 다음과 같은 관찰 결과와 함께 중화된다. 즉 프랑스 출판계에서 위원회는 출판 원고에 대한 실질적인 선정 기능을 수행하지 않는다는 것이다. 원고 선정은 주로 대표-소유주와 그 비서진에 의해 이루어진다. 다만

53 부르디외는 예컨대, 프랑스의 한 국영 시멘트 기업을 장으로서 분석한 바 있다(Bourdieu, 2000b: 267~270). 한편 사회학자 보니 에릭슨Bonni Erickson은 특수한 지역 시장 안에 있는 하나의 산업an industry을 장으로 해석할 수 있는 가능성을 논했다. 산업은 사회 구조 내에서 그 자체의 고유한 노동 시장과 제품 시장을 가지는 차별적인 장소다. 각 산업에는 기업체들 간의 고유한 경쟁이 있고, 노동력의 경쟁이 있으며 특유한 조직 형태와 제각기 다른 위치에 있는 사람들 사이의 특유한 관계 형식이 있다. 우리는 이를 부르디외가 말하는 장으로 취급할 수 있다는 것이다(Erickson, 1996: 220).

위원회는 그 구성원들이 보유한 상징자본과 사회관계자본의 은행 역할을 한다. 달리 말해, 출판사는 위원회의 권위와 인맥을 통해 작가나 교수, 언론인 등에 영향력을 행사할 수 있다. 이렇게 해서 마침내 '출판사=출판인=출판물(출판 스타일)=장 내부의 위치'라는 환원적인 연쇄 고리가 합리화된다. 부르디외에 따르면, "장이 행사하는 구조적 제약과의 관련 속에서 제도적 의사 결정 장치의 자율성은 극단적으로 축소된 듯 보인다. 이는 입장 채택, 즉 출판 전략이 장 내에서 점유하는 위치로부터 거의 연역된다는 느낌을 줄 정도다"(Bourdieu, 1999a: 15). 물론 부르디외는 구조적 제약의 효과가 행위자들의 성향에 의해 매개된다고 본다. 성향 혹은 하비투스는 행위자들이 전체 장 및 자기 위치에 새겨진 기회를 어떻게 지각하는지, 또 자신에게 주어진 가능성의 공간 및 객관적 기회 구조 안에서 행동의 여지에 대해 어떤 표상을 갖는지를 규정한다. 하지만 이러한 매개는 연쇄 고리 자체를 복잡하게 만들기는 해도, 그것을 바꾼다거나 아예 끊어 버리는 데까지 이르지는 못하는 것 같다.

출판사가 다른 미디어 기업에 비해 규모가 비교적 작고 구조가 단순하기 때문에, 부르디외는 그것의 성격을 소유주의 사회학적 특성으로 환원시킬 수 있다고 본 것일까? 반드시 그렇지만은 않은 듯하다. 대기업 장을 분석한 1989년 저작 《국가 귀족》에서도 그의 이러한 원칙은 이미 적용된 바 있기 때문이다. 그 원칙의 논리적인 근거가 과연 충분하고 합당한 것인지 선험적인 의문을 제기해 볼 수도 있겠으나, 이는 결국 경험적인 연구 작업을 통해 구체적으로 검증되거나 반박되어야 할 문제일 것이다. 어쨌든 부르디외의 주된 관심은 기업 내부의 복잡한 조직 구조와 그 역학이라기보다는 (그 단위야 무엇이든) 행위자 공간의 관계적 규정성, 그리고 그로 인해 생겨나는 전략의 차이와 생산물의 차별화다. 그래서인지, 헤스먼달치가 지적한 것처럼, 장이론에는 기업 내 조직이나 기능적인 업무 분담, 새로운 직종을 파악할 수 있게 해 주는 세세한 개념들은 계발되어 있지 않다. 하지만 그렇다고 해서 다른 접근에서 쓰이는 개념들을 빌려 쓸 수 없는 것은 아니다. 또 그러한 조직 구조의 역학을 이해할 수 있게 해 주는 논리적 틀이 전혀 없는 것도 아니다. 장이론은 행위자들, 그리고 그들의 조직 내 위치를 소유 자본의 양과 성격에 따라 특징지으며, 이를 통해 경쟁과 갈등, 전략을 파악하는 것이다. (→ 노트 30: 정책 결정에 대한 장이론적 접근)

문화생산 장이론에서는 오히려 문화 기업 내부의 기능 분화나 공식적 지위를 가진 행위자들보다 문화 매개자의 역할을 중요시하는 경우가 많다. 출판 장의 연구에서도 부르디외는 "'취향 제조자taste makers'로서 책의 유통에 공인 권력과 영향력을 행사하면서 장의 기능 작용에 효과적으로 개입하는 행위자들," 즉 "영향력 있는 평론가들"을 분석 대상에 포함시킨다(Bourdieu, 1999a: 14). 사실 영국의 일부 문화사회학자들이 신흥 프티부르주아지와 문화 매개자를 혼동하고 있다는 헤스먼달치의 비판은 정당하다. 그렇지만 그는 생산과 소비를 중개하는 문화 매개자의 범위를 비평가 집단으로만 지나치게 축소시키는 듯 보인다. 장이론에서 이 개념은 분명히 비평가 집단을 주축으로 삼지만, 부르디외가 '이중적 인물double personnage'이라고 부른 문화기업가(예컨대, 출판인, 극장주, 갤러리 운영자 등)와 저널리즘 미디어, 시상 제도 등 문화 재화의 의미와 가치를 생산하는 개인과 기구를 모두 망라한다(Bourdieu, 1983: 318~319, 325). 부르디외가 '새로운 문화 매개자'로 꼽는 집단 또한 문화생산과 관련된 기업이나 행정 체제(라디오, 텔레비전, 여론 조사 회사, 기업 부설 연구소, 신문 · 잡지, 사회 사업과 문화 활동 촉진animation culturelle 기구) 안에서 "부드러운 조작"을 담당하는 사람들이다(Bourdieu, 1979: 422~423). 결국 문화 매개자는 장이론이 강조하는 이른바 '(문화 재화의 가치에 대한) 신념의 생산' 과정에 폭넓게 개입하는 행위 주체들이며, 문화 재화가 시장에서 공중을 만나기 위해 필수적인 제도다.[54] 공급이 수요에 우선하며 높은 불확실성을 무릅써야만 하는 상징 재화 시장에서 생산자는 지속적인 과잉 생산과 배포를 통제함으로써 위험을 관리하게 된다. 이러한 상황에서 문화 매개자는 수요를 발생시키고 또 적절하게 조절하는 경제학적 중개 요소라 할 수 있다(이상길, 2010; Sapiro, 2003: 451).

54 신념의 생산은 이렇듯 특정한 행위자들에 의해 매개되지만, 모든 가치 부여, 공인 행위의 원천은 사실 행위자와 제도들 전체의 객관적 관계 체계인 장 그 자체라 할 수 있다. 장은 공인 권력을 독점하기 위한 투쟁의 장소이며, 그 안에서 상징재의 가치와 그에 대한 믿음이 지속적으로 생성된다(Bourdieu, 1980b: 265).

집중과 복합 기업화

미디어와 문화산업에 대한 정치경제학적 접근에서 가장 중요한 이슈 가운데 하나는 바로 집중과 복합 기업화다(Hesmondhalgh, 2002: 140~149). 이는 장이론에서 대규모 생산 부문을 취급할 때도 마찬가지다. 일단 장이론이 기업 집중과 영향력 확보 과정의 특수성을 상세하게 포착해내는 방식은 그 자체로 흥미롭다. 경제학자인 레노가 쓴 "그룹의 지배력 — 1980년대 초 프랑스 출판에 관하여"는 이를 잘 보여 주는 논문이다. 거기에서 레노는 1980년대 초반 프랑스 출판 장에 아바스Havas 그룹과 마트라Matra 그룹이 진입해 확고한 지배력을 행사하게 되는 과정을 재구성한다. 그가 이 글 내내 강조하는 사실은 그룹들의 출판 사업 진출과 헤게모니 구축이 단순히 경제 논리에 의해서만 이루어진 일이 아니라는 것이다. 그는 다양한 경제적·정치적·문화적·상징적 이해관계가 특정한 역사적 국면에서 어떤 식으로 서로 얽히면서 새로운 현상을 빚어내는지 해석하는 데 공을 들인다. 특히 인상적인 대목은 출판업의 조건과 특성을 감안하면서 기업 합병의 복잡한 과정과 그룹의 전략 설정을 설명하는 부분이다. 레노는 출판업에 특유한 속성이 새롭게 진입하는 기업에 제기하는 문제를 지적한다. 즉 출판사는 기존에 적립된 상징자본을 이용하면서, 그것을 계속 갱신해가야 한다. 그러한 갱신은 출판사의 명성과 스타일을 해치지 않는 선에서 이루어져야 하는데, 그러기 위해 편집자는 미래에 수익을 가져다 줄 새로운 작가들을 종종 그들 능력에 대한 객관적 증거가 없는 상태에서 발굴해야 한다. 이

때, 부르디외 역시 언급하듯, 공식적인 편집위원회보다도 대표나 편집자의 사회관계자본이 중요하게 동원된다. 신참자는 그러한 자본의 부족으로 인해 곤란을 겪게 되기 쉽다(Reynaud, 1999: 5).

또 기업 합병의 수요(그룹)와 공급(출판사)은 모두 사회적으로 구성된 것이다. 수요 면에서 보자면, 출판업으로 다각화하려는 그룹의 동기는 경제적일 뿐만 아니라, 정치적, 상징적 차원에서도 드러난다. 그러한 입장에서 기성 출판사의 인수는 거의 유일한 선택지다. 자체적으로 경제/상징자본이 될 만한 도서 목록을 구축하기 위해서는 너무 오랜 시간이 필요하고 위험 부담 역시 크기 때문이다. 한편 공급 면에서 보면, 1980년대 초 출판 부문에서 가족 권력의 약화는 매각 후보 기업을 양산한 주요인이었다. 이는 출판자본의 복합적 성격 및 그로 인한 상속상의 난점과도 관련이 있다. 출판자본은 경제자본, 사회관계자본, 상징자본이 결합되어 있는 형식을 띤다. 따라서 대표는 자본 출자자, 작가, 미디어 등 아주 상이한 행위자들을 활용하면서, 자원을 효과적으로 조합해야 한다. 그런데 프랑스에서는 출판인 2세가 그러한 자본 관리에 실패하는 비율이 높아지면서, 가업이었던 출판사를 매각하는 사례 또한 증가했다. 특히 사회관계자본과 상징자본의 세대 간 상속은 쉽지 않은 것으로 보인다. 이는 인수 기업 측에도 유사한 문제를 낳는다. 바꿔 말해, 아바스나 마트라 그룹 같은 출판계의 외부자들은 기존 출판사의 인수·합병으로 구매한 사회관계자본을 충분히 사용하지 못하면서, 새롭게 상징자본을 생산해 내야 하는 상황에 처하는 것이다. 레노는 이러한 상황에서 두 그룹이 채택한 두 가지 상반되는 전략을 검토하고, 그 전개와 성과에 국가가 미쳤던 결정적인 영향력을 논의한다. 그들이 출판 시장의 지배력을 장악할 수 있었던 데는 뛰어난 재정 수완을 발휘한 것 못지않게, 은행의 지원 그리고 행정 및 정치 장의 동의를 얻은 것이 중요한 성공 요인으로 작용했다는 주장이다(Reynaud, 1999: 5~10).

한편 부르디외는 출판사의 기업화보다는 복합 기업화와 집중 현상이 프랑스 출판 장에 더 커다란 변화를 가져왔다고 진단한다. 그에 따르면, "출판업이 1880년에서 1920년 사이에 가족 단위의 소기업에서 거의 대기업 수준으로 이행했다면, 이러한 변화는 지난 20여 년간 촉발되었던 구조적 격변만큼 그 영향이 크지도 거칠지도 않다. 그 격변은 상대적으로 보호되어 왔던 (어떤 이들은 구시대적이라고 말할 것이다) 프랑스 출판업계에 가차 없는 금융 논리가 난입하면서 빚어진 것이다." 부르디외가 복합 기업화와 집중에 주의를 기울이는 이유는 그것이 "거의 언제나 순수한 상업 논리를 위하여 순전히 문학적인 출판 정책을 포기하게 만드는 결과를 가져왔기" 때문이다(Bourdieu, 1999a: 21). 그에 따르면, 일반적으로 기업 합병과 집중은 의사 결정 기구의 수와 문학적 자율성을 축소시킨다. 거대 출판 기업들은 이른바 단기적 이윤 논리가 관철되는 저작과 장기적 투자 논리가 관철되는 저작에 대한 관리를 모두 재정 담당자에게 맡기는 경향이 있는데, 이들은 사실 아방가르드 문학에 대한 장기적인 투자 정책을 별로 선호하지 않는다. 이렇게 해서 출판은 순수하게 경제적 이윤만을 추구하는 일반 제조 부문과 크게 다를 바 없어진다. 그러한 추세는 출판사가 과점적인 거대 복합 기업들의 일부로 편입되는 현상에 의해 강화된다. 복합 기업들의 전체 매출액에서 출판이 차지하는 비중은 대단하지 않다. 출판은 다른 사업과 비슷하게 주로 경제적인 수익 창출을 요구받는다. 복합 기업 안에 통합된 출판 자회사의 경영자와 출판 정책 담당자들은 대개 미디어나 금융계 출신이며, 문학 분야에 특별한 소양이나 교육 배경을 가지고 있지 않다. 바로 이들이 출판 영역에까지 일종의 '엔터테인먼트 모델'을 부과하는 것이다(Bourdieu, 1999a: 22).

복합 기업화와 집중 현상의 분석을 계기로 장이론은 그 규범적 입장을 뚜렷이 드러낸다. 즉 그러한 현상은 문화생산의 상업적 축을 강화하고 자율성을 약화시키는 일종의 해악이라는 것이다. 집중 과정은 출판 기업이 주로 경제적 이해관계에만 민감하게 만들고, 신참자들로 인해 생겨나는 경쟁의 역학과 그를 통한 상징적 차원의 혁신을 불가능하게 만든다. 부르디외에 의하면, "새로운 진입자들이 (장 안에서) 운동을 만들어 낸다. 그들은 존재 자체만으로, 그리고 그들이 정초하는 경쟁 — 여기에서 그들은 헌신 혹은 자기 착취를 통해 경쟁력을 가진다 — 에 의해서 기존의 문학적 질서를 요동치게 만든다"(Bourdieu, 1999a: 19). 반면 시장이 몇몇 기업에 집중되는 과정은 출판계가 점점 더 상업적 규범만 따르는 실천을 하도록 이끈다. 또 그것은 문화 재화의 표준화와 획일화를 가져오는 경향이 있다. 결국 소수의 커뮤니케이션 복합 기업이 시장을 과점하며 좌지우지하는 상황은 장이론의 시각에서는 적극적으로 예방하고 심지어 저항해야 할 과제가 된다. 그러한 맥락에서 부르디외는 두 가지 실천적 제안까지 내놓는다. 하나는 국가 지원에 의한 제한 생산 부문의 활성화다. 장이론의 견지에서 이는 장에 고유한 상징자본과 자율성을 증대시키는 '바람직한' 것이다. 역사적으로 국가와 정치에 종속되어 있었던 문화생산 장은 시장의 본격적인 형성과 함께 상대적인 자율성을 확보했다. 시장의 힘이 압도적인 현 시점에서는 국가 지원이 장의 자율성 증대에 긍정적인 역할을 할 것이다. 부르디외가 보기에, 국가는 시장의 무자비한 제재와 문화생산자들에 대한 착취로부터 창작의 권리와 자유를 보호하는 기구가 될 수 있다. 이는 국가가 그 자체의 고유한 역사 속에서 공익과 무사무욕, 보편성을 어느 정도 구현하기에 이른 현실에 바탕을 둔다(Bourdieu, 1989: 558~559 및 2012 참조). 상업성을 배격하고 자율성을 강화하는 또 하나의 방안은 상징적 가치를 추구하는 행위자들끼리의 국제적인 연대다. 이러한 "실용적 국제주의"는 특히 문화적인 동시에 정치적인 아방가르드주의를 지향하는 소규모 생산자들을 중심으로 더 잘 조직될 수 있다(Bourdieu, 1999a: 26).

국제화 대 전 지구화

헤스먼달치는 지적하고 있지 않지만, 장이론으로 대규모 생산 부문을 분석하고자 할 때 가장 민감하게 다가오는 문제 가운데 하나는 과연 그것이 초국가적 문화생산과 유통을 적절히 포착해낼 수 있는지 하는 것이다. 우리는 물론 부르디외 논리의 연장선 위에서 전 지구적 사회 공간espace social global을 상상할 수 있다. 하지만 실제 장이론에 기초한 많은 경험적 연구는 대체로 한 국가의 틀을 벗어나지 않았던 것이 사실이다. 장이론의 진정한 어려움은 이미 일반화된 전 지구적 맥락의 문화생산 현상을 고려하는 데 있는지도 모른다. 영국의 문화연구자 안젤라 맥로비Angela McRobbie는 이 문제를 예리하게 제기한 바 있다. 그에 따르면, 예컨대 '전 지구적 미디어 장'이라는 개념으로는 그토록 많은 다국적 미디어 기업의 활동과 변동, 문화 형식들의 빠른 교차와 상호침투, 증가하는 혼종성을 파악할 수 없다. 전 지구적 커뮤니케이션 네트워크는 능력과 활동의 경계선을 분명히 한정하기 어려운 유연한 실천 위에 구축되어 있다. 맥로비가 보기에, 장이론의 용어들은 네트워크, 흐름, 유동성, 개인화 과정과 잘 맞아떨어지지 않는다. 따라서 우리가 만일 점점 가속화되는 변화의 역학, 다양한 흐름들과 상호 연결로 특징지어지는 미디어 정경mediascape을 전제한다면, 장이론을 미시/거시의 정치경제 혹은 문화 경제의 연구틀보다 더 생산적이라고 보기는 어렵다는 것이다(McRobbie, 2005: 132~133). 이러한 주장에는 일리가 있다. 장이론은 초국가적이며 탈지역화된 문화생산과 교류를 다루는 데 특별히 적합한 개념적 도구를 가지고 있지 못하다. 예를 들면, 2000년대 프랑스 영화 장을 분석한 뒤발의 논문은 할리우드 영화 산업의 영향력을 상당히 주변적이고 단편적으로만 외부화시키는 데 그치고 있다. 그럼에도 최근에는 전 지구적 문화생산 장에 대한 이론적·경험적 연구가 점차 활발해지는 양상을 띠는 것이 사실이다.

장이론이 문화생산 문제를 세계적 차원에서 논할 때는 주로 장의 자율화 과정 그리고 그에 기반을 둔 과학적·미학적 보편성의 발전과 관련해서다.[55] 부르디외는 세계적인 수준에서 과학 장의 통합, 예를 들면 "세계 사회학 장의 가능성"이라든지, "지식인들의 인터내셔널"과 같은 사례를 중심으로 국제화internationalisation 문제에 접근한다(Bourdieu, 1991b; 1992a: 460~472). 그에 따르면, 문화생산 장의 국제화 정도는 자율성의 객관적인 지표로 이해된다. 어떤 면에서 국제성과 자율성은 등가물이나 다름없으며, 자율성은 국제성에 따라 규정된다(Bourdieu, 2001b: 150). 장이 국제적일수록 자율성은 증가하며, 장의 자율성은 자연스럽게 국제성을 수반한다. 또 문화생산 장의 자율성이 미약한 상황일 때, 국제성은 한 사회의 정치경제적 세속 권력에 맞서 자율성의 가치를 옹호할 수 있게 해 주는 의지 수단이기도 하다. 어떤 문화 재화의 보편성 증명 과정은 거의 반드시 '탈국가화'로서 국제화의 형식을 취하게 된다. 이른바 세계 문필 공화국의 역사적 형성과 변화에 관한 카자노바의 연구는 이러한 논리에서 조금 더 나아가, 장이론의 관점에서 국제화와 전 지구화mondialisation를 대비시키는 양상을 드러낸다. 카자노바에 따르면, 국제화는 세계

55 부르디외는 특히 지식 장과 관련해 식민 과학, 세계 사회학, 지식의 수입과 이전 등 국제적 분석 수준의 문제를 다룬 바 있다. 예술사회학자 올리비에 루에프Olivier Roueff의 재즈 장 분석 역시 문화 영역과 관련해 국제적 관계와 흐름을 고려하는 하나의 모범적인 예를 보여 준다(Roueff, 2010).

적 문학 공간의 구성을 가리킨다. 이는 역사 속에서 서로 대립적인 성격의 이중 운동에 의해 이루어졌다. 즉 한편으로는 세계 여러 지역이 국민 국가로 독립하는 정치적 운동이 있었으며, 다른 한편으로는 정치적, 국가적 요구에 맞선 문학적 해방과 자율화의 운동이 있었던 것이다. (→ 노트 31: 문학적 지배와 소수 문학) 국제화는 문학계에서 모든 사람이 동일한 것을 하지는 않지만, 동일한 여정에 들어가기 위해서 투쟁하는 상황을 만들어 낸다. 이들은 불평등한 무기를 가지고 동일한 목표인 문학적 정당성을 획득하려고 경쟁하는 것이다(Casanova, 1999: 62~63). 이 세계적 문학 공간 내의 경쟁 과정에서 일종의 문학적 보편성이 성취될 수 있다. 반면 전 지구화는 국제화와 거의 정반대의 것이다. 그것은 어디에나 적용 가능한 하나의 모델을, 특수성에 대한 고려 없이 세계의 각 지역에 일반화하려는 운동이다. 이는 특히 신자유주의적 자본주의 경제 논리에 의해 주도되고 있으며, 그에 따라 모든 문화생산에서는 상업적 축이 강화되고 있다. 이는 대부분 국가의 문학 출판장에서 출판 전략을 상업화하고 책의 선정 방식과 내용, 유통 구조까지 변화시키는 양상으로 나타난다(Casanova, 1999: 234).

이렇듯 전 지구화는 문학 공간의 국제화와 그를 통한 문학적 발전의 성과를 침해하는데, 그 핵심은 지속적인 집중과 복합 기업화 현상이다. 카자노바에 따르면, 집중은 생산을 획일화할 뿐만 아니라, 혁신적인 소규모 출판사들을 시장에서 제거하는 경향이 있다. 또한 출판이 (커뮤니케이션) 복합 기업의 한 부문으로 전락하는 현상은 출판 장의 게임의 규칙이 변화하는 데 기여한다. 미국의 경우, 출판사가 미디어 그룹에 합병되고 집중이 가속화되면서, 신문이나 케이블 텔레비전, 영화와 같은 다른 부문 수준의 이윤율을 요구받게 되었다. 결국 책의 성격은 단기간의 경제적 이익을 극대화하는 방향으로 변화했고, 그에 따라 이윤율은 엄청나게 증가했다. 유럽 역시 미국식 모델을 수입하면서 유사한 출판 정책이 점점 더 큰 힘을 얻고 있는 형편이다. 장기적으로 상징이윤을 극대화할 수 있는 투자를 하기보다는, 더 많은 종의 책을 더 적은 부수로 찍어 내고 더 비싼 가격으로 단기간 유통시키는 전략을 채택하는 것이다. 그와 같은 변화는 출판사와 유통망과 판매망의 삼중적인 집중 위에서 이루어진다. 이는 출판 부문의 의사 결정에서 사업 담당자와 실무자들의 중요성을 강화시키고, 출판 논리의 지성적 성격을 약화시킴으로써 문학 생산의 위기를 가져온다. 새로운 상업적 생산 조직과 배급망의 재편 그리고 즉각적인 수익성의 강조는 전 세계적 수준의 대중 시장을 위해 기획되고 주문 제작되는 출판물의 초국가적 유통을 부추긴다(Casanova, 1999: 235~236).

결국 카자노바는 다음과 같이 주장하기에 이른다. "세계적 문학 공간의 가장 자유로운 지역들은 국제적 통상 법칙의 힘에 의해 강하게 위협받고 있다. 이 법칙은 생산 조건을 변화시키면서, 텍스트 형식까지도 변화시킨다. 자율성의 성과들을 흉내 내는 출판 다국적 기업의 발전과 가장 자율적인 문학 생산인 양하며 국제적 성공을 거두는 소설들의 광범위한 배포는 상업적 유통 경로로부터 독립적인 문학이라는 아이디어 자체를 위험에 빠뜨린다. (……) 오늘날 그 형식상으로나 효과 면에서 국제적인 문학은 존재한다. 그것은 거의 동시적인 번역에 의해 전 세계에서 쉽고 빠르게 유통되며, **국적 없는** 내용으로 어느 곳에서나 오해의 위험 없이 수용될 수 있기 때문에 놀랄 만한 성공을 거둔다. 하지만 우리는 이렇게 국제주의로부터 상업적인 수출입으로 이행한 것이다"(Casanova, 1999: 237). 이를 부르디외는 "국제 교류 속에서 장기적으로 발생하는 문학적 보편성universel littéraire과는 그 사회적 기원에서나 문학적 질에서 완전히 대립되는, 문학적 농도가 옅고 대량 배포되며 일종의 **상업적 보편성**universel commercial을 지니는 상품들의 점진적 승리"라고 표현한다(Bourdieu, 1999a: 22). 장이론은 문화생산과 유통의 전 지구적인 맥락을 분석하는 데 있어서 별다른 장점을 보여 주지 못한다. 오히려 특기할 만한 것은 그것이 집중과 복합 기업화를 논의할 때와 마찬가지로, 장의 자율성 개념을 기반으로 분명한 가치 지향성을 드러낸다는 점이다. 하지만 문화생산 장의 자율성과 보편성 성취의 문제, 국제화와 자율성의 관계 문제, 미학적 판단 기준의 문제 등은 아주 근본적인 차원에서부터 모호한 부분이 적지 않게 남아 있는 것이 사실이다.

방법으로서 장이론

여러 가지 논쟁의 여지에도 불구하고, 헤스먼달치가 제기한 논점들은 미디어와 문화산업 연구에 장이론적 접근을 취하려는 연구자들에게 소중한 성찰의 좌표를 제공한다. 그런데 그 성찰이 더욱 생산적일 수 있으려면 무엇보다도 장이론의 인식론적 지위와 전략을 되돌아볼 필요가 있다는 것이 나의 또 다른 주장이다. 이러한 맥락에서 장이론이 "하나의 프로그램이자, 방법에의 참여"라는 장클로드 파스롱의 지적은 의미심장하다(Passeron, 2003: 41). 헤스먼달치가 1부의 내용만을 요약했던 《예술의 규칙》이 당장 2부의 1장에서 '방법의 문제'를 길게 다룬다는 사실 또한 시사적이다.[56] 부르디외는 거기에서 사회과학의 새로운 정신이 지켜야 하는 원칙을 다음과 같이 제시한다. "이론은 다른 이론과의 순수한 이론적 대결보다는, 언제나 새로운 경험적 대상들과의 대결에서 자양분을 얻어야 한다. 개념은 우선 인식론적으로 통제된 과

56 부르디외가 발전시킨 장이론에 가장 기본적인 아이디어를 제공한 사람 가운데 한 명이었던 사회심리학자 쿠르트 레빈Kurt Lewin 역시 "장이론을 가장 잘 정의하는 것은 이것을 방법론으로 보는 것"이라고 강조한 바 있다(Lewin, 1963/1987: 73). 물리학의 전자기장 개념을 사회과학에 응용해 인간 심리와 행위를 설명하고자 했던 레빈에 따르면, 장 개념의 핵심은 장 안의 어떤 부분의 상태가 장의 다른 모든 부분에 의존하며, 그런 한에서 구조적·전체적·역동적 성격을 갖는다는 것이다(Lewin, 1963/1987: 52, 91). 부르디외의 장이론은 물론 구체적인 내용 면에서 레빈의 장이론과 상당한 차이를 보여 주지만, 그 문제의식에 있어서는 크게 다르지 않다고 할 수 있다.

학적 실천을 발생시키는 도식들의 총체를, 속기술의 방식으로 가리키는 기능을 가져야만 한다"(Bourdieu, 1992a: 251). 이러한 원칙은 그가 "엄밀하게 수행된 경험 연구 속에 가장 결정적인 이론적 문제들을 투입할 줄 아는 저자들"의 대열에 스스로를 위치 짓는 데서 다시 한 번 확인된다(Bourdieu, 1992a: 250). 부르디외에 따르면, 장이론은 "그 자체가 목적이 되는 이론주의적 형식주의"가 아니며, "반증 가능한 명제들의 스콜라적인 축적을 결코 넘어서지 못하는 개별 기술적 경험주의"와도 대조된다(Bourdieu, 1980b: 267). 말하자면, 그것은 연구 대상을 구성하는 방법이자 구체적인 연구 절차로 이끌어 주는 지침이며 연구 결과를 해석하고 새로운 질문을 만들어 내는 데 쓰이는 체계화된 개념들의 연장통이다. 장이론은 실질적인 활용과 작동 속에서만 그 가치를 드러내며 의미를 지닐 수 있다. 그것은 발견적 힘을 통해 현실의 운동을 포착해내면서 스스로 끊임없이 확장되고 수정되는 지평에 놓인다. 그것은 "실질적으로 통합되고 축적되는 경험 연구들의 프로그램"을 지향한다(Bourdieu, 1992a: 259).

장이론은 연구 대상의 구성에 어떻게 작용하는가? 먼저 장 개념은 "전체와 그 구성 요소들 간 관계의 분리 불가능한 역동성의 존재를 상정"한다(Passeron, 2003: 41). 이는 관계중심주의라는 방법론적 선택으로 이어진다. 부르디외에 따르면, "관계적으로 규정되는 행위 주체나 집단이 지닌 속성은 그들이 맺는 관계 속에서만, 또 그 관계에 의해서만 의미와 가치를 얻는다. 어떤 실천, 대상 혹은 담론은 훌륭한 상식이 심어 주는 믿음과는 달리 결코 그 자체로, 그것만으로 탁월하거나 속되거나 고상하거나 평범한 것이 아니다. 그것은 다른 대상들, 다른 실천들, 혹은 다른 담론들과의 관계 안에서만 그럴 따름이다"(Bourdieu, 1989: 255).[57]

장이론은 어떤 점에서, 또 어떤 방식으로 하나의 장이 그 안에서 벌어지는 사건과 행위 주체들의 전략에 관련되어 있는지, 장 안의 요소들은 서로 어떻게 연관되어 영향을 주고받는지, 우리가 끊임없이 주의를 기울이고 관찰하고 또 기술하기를 요구한다. 한편 장이론이 제시하는 제한 생산/대규모 생산이나 상징적 축/경제적 축의 모델 역시 조금 더 실용적으로 논의될 필요가 있다. 부르디외는 기술, 설명, 예측을 위해 의식적으로 구성된, 선별적이고 추상적이며 단순화된 속성들 간 관계 체계로 모델을 정의한다. 이때 중요한 것은 모델이 현상의 외적인 공통점만을 포착하는 것이 아니라, 그것이 해석하는 실재의 숨겨진 원리를 포착해야 한다는 것이다. 이론적인 모델이란 "구성된 대상을 규정하는 관계들 사이의 관계들에 대한 형식적 밑그림"이다(Bourdieu et al., 1968: 79). 이렇게 볼 때, 문화생산 장의 모델은 상징적 이해 관

57 이 관계 중심적 사유는 문화생산뿐만 아니라, 소비의 분석에 있어서도 그대로 적용되어야 한다. 부르디외는 예컨대 '구별짓기distinction'와 같은 용어가 얼마나 관계 중심적인지를 강조한다. 부자들의 구별짓기는 빈민과의 관계 속에서 다양한 뻐기기나 뽐내기(옷차림, 말투, 생활 양식 등등)로 나타날 수 있다. 하지만 그것이 과시적 소비를 일삼는 졸부나 신흥 부자와 대비해 이루어질 때는 과시에 대한 과시적 거부, 신중과 절제와 검소의 미덕으로 나타난다(Bourdieu, 1989: 256). 이 과정은 또 의식적일 수도 있고 무의식적일 수도 있다.

심과 경제적 이해 관심 간의 대립이 문화생산을 구조화하고, 생산자와 텍스트와 수용자 사이에는 위치의 조응에 따르는 일종의 선택적 친화성이 생겨나며, 문화생산 장은 상징적 축을 강화함으로써 더 많은 자율성을 확보하고 보편성을 성취할 수 있다는 원리들을 지시하는 것에 지나지 않는다. 이러한 모델은 다양한 현상을 조직적으로 파악하고, 구체적인 연구 프로그램을 설계하는 데 도움을 주는 것이다. 부르디외가 장의 경계나 하위 장의 존재 등은 언제나 경험적 탐구를 위한 부수적인 문제일 따름이지, 이론적 이슈가 아니라고 강조하는 이유도 그러한 맥락에서 이해될 수 있을 것이다.

문화생산 장의 실제 분석은 다음과 같은 절차로 이루어진다. 먼저 다중 대응 분석을 통해 해당 장의 주요 행위자들(예컨대, 작가, 출판사, 감독)의 객관적 분포 공간과 그 공간의 구조화 원리(총자본의 양, 자본 구조)를 끌어낸다. 다음으로 분포 공간 안에서 행위자들의 위치를 그들의 전략, 입장, 생산물과 관련지어 해석한다. 이때, 통계 결과 이외의 다양한 부가 자료들(2차 자료, 인터뷰, 신문 기사 등)이 함께 쓰인다. 끝으로 장에서의 위치에 대한 통시적인 분석을 시도한다. 즉 특정한 행위자가 왜 그런 위치에 있게 되었는지를 출신 지역과 교육 배경, 부모의 문화자본 등이 만들어 낸 하비투스와 관련지어 논의한다. 이 과정에서 장이론은 상징자본, 전략, 하비투스 등 고유한 개념들뿐만 아니라, 다른 접근에서의 개념들 또한 적절히 이용하면서 분석을 전개할 수 있다. 이는 이론과 경험, 추상과 구체의 차원을 끊임없이 오가며 자기 비판과 교정의 작업을 수행하는 노력이기도 하다. 문화생산 장에 대한 부르디외 분석의 기본틀은 두 가지 문제의식 위에 서 있다. 하나는 전통적으로 경제와는 완전히 별개의 것으로 표상되어 온 문화 부문을 자본, 생산, 시장, 이해 관심 등 경제학적 개념의 유비와 모델을 통해 객관화하고 분석함으로써, '개인 창작자,' '재능,' '순수성,' '무사무욕'과 같은 이데올로기와 단절하고자 하는 것이다. 다른 하나는 산업화된 문화 부문에 작용하는 다양한 상징적 논리 — '상징자본,' '상징이윤,' '문화 매개자,' '신념의 생산' 등 — 를 강조함으로써 경제학적 접근이 간과하는 문화 재화의 특수성을 고려하는 것이다. 아마도 그의 사회학 전체를 가로지르는 이러한 사고의 "이중 운동 — 즉 상징적 차원에 대한 분석의 형식적 경제화와 경제 현실의 기초에 대한 상징적 설명 —"이야말로 장이론을 문화생산에 대한 다른 접근들과 차별화시켜 주는 뚜렷한 강점이라 할 수 있을 것이다(LeBaron, 2003: 563). 장이론은 또 문화생산을 사회적 세력 관계 속에서 파악하면서 생산자들의 위치와 담론, 생산물과 수용자와의 관계, 생산자들의 전략, 장 내의 갈등, 장들 사이의 관계 등을 복합적으로 고려할 수 있는 연구 지침이다. 그 과정에서 하나의 특수한 대상을 연구하면서도 좀 더 포괄적인 틀과의 관련성 속에서 사고하고 문제 제기할 수 있도록 도와 주는 것이다.

모든 이론이 그렇듯, 장이론 역시 나름대로의 강점과 약점을 지니는 분석틀이다. 부르디외와 동료 연구자들의 작업이 보여 주는 것처럼, 그것은 고유한 개념과 방법론적 원칙, 그리고 절차에 따라 미디어와 문화산업 부문에 대한 흥미로운 탐구를 가능하게 한다. 나는 그 점에서 장이론이 정치경제학이나 다원주의 사회학이나 문화연구와 비교해 설명력이 떨어진다고 보지 않으며, 오히려 어떤 면에서는 그 반대라고 생각한다. 논리적인 차원에서 장이론의 가장 큰 장점은 통합적 시각의 제공 가능성에 있다. 즉 상징적 지배라는 문제의식 위에서 생산자와 문화 재화와 수용자 공간을 한꺼번에 아우르는 연구 가설과 분석 프로그램을 생성시킬 수 있다는 것이다. 이는 기본적으로 동일한 개념들을 도구 삼아 이 세 공간을 탐구할 수 있다는 점, 그리고 이들 공간 사이에 구조적 상동성이 전제된다는 점에 기대어 가능해진다. 그런데 실제로는 부르디외에 의해서조차 그러한 작업이 완전하게 이루어진 적은 없다. 그것은 잠재적인 매력으로만 남아 있을 뿐, 모범이 될 만한 분석 속에서 현실화되지는 못한 것이다. 더욱이 매스 미디어의 대규모 배포 권력이 빚어내는 수용의 대량화와 문화적 위계의 (무화까지는 아니라 하더라도) 완화 내지 다양화는 장이론의 '총체화하고자 하는 기획'이 과연 현재 상황에서 적절한 것인지 되묻게 만든다. 우리는 생산자나 생산물 공간과 딱히 조응하지는 않는 수용의 분화와 복잡성을 인정해야 하는 것이 아닐까? 아니 디지털 테크놀로지와 다양한 미디어 플랫폼의 발달은 생산자와 생산물 공간 역시 강한 원심력에 의해 분산되고 심지어 파편화되는 상태로 몰아가는 것이 아닐까? (→ 노트 32: 정보 기술과 이중 경제) 물론 이러한 질문들은 경험적인 조사 연구들의 축적을 통해서만 좀 더 구체성을 띤 토론으로 발전할 수 있을 것이다.

대규모 생산 부문에 대한 장이론적 접근이 출판 분야 위주로 적용되어 왔다는 점 또한 유의해야 한다. 이는 출판이 텔레비전, 영화, 음반, 게임 산업 등에 비해 제한 생산 부문에 더 가깝다는 점을 감안할 때, 장이론이 제한 생산 분석에 더 적합하다는 사실을 반증하는 것은 아닐까? 이러한 의문은 2006년 〈악트〉가 영화 특집호를 내놓으면서 어느 정도 해소된 바 있다. 그럼에도 불구하고 장이론 일반이 특수한 대상에 적용될 경우 어떤 변이를 겪어야 하는지, 장이론이 포착할 수 있게 해 주는 부분과 그렇지 못한 부분은 또 어떤 것인지 섬세하게 가려낼 필요가 있다. 장이론의 유용성과 한계에 대한 정확한 인식이 요구되는 것이다. 이와 관련해 나는 문화 재화의 기술적, 경제적 특성이 장이론의 분석틀 안에서 좀 더 적극적으로 고려되어야 한다고 본다. (→ 노트 33: 문화산업 부문의 이질적 생산 논리) 예를 들면, 장이론은 문화 재화가 생산 원가와 관계없이 엄청난 가격이 매겨질 수 있으며, 이는 재화의 가치에 대한 '신념의 생산'을 매개로 가능하다고 주장한다. 빈센트 반 고흐의 그림이 '명작'이라는 사회적 지각과 믿음은 사람들이 원재료 가격의 수십만 배, 수백만 배에 이르는 값을 지불할 수 있게 한다. 그런데 영화의 경우, 그러한 메커니즘은 어떻게 작용하는 것일까? 영화 시장에서 제작비와 입장료와 판권 사이의 관계는 미술 시장에서 그것과 어떤 유사성 혹은 차이를 보이는 것일까? 또 문화 매개자들의 역할은 어떻게 달라질까? 문화적 가치와 위계에 대한 사회적 신념을 형성시키는 데 있어 비평과 홍보와 마케팅의 역할과 영향력은 어떻게 겹쳐지며 또 갈라질까? 이러한 문제들에 대한 답변은 문화 재화 자체의 기술적, 경제적 특성과 그 효과에 대한 적절한 인식으로부터 출발해야 할 것이다. 이러한 관점에서 2000년대 초반 프랑스의 영화 장을 다룬 뒤발의 논문은 다소 실망스럽다(Duval, 2006). 영화 생산이 대규모의 기술적, 경제적 자원을 동원한다는 점에서 기존의 예술과 다르다는 특징만을 간단히 언급한 후, 서둘러 장이론의 일반적인 분석 절차로 나아가기 때문이다. 거기서 영화 재화의 특수성과 그로부터 비롯되는 영화 장의 차별적 논리는 선명히 드러나지 않는다. 이는 물론 뒤발이 영화 생산자 공간을 구성하는 데 초점을 맞추고 있기 때문에 불가피한 면이 없지 않다. 하지만 어쨌든 그 결과가 영화와 같은 특수한 상징 재화 시장의 고유한 작동 방식을 장이론이 어떤 식으로 파악할 수 있는지 제대로 알려주지 못했다는 것만은 부인하기 힘들다.

논의를 마무리하면서, 나는 훨씬 근본적인 차원의 문제를 한 가지 지적해 두고자 한다. 미디어를 포괄하는 문화산업Kulturindustrie은 원래 단순히 문화 기업을 객관적이고 사회학적으로 분석하기 위한 목적에서 나온 조어가 아니었다. 그 용어를 만든 아도르노는 애초에 문화산업이란 개념으로써 20세기 초 음반과 라디오를 통한 재생이 음악의 독창적인 형식을 변질시키는 과정을 포착하려 했다(Adorno, 1991). 1947년 아도르노와 막스 호르크하이머Max Horkheimer가 함께 출간한 《계몽의 변증법*Dialektik der Aufklärung*》에서 문화산업이라는 용어는 근대성의 계기들에 내재하는 지배의 성격을 급진적으로 비판하는 폭넓은 기획 안에 자리 잡았다(Horkheimer & Adorno, 1947/1995: 4장 참조). "문화산업의 **문제**는 그것이 사회 변혁의 가능성들과 맺는 관계라는 관점으로부터 제기되었던 것이다"(Bernstein, 1991: 2). 부르디외가 문화생산 장의 자율성이 지니는 미덕을 강조하면서 상업 논리의 만연과 그로 인한 '문화적 타락'에 우려를 표할 때, 그는 본의와 상관없이 프랑크푸르트 학파의 문제의식에 가까이 있는 듯 보인다. 유의할 것은 문화산업의 사회적 작동 방식을 둘러싸고 부르디외와 프랑크푸르트 학파의 논리가 서로 대조를 이룬다는 점이다. 프랑크푸르트 학파는 문화적 차이를 통한 섬세한 구별과 부드러운 상징 폭력이 아니라, 바로 문화적 대량 생산과 표준화를 통한 평등의 허위의식과 자유로운 개인 소비자의 이데올로기가 전체주의적 지배를 낳는다고 보았다.[58] 나는 우리가 문화산업을 분석할 때, 그 내적 조직 원리와 구조, 기능 작용에 대한 치밀한 설명 못지않게, 이제는 거의 잊혀져 가는 그 용어의 문제의식에도 새롭게 주의를 기울여야 한다고 믿는다. 이론의 분석력과 설명력을 가늠하는 차원이, 적어도 비판적 연구에서라면, 좀 더 철학적인 수준에까지 확장될 필요가 있다는 것이다.

58 간햄은 후기 자본주의의 사회 체제가 부르디외의 가정처럼 사회적 위계를 문화적 위계로 오인하게 만들면서가 아니라, 거꾸로 문화적 위계의 해체를 통해 사회적 위계의 해체라는 허상을 생산하면서 유지되고 있다고 주장한다(Garnham, 1993). 아마도 간햄은 의식하지 못하는 것처럼 보이지만, 이는 사실 20세기 초 전체주의적 근대 사회에 대한 프랑크푸르트 학파의 비판적 논점을 그대로 되풀이하고 있는 것이다(Horkheimer & Adorno, 1947/1995; Gartman, 1992 참조).

노트 28 | SF의 문화적 지위

1985년 부르디외는 장르 문학 연구자 얀 에르노Yann Hernot와 잡지 〈과학 소설*Science-Fiction*〉을 위해 인터뷰를 가졌다. 이 인터뷰에서 부르디외는 SF 장르에 대한 견해를 상세히 피력하는데, 그 내용은 장이론의 관점에서 하위문화나 상업 문화를 어떻게 접근하는지 알려 준다는 점에서 다양한 상업적 하위 장르가 번성하는 오늘날에도 여전히 되새겨볼 만하다(Bourdieu, 1985a). 일단 부르디외가 보기에, SF 문학은 마이너mineur 장르라고 할 수 있다. 모든 조건이 같을 때, 이 마이너 장르를 쓰거나 읽는 행위는 더 '고상한' 영역에 투자하는 행위보다 더 적은 상징이윤을 산출한다. 부르디외는 이러한 언급이 객관적으로 작동하는 문화적 위계 구조에 대한 경험적인 보고일 뿐, 사회적 평결에 대한 인준은 아니라는 점을 강조한다. 즉 다양한 마이너 장르들은 자의적인 낙인의 피해자일 따름이며, 그러한 낙인은 순전히 사회적인 근거만을 지닌다. 모든 사회적 분류 체계가 그렇듯, 장르 간 위계질서도 그것이 승인하고 신성화하는 사회 구조 속에 뿌리박고 있기 때문이다. 부르디외는 SF가 지니는 사회적 열등성의 토대로 장르의 역사와 산업적 속성, 수용자의 사회적 지위, 내용의 효과 등을 꼽는다.

우선 SF 장르는 상대적으로 짧은 전통을 가지고 있으며, 애초에 시장의 주문 생산품으로서 산업 문학의 성격을 강하게 띠었다. 이는 형식이 내용에 우선하는 '고급문학,' '순수 문학'의 실행에 불리한 사회적 생산 조건으로 작용한다. 한편 생산 장 내 장르의 위상은 사회 공간 내 수용자의 지위에 상응하는데, SF 장르의 가치는 사회적으로 그 지위를 낮게 평가받는 일반 대중, 특히 청소년 수용자가 즐긴다는 사실에 영향

받는다. SF 문학이 내용상 과학과 문화(인문학)의 두 세계에 걸쳐 있다는 점 또한 열등한 지위에 이바지한다. 그 문학의 양면성이 과학 기술의 가치가 더없이 높아진 시대에 SF의 가치를 강화할 수 있다는 발상은 부르디외가 보기엔 착각이다. 이러한 시각엔 두 가지 이유가 있다. 우선 인류학적 의미에서 모든 문화는 기본적인 이분법(남성/여성, 뜨거운/차가운, 마른/축축한, 높은/낮은 등등)을 작동시키는데, 그러한 각 항을 분리하는 경계는 신성하게 여겨진다. 따라서 그 경계를 위반하는 혼성적 대상, 분류 불가능한 실재는 모든 사회에서 불안감의 근원이 된다. 과학/문화의 경계를 넘어서는 SF 역시 마찬가지다. 더욱이 인문학이 부분적으로 과학에 '맞서서' 구축되었다는 점을 고려하면, 두 영역에 걸쳐 있는 SF 문학의 속성은 추가적인 결함일 따름이다. 한편 SF는 전통적으로 유토피아 사상이 표현해 왔던 사회·정치 문제를 제기하거나 원형적인 신화(피그말리온, 프로메테우스, 파우스트 등)가 응축한 형이상학적 질문들(시간성의 문제, 과학 기술의 미래, 역사적 종말, 세계의 다원성 등)을 성찰하는 장르인데, 이 역시 불리하게 작용할 수 있다. 러시아 소설, 특히 도스토옙스키 같은 예외가 있긴 하지만, 대체로 플로베르 이래 소설의 형성 과정은 철학적·형이상학적 내용과의 단절을 중요한 계기로 삼았기 때문이다. 부르디외는 SF 문학에 대한 사회적 불신이 이 장르의 이러한 특징들에서 비롯한다고 본다(Bourdieu, 1985a).

서양에서 SF 문학의 낮은 문화적 지위는 몇 가지 지표에서 분명히 드러난다. 대량으로 발간돼 저렴한 가격에 팔린다는 것, 공식 교육에서 배제되어 있다는 것, 권위지나 문학 잡지 등에서 진지하게 취급하지 않는다는 것 등이다. 독자들은 SF에 관해 말할 때 저자나 사조, 계보 등을 모른다 해도 특별히 부끄럽게 느끼지 않는다. 또 SF 작가들의 경우, 문학 장의 지배자들 관점에서는 자만이나 허세로 보이는 포부를 과시하거나 역으로 자기 비하를 경험한다. 가장 분명한 열등성의 지표는 SF 문학이 재평가와 명예 회복을 고심하면서 이론이나 전문 비평 등을 지향한다는 점인데, 사실 이는 그 자체로 지배적 위계질서의 정당성을 승인하는 행위이기 때문이다. 게다가 오웰, 헉슬리, 웰스 등 정상에 올라간 SF 작가는 장르의 꼬리표를 떼게 되고, 이는 SF 장르를 계속 낮은 위치에 남겨둠으로써 위계를 영속시키는 한 가지 방식이기도 하다. 이처럼 작가가 장르의 구조적 지위를 개인적으로 극복하기란 매우 어려운 일이다. 이와 관련해 부르디외는 19세기 프랑스에서 소설이 시에 비해 열등한 장르로 여겨졌다는 점을 환기한다. 이를테면, 제일 별 볼 일 없는 상징주의 시인조차 '대중 독자'를 상대하는 에밀 졸라보다는 낫다고 평가받을 정도였다. 대중 소설에 대한 사회적 경멸에도 불구하고 졸라가 괜찮은 평판을 유지할 수 있었다면, 이론적 노력과 실험적 방법, 글쓰기 등으로 작가로서의 위상을 성공적으로 관리하고, 드레퓌스 사건의 청원서 "나는 고발한다J'accuse"를 통해 자신을 지식인으로 구성할 수 있었기 때문이다. 물론 부르디외는 장르의 위계가 언제나 잠정적인 것이고 뒤집힐 수 있다는 단서를 달지만, 그럼에도 상징혁명을 이루려면 "환상적 일격"이 필요하며, "소설을 시의 수준에 올려놓기란 농업 혁명 못지 않게 어렵다"고 주장한다(Bourdieu, 1985a).

노트 29 | '자본'으로 보는 하위문화와 대중문화

장이론에서 문화예술의 소비 논리는 대체로 두 가지 원칙 아래 파악된다. 문화재화의 소비자가 중간 계급 이상의 경제적·시간적 여유를 지닌 사회 집단들로 제한되며, 구조적 상동성의 논리에 따라 자신의 자본과 하비투스에 조응하는 생산자의 작품을 자연스럽게 소비하는 성향을 띤다는 것이다. 이러한 장이론의 가정은 민중 계급과 다양한 종속 집단 subordinate groups — 여성, 청소년, 소수 민족 등 — 이 상대적으로 많이 소비하는 대중문화의 특수성과 그 수용 과정의 복잡한 역학을 무시하는 결과를 낳았다. 대중문화에 대한 부르디외의 평가는 그것이 이미 존재하는 수요에 맞추어 생산되는 상품이자, 자율성과 창의성을 보여 주지 못하는 이데올로기적 산물에 불과하다는 것이다. 그러한 시각에 의하면, 민중 계급은 수준 높은 문화예술을 즐기고 이해할 수 있는 교육적 훈련과 문화적 능력을 결여하고 있기에 대중문화와 상업 문화를 주로 수용하며, 그 과정에서 의미 있는 능동성을 발휘하지 못한다. 물론 민중이 순전히 피동적인 존재만은 아니기에 지배 담론에 대해 나름대로 소극적인 혹은 적극적인 저항 수단을 갖고 대응한다는 점을 부르디외 또한 전적으로 무시하지는 않는다(Bourdieu & Chartier, 2010/2019: 59~60). 하지만 그러한 부분이 장이론에서 특별히 부각되거나 상세히 탐구되지 않는다는 점 또한 분명하다(장미혜, 2001 참조).

대중문화에 대한 장이론의 홀대는 사실 피지배 계급의 문화를 지배 문화, 공식 문화의 잣대로 평가하는 지배중심주의라는 혐의를 벗어나기 어렵다. 민중의 문화자본을 (중상류층을 기준으로) '박탈'이나 '결여'로 이해하는 관점은 사실 그러한 평가의 준거가 되는 문화적 능력과 위계의 정당성을 모든 사회구성원이 암묵적으로 인정하고 있다는 전제를 깔고 있다. 그런데 공식 문화와 그 정당성에 대한 인정이 확고하지 않은 여러 영역과 수용자 집단 또한 존재하는 것이 사실이다. 그 결과, 부르디외의 문화론은 오래전부터 공식 문화의 중심적 지위를 과대평가하고 있다는 비판을 받아 왔다. 사회 전체에 고급문화를 정점으로 한 문화적 위계질서가 확고하게 자리 잡혀 있다는 가정은 물론, 집단 간 문화적 차이와 생활 양식의 차별화를 계급 변수 위주로 파악하는 그의 시각은 프랑스 사회의 역사적 특수성을 반영하는 것으로 여겨졌다. 영미권 문화연구자들이 하위문화나 대중문화 현상에 각별히 주목한 것도 그러한 문제의식과 무관하지 않다. 이와 같은 맥락에서 하위문화자본subcultural capital과 대중적 문화자본popular cultural capital 개념은 각각 새로운 문화 현상의 고려 아래 부르디외의 논의를 비판적으로 변형, 확장시킨 시도라 할 수 있다.

런던의 클럽 문화를 연구한 세라 손튼Sarah Thornton은 정통 문화자본이 제대로 작동하지 않는 하위문화 영역에 관심을 기울이면서 그것을 분석하기 위해 하위문화자본 개념을 제시한다(Thornton, 1998). 사실 영국에서는 1960년대 이후 노동 계급 청소년층의 하위문화 현상이 지속적인 주목과 탐구의 대상이 되어 왔다. 그런데 손튼은 버밍엄대 현대문화연구소Center for Contemporary Cultural Studies 중심으로 발전한 영국 하위문화 연구의 지배적 문제틀이 명확한 한계를 지닌다고 비판한다. 그가 보기에, 버밍엄식 문제틀은 하위문화 집단을 주류 문화와 대립하는 구성체로서 지나치게 정치화하고 막연히 영웅시하는 경향을 드러낸다. 그럼으로써 하위문화와 그 구성원들의 사회 구조적 지위가 맺는 관계라든지 하위문화 내부에 존재하는 미묘한 권력 갈등에 대해서는 충분한 주의를 기울이지 않았다는 것이다.

손튼은 정통 문화자본 중심의 공식 문화 영역과는 다른 하위문화 영역의 의미와 중요성을 인정하는 동시에, 그 안에서 작동하는 사회적 위계와 권력에 대해 세밀하게 탐구해야 할 필요성을 강조한다. 예를 들면, 클럽 문화 내부에도 가치의 위계질서가 있고 그에 따른 구별짓기 과정이 나타나기 때문이다. 손튼의 정의에 따르면, 하위문화자본은 공식적 문화자본에 비해 몇 가지 차별성을 지닌다. 첫째, 하위문화자본은 학교 교육 체계가 아닌, 각종 미디어를 통해 순환한다. 달리 말하면, 미디어는 하위문화 관련 지식의 생산과 유통에 중심 역할을 담당하는 네트워크다. 그러므로 하위문화자본의 소유와 축적은 미디어를 잘 알고 활용하는 정도와 긴밀한 상관관계를 맺고 있다. 둘째, 정통 문화자본과 마찬가지로 하위문화자본 역시 경제자본으로 전환 가능하지만, 그러한 전환이 상대적으로 훨씬 어렵다. 셋째, 하위문화자본은 계급보다는 젠더, 세대, 인종 등의 변인과 더욱 밀접한 연관성을 갖는다(Thornton, 1998: 163~168 참조).

한편 존 피스크John Fiske가 미국의 텔레비전 문화를 분석하면서 제시한 대중적 문화자본 개념은 문화자본을 어떤 지식이나 정보, 객체, 제도화된 지위와는 완전히 다른 차원, 즉 의미와 쾌락, 사회적 정체성의 차원에 놓는다. 피스크에 따르면, 문화상품은 두 가지 상이한 하위 경제인 금융 경제financial economy와 문화 경제cultural economy에서 순환한다. 금융 경제가 문화 상품이 시장에서 교환 가치를 지니는 물질적 재화라는 경제적 특성과 관련된다면, 문화 경제는 이러한 문화 상품이 제공하는 다양한 의미 작용, 즐거움, 정체성 자원 등과 관련된다. 물론 후기 자본주의 사회에서는 모든 상품이 상징적·문화적 가치를 가지고 이러한 이중의 하위 경제에서 순환하는 경향이 있다. 그럼에도 문화 상품의 경우, 일반 상품에 비해 문화 경제와의 연계성이 훨씬 두드러지는 것이 사실이다.

피스크가 주목하는 것은 문화 경제가 금융 경제와는 다른 논리 위에서 작동한다는 점이다. 그에 의하면, 의미와 쾌락은 소유나 통제가 어렵기에 금융경제에서 부가 순환하는 방식으로 순환하지 않는다. 금융 경제에서는 생산과 소비가 분리되어 있지만, 문화 경제에서는 그렇다고 볼 수 없다. 금융 경제에서 광고주에게 팔리는 수용자 상품audience commodity은 문화 경제에서는 의미와 쾌락의 생산자로 변화하고, 수용자의 권력은 문화상품의 물질적인 제작자나 배포자 못지않게 크다. 문화 상품은 텍스트이며, 이는 그것이 이미 정해져 있는 의미와 쾌락의 단순한 전달자가 아니라 촉발자에 불과하다는 뜻이다. 텍스트는 수용자와의 만남을 통해서만 의미와 쾌락을 산출한다. 따라서 물질적 생산자나 배급자가 문화 상품의 특정한 효용과 효과를 의도하고 계획하더라도 정확한 예측이나 관리는 불가능하다. 문화 상품의 궁극적인 성공 여부를 좌우하는 것은 수용자가 그로부터 얻는 상징적·정서적 이익이라는 것이다(Fiske, 2010/2017: 556~564).

피스크에 따르면, 문화재화의 본래 텍스트 구조는 그로부터 생산 가능한 새 텍스트의 범위를 한정하거나 결정할 수는 있지만, 결코 수용자들의 창조적인 텍스트 이용의 기질을 제한할 수는 없다. 대중은 단순히 문화적 자원의 목록에서 어떤 것들을 선택하거나 거부하는 데 그치지 않고, 문화의 지속적인 재생산 과정 속에서 선택된 의미들을 생산적으로 활용한다. 이 과정을 통해 자본주의의 문화 상품은 브리콜라주 형태로 재결합되고 활용되며, 텍스트와 일상생활 사이의 가치 있는 만남이 이루어진다는 것이다. 피스크는 대중 수용자가 '(상호) 텍스트로서의 문화'를 통해 지배 이데올로기와 다른, 혹은 대안적인 의미를 생산하며 쾌락을 얻는다는 점을 강조한다. 그는 권력의 핵심 효과가 단일화와 동질화에 있다고 보면서, 담론의 다양화나 이질화에 기여할 수 있는 모든 해독 실천을 지배 이데올로기에 '저항적'인 것으로 인식한다. 이러한 시각은 대중문화 텍스트의 복잡성을 재조명하고 수용자의 능동성을 복권한다는 장점이 있지만, 기호론적 실천의 정치성에 대한 과도한 가치 부여와 낙관주의에 기대고 있다는 비판을 받는다(김수정, 2010 참조).

노트 30 | 정책 결정에 대한 장이론적 접근

부르디외는 장이론을 문화 영역만이 아닌, 정치, 경제, 법, 행정 등 다양한 사회적 맥락의 해부에 활용한다. 예컨대, 그는 《경제의 사회적 구조》에서 특정한 국가 정책이 어떻게 방향 지어지는지 프랑스 행정 장의 역학에 대한 분석을 통해 설명한다(Bourdieu, 2000b: 2장 참조). 1977년 우파의 지스카르 데스탱 대통령은 개인별 주거 보조 정책을 도입한다. 이는 국가의 공공 임대 주택 지원금에서 개인의 주택 소유 장려금으로 제도의 변화를 수반하는 것이었다. 그런데 부르디외가 보기에, 이러한 새로운 정책의 채택은 무엇보다도 행정 장 내부의 권력 구도가 변화한 결과였다. 이 장을 이루는 정부 부처의 장관, 관계 부서 공무원, 금융 기관

수장, 지역 정치인과 공무원, 주거 관련 시민단체의 대표 등 상이한 행위자 집단과 기관 간 권력 구조는 '젊고 역동적인' 지스카르 데스탱 대통령이 등장하면서 그와 유사한 하비투스를 지니는 엘리트 관료 집단 쪽으로 중심축이 이동한다. 파리정치학교나 국립행정학교(ENA) 같은 권위 있는 그랑제콜 출신의 이 관료들은 야심만만한 신진 세대를 구성했다. 이들은 비슷한 사회적 출신 배경과 나이, 교육 경력에서 나온 성향 체계를 바탕으로 정부와 시장의 역할에 대한 유사한 인식 또한 공유했다. 이들이 일류 고등 교육을 통해 획득한 '기술 기반 행정자본'은 기성 관료들의 '경험 기반 행정자본'과 대조적이었다. 기성 관료들은 국가 주도의 공공 부문을 중시하는 기존 정치 질서의 유지에 이해 관심이 걸려 있었다. 그것은 일차적으로 자기 집단의 기득권을 방어하는 문제였지만, 나아가 공익과 관련된 사회적 성취를 수호하는 문제이기도 했다. 반면 신진 관료들은 사회적 주거 정책의 자유주의적 개혁에 친화적인 출신 계급과 교육 과정을 거치며 미리 조정된 하비투스를 공유했다. 기성 관료 집단과 신진 관료 집단 사이에 가로놓인 대립 구도는 주거 정책의 공공성을 강조하는 입장과 시장주의적 변화를 추진하는 입장의 대결로 이어졌으나, 결국은 후자의 승리로 끝났다. 이 과정에서 최신 계량경제학 지식을 바탕으로 한 신진 관료 집단의 행정자본은 중요한 역할을 했다. 즉 기성 관료 집단은 기술적 전문성을 결여했기에, 신진 관료 집단이 '과학적' 정당성을 부여한 개혁안에 문제를 제기하기 어려웠다. 후자는 또 의회 위원회라는 형식에 기대 개혁안의 민주적 대표성을 주장했다. 우파 대통령과 더불어 부상한 신진 엘리트 관료 집단은 이렇게 행정자본, 사회관계자본 등을 적극적으로 활용하면서 유사한 하비투스를 갖춘 정치·사회 세력과 광범위한 동맹을 구축하였다. 이는 거의 본능적인 게임 감각에 따라 자연스럽게 이루어졌고, 그 결과 시장 경제 중심의 주택 정책이 행정 장, 나아가 프랑스 사회 전체에 성공적으로 부과되었다. 행정 장의 작동 방식과 그에 따른 정책 결정에 대한 부르디외의 분석은 그가 '마치 장처럼 기능한다'고 주장하는 여러 (문화) 기업이나 (예술) 조직에서의 의사 결정 과정에도 적용해 볼 수 있을 것이다. 그 한계나 문제점에 대한 경계심을 놓지 않는다는 전제 아래 말이다.

노트 31 | 문학적 지배와 소수 문학

〈악트〉는 1989년부터 1998년까지 약 10년간 '유럽 서평지' 〈리베르〉를 부록으로 발간했다. 〈악트〉가 사회과학 연구자들을 주된 필자와 독자층으로 삼았다면, 〈리베르〉는 작가와 예술가 들을 주로 겨냥했고, 부르디외는 두 잡지를 매개로 광범위한 '지식인의 인터내셔널'을 꾸리고자 했다. 〈리베르〉는 특히 '문화적' 유럽을 중시하면서, 유럽 내에서도 벨기에, 아일랜드, 네덜란드, 폴란드, 헝가리, 루마니아 등과 같이 소외된 주변부 국가들의 창작과 예술, 사상과 지적 전통에 많은 주의를 기울였다 (이상길, 2018a: 161~165). 1995년 〈리베르〉는 벨기에 문화를 재조명하는 특집을 냈는데(〈리베르〉, 21/22호 "벨기에인들의 분노La Colère des Belges," mars 1995, 〈악트〉 106/107호의 부록), 이후 부르디외는 벨기에 출신의 문학연구자 자크 뒤부아Jacques Dubois와 '문학 장과 지배 관계'를 주제로 한 대담을 가졌다(Bourdieu, 1999b). 이 대담에서 부르디외는 정치 면에서는 독립적이지만 문학 면에서는 종속적인 국가의 사례에 각별한 관심을 드러낸

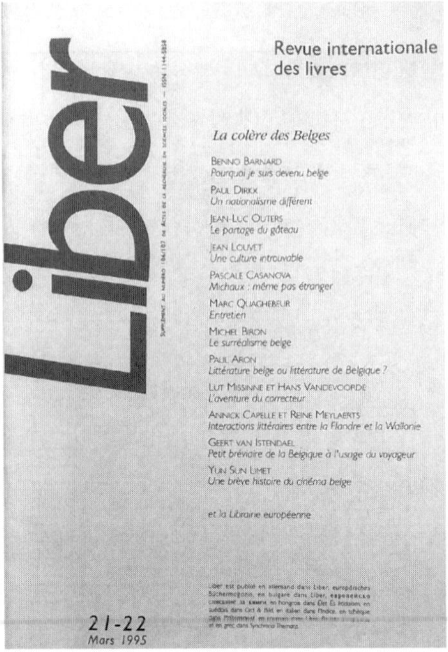

그림 24 1995년 〈악트〉의 부록 〈리베르〉 합본호(21/22호).

다. 이는 정치적 경계가 문학 장을 분리하고 있지만 (중심국이나 인접국의) 문학 장이 정치 장보다 더 강력하게 작동하면서 특수한 문학적 지배를 발생시키는 경우인데, 프랑스에 대한 벨기에나 스위스, 퀘벡의 관계라든지, 독일에 대한 오스트리아의 관계, 영국에 대한 아일랜드의 관계 등이 대표적이다. 또 과거 식민지 경험을 가진 여러 나라가 종주국과 맺는 관계 역시 마찬가지일 것이다.

이 대담에서 흥미로운 것은 부르디외가 '상징적 식민화'와 '지배 효과,' '(파리라는) 문학적 중심의 매혹'을 부각했던 이전 시각에 대해 일정한 자기 비판을 가하고 있다는 점이다. 그는 1985년 "벨기에 문학은 존재하는가?"라는 논문에서 벨기에 문학이 거의 전적으로 파리의 유행에 의해 지배받고 있으며, 실질적으로 프랑스 문학 장의 하위 장에 불과하다고 주장한 바 있다(Bourdieu, 1985b). 그런데 이 대담에서 부르디외는 과거 자신이 벨기에 문학에 적용했던 모델이 "솔직히 [현실의 복잡성을] 훼손하는" 성격을 띠었다고 회고하면서, 프랑스 문학의 영향과 지배력을 지나치게 강조했다고 반성적 태도를 드러낸다. 벨기에인들의 '분노'가 작가 개인의 차원에서 혹은 조직적인 차원에서 저항의 기획으로 나타나는 상황을 과소평가했다는 것이다. 이러한 관점을 바탕으로 그는 문학적 지배의 고유성과 함께 소수 문학의 저항성에도 방점을 찍는다(Bourdieu, 1999b).

부르디외는 일단 정치적 세력 관계와 구분되는 문학적 세력 관계가 존재하며(한 예로, 미국은 영국과의 관계에서 정치적으로는 우위를 점하지만, 문학적으로는 열세에 놓인다), 이는 문학 정치의 특유한 영역을 시사한다고 지적한다. 이 문학 정치는 복잡한 양상을 띠는데, 예컨대 세계 문학 공간에서 압도적인 권력을 행사하는 파리 문학 장은 그 직접적 영향력 아래 있는 프랑스어권 작가들에게는 매우 불리한 환경인데 반해, 영국에 식민화된 영미권 작가들에게는, 사뮈엘 베케트Samuel Beckett나 제임스 조이스James Joyce의 경우처럼, 일종의 탈출구이자 지원처로 쓰일 수 있다. 어쨌거나 문학 정치에서 중요한 점은 정치적 지형으로 쉽사리 환원되지 않는 문학적 지형이 존재한다는 것, 언어적 차원의 특수한 지배가 행사된다는 것, 문학예술과 학문 영역에 고유한 투쟁과 혁명이 존재한다는 것 등이다. 우리는 문학적 지배의 특수성, 그 복잡한 매개 수단, 상징적 복종의 체화되고 내면화된 차원에 대한 첨예한 자각을 토대로 문학적 해방운동의 단초를 마련할 수 있다(Bourdieu, 1999b).

부르디외에 따르면, 소수 문학 장의 경우 자율성을 확보하기 위한 투쟁은 정치경제적 권력에 대해 나타날 수도 있지만, (외국의) 지배적인 문학 권력에 대해 나타날 수도 있으며, 어떤 역사적 조건 아래서는 문학적 전복을 수행하기 위해 정치적 독립성에 의존할 수도 있다. 즉 세계 문학 공간에서 주변국의 국가는 의미 있는 역할을 할 수 있다는 것이다. 예컨대, 아방가르드 문학의 생산은 '시장 없는' 생산이며, 따라서 공적 지원을 바탕으로 인위적으로만 존속할 수 있다. 그런데 이러한 공적 지원의 수용이 반드시 정치적 종속을 뜻하는 것은 아니다. 공적 지원을 받은 사회학자가 국가가 보장해 준 경제적 자율성을 국가를 비판하기 위해 활용할 수 있듯, 문학 역시 공적 지원을 받는다고 해서 반드시 국가의 요구와 평결에 복종하는 상태에 이르게 되는 것은 아니다. 이러한 부르디외의 논의는 그의 자율성 개념이 무조건 '비정치적 순수문학'을 옹호하거나 정치권력에 대한 '결벽적 거리 두기'를 주장하는 단순논리가 아니라는 점을 암시한다. 한편 소수 문학 장은 저항 상황의 역사적 산물로서 국가적 수준의 특유한 하비투스를 형성할 수 있다. 이와 관련해 부르디외는 "아일랜드인은 영국인의 어릿광대"라는 버나드 쇼Bernard Shaw의 말을 인용하면서, 소수 민족이나 피지배자 들이 풍자, 코미디, 자기 조롱 등에서 강하다는 점을 언급한다. 여기엔 몇 가지 이유가 있다. 우선 억압과 낙인에 시달리는 과정에서 그들은 지배의 내면화에 맞선 자기 방어 메커니즘으로 인해 자신을 해학과 웃음의 대상으로 삼는 습성이 있다. 그들은 또 필연성을 미덕으로 전유하는 경향이 있는데, 그리하여 지배자들이 수준 낮은 것으로 경멸하고 방치한 주변적 하위 장르들에서 탁월성을 발휘할 수 있다는 것이다. 이처럼 소수 문학 장과 그 산물에 대한 심층적인 탐구를 제안하면서 부르디외는 사회학이 "특수한 정치적 행동, 문학을 위한 문학적 행동, 예술을 위한 예술적 행동에 목표를 부여하고, 특히나 합리적 수단을 제공해야" 한다고 역설한다 (Bourdieu, 1999b).

노트 32 | 정보 기술과 이중 경제

새로운 천년이 시작되고 전 지구화와 기술 진보가 인류에게 막연한 기대와 불안감을 동시에 안겨 주고 있었던 2000년 부르디외는 "권력자들의 보이지 않는 손"이라는 강연에서 인터넷을 비롯한 정보 기술의 발전이 조장하는 이른바 '신경제,' '지식 경제'의 허상을 통렬히 비판한 바 있다. 그는 실리콘밸리가 상징하는 미래 전망을 찬양하는 사람들이 현재를 마치 기술 발달의 필연적 결과인 동시에 과거와는 완전히 딴판인 새 시대인 양 묘사하지만, 실제로는 사회 질서에 새겨져 있는 갖가지 구조적 제약이 여전히 현재를 짓누르고 있다고 주장한다. 새로운 기술적 수단들은 사회적으로 어떻게 이용되는지가 중요하며, 그 활용 양상을 진정으로 조건 짓는 것은 문화자본, 학력 자본의 전수 논리라는 것이다. 이러한 시각에서 그는 정보 기술의 적극적 이용자가 대도시에 거주하며 영어 실력을 갖춘 고학력·고소득의 젊은 남성이라는 관련 연구 결과를 인용한다. 적극적 이용자 집단과 그렇지 못한 집단 간의 단절 내지 간극은 매우 큰데, 그 원인은 무엇보다도 가정과 교육 체제를 통해 이루어지는 문화자본의 불균등한 배분 구조에 있다는 것이다. 나아가 부르디외는 정보 기술이 널리 활용되는 맥락이 전 지구화된 신자유주의 경제 체제라는 점 역시 강조한다. 만성적으로 불안정한 상황 아래 사람들을 몰아넣는 신자유주의 경제 체제는 그가 1960년대 알제리 사회에서 관찰한 이중 경제économie duale와 상당한 유사성을 띤다. 즉 한편에는 낮은 숙련도와 생산성으로 특징지어지며 경력을 보장받지 못하는 저임금의 서비스 노동자군이 있다면, 다른 한편에는 스트레스와 해고의 위협에 노출된 채 자기 착취에 시달리면서 새로운 소외를 경험하는 관리직군이 있다. 이러한 이중 경제에서 노동 분화는 대개 문화자본의 불평등한 분포에 의해 결정된다. 다언어와 다문화, 정보 기술에 친숙한 코즈모폴리턴들이 지배하는 '신경제'는 비물질적 정보와 문화 상품을 생산, 유통시키는 '지식 경제'처럼 나타난다. 부르디외에 따르면, 이는 (불평등하게 전수받은 문화자본에 기반을 둔) 지적·문화적 능력을 가진 지배자들의 상징 권력을 한층 공고히 하며, '지성의 인종주의'를 이데올로기적으로 정당화하는 효과를 낳는다(Bourdieu, 2001b: 43~55).

부르디외의 강연이 벌써 20년 전의 일이라는 사실을 잊지 말아야 한다. 당시만 해도 정보 기술은 대부분의 국가에서 본격적인 확산 단계에 들어섰다고 보기 어려웠고, 지역적·계층적 보급 격차 또한 컸다. 부르디외가 자기 주장의 전거로 삼았던 경험 연구들 또한 "노동 현장에서의 정보 기술L'informatique au travail"이라는 〈악트〉의 2000년 특집호(134호)에 실린 논문들이었다. 그가 정보 기술의 좀 더 광범위하고 일상적인 활용에까지 관심을 갖기엔 아직 현실의 변화가 비교적 제한적이었던 것이다. 하지만 이후 정보 기술은 개인 미디어, 모바일 미디어로 거듭 발전해 나가면서 급속히 일반화되었고, 국가별 상황 차이는 있지만 초창기의 디지털 격차 역시 상당히 감소하는 경향을 나타냈다. 2007년 '개방 · 공유 · 참여'를 슬로건으로 내건 이른바 '웹 2.0'이 부상하고 애플의 아이폰과 함께 스마트폰의 보급이 본격화한 이래, 이용자의 기술 개입과 활용 범위 또한 점점 더 확장되어 가는 추세에 있다. 물론 이와 관련해서는 정보 기술을 적극적이고 능동적으로 하는 전유하는 이들은 소수에 불과한데 그들의 사례가 이데올로기적으로 부풀려지고 있다는 시각도 엄연히 존재한다. 또 구글, 유튜브, 트위터, 페이스북 등 거대 플랫폼 기업들이 이용자의 무임 노동을 착취하고 개인 정보와 빅데이터의 수집을 통해 경제적 이윤과 사회적 권력을 축적한다는 비판 역시 제기되고 있다. 하지만 이러한 논점들의 타당성을 인정한다 하더라도 현재 인터넷을 위시한 정보 기술의 발전이 단순히 기존의 지배 계급과 자본의 힘을 일방적으로 강화하는 쪽으로만 작용한다고 주장하기는 어려울 것이다. 적어도 지금 우리 사회에서 펼쳐지고 있는 새롭고 다양한 디지털 문화 정경은 정보 기술의 일상적인 활용이 문화생산과 수용에 폭넓은 변화를 일으키고 있음을 시사하기 때문이다.

더욱이 이러한 변화는 부르디외의 분석틀에도 중대한 도전으로 받아들여질 필요가 있다. 예컨대, 유튜브를 매개로 한 저널리즘과 대중문화의 전 지구적 생산 · 유통 · 소비를 장이론의 개념들로 설득력 있게 분석할 수 있을까? 이미 1960년대에 부르디외는 미술관을 많이 짓는다고 해서 문화의 민주화가 저절로 이루어지지 않는다는 주장을 설득력 있게 내놓은 바 있다. 기술적 · 물리적 조건보다는, 혹은 그에 못지않게, 개인 행위자의 체화된 성향과 능력이 핵심 변수이며, 그에 따라 미술관의 이용 정도와 양상은 달라지게 마련이라는 말이다. 따라서 진정한 사회적 문제는 개인 역량의 계급별 불평등 구조가 된다. 이는 예컨대, 타자기가 널리 보급된다고 해서 누구나 작가가 될 수 있는 것이 아니며, 스마트폰이 아무리 많이 쓰인다 해도 누구나 유튜버가 되는 것도, 모두 유튜브를 시청하는 것도 아니라는 의미다.

그런데 이러한 원칙론이 타당하다 해도 새로운 기술문화적 환경이 제기하는 문제를 좀 더 섬세하게 고려해야만 한다. 예를 들면, 현재의 일반화된 디지털 미디어 이용은 개인의 체화된 문화적 능력이 기술적 하부 구조가 조건 짓는 실천과 상호 작용하며 변화할 수 있음을 드러낸다. 즉 인간과 기술 가운데 어느 쪽이 더 결정적인 요인인지를 볼 것이 아니라, 인간 역량이 기술적 조건과 배치에 의해 어떻게 새롭게 구성될 수 있는지를 보아야 한다는 것이다. 또한 그 역량이 개인이나 집단별로 다르게 구축된다면, 그러한 불균등성을 낳는 요인들(계급, 세대, 젠더, 인종 등)의 교차적 특징에 주목할 필요가 있다. 더욱이 기술 활용과 관련해 행위자가 체화하는 정보자본은 행위 유도성affordance을 비롯한 기술적 속성, 플랫폼의 각종 알고리즘, 온라인 네트워크를 통한 정보 흐름 등이 복잡한 경로를 거쳐 구조화하는 것으로 보인다. 그러므로 우리가 예컨대, 전 지구적 문화생산 장의 개념을 정교화함으로써 유튜브 플랫폼 기반의 저널리즘과 대중문화 현상을 분석하려 한다면, 정보 기술이 행위자 능력과 실천에 상호 작용하는 방식, 아마추어 문화생산자층의 증가 추세와 그 효과, 콘텐츠 생산 기술과 유통 플랫폼 발전에 따른 하위 생산 장의 역학 변동 같은 문제들을 이론적으로 적절히 통합할 수 있어야 할 것이다.

노트 33 | 문화산업 부문의 이질적 생산 논리

문화예술, 문화 상품, 문화산업과 같은 포괄적 용어는 그 안에 복수의 이질적인 하위 부문(문학, 음악, 미술, 영화, 공연, 신문, 방송 등)이 존재하며, 그것들 간에 공통점 못지않게 차이점 또한 다양하다는 사실을 가려 버린다. 하지만 각 부문은 고유한 역사와 기술적·산업적 속성을 지니며, 구체적인 작동 방식에서도 상당한 차별성을 보인다. 이와 관련해 우선 프랑스의 미디어 정치경제학자인 베르나르 미에주Bernard Miège와 동료들이 정리한 문화생산 부문의 경제 논리를 참조할만하다. 그들은 그것을 크게 다섯 가지 유형으로 구분한다. 첫째, 책, 음반, 영화 등 개체형 문화 상품의 경제, 둘째, 라디오와 텔레비전이 대표하는 흐름flot의 경제, 셋째, 신문·잡지와 같은 정기간행물의 경제, 넷째, 소프트웨어, 데이터베이스, 비디오 게임 등 디지털 프로그램의 경제, 다섯째, 스포츠와 공연예술 등을 포함하는 현장 스펙터클의 경제가 그것이다(Miège et al., 1986: 2장). 미에주와 동료들에 따르면, 이 각각의 문화생산 부문의 경제는 상품의 일반적 특징은 물론, 소비 방식, 수입원, 시장의 성격 등 여러 면에서 상당한 이질성을 드러낸다.

몇 가지 예를 들어 보자. 개체형 문화상품은 책, 음반, DVD, 영화 같은 독립된 작품으로, 그 소비는 오락, 예술적 흥미, 구별짓기, 유행 따르기 등을 위해 이루어진다. 수입은 주로 상품 판매량에 비례해 얻게 되며, 불확실성이 매우 높은 흥행 산업적 성격은 (꾸준히 작품을 내놓다가 하나를 성공시키면 그간의 결손을 만회하는 식의) '히트작과 카탈로그의 변증법dialectique du tube et de catalogue'에 의해 보완된다. 라디오와 텔레비전처럼 정보·오락·문화 콘텐츠를 끊임없이 내보내는 흐름형 문화생산 부문에서는 소비가 개인적 차원 못지않게 가족적 차원에서 여가의 관리를 위해 이루어진다. 콘텐츠의 노후 속도가 엄청나게 빠르지만 재방송의 경제가 작동하며, 수용자를 확보하고 충성도를 높일 수 있는 편성 전략이 중요해진다. 수입은 광고, 협찬, 준조세 등으로 이루어진다. 정기간행물 부문의 경우, 개인의 정치적·지역적·문화적 소속과 연계된 소비가 나타난다. 소비는 정기 구독이나 (이슈에 따른) 단발성 구매의 형태를 띠며, 수입은 판매료와 구독료, 광고료 등으로 이루어진다. 시사성에 의존하는 정도가 높고, 흐름형 생산 부문에 비해 훨씬 더 세분화된 대중시장을 겨냥한다.

각 문화생산 부문의 특수성을 파악하려면, 이러한 방식의 유형별 구분에 더해, 다음과 같은 사항들을 고려할 필요가 있다. 첫째, 특정한 문화생산 부문에 기술 집약적·자본 집약적 성격이 어느 정도인가 하는 점이다. 문학이나 음악, 미술 같은 고전적archaic 부문의 경우, 생산 자체는 상대적으로 기술의존도나 자본의존도가 낮다. 그리하여 광범위한 복제/재생산reproduction과 이를 통한 이윤 획득과는 무관하게, 소수에 의한 생산과 수용이 이루어질 수 있다. 상대적으로 저렴한 생산 비용은 수요와 무관한 공급 과잉의 상태를 낳고, 새로운 실험과 혁신을 쉽게 만든다. 이러한 부문의 경우, 인쇄술, 복제 기술 같은 재생산 기술은 시장의 확장에 이바지한 요인일 따름이다. 반면 영화나 방송 등은 기술 집약적이고 자본 집약적인 산업의 성격을 강하게 띤다. 이 경우, 복제와 구별되는 원본이라든지, 재생산과 별개인 생산은 존재하지 않는다. 막대한 원본 생산 비용은 복제/재생산을 전제로 투자되며, 광범위한 배포와 그를 통한 평균 비용의 감소에 의해서만 정당화될 수 있다.

둘째, 특정한 문화생산 부문에서 창작자들의 조직화, 그리고 그에 따른 통합과 노동 분업, 전문화와 임금 노동 관계 발전 등이 어느 정도나 이루어져 있는가 하는 점이다. 이는 당연히 첫 번째 사항, 즉 해당 부문의 산업화 정도와도 긴밀하게 연관된다. 예를 들어, 고전적인 문학, 음악, 미술 같은 부문의 경우, 작가는 대개 문화산업의 기술적-제도적 기구 바깥에서 작업하면서 저작권이나 작품 판매, 공적 지원 등을 통해 수입을 얻는 데 반해, 신문·방송의 경우, 급여를 받는 임노동자로서 비교적 안정적 지위를 가지고 기업체에 편입된다. 또한 후자의 경우, 노동 과정은 상당히 복잡한 분화 양상을 보이며, 조직 내부에 통합된 전문가들의 분업과 집단적인 협력을 통해 생산이 이루어진다. 물론 이러한 논의는 철저히 상대적인 관점에서 이해되어야 한다. 고전적 예술 장르들 역시 다양한 협력 관계의 네트워크 안에서 생산되며, 여러 면에서 일정하게 기업화되는 추세에 있기 때문이다. 셋째, 해당 부문에 상당한 수준의 자율성을 가진 제한 생산 장이 형성되었는지 하는 점이다. 이는 앞의 두 문제와 연관성을 지니며, 개별 문화생산 부문의 역사, 그리고 예술로서의 사회적 공인 정도와도 밀접히 맞물려 있다. 생산 논리에서 기술 집약적, 자본 집약적 성격이 약한 부문은 대규모 수요와 경제적 이윤의 압력으로부터 비교적 자유로울 수 있으며, 노동 과정의 사회화와 복잡화 정도가 낮은 경향이 있다. 이는 창작자(집단)의 자율성과 창의성이 발휘될 수 있는 여지를 넓힌다. 그러한 부문에 속하는 예술 장르의 경우, 제한 생산과 대규모 생산의 분화가 상대적으로 뚜렷하게 나타난다. 이는 해당 예술 장에 자율성 획득을 위한 오랜 투쟁의 역사가 있었다는 의미이며, 또 예술 장르가 문화생산 부문의 상징적 위계에서 다른 장르에 비해 더 높은 위치를 차지하는 이유이기도 할 것이다. 이러한 예술 장의 작동 논리는 제한 생산이 훨씬 미약한 수준에 있는 영화라든지, 제대로 발전하지 않은 텔레비전과는 어느 정도 다를 것으로 가정해야 할 것이다. 하지만 그렇다고 해서 예컨대 텔레비전 같은 부문에서는 제한 생산 장이 아예 형성되지 않을 것이라고 말하기는 어렵다. 시청률보다는 프로그램 질에 대한 평가, 대중 시청자보다는 엘리트층이나 마니아 시청자를 겨냥하며 상징자본의 축적 전략에 바탕을 둔 퀄리티 텔레비전 현상 또한 나타나기 때문이다.

문화생산 부문의 작동 논리를 구체적으로 분석하는 작업은 이제 인터넷과 디지털 기술 발전으로 인한 심층적인 변동과 전 지구적 기업들의 전략을 고려해야 한다. 미에주와 동료들은 디지털 프로그램의 경제가 고유한 논리를 가진다는 사실을 간파하면서도, 1980년대 중반 당시 "이 범주의 생산물들이 이질적이며, 한창 변화를 겪는 중"이라는 점을 지적하며 아직 만개하지 않은 그 경제의 논리에 매우 신중한 접근을 취할 수밖에 없었다(Miège et al., 1986: 75). 게다가 인터넷과 디지털 기술의 발전은 이질적인 문화생산 부문의 논리들을 서로 교차시키며 특히 전 지구적 차원에서 새로운 변화 양상을 만들어 내는 것처럼 보인다. 전 지구적 문화산업은 더 이상 재현이 아닌 사물things 그 자체에 초점을 맞추고, 단일 상품이 아닌 브랜드에 집중하며, 실재를 넘어선 가상의 차원에서 작동한다는 주장도 나오고 있다(Lash & Celia, 2007). 따라서 문화생산 부문의 분석은 그 차이와 다양성, 복잡한 진화 양상을 충분히 감안해 이루어질 필요가 있을 것이다.

보유

"내가 사회 세계를 견뎌 낼 수 있었다면, 그것은 쓸 수 있었기 때문이다"

부르디외와의 가상 인터뷰

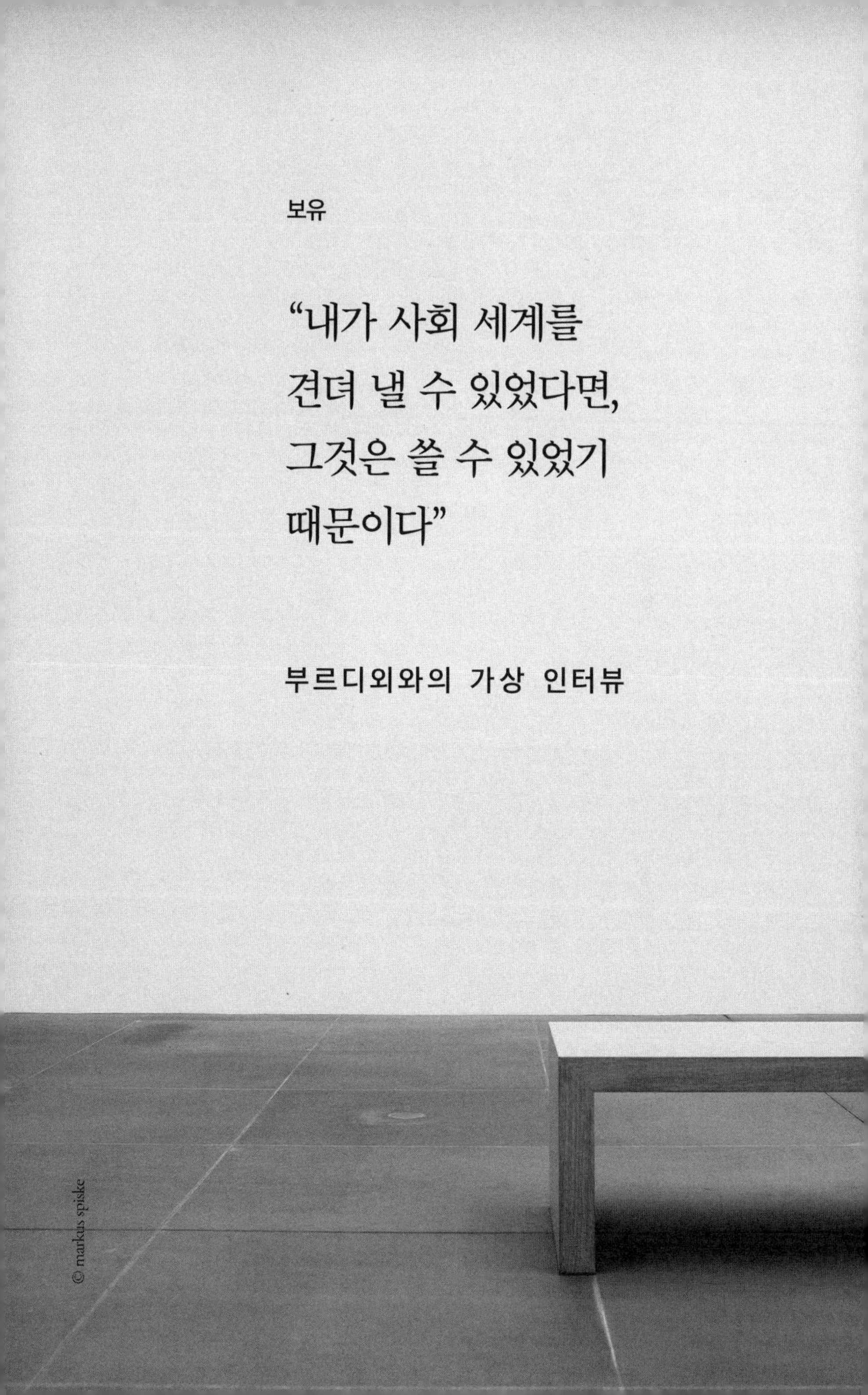

Pierre Bourdieu

당신이 보낸 이메일을 받고 나는 놀랐다. 죽은 지 이미 한참이나 지난 내가 살아 있는 당신의 인터뷰 요청을 받게 되어 놀란 것은 아니다. 이 무한한 글쓰기의 공간에서 불가능한 일이 어디 있겠는가? 난 그저 당신이 어렵게 보낸 질문이 단 하나여서 놀랐을 따름이다. 메일엔 이렇게 적혀 있었다. "부르디외 당신은 작가écrivain였는가?" 그 문장은 읽는 순간 곧바로 내 눈에 깨진 거울 파편처럼 날아와 박혔다. 그것은 결코 좋은 질문은 아니었지만, 어쩐지 날 묘하게 자극하는 질문이었다. 만일 그렇지 않았더라면 내가 지금처럼, 잊어버린 내 얼굴이 흐릿하게 비치는 컴퓨터 모니터 앞에 앉아 당신의 이메일에 답신을 쓰고 있는 짓 따위는 하지 않았을 것이다.

당신의 짧은 질문은 내가 《자기 분석에 대한 초고*Esquisse*

• 이 글의 제목은 부르디외 사후인 2004년 출간된 대담집 《내가 사회 세계를 견뎌 낼 수 있었다면, 그것은 분노할 수 있었기 때문이다……》에서 따온 것이다.

d'une auto-analyse》를 쓰고 있었을 때를 떠올리게 해 주었다. 당시 내 몸속에선 암 덩어리가 커져 가고 있었고, 항암 치료는 의연히 견뎌 내기엔 너무도 버거웠다. 하루에 채 한 페이지를 쓰기도 힘든 나날이었다. 집필실 창밖으로 보이던 늦가을의 플라타너스 이파리들마냥, 내 남은 날들도 누렇게 바래가고 있었다. 가끔 디디에 에리봉Didier Eribon에게 전화를 했다. 평소에 책을 쓸 때면 주변의 여러 사람들에게 원고를 미리 보여 주고 의견을 구하곤 했다. 철학자 푸코의 전기를 썼던 에리봉도 그런 친구들 가운데 하나다. 그는 전직 언론인답게 내가 마지막 책을 쓸 무렵 우리가 나눴던 대화를 기록해 자기 블로그에 올려놓았다.

그가 포스팅한 내용을 보니, 우리가 서로 이런 이야기를 주고받았던 모양이다. "그 자서전을 최대한 멀리 밀어붙이시길 바랍니다." "그렇게는 못하겠소…… 나는 차마 그런 일을 할 수는 없소…… 내 동료들이 뭐라고 하겠소…… 당신도 나를 싫어하는 사람들이 얼마나 비웃을지 잘 알잖소…… 난 작가가 아니요…… 난 장 주네가 아니요." "그렇게 되세요…… 당신은 하이데거에 관해 말할 때 작가 토마스 베른하르트가 되지 못했다고 못내 애석해했잖아요. 주네가 돼서 당신에 관해 말하세요."

에리봉은 또 우리가 이런 대화를 나누었다고도 적었다. "사실상 당신의 모든 저작은 당신 자신에 대한 사회학이자 인류학으로 읽힐 수 있지 않을까 싶어요." "그래요. 당신 말이 맞소. 어떤 면에서 나는 나 자신에 대한 사회학과 인류학을 한 것뿐인지도 모르죠."[59]

내가 정말 이런 말들을 했던가. 솔직히 잘 기억이 나지 않는다. 너무 오래전의 일이어서 그럴 수도 있고, 투병 당시 너무 큰 육체적 고통으로 모든 기억이 새하얘질 만큼 정신이 짓눌렸기 때문일 수도 있다. 블로그에서 에리봉은 내가 결국 작가라고, 내 책들은 근본적으로 사회학의 외피를 두른 자기성찰의 글쓰기였을 뿐이라고 말하고 싶어 하는 듯하다. 그는 푸코가 언젠가 그랬듯이, 사회학자 부르디외도 자신의 저작에 대해 "자서전의 몇몇 단편quelques fragments d'autobiographie"이라고 고백해 주길 바랐던 듯싶다(Foucault, 1988: 182 참조). 하지만 난 그러지 않았으며, 그럴 수도 없었다. 진심으로 그렇게 믿지 않았기 때문이다. 사실 푸코의 말도 자기 책들의 기원과 의미를 송두리째 그 자신에게로 되돌릴 수 있다는 뜻은 아니었을 것이다. 그 누구의 저작이든, 모두 한데 모아 맞추면 마침내 저자 개인의 자전적 형상이 떠오르는, 흩어진 퍼즐 조각들일 수는 없다. 물론 어떤 책이라도 당연히 저자로부터 나오며 그의 일부를 담는다. 하지만 그 사실이 우리가 그 저작의 내용을 삶이든, 관점이든, 경험이든 저자의 어딘가로 온전히 환원시킬 수 있다는 의미는 아니다. '저작의 소실점으로서의 저자'라는 관념은 내가 — 푸코도 그랬지만 — 생전에 끈질기게

59 http://didiereribon.blogspot.kr/#!/2008/01/bourdieu-et-lesquisse-pour-une-auto.html

반대했던 것이기도 하다. 저작은 언제나 저자를 품고 있지만, 저자는 결코 저작을 완전히 품지 못한다.

일단 이 전제를 당신이 수용한다면, 난 이제 내 저작이 어떤 개인적인 선호라든지 거부감, 혹은 트라우마에 깊숙이 연결되어 있다는 점을 시인할 수 있다. 그와 같은 심리적 동력이 내 책들의 가장 중요하거나 흥미로운 부분은 아닐지라도, 가장 잘 알려지지 않은 부분인 것만은 분명하다. 이유는 간단하다. 내가 그것을 드러낸 적이 별로 없기 때문이다. 난 간혹 이러한 인터뷰 기회를 빌려서나 내 글쓰기의 정서적 이면에 관해 슬쩍 털어놓곤 했다. 혐오감, 질투, 수치심, 연민, 원한, 분노 같은 복잡한 감정들 말이다.

당신도 잘 알다시피, 난 1930년 프랑스 남서부 피레네산맥 산기슭의 당겡에서 태어나 자란 시골 촌놈이다. 내 할아버지는 농부, 아버지는 우체국 공무원이었다. 뛰어난 학교 성적 덕분에 난 장학금을 받고 공부하면서 파리의 명문 고등학교 그랑제콜 준비반에 진학했고, 매년 전국의 수재들만 극소수 선발하는 고등사범학교 문과에까지 입학할 수 있었다. 하지만 촌놈이 엘리트 학교의 분위기에 적응하기란 쉽지 않았다. 고등사범학교 학생들은 대부분 파리 상류층 가정 출신이었다. 그 친구들은 말투, 옷차림, 몸짓, 식성, 취미, 인맥 등 모든 면에서 나와 달라도 너무 달랐다. 이미 어렸을 때부터 몸에 배어 있는 그들의 자연스럽게 고상하고 편안하게 우아한 태도. 그들 앞에서 말하거나 행동할 때면, 난 어쩐지 부끄러웠고

괜스레 움츠러드는 기분이 들었다. 그들을 동경하는 동시에 혐오했다.

우리 가운데 특히 똑똑한 친구들은 철학자가 되기를 꿈꿨다. 우리 관점에서 지식인이 최고의 사회 집단이라면, 철학자는 최상의 지식인이었다. 1950년대의 이 다분히 '수재다운' 이상에는 장폴 사르트르라는 이름의 완벽한 모델이 있었다. 인간 존재의 보편적 문제들을 고민하면서도 현실 정치의 각종 현안에 거침없이 자기 목소리를 낼 줄 아는 철학자. 난해한 철학서뿐만 아니라, 심오한 소설, 희곡, 비평까지도 쉼 없이 써낼 수 있는 철학자. 사르트르의 책들은 정말 굉장했지만, 나는 그를 근본적으로 좋아할 수 없었다. 생계 걱정이라곤 조금도 없이 카페에 앉아 글을 쓰고 고담준론을 일삼는 전형적인 파리 부르주아 지식인. 그는 자신이 그렇다는 사실에 무슨 대단한 죄의식이라도 갖는 양 말하기도 했으나, 그저 그뿐이었다. 그가 그렇게 말한다고 해서 무엇이 달라지겠는가? 그것은 반성도, 자기 비판도, 뭣도 아니었다. 그저 '성찰할 줄 아는' 자신을 한 번 더 돋보이게 만들어 주는 수사학이었을 뿐.

사르트르나 그와 비슷한 부류의 철학자들이 지식인으로서 자기 존재를 불편해했을지는 모르겠지만, 지식인 세계 안에 존재한다는 사실 자체를 불편해한 적은 없었다. 촌구석의 가난한 집안 출신인 탓이었는지, 나는 그와 달랐다. 난 파리의 지식 사회에서 살고 있다는 사실이 늘 불편했고 불안했으며 불만스러웠다. 주위의 철학자들, 또는 철학자 지망생들에 대한 내 감정도 점차 실망과 경멸로 변해 갔다. 재능으로는 사르트르에 턱도 없이 못 미치는 그들은 심지어 진지해 보이지도 않았다. 그들이 마르크스주의자나 공산당원을 자처할 때조차 그러했다. 아니, 그것은 오히려 더욱 의심스러웠다. 인민을 위한다고? 노동 계급을 대변한다고? 그들이? 왜? 어떻게? 무슨 권리로? 그들이 인민에 대해, 노동 계급에 대해 무얼 아는가? 나는 그들의 말이 간혹 철없게, 때로는 공허하게, 그리고 대개는 위선적으로 들렸다. 그들은 무엇보다도 지적 경쟁의 선두에서 명성을 떨치고 싶어 했을 따름이다. 마치 부유층 사모님들이 이브 생로랑을 입고 샤넬 백을 들고 스스로를 뽐내듯, 이 '캐비어 좌파들'은 사르트르를 우러러보고 마르크스를 읊어 대며 우쭐댔다. 그들은 자신의 우월성을 과시하고 인정 욕구를 충족시킬 수만 있다면, 정치적 신념쯤은 언제든지 새 것으로 갈아치울 준비가 되어 있었다. 그들이 점점 더 역겹게 느껴지면서 나는 애당초 품었던 철학자의 꿈으로부터 조금씩 멀어져 갔다.

고등사범학교 졸업 이후 난 한창 프랑스와 독립 전쟁 중이던 알제리로 군 복무를 위해 떠났다. 그곳에서의 경험은 내게 또 다른 충격을 안겨 주었다. 120년 이상 이어진 프랑스의 식민 통치 아래서 알제리 사회는 자본주의 경제 체제로의 난폭한 이행 과정을 밟고 있었다. 기층 인민은 지배자들의 착취와 억압에 시달리며 하루하루 고통스러운 삶을 꾸려 가야 했다. 난 그 사회를 더 알고 싶었고, 정확히 이해하고 싶었다. 그것이 내게 주어진 정치적 책임이자 윤리적 의무처럼 느껴졌다. 알제리 독립을 반대하는 프랑스의 보수적 정치 엘리트는 물론이거니와, 알제리의 현실에 대해 잘 알지도 못하면서 실현 가능성도 없는 정치적 탄원만 일삼는 일부 '양심적' 지식인들 또한 볼썽사납기는 매한가지였다. 나는 군복무를 마친 뒤에도 알제대학에 적을 두고서 알제리 사회의 이농민, 도시 빈민, 소수 민족 등에 대한 광범위한 조사 연구를 수행했다. 어느새 난 공허한 추상과 관념의 천상계에서 내려와 현실의 대지에 두 발을 딛고서, 사람들의 구체적인 삶과 문제를 경험적으로 탐구하는 사회학자가 되어 있었다.

프랑스에 돌아온 뒤 나는 알제리에서와 마찬가지로 프랑스 사회를 연구했고 과학적 지식을 구축하려 애썼다. 수집한 경험 자료들을 분석하기 위해 끈기 있게 들여다보고 있노라면, 내공 없는 철학자와 에세이스트들의 어릿광대 같은 모습이 종종 눈앞에 어른거렸다. 그들은 현실에 대한 체계적이고 비판적인 인식 없이, 허황된 거대 이론을 떠들어 대거나 겉멋 든 정치 구호만 부르짖었다. 쇤베르크, 아니 존 케이지였던가? 다른 음악가들이 시시한 곡을 쓰지 못하게 만들려고 음악을 한다고 말했던 이가? 나 역시 다른 지식인들이 사회 세계에 대해 허튼소리를 지껄일 수 없게 만들기 위해 글을 썼다. 허튼소리들은 언제나 차고 넘쳤다. 그러니 나 또한 할 말이 많았다. 내가 세상을 견뎌 낼 수 있었다면 그것은 분노할 수 있기 때문이었다. 그 분노의 표출 수단이 바로 글쓰기였다.

40여 년의 학자 생활 동안 난 40권 이상의 책을 썼고, 300여 편의 논문을 썼다. 내 연구의 일차적인 목표는 사람들이 사회 세계에 대해 가지고 있는 그릇된 신화를 깨는 데 있었다. 예를 들면, 1960년대 프랑스인들은 능력과 의향만 있다면 누구나 공교육을 받고 미술관에 갈 수 있는 사회가 도래했다고 믿었다. 그런데 왜 가난한 집 아이들은 부잣집 아이들에 비해 고등 교육 진학률이 낮을까? 왜 하층 계급은 상층 계급에 비해 미술관에 가는 비율이 훨씬 떨어질까? 내 연구 질문은, 이를테면, 그런 것들이었다. 사람들의 통념처럼, 구조적인 기회가 평등하다면, 유력하게 남는 변인은 개인적인 능력 차일 것이다. 그렇다면 가난한 집 아이들이 원래 지적 재능이 부족하기 때문에, 또 하층 계급 구성원들이 본래 예술적 적성이 모자라기 때문에 그와 같은 사회적 차이가 나타난다고 결론지을 수 있을까?

나는 아이들이 자라나는 과정에서 '눈에 보이지 않는 사회적 자원'을 불평등하게 배분받는다는 점을 간파했다. 언어 능력, 생활 습관, 학습 태도, 세상에 대한 신뢰, 미래에 대한 기대처럼 아주 근본적인 어떤 성향, 우리가 가족 내의 사회화 과정에서 습득하는 이 후천적 습성들은 학업 성적이나 예술 감식안같이 겉으로 드러나는 역량의 토대가 된다. 그런데 이렇게 해서 일종의 사회적 사이클이 생겨난다. 어떤 계급 환경에서 교육받고 성장했는지에 따라 사람들의 기본적인 성향 체계가 집단적으로 달라진다. 이처럼 계급적으로 상이해진 성향 체계는 다시 상이한 사회적 성취로 이어진다. 상류층이 지배하는 이 세계에서 상류층의 성향 체계가 성공에 훨씬 더 유리한 조건을 제공하기 때문이다. 그 결과, 상류층의 아이들은 다시 상류층이 되고, 하류층의 아이들은 다시 하류층이 될 확률이 매우 높아진다. 특히 중요한 것은 이 모든 과정이 너무나도 자연스럽게 이루어진다는 점이다. 기본적인 성향 체계의 차이를 낳는 문화적 불평등의 상속은 우리들의 시야에 감춰져 있는 메커니즘이기 때문이다. 이러한 사실은 불평등이 계급적으로 재생산되는 구조를 거듭 강화한다. 그 메커니즘에 대해 무지하거나 잘못 알고 있는 한, 우리는 그것을 개선할 최소한의 기회조차 가질 수 없을 것이기에.

하층 계급 사람들은 그들이 겪는 불행이나 불평등을 흔히 자신의 탓으로 돌린다. 자기가 무능해서, 재주가 모자라서 혹은 운이 없어서 그렇게 되었다는 식이다. 하지만 거기에 구조의 책임은 없을까? 내 방대한 저작은 개인이 쉽게 어쩔 수 없는 사회 법칙들이 있으며, 그것들이야말로 경제적 · 문화적 불평등의 주된 원천이라는 점을 폭로한다. 게다가 그러한 불평등이 계속 유지될 수 있는 이유는 피지배자들이 그것을 '당연한 것,' '불가피한 것'으로 받아들이기 때문이다. 이렇게 해서 피지배자들은 '두 번 죽는다.' 그들은 외적이고 객관적인 불평등(낮은 학업 성적과 빈곤한 문화생활)뿐만 아니라, 그와 함께 가해지는 상징적인 차별(공부 못하고 교양 없다는 평가와 낙인)을 감내한다. 이는 다시 그들을 언제 풀려날 수 있을지 모르는 속박의 굴레 안에 몰아넣는다.

난 핍박받고 고통받는 이들에게 사회과학 지식의 세례를 주고 싶었다. 사회 진보의 출발점은 그들이 지배의 부조리한 현실을 깨닫는 데 있다는 것이 사회학자로서 내 굳건한 신념이었다. 내가 특히 교육과 문화의 영역에서 나타나는 지배 현상에 예민했던 까닭은 무엇이었을까? 혹시 학창 시절을 거치며 지식인 친구들로부터 입은 내면의 계급적 상처가 내 작업 동기의 맨 밑자리에 숨겨져 있었을까? 어쨌거나 내 어떤 지적 · 정치적 선택이 동료 지식인들에 대한 강한 반감에 영향 받았다는 사실만은 부인할 수 없다. 1960년대 프랑스 지식인들이 니체, 사드, 블랑쇼, 바타이유를 인용하며 '위반'과 '횡단'을 설파하고 멋들어진 급진주의를 추구할 때, 난 사회 법칙의 수학 공식을 세우고 각종 통계표로 책을 채웠다. 1970년대 너도 나도 프로이트와 라캉, '욕망'과 '리비도'를 떠들어 대고 있었기 때문에, 난 정신분석학의 용어를 기피했다. 마르크스주의도 마찬가지였다. 내가 정신분석학이나 마르크스주의의 용어를 쓰기 시작한 것은 지적 유행이 한물가고 난 뒤부터였다. 무엇보다도 난 내 세대의 철학자들 — 푸코, 데리다, 들뢰즈, 바르트, 료타르, 보드리야르 등 — 이 다양한 학문의 경계를 넘나드는 새로운 방식으로 지적 권위를 확보하는 게임을 벌일 때, 스스로를 그저 사회학자로 자리매김했다.

대신 난 전형적인 사회학 책과는 다른 책을 쓰고자 했다. 사회학자가 '말하는 자신'의 위치를 끊임없이 객관화하고 성찰하는 책, 그리하여 자신의 말이 행사할 수 있는 권력을 통제하고 정당화할 수 있는 책. 나아가 말을 빼앗긴 사람들 — 하층 계급, 주변인, 이방인, 소수자 등 — 에게 그들의 말을 되돌려 주는 책. 나는 어렵고 복잡한 사회학적 진실을 훼손시키지 않으면서 여러 겹으로 소통할 수 있는 방법을 모색하는 일에도 많은 주의를 기울였다. 사회과학의 성과를 일반인들에게 정확하면서도 흥미롭게 전달하려는 목적에서였다. 1975년 내가 창간한 학술지 〈악트〉가 대표적인 예다. 사실 그것은 당시 인기 있었던 만화의 팬진을 모델로 만들어졌다. 〈악트〉는 학술 논문들 안에 연구 내용을 잘 보여 줄 수 있는 사진, 도표, 그림, 인용문, 신문 잡지 기사 등을 모자이크했다. 그러한 시도는 이후 내 저작에도 고스란히 이어졌다. 《구별짓기》나 《세계의 비참》 같은 내 책들을 주의 깊게 본 사람이라면, 구성이나 형식상에 일종의 예술적인 하위 텍스트가 깔려 있다는 점을 발견할 수 있을 것이다. 내가 말년에 펴낸 문고본들 또한 과격한 내용과는 별개로, 작고 예쁜 체재와 디자인을 통해 독자들과 소통하려는 의지를 담고 있었다.

이제 슬슬 인터뷰의 답변을 마무리할 때가 온 것 같다. 나는 과연 사회학자이기 이전에 작가였던가? 사실 이것이 좋은 질문인지 나는 모르겠다. 답변자의 관점에 따라, 또 '작가'라는 단어의 함의에 따라 그 답은 천차만별일 터다. 어떤 이는 내 연구의 '과학성'을 부정하기 위해 내가 '단순히' 작가였다고 말할 것이다. 또 다른 이는 내 작업의 개인사적 동기를 부각시키기 위해 내가 '실은' 작가였을 뿐이라고 말할 것이다. '글 쓰는 사람'을 통칭하는 평범한 의미에서, 나 또한 '결국' 작가가 아니었는지 반문할 이도 있을 법하다. 나로서 그나마 진심으로 공감할 수 있는 작가의 정의는, 역설적이지만, 사르트르가 제시한 바 있다. 그에 따르면, 18세기의 작가들은 글쓰기를 통해 "자기의 성장 환경과 계급에서, 아니 모든 환경과 계급에서 벗어나고, 역사적 상황을 반성적, 비판적으로 인식한다는 단 한 가지 사실로 말미암아, 그 상황을 돌파할 수 있다고 믿었다." 그들에게 글쓰기는 "매 순간 인간이 역사로부터 자신을 해방시키는 움직임, 한마디로 자유의 행사"나 다름없었다(Sartre, 1948/1998: 144). 어떤가? 당신이 보기에, 나는 작가였는가? 만일 그렇다면, 어떤 작가였는가?[60]

---

60 참고로 말년의 부르디외는 자신을 '공공 작가'로 표현한 바 있다. 그는 나중에 《세계의 비참》으로 묶일 프랑스 중하층 계급 구성원들에 대한 인터뷰 가운데 일부를 〈악트〉에 연재하면서 그 서문 격으로 발표한 "사회 분석 입문"에 다음과 같이 썼다. "이 인터뷰들을 출간하면서 우리는 우선 대변인 아닌 **공공 작가**écrivains publics로서, 통상 스스로 말하기보다는 말해지는 사람들에게 말을 되돌려 주기를 원한다. (……) 우리는 독자를 이해시킬 뿐만 아니라, 보게 만들고 느끼게 만들고 그럼으로써 우리가 인터뷰 대상자에게 꾸준히 깊이 투여했던 것과 같은 이해 관심을 독자가 인터뷰 대상자와 그의 발언에 부여하도록 만들고자 한다. 이는 진정한 이해의 조건이다. 우리는 **소설**nouvelles처럼 읽힐 수 있는 이 혼성적 텍스트들이 독자의 감수성에 어떤 효과를 빚어낼 수 있기를 바란다. 감각la sensation과 감각적인 것le sensationnel에 맞서서 쟁취되고 구성되는 순수한 개념적 분석으로부터는 기대할 수 없는 효과 말이다"(Bourdieu, 1991a: 4).

우선 예술이 무엇인지 언제나 되묻고 고민하게 만드는 내 주변의 예술가 동료, 친구, 학생들에게 감사를 표하고 싶다. 그들이 이 책에서 그들의 존재와 작업에 대한 내 끝없는 호기심과 존경의 마음을 읽어 줄 수 있다면 진심으로 기쁠 것이다. 이 책의 텍스트 일부가 첫 발표 지면에 실리기 전에 먼저 읽어 주고 유용한 논평을 해 준 김현경, 김선기, 그리고 책 형식의 편집 원고를 꼼꼼히 살펴 주고 조언을 아끼지 않은 채웅준, 이승빈에게 고마움을 전한다. 안타깝게도 지금은 더 이상 나오지 않지만 〈당대비평〉과 〈인문예술잡지 F〉의 편집에 참여한 시간은 내게 언제나 즐겁고 소중한 기억으로 남아 있다. 몇 년 동안 곁에서 좋은 말벗이자 글벗이 되어 주셨던 두 잡지의 편집위원 선생님들께 뒤늦게나마 감사드린다. 그분들의 자극과 격려가 없었더라면, 이런 어중간한 장르와 스타일의 글들을 쓸 용기를 선뜻 내기 어려웠을 것이다. 살면서 늘 큰 힘이 되어 주는 동생 상희와 연희에게도 고맙다. 이 책이 최근 어려운 상황을 잘 넘긴 그들에게 작은 선물이 될 수 있으면 좋겠다. 학문적으로나 인간적으로 가까웠던 선배 연구자

두 분을 불과 1년 반 남짓 사이에 황망히 먼 곳으로 떠나보내야 했다. 우리 사회의 더 나은 공론장을 위해 오랫동안 분투하셨던 김승수, 김세은 선생님을 존경의 마음과 함께 언제나 기억하고자 한다. 컬처룩의 이리라 대표님과 편집자 이여진 선생님은 별로 상업성도 없을 원고를 몇 년간 기다려 주시고 이렇게 멋진 책으로 만들어 주셨다. 고마운 마음을 어떻게 다 표현해야 할지 모르겠다. 난 부르디외 사회학의 다른 부분이라면 모를까, 소규모 독립 문화생산의 의미와 역할을 강조하고 공적 지원의 중요성을 역설하는 입장만큼은 전적으로 지지한다. 경제적 어려움에도 불구하고 문화적 가치를 추구하며 분투하는 모든 작가, 지식인, 작은 잡지와 출판사들에게 이 자리를 빌려 감사와 연대의 마음을 전한다.

참고 문헌

김건우 (2019). "사회적 공간의 노모스와 사회신정론 — 《사회학자와 역사학자》에서의 사회학적 성찰성," 〈사회와 역사〉, 122집, pp.269~324.

김동일 (2020). 《상징투쟁의 사회학 — 예술가는 어떻게 세상을 바꿀까》. 커뮤니케이션북스.

김보영 (2018). "SF 작가로 산다는 것," 〈기획회의〉, 461호, pp.40~43.

김수정 (2010). "수용자 연구의 해독모델과 존 피스크에 대한 재평가," 〈언론과 사회〉, 18권 1호, pp.2~46.

김진아 (2006). "20세기 후반 미국 미술의 후원과 대기업들: 한스 하케의 작품을 중심으로," 〈미국사연구〉, 24집, pp.55~80.

김홍중 (2007). "근대적 성찰성의 풍경과 성찰적 주체의 알레고리," 〈한국사회학〉, 41권 3호, pp.186~215.

라영균 (2008). "카를 크라우스의 풍자적 인용과 언론비판," 〈외국문학연구〉, 29호, pp.141~168.

박정호·현정임 (2010). "부르디외의 예술사회학에 대한 비판적 검토: 상징적 재화의 경제에 함축된 예술의 주술종교적 본성과 경제적 환원론을 중심으로," 〈사회와 이론〉, 16호, pp.79~116.

윤희경 (2017). "한스 하케Hans Haacke의 개념 미술에 나타난 억압된 역사의 기억과 그 현재적 의미," 〈미술이론과 현장〉, 23호, pp.190~219

이상길 (2005). "1990년대 한국 영화 장르의 문화적 정당화 과정 연구: 영화 장의 구조 변동과 영화 저널리즘의 역할을 중심으로," 〈언론과 사회〉, 13권 2호, pp.63~116.

______ (2007). "디지털 시대의 영화문화 — 흔들리는 경계, 너머의 움직임들," 〈프로그램/텍스트〉, 16호, pp.217~240.

______ (2010). "문화매개자 개념의 비판적 재검토: 매스 미디어에서 온라인 미디어까지," 〈한국언론정보학보〉, 52호, pp.154～176.
______ (2014). "미시권력 대 미시저항: 부르디외와 세르토," 〈인문예술잡지 F〉, 13호, pp.69～109.
______ (2015). "열광의 정치학 — 미셸 푸코의 '계몽이란 무엇인가?'에 관하여," 〈안과 밖〉, 38호, pp.129～158.
______ (2016). "취향사회학과 미디어/문화연구," 김미경 외, 《커뮤니케이션학의 확장 — 경계에서 미디어 읽기》. 나남, pp.97～139.
______ (2018a). 《아틀라스의 발 — 포스트식민 상황에서 부르디외 읽기》. 문학과지성사.
______ (2018b). "대중문화산업의 상징경제," 이기형 · 이동후 외, 《문화연구의 렌즈로 대중문화를 읽다》. 컬처룩, pp.225～271.
장미혜 (2001). "예술적 취향의 차이와 문화자본," 양은경 외, 《문화와 계급 — 피에르 부르디외와 한국 사회》. 동문선, pp.87～120.
전진성 (2001). 《보수혁명 — 독일 지식인들의 허무주의적 이상》. 책세상.
주형일 (2001). "사진의 사회학은 가능한가?: 피에르 부르디외의 사진 행위 분석에 대한 비판," 양은경 외, 《문화와 계급 — 피에르 부르디외와 한국 사회》. 동문선, pp.149～184.
홍성민 (2012). 《취향의 정치학 — 피에르 부르디외의 〈구별짓기〉 읽기와 쓰기》. 현암사.

Accardo, A., et al. (1995). *Journalistes au quotidien*. Bordeaux: Le Mascaret.
Adorno, T. (1955). *Prismen: Kulturkritik und Gesellschaft*. [홍승용 옮김. 《프리즘 — 문화비평과 사회》. 문학동네, 2004].
______ (1991). *The Culture Industry: Selected essays on mass culture*. London: Routledge.
Austin, G. (Ed.) (2016). *New Uses of Bourdieu in Media and Film Studies*. New York: Berghahn Books.
Bachelard, G. (1971). *Epistémologie. Textes choisis*. Paris: PUF.
Baecque, A. de (2010). *Godard: Biographie*. Paris: Grasset.
Bauman, Z. (2002). "Pierre Bourdieu or the Dialectics of Vita Contemplativa and Vita Activa," *Revue internationale de philosophie*, N. 220 pp.179～193.
Baumann, S. (2007). *Hollywood Highbrow: From Entertainment to Art*. Princeton: Princeton University Press.

Becker, H. (2007). *Telling about society*. [김봉석 외 옮김. 《사회에 대해 말하기》. 인간사랑. 2016].

_____ & Walton, J. (1976). "Social science and the work of Hans Haacke," in *Framed and Being framed: 7 Works 1970～75*, Halifax and New York: Press of the Nova Scotia College of Art and Design and New York University Press, pp.145～152.

Benson, R. (1999). "Field theory in comparative context: A new paradigm for media studies," *Theory and Society*, N. 28, pp.463～498.

_____ & Neveu, E. (Eds.) (2005). *Bourdieu and the Journalistic Field*. Cambridge: Polity Press.

Bernstein, J. (1991). "Introduction," In T. Adorno. *The Culture Industry: Selected essays on mass culture*. London: Routledge, pp.1～28.

Biaisi, P.-M. de (2010). "Le sociologue et le généticien(suivi d'un entretien avec Pierre Bourdieu)," Jean-Pierre Martin (Dir.), *Bourdieu et la littérature*. Paris: Cécile Defaut, pp.245～290.

Boltanski, L. (1975). "La constitution du champ de la bande dessinée," *Actes de la recherche en sciences sociales*, N. 1, pp.37～59.

_____ (2002). "Les réactions de nombreux compagnons de route," *Le Monde*, 25 jan, p.29.

_____ (2008). *Rendre la réalité inacceptable*. Paris: Demopolis.

_____ & Chiapello, E. (1999). *Le nouvel esprit du capitalisme*. Paris: Gallimard.

Bourdieu, P. (1968). "Eléments d'une théorie sociologique de la perception artistique," *Revue internationale des sciences sociales*, Vol. 20, N. 4, pp.5～14.

_____ (1971). "Le marché des biens symboliques," *L'Année sociologique*, Vol. 22, pp.49～126.

_____ (1972). "Les doxosophes," *Minuit*, N. 1, pp.26～45.

_____ (1975). "Présentation," *Actes de la Recherche en Sciences Sociales*, N. 1, pp.2～3.

_____ (1977). "La production de la croyance — contribution à une économie des biens symboliques," *Actes de la Recherche en Sciences Sociales*, N. 13, pp.3～43.

_____ (1979). *La Distinction. Critique sociale du jugement*. Paris: Minuit. [최종철 옮김. 《구별짓기: 문화와 취향의 사회학》. 새물결, 1995].

_____ (1980a). *Questions de sociologie*. Paris: Minuit. [신미경 옮김. 《사회학의 문제들》. 동문선. 2004].

______ (1980b). "The production of belief: contribution to an economy of symbolic goodsm," *Media, Culture & Society*, N. 2, pp.261~293.

______ (1980c). *Le sens pratique*. Paris: Minuit.

______ (1982). *Leçon sur la Leçon*. Paris: Minuit.

______ (1983). "The field of cultural production, or: the economic world reversed," *Poetics*, Vol. 12, N. 4/5, pp.311~356.

______ (1984). "Art — Consommation culturelle," *Encyclopaedia Universalis*, Tome 2, pp.779~782.

______ (1985a). "Entretien avec Pierre Bourdieu," *Science-Fiction*, N. 5, pp.166~185.

______ (1985b) "Existe-t-il une litterature belge? Limites d'un champ et frontieres politiques," *Etudes de Lettres*, N. 4, pp.3~6.

______ (1986). "Nécessiter," Collectif. *Françis Ponge*. Paris: Ed. de l'Herne, pp.434~437.

______ (1987a). *Choses dites*. Paris: Minuit.

______ (1987b). "La révolution impressionniste," *Noroit*, N. 303, pp.3~18.

______ (1987c). "L'institutionnalisation de l'anomie," [신혜영 · 이상길 옮김. "아노미의 제도화," 〈인문예술잡지 F〉, 5호, 2012, pp.77~102].

______ (1989). *La noblesse d'Etat. Grandes écoles et esprit de corps*. Paris: Minuit.

______ (1989[1967]). "L'image de l'image," *Art Press*, N. 133, p.27.

______ (1991a). "Introduction à la socioanalyse," *Actes de la Recherche en Sciences Sociales*, N. 90, pp.3~6.

______ (1991b). "On the possibility of a field of world sociology," In P. Bourdieu & J. Coleman (Eds.), *Social Theory for a Changing Society*. Oxford: Westview Press, pp.373~387.

______ (1992a). *Les règles de l'art*. Paris: Seuil. [하태환 옮김. 《예술의 규칙》. 동문선. 1999].

______ (1992b). "Il faut que l'intellectuel donne la parole à ceux qui ne l'ont pas!" *L'Evénement du Jeudi* (10-16 sep), pp.114~116.

______ (1993a). "Editorial," *Actes de la Recherche en Sciences Sociales*, N. 100, p.3.

______ (1993b). *The Field of Cultural Production*. Cambridge: Polity.

______ (1993c). "Résistance sur Patrick Saytour," *Art Press*, n. 181, pp.58~60.

______ (1993d). "Discours de réception de la Médaille d'or du CNRS, 7 décembre 1993," [김홍중 옮김. "사회학을 찬미하다: 프랑스 국립과학연구원의 금메달 수상 연설," 〈한국사회학〉, 47권 1호, 2013, pp.1~14].

______ (1994). *Raisons pratiques. Sur la théorie de l'action*. Paris: Seuil.
______ (1996a). "Journalisme et éthique," *Les Cahiers du journalisme*, 1, pp.10～17.
______ (1996b). *Sur la télévision*. Paris: Liber-Raisons d'agir. [현택수 옮김. 《텔레비전에 대하여》. 동문선, 1998].
______ (1997a). "Défataliser le monde (Entretien avec Sylvain Bourmeau)," *Les Inrockuptibles*, N. 99, pp.23～29.
______ (1997b). *Méditations pascaliennes*. Paris: Seuil.
______ (1997c). *Les usages sociaux de la science*. Paris: INRA.
______ (1998a). *Contre-feux*. Paris: Raisons d'agir.
______ (1998b). "Voir comme on ne voit jamais," Dialogue entre Pierre Bourdieu et Toni Morrison, *Vacarme*, N. 6, pp.58～60.
______ (1999a). "Une révolution conservatrice dans l'édition," *Actes de la Recherche en Sciences Sociales*, N. 126/127, pp.3～28.
______ (1999b). "Champ littéraire et rapports de domination," *Textyles*, N. 15, pp.12～16.
______ (2000a). "A contre-pente," *Vacarme*, N. 14, pp.4～14
______ (2000b). *Les structures sociales de l'économie*. Paris: Seuil.
______ (2001a). *Language et pouvoir symbolique*. [김현경 옮김. 《언어와 상징권력》. 나남. 2014].
______ (2001b). *Contre-feux 2*. Paris: Raisons d'agir.
______ (2001c). "Questions sur l'art pour et avec les élèves d'une école d'art mise en question," I. Champey (Ed.), *Penser l'art à l'école*, Arles: Actes sud, pp.13～54.
______ (2001d). *Science de la science et réflexivité*. Paris: Raisons d'Agir.
______ (2001e). "Bref impromptu sur Beethoven, artiste entrepreneur," *Sociétés & Représentations*, N. 11, pp.15～18.
______ (2002). *Interventions, 1961～2001, Sciences sociales et action politique*. Marseilles: Agone.
______ (2003). *Images d'Algérie*. Paris: Actes sud.
______ (2004). *Esquisse pour une auto-analyse*. Paris: Raisons d'agir.
______ (2012). *Sur l'Etat. Cours au Collège de France (1989～1992)*. Paris: Raisons d'agir/Seuil.
______ (2013). *Manet: une révolution symbolique: cours au Collège de France (1998～2000)*. Paris: Raisons d'agir/Seuil.

______ (Dir.) (1993). *La misère du monde.* Paris: Seuil.

______ & Boltanski, L. (2008). *La production de l'idéologie dominante*. Paris: Raisons d'agir.

______, ______, Castel, R. & Chamboredon, J.-C. (1965). *Un Art moyen*. Paris: Minuit. [주형일 옮김. 《중간예술》. 현실문화연구. 2004].

______ & Chartier, R. (2010). *Le sociologue et l'historien*. Paris: Agone. [이상길 · 배세진 옮김. 《사회학자와 역사학자》. 킹콩북. 2019].

______ & Darbel, A. (1966). *L'amour de l'art*. Paris: Minuit.

______ & Delsaut, Y. (2002). "Sur l'esprit de la recherche," In Delsaut, Yvette & Rivière, Marie-Christine, *Bibiliographie des travaux de Pierre Bourdieu*, Paris: Le Temps des Cerises, pp.175~239.

______ & Grass, G. (2002). "The 'Progressive' Restoration," *New Left Review*, N. 14, pp.63~77.

______ & Haacke, H. (1994). *Libre-Echange*. Paris: Seuil/Les presses du réel.

______ & Passeron, J.-C. (1963). "Sociologues des mythologies et mythologies de sociologues," *Les Temps modernes*, N. 211, pp.998~1021.

______ & ______ (1967). "Introduction à la sociologie," *Revue de l'enseignement philosophique*, Vol. 18, N. 1, pp. 50~65.

______, ______ & Chamboredon, J.-C. (1968). *Le métier de sociologue*. Paris: Mouton.

______ & Wacquant, L. (2014). *Invitation à la sociologie réflexive*. [이상길 옮김. 《성찰적 사회학으로의 초대》. 그린비. 2015].

Boutet, M. (2009). "Un objet peut en cacher un autre. Relire «Un art moyen» de Pierre Bourdieu au regard de trente ans de travaux sur les usages," *Réseaux*, N. 155, p.179~214.

Bouveresse, J. (2000). "Karl Kraus et la presse," *Actes de la recherche en sciences sociales*, N. 131/132, pp.119~121.

Bürger, P. (1974). *Theorie der Avantgarde*. [최성만 옮김. 《아방가르드의 이론》. 지식을만드는지식. 2009].

______ (1981). "The Significance of the Avant-Garde for Contemporary Aesthetics: A Reply to Jürgen Habermas," *New German Critique*, N. 22, pp.19~22.

______ (2010). "Avant-Garde and Neo-Avant-Garde: An Attempt to Answer Certain Critics of Theory of the Avant-Garde," *New Literary Theory*, N. 41, pp.704~706.

Calhoun, C. (1992). "The Infrastructure of Modernity — Indirect Social

Relationships, Information Technology, and Social Integration," In Haferkamp, H. & Smelser, N., *Social Change and Modernity*. L.A.: Univ. of California Press, pp.205~236.

Carles, P. (2001). "Rendons à Pierre Bourdieu…," *Les Cahiers du cinéma*, N. 562, p.102.

Casanova, P. (1999). *La République mondiale des lettres*. Paris: Seuil.

______ (2013). "Autoportrait en artiste libre, ou «Je ne sais pas pourquoi je me suis mêlé à ça»," in P. Bourdieu, *Manet: une révolution symbolique*. Paris: Seuil/Raisons d'agir, pp.737~739.

Cassirer, E. (1932). *The Philosophy of the Enlightenment*. [박완규 옮김. 《계몽주의 철학》. 민음사. 1995].

Célérier, P. P. (2008. 10). "미술계를 파고드는 시장 논리 — 미술의 가치는 작품성이 아닌 마케팅 능력," 〈르몽드 디플로마티크〉, pp.28~29.

Cervantes, M. de (1615). *El Ingenioso Hidalgo Don Quijote De La Mancha*. [안영옥 옮김. 《돈키호테 2》. 열린책들. 2014].

Chadoin, O. & Houdeville, G. (2017). Le visuel et le conceptuel. Sur l'usage des images dans la revue Actes de la recherche en sciences sociales. *Revue française des méthodes visuelles* [En lignes], 1, mis en ligne le 14 juillet 2017, consulté le JJ/MM/AAAA. URL: https://rfmv.fr

Chamboredon, J.-C. (1996). "La sociologie comme théorie des cultures de classe," *Revue européenne des sciences sociales*, N. 103, pp.109~117.

Champagne, P. (1989). "Qui a gagné? Analyse interne et analyse externe des débats politiques à la télévision," *Mots*, No. 20, pp.5~22.

______ (1990). *Faire l'opinion*. Paris: Minuit.

______ (1995a). "La double dépendance — Quelques remarques sur les rapports entre les champs politique, économique et journalistique," *Hermès*, N. 17–18, pp.215~229.

______ (1995b). "Les sondages, le vote et la démocratie," *Actes de la Recherche en Sciences Sociales*, N. 109, pp.73~92.

______ (2015). "Vivre et travailler avec Bourdieu," *Savoir/Agir*, N. 31, pp.63~74.

______, et al. (2004). *Pierre Bourdieu et les médias*. Paris: L'Harmattan.

Collectif (2003). "Pierre Bourdieu et l'anthropologie," *Actes de la Recherche en Sciences Sociales*, N. 150, pp.4~8.

Couldry, N. (2003). "Media meta-capital: Extending the range of Bourdieu's field theory," *Theory and Society*, N. 32, pp.653～677.

Debray, R. (1979). *Le pouvoir intellectuel en France*. Paris: Ramsay.

_____ (1997). "Savant contre docteurs," *Le Monde*, 18 mars, p.1, 17.

Diallo, D. (2014). "From the Street to Art Galleries: How Graffiti Became a Legitimate Art Form," *Revue de recherche en civilisation américaine*, [En ligne], mis en ligne le 23 décembre 2014. URL: http://rrca.revues.org/601.

Didi-Huberman, G. (2015). *Passés cités par JLG, L'Œil de l'histoire tome 5*, Paris: Minuit.

DiMaggio, P. (1982). "Cultural entrepreneurship in nineteenth-century Boston: the creation of an organizational base for high culture in America," *Media, Culture & Society*, Vol. 4, N. 1, pp.33～50.

Driessens, O. (2013). "Celebrity capital: redefining celebrity using field theory," *Theory & Society*, N. 42, pp.543～560.

Duval, J. (2006). "L'art du réalisme," Le champ du cinéma français au début des années 2000. *Actes de la recherche en sciences sociales*, N. 161/162, pp.96～115.

_____, et al. (1998). *Le «décembre» des intellectuels français*. Paris: Liber-Raisons d'agir.

Eco, U. (1985). *La Guerre du Faux*. Paris: Grasset.

Encrevé, P. (2003). "La parole et son prix," In Encrevé, P. & R-M Lagrave (Dir.) *Travailler avec Bourdieu*. Paris: Flammarion. pp.257～266.

Erickson, B. (1996). "Culture, class and connections," *American Journal of Sociology*, Vol. 102, N. 1, pp.217～251.

Fabiani, J.-L. (2007). *Après la culture légitime. Objets, publics, autorités*, Paris: L'Harmattan.

Featherstone, M. (1997). *Consumer Culture and Postmodernism*. [정숙경 옮김. 《포스트모더니즘과 소비문화》. 현대미학사. 1999].

Fiske, J. (1989). *Understanding Popular Culture*. [박만준 옮김. 《대중문화의 이해》. 경문사. 2005].

_____ (2010). *Television Culture*. [곽한주 옮김. 《텔레비전 문화》. 컬처룩. 2017].

Flaubert, G. (1913). *Le Dictionnaire des idées reçues*. [진인혜 옮김. 《통상관념사전》. 책세상. 2007].

Flügge, M. & Fleck, R. (Eds.) (2006). *Hans Haacke for real — Works 1959～2006*.

Berlin: Akademie der Künste.
Fortin, P. (2000). "Bourdieu, Schneidermann et le journalisme: Analyse d'une contre-critique," http://commposite.uqam.ca/2000.1/articles/fortin.htm
Fritsch, D. (2009). *Georg Simmel im Kino. Die Soziologie des frühen Films und das Abenteuer der Moderne*. Bielefeld: Transkript Verlag.
Garnham, N. (1993). "Bourdieu, the cultural arbitrary and television," In Calhoun, C. Lipuma, E., Postone, M. (Eds.), *Bourdieu: Critical Perspectives*. Cambridge: Polity Press, pp.178~192.
_____ & Williams, R. (1980). "Pierre Bourdieu and the sociology of culture: an introduction," *Media, Culture & Society*, N. 2, pp.209~223.
Gartman, D. (1991). "Culture as class symbolization or mass reification? A critique of Bourdieu's Distinction," *American Journal of Sociology*, Vol. 97, N. 2, pp.421~447.
Gaudez, F. (Dir.) (2008). *Les arts moyens aujourd'hui Tome 1 & 2*. Paris: L'Harmattan.
Glenn, I. (2010). "The lost Bourdieu interview," *Critical Arts: South-North Cultural and Media Studies*, Vol. 24, N. 1, pp.31~50.
Glinoer, A. (2009) « Classes de textes et littérature industrielle dans la première moitié du XIXe siècle », COnTEXTES [En ligne], URL : http://journals.openedition.org/contextes/4325.
Grignon, C. (1976). "An experimental French Journal: Actes de la Recherche en Sciences Sociales," *International Social Science Journal*, Vol. 28, N. 1, pp.202~207.
_____ (2002). "Comment peut-on être sociologue?," *Revue européenne des sciences sociales*, N. 123, pp.181~225.
_____ & Passeron, J.-C. (1989). *Le Savant et le populaire: Misérabilisme et populisme en sociologie et en littérature*. Paris: Gallimard/Seuil.
Haacke, H. (2002). "A Public Servant," *October*, N. 101, p.5.
Habermas, J. (1981). "Modernity versus Postmodernity," *New German Critique*, N. 22, pp.3~14.
Halimi, S. (1997). *Les Nouveaux chiens de garde*. Paris: Liber-Raisons d'agir.
Hallin, D. & Mancini, P. (2004). *Comparing Media Systems*. [김수정 외 옮김. 《미디어 시스템 형성과 진화》. 한국언론재단. 2009].
Heilbron, J. (2015). *French Sociology*. Ithaca: Cornelll University Press.

Heinich, N. (2001). "Godard, créateur de statut," in G. Delavaud, J-P. Esquenazi & M-F. Grange (Dir.), *Godard et le métier d'artiste.* Paris: L'Harmattan, pp.305~313.

_____ (2002). "Pierre Bourdieu et l'art contemporain," *Artension*, N. 6, pp.4~5.

_____ (2007). "Art et compulsion critique," *Noesis*, N. 11 p.99~101.

Hesmondhalgh, D. (2002). *The Cultural Industries.* London: Sage.

_____ (2006). "Bourdieu, the media and cultural production," *Media, Culture & Society*, Vol. 28, N. 2, pp.211~231.

Horkheimer, M. & Adorno, T. (1947). *Dialektik der Aufklärung.* [김유동 옮김. 《계몽의 변증법》. 문학과지성사. 1995].

Jameson, F. (1972). *The Prison-House of Language.* [윤지관 옮김. 《언어의 감옥》. 까치. 1985].

Kafka, F. (1924). "Josefine, die Sängerin oder Das Volk der Mäuse." [이주동 옮김. "요제피네, 여가수 또는 서씨족," 《카프카 전집 1 — 변신》. 솔. 1997].

Kraus, K. (1975). *Dits et contredits.* Paris: Champ Libre.

Lahire, B. (2003). "La légitimité culturelle en questions," in Olivier Donnat (Ed.), *Regards croisés sur les pratiques culturelles.* Ministère de la Culture — DEPS « Questions de culture ». Paris : la Documentation française, DL.

Lash, S. & Lury, C. (2007). *Global Culture Industry.* London: Polity.

Le Bihan, M. & Héas, S. (2006). "Pierre Bourdieu et Jean-Luc Godard: le je(u) des noms et le sens d'un échange," *Cadrage*[En lignes], Sept./Oct. http://www.cadrage.net/dossier/bourdieugodard.htm

LeBaron, F. (2003). "Pierre Bourdieu: Economic models against economism," *Theory and Society*, N. 32, pp.551~565.

Leenhardt, J. (2008). "Qu'est-ce qui est moyen dans Un art moyen?," in Florent Gaudez (Dir.), *Les arts moyens aujourd'hui Tome 1*, Paris: L'Harmattan, pp.43~52.

Lenoir, R. (1994). "La parole est aux juges," *Actes de la Recherche en Sciences Sociales.* N. 101/102. pp.77~84.

Lescourret, M.-A. (2008). *Pierre Bourdieu: Vers une économie du bonheur.* Paris: Flammarion.

Levine, L. (1993). *The Unpredictable Past: Explorations in American Cultural History.* Oxford: Oxford University Press.

Lewin, K. (1963). *Field Theory in Social Science.* [박재호 옮김. 《사회과학에서의 장

이론》. 민음사. 1987].

Longhurst, B. & Savage, M. (1996). "Social class, consumption and the influence of Bourdieu: some critical issues," In S. Edgell, K. Hetherington & A. Warde (Eds.), *Consumption Matters*. Oxford: Blackwell Publishers, pp.274~301.

Mary, P. (2006). *La nouvelle vague et le cinéma d'auteur, Socio-analyse d'une révolution artistique*, Paris: Seuil.

______ (2010). "Cinematic Microcosm and Cultural Cosmologies: Elements of a Sociology of the New Wave," *Cinema Journal*, Vol. 49, N. 4, pp.159~166.

McRobbie, A. (2005). *The Uses of Cultural Studies*. London: Sage.

Michaud, Y. (1997). *La crise de l'art contemporain*. Paris: PUF. [하태환 옮김. 《예술의 위기》. 동문선. 1999].

Miège, B., et al. (1986). *L'industrialisation de l'audiovisuel*. Paris: Aubier.

Negus, K. (2002). "The Work of Cultural Intermediaries and the Enduring Distance between Production and Consumption," *Cultural Studies*, Vol. 16, N. 4, pp.501~515.

Neveu, E. (2001). *Sociologie du journalisme*. Paris: La Découverte.

Nixon, S. & Du Gay, P. (2002). "Who Needs Cultural Intermediaries?," *Cultural Studies*, Vol. 16, N. 4, pp.495~500.

Olivesi, S. (2005). *Communication selon Bourdieu*. [이상길 옮김. 《부르디외, 커뮤니케이션을 말하다》. 커뮤니케이션북스. 2007].

Païni, D. (2006). "D'après JLG …," in *Jean-Luc Godard: Documents*. Paris: Centre Pompidou, pp.420~426.

Passeron, J.-C. (2003). "Mort d'un ami, disparition d'un penseur," In P. Encrevé & R.-M. Lagrave (Dir.). *Travailler avec Bourdieu*. Paris: Flammarion, pp.17~90.

______ (1991). *Le raisonnement sociologique*. Paris: Nathan.

Péquignot, B. (2006). "De l'usage des images en sciences sociales," *Communications*, Vol. 80, N. 1, pp.41~51.

Peterson, R. A. (2004). "Le passage à des goûts omnivores: notions, faits et perspectives," *Sociologie et sociétés*, Vol. 36, N. 1, pp.145~164.

Pinto, L. (1991). "La doxa intellectuelle," *Actes de la Recherche en Sciences Sociales*, N. 90, pp.95~100.

______ (1994). "Le journalisme philosophique," *Actes de la Recherche en Sciences Sociales*, N. 101/102, pp.25~38.

Reynaud, B. (1999). "L'emprise des groupes. Sur l'édition française au début des années 1980," *Actes de la recherche en sciences sociales*, N. 130, pp.3~10.

Rieffel, R. (1984). *L'Elite des journalistes*. Paris: PUF.

Rimbert, P. (2012). "Pierre Bourdieu et les médias: A cent contre un," *Le Monde diplomatique*, N. 694, p.17.

Roueff, O. (2010). "La montée des intermédiaires. Domestication du goût et formation du champ du jazz en France 1941~1960," *Actes de la recherche en sciences sociales*, N. 181–182, pp.34~59.

Sapiro, G. (2003). "The Literary field between the state and the market," *Poetics*, N. 31, pp.441~464.

______, Pacouret, J. & Picaud, M. (2015). "Transformations des champs de production culturelle à l'ère de la mondialistion," *Actes de la recherche en sciences sociales*, N. 206/207, pp.4~13.

Sartre, J-P. (1948). *Qu'est ce-que la littérature*. [정명환 옮김. 《문학이란 무엇인가》. 민음사. 1998].

Schneidermann, D. (1996), "Réponse à Pierre Bourdieu," *Le Monde diplomatique*, N. 506, p.21.

Séguret, O. (2002). "Le choc sans bruit," *Libération*, 25, jan, p.2.

Shiner, L. E. (2001). *The Invention of Art*. [조주연 옮김. 《순수 예술의 발명》. 인간의 기쁨. 2015].

Shudson, M. (1978). *Discovering the News: A Social History of American Newspapers*. [여은호·박경우 옮김. 《뉴스의 발견》. 커뮤니케이션북스. 2019].

Speller, J. (2011). *Bourdieu and Literature*. Cambridge: OpenBook Publishers.

Vandenberghe, F. (2007). "Régis Debray and Mediation Studies, or How Does an Idea Become a Material Force?" *Thesis Eleven*, N. 89, pp.23~42.

Wacquant, L. (2006). "Actes de la Recherche en Sciences Sociales," Lawrence D. Kritzman et al. (Eds.), *The Columbia History of Twentieth-Century French Thought*. New York: Columbia University Press. pp.683~685.

Watine, T. (1999). "Bourdieu et les médias: des lois du champ et de l'habitus comme présomptions du conservatisme des journalistes," *Les Cahiers du journalisme*, N. 6, pp.126~151.

Weber, M. (1992). "Le premier des sujets··· allocution prononcée en 1910 à Francfort/Main à l'occasion des premières assises de la sociologie allemande," *Réseaux*, N. 51, pp.101~108.

_____ (1922). *Wirtschaft und Gesellschaft*. [박성환 옮김. 《경제와 사회 1》. 문학과지성사. 2003].

Willis, P. (1990). *Common Culture*. Buckingham: Open University Press.

Wilson, S. (2010). *The Visual World of French Theory: Figurations*. New Haven: Yale University Press.

Winkin, Y. (1988). "Erving Goffman: Portrait du sociologue en jeune homme," in Erving Goffman, *Les moments et leurs hommes*, Paris: Seuil/Minuit. pp.13~92.

그림 출처

이 책에 실린 사진과 그림은 연구 및 비평의 목적으로 사용되었습니다. 잘못 기재한 사항이나 사용 허락을 받지 않은 것이 있다면 사과드리며, 이후 쇄에서 정확하게 수정하며 관련 절차에 따라 허락받을 것을 약속드립니다.

그림 1: http://journals.openedition.org/enquete/docannexe/image/188/img-1.jpg 그림 3: P. Bourdieu, L. Boltanski, R. Castel, & J.-C. Chamboredon, Un Art moyen, Paris: Minuit, 1965; Martin Parr, Small World, (revised edition), Dewi Lewis Publishing, 2007. 그림 4: Schtroumpfs, N. 16, 1971; Actes de la Recherche en sciences sociales, N. 1, 1975; Actes de la recherche en sciences sociales. N. 84, septembre 1990; Actes de la recherche en sciences sociales. N. 224, 2018. 그림 5: P. Bourdieu & Y. Delsaut, "Le couturier et sa griffe : contribution à une théorie de la magie," Actes de la Recherche en sciences sociales, N. 1, 1975, p.14.; P. Bourdieu, "L'invention de la vie d'artiste," Actes de la recherche en sciences sociales, N. 2, 1975, p.86; P. Bourdieu, "L'ontologie politique de Martin Heidegger," Actes de la recherche en sciences sociales, N. 5–6, 1975, p.155. 그림 6: P. Bourdieu, "L'invention de la vie d'artiste," Actes de la recherche en sciences sociales, N. 2, 1975, p.72, p.93 그림 7: P. Bourdieu, "La lecture de Marx," Actes de la Recherche en sciences sociales, N. 5–6, 1975, pp.65~66. 그림 8: P. Bourdieu, "Le sens pratique," Actes de la recherche en sciences sociales. Vol. 2, N. 1, 1976, p.48; L. Wacquant, "Corps et âme. Notes ethnographiques d'un apprenti-boxeur," Actes de la Recherche en Sciences Sociales, N. 80, 1989, p.49. 그림 9: P. Bourdieu & L. Boltanski, La Production de l'idéologie dominante, Paris: Raisons d'agir, 2008, p.59. 그림 10: Karl Kraus, Die Fackel, 1899. 4. 그림 11: Pierre Carles, La sociologie est un sport de combat, 2001(C.P. Productions/V.F. Films Productions). 그림 12: Hans Haacke, Helmsboro Country, 1990. © Hans Haacke / BILD-KUNST, Bonn – SACK, Seoul, 2020 그림 13: Hans Haacke, Germania, 1993. © Hans Haacke / BILD-KUNST, Bonn – SACK, Seoul, 2020 그림 14: Jean-Luc Godard, Histoire(s) du cinema, 1988-1998(Canal+). 그림 15: Pierre Carles, La sociologie est un sport de combat, 2001(C.P. Productions/V.F. Films Productions). 그림 16: Jean-Luc Godard: Documents, Paris: Centre Pompidou, 2006, p.421. 그림 18: Antonin Frozin, *Obrowisstě Maryanskeho Atlanta*, 1704. 그림 19: Bernard Rancillac, Le dernier whisky, 1966. © Bernard Rancillac / ADAGP, Paris – SACK, Seoul, 2020 그림 20: Arrêt sur image, 1996. 1. 23, La Cinquième(France 5). 그림 21: Les Cours du Collège de France, 1996. 5, Paris Première; Les Inrockuptibles, N. 178, 1998. 12. 16~1999. 1. 5. 그림 22: P. Bourdieu, La misère du monde, Paris: Seuil, 1993; P. Bourdieu, Sur la télévision, Paris: Liber-Raisons d'agir, 1996; S. Halimi, Les Nouveaux chiens de garde, Paris: Liber-Raisons d'agir, 1997; J. Duval, et al., Le «décembre» des intellectuels français, Paris: Liber-Raisons d'agir, 1998. 그림 24: Liber, N. 21–22, 1995.

찾아보기